U0739648

图书馆大讲堂

毛旭文 主编

台州市民讲堂

第 5 辑

人文精神与经济发展——转型设计之路 吕祥福

珠能宝玉播种幸福人生——养子园林中的兄弟成长之路 吴祥龙

沉件防控与消费者权益保护 蒋晓波

清洁、高效的能源与技术进步 黄林伟

珍惜资源和中国农村 郎日方

与科学结缘

人生悟语

读书与人生——阅读名人传，汲取汇能量 徐颖

幸福在哪里 陈益民

现代女性的择偶倾向及成功策略 郑玉玲

史海漫步

"礼义之邦"还是"礼仪之邦"？ 王晓光

清代官场与师爷文化 鲍永军

宋江的行政江湖 杨文侯

岁月计不如烟——民间史书的社会记忆 袁恢

投资理财

草根理财之道 吴常凤

方寸之间 精彩无限——读读银行信用卡 徐宏波

影响黄金价格因素分析 杨文侯

文苑芳华

带着常识读《三国演义》 赵宗彪

爱读——五四女作文人风范 赵青光

养生保健

CIPG 中国国际出版集团 China International Publishing Group　朝华出版社 BLOSSOM PRESS

图书在版编目（CIP）数据

台州市民讲堂.第5辑/毛旭主编.—北京：朝华出版社，2016.6
ISBN 978-7-5054-3810-1

Ⅰ.①台… Ⅱ.①毛… Ⅲ.①社会科学－文集 Ⅳ.① C53

中国版本图书馆 CIP 数据核字 (2016) 第 117828 号

台州市民讲堂（第5辑）

主　　编　毛　旭

选题策划　张汉东
责任编辑　田玉晶
责任印制　张文东　陆竞赢
装帧设计　浦洋伟业

出版发行　朝华出版社
社　　址　北京市西城区百万庄大街 24 号　邮政编码　100037
订购电话　（010）68995593　68996050
传　　真　（010）88415258（发行部）
联系版权　j-yn@163.com
网　　址　http://zhcb.cipg.org.cn
印　　刷　虎彩印艺股份有限公司
经　　销　全国新华书店
开　　本　710mm × 1000mm　1/16　字　　数　380 千字
印　　张　24.75
版　　次　2016 年 6 月第 1 版　2016 年 6 月第 1 次印刷
装　　别　平
书　　号　ISBN 978-7-5054-3810-1
定　　价　58.00 元

台州市民讲堂编委会

主　　编　　毛　旭

副 主 编　　张锦辉　　林君荣　　胡建英

执行主编　　林君荣　　柯　敏

编　　辑　　牟哲明　陈丹婉　牟　静　李成荫

序

文化是一座城市提升内涵质量和外在形象的重心所在。它不仅仅是"文化人"的事业，更是社会的历史使命，是生活的、前进的、无所不在的。公共文化服务，则是让文化得到更广、更好、更快、更有效传播的方式和途径。

对于台州市的文化建设，我们一直坚持"均等共享、优质高效、参与便利"，致力于提升标准，创新服务，培育品牌，推进社会参与，完善公共文化产品和服务供给。台州市图书馆自开馆以来，紧贴群众需求，开展各项读者活动，不断推进公共文化服务均等化、标准化、社会化、数字化发展，先后举办了全民读书月、走读台州、老年人计算机培训班、童萌汇、真人图书馆等系列活动，获得人力资源和社会保障部、文化部授予的"全国文化系统先进集体"称号，文化部授予的"一级图书馆"称号，并被中国图书馆学会命名为"全民阅读示范基地"，在完善公共文化服务体系建设方面做了大量卓有成效的工作。

2011 年到 2015 年，台州市图书馆的"人文台州大讲堂""台州科普大讲堂""台州社科讲堂""台州金融讲堂""检察官说法"陆续开讲，从不同的视角展现了这个时代的丰富面相。众多作家、艺术家、媒体工作者、企业家、学者、教授等各类专业人士，从金融海啸讲

到低碳经济，从人类学说到中国农村，从民商司法聊到草根理财。杨文俊、徐宏波、吴常凯等经济专家不约而同地聚焦于当下备受关注的重点：货币、资产、黄金、投资，深入浅出地为读者介绍经济常识；赵宗彪主编、陈益民部长、徐雁教授等业界名流，从其职业生涯和人生经验中，给予我们生命、生活和文化层面的启迪，他们对现代人为何不快乐的追问，对儒家与现代社会的比照，妙趣横生又发人深省；高飞教授、王能宪院长、赵普光教授、鲍永军教授等资深学者从不同角度诠释了历史。他们才情奔逸，融贯中西，通释古今。

生动活泼的演讲，犀利深刻的点评，妙趣横生的互动，都让听者不倦，不经意间受益无穷，台州市民讲堂也因此变得更加丰满与多彩。对文化价值的坚定探索，对未知科学的不懈追求，对真理传播的实践求证，让"台州市民讲堂"这个文化品牌熠熠生辉。

为将更多的反思和开创诉诸文字，弥补因讲堂时间、接待人数等因素造成的遗憾，《台州市民讲堂（第 5 辑）》付梓，纸墨间凝聚了诸多方家雅士在台州市民讲堂上的真知灼见，集结我们共同的文化关切与担当，愿使更多的读者受益。

是为序。

台州市文化广电新闻出版局副局长　韩　芳

2016 年 6 月

目录

║ 法律驿站 ║

思想比知识更重要　蔡福友 / 1

银行案件防控与消费者权益保护　蒋晓波 / 25

║ 古越钩沉 ║

浙商的人文精神与经济发展——转型提升之路　吕新福 / 35

║ 家教拾珠 ║

培养全能宝宝　播种幸福人生
　——亲子阅读中的"全人"发展教育理念与实践　王晓燕 / 47

童话与儿童成长　夏辇生 / 77

║ 科普长廊 ║

核电是安全、清洁、高效的能源　徐步进 / 105

感受发明魅力　开发创新潜能　黄　林 / 123

人类学和中国农村　章　伟 / 139

与科学结缘　郭日方 / 155

▌人生悟语▐

读书与人生——阅读名人传，汲取正能量　徐　雁 / 173
反思当代幸福观　晁乐红 / 189
幸福在哪里　陈益民 / 205
现代女性的择偶倾向及成功策略　郅玉玲 / 223

▌史海漫步▐

"礼义之邦"还是"礼仪之邦"？　王能宪 / 241
清代官场与师爷文化　鲍永军 / 255
宋江的行政江湖　高　飞 / 267
岁月并不如烟——民间文书的社会记忆　袁　逸 / 275

▌投资理财▐

草根理财之道　吴常凯 / 283
方寸之间　精彩无限——谈谈银行信用卡　徐宏波 / 297
黄金投资——影响黄金价格因素分析　杨文俊 / 313

文苑芳华

带着常识读《三国演义》　赵宗彪 / 327
漫谈"五四"文人风范　赵普光 / 343

风物文谈

茶与茶文化　徐南眉 / 361

养生保健

慢阻肺——呼吸系统疾病的第一杀手　陈　晓 / 373

法律驿站

思想比知识更重要

蔡福友 （法学博士、一级律师、浙江明权律师事务所主任）

感谢大家的掌声，也非常感谢大家能够在冬天的星期六的早上来参加"人文大讲堂"。因为大家都知道：工作了一个星期之后，星期六的早上是最舒服的，是一个放松的时间。很高兴能够在这个放松的时间里，我们共同交流一下感兴趣的话题。

首先谈一下为什么要取"思想比知识更重要"这个题目。因为大家都知道知识很重要，知识改变命运。这个题目，是一位博士生导师给我的启发。我从自己个人的经历和感悟说起吧。我上学时，家境贫寒，上了初中后就报考了中专，18 岁开始工作，刚好碰到"严打"，就在温岭县人民检察院工作，1988 年考律师，改行当了律师。到现在，从事法律工作有 30 多年了。在工作过程中，我们必然要去适应新的环境、新的内容，所以我就拼命地学习。也为了弥补没能上大学的遗憾，就一直考试，从电大到硕士、博士，一路苦读。我的博导是张树义老师，半年在中国、半年在美国。他对我们说："你们的知识实际上已经不少了，你们缺的不是知识，而是思想！你们没有用知识去思考一些社会问题、解决一些社会问题。知识虽然重要，但思想更重要。"这句话深深打动了我。我们回顾一下工作、学习，会发现：在日常的生活中，80% 以上的事情并不需要太多的理论知识，很多的日常法律问题其实都是简

1

单的。比方说在法庭处理的案件中，80%的案子是民间借贷和离婚案件，偶尔还有一些人身损害赔偿的案子。大部分就这么简单，真正复杂的案件并不多。就我们工作来说，实际上平常80%的工作量，只要花费我们20%的时间，而20%的工作量可能花费我们80%的时间。如何解决日常生活中的难题？我发现"二八定律"同样适用于我们对法律的掌握，我给它取个名字叫"原则＋常识"：你只要掌握了一些法律的基本原则，了解一些法律的实用常识，就可以应对80%以上的日常法律问题。还有剩下的20%的法律问题怎么办呢？有两个途径：第一，我们可以查找相关的法律，不知道到底适用什么法律的，可以百度一下。我们有时候查问题也百度一下。但是百度里有的内容不靠谱，如果有条文的，最好是找到条文原文查看一下。第二，如果这个事情很重要或者是和你有重大利益关系的话，建议你咨询律师，毕竟律师是专业的，专业律师可以给你提供一个更合理的解决方案。否则像我们当律师可能也就失业了。所以我说"原则＋常识"可以解决80%以上的法律问题。我们今天围绕这个主题，就分三个层面来讲。第一个层面就是要了解一下法律的概况，第二个就是知晓一些法律的原则，第三个就是掌握一些法律的实用常识。今天主要是围绕着"民法"这一块，从大的框架来了解，希望可以达到"远观森林，近看树木"的效果，通过一个多小时的时间，能让我们对法律的东西有一个比较清晰的了解。在座的可能有的本身就是学法律的，有些法律专业的在司法考试时，一些简单的问题答不上来，那就是他没有把这些知识进行梳理。我们也可以通过今天上午的交流，把原来所学的这些知识梳理一下，形成一种立体状的法律知识结构，上下、左右、前后——互相之间都能够沟通。这样，你处理问题就会很自然了，尽管你可能不知道是什么条文，但是你知道这个道理是八九不离十了。这就是我们今天上午的一个开场白，也是我们交流的一个主题。

　　言归正传，先谈第一个问题：了解一下法律的概况。我们现在说的法律体系就是宪法、法律、行政法规、地方性法规，还有一些部门规章。大家都知道，宪法、法律是全国人大或者全国人大常委会制定的。法律总体上分三大类：刑法、民法和行政法，这是实体法。程序法相对应的就是刑事诉讼法、

民事诉讼法和行政诉讼法。实体法配套程序法，像我们1988年司法考试的时候就是刑法一门课，是考刑法、刑诉法。现在调整以后，可能刑法等实体法一部分、程序法另一块，程序法里面还有行政复议程序、处罚程序，等等。它们之间的区别就在于：刑法——官告民，民法——民告民，行政法——民告官。三者之间的关系，从我们历史看，刑法是属于打击犯罪的，什么样的事情要入罪，以前的县官是总揽行政司法大权，不管刑事还是民事的案子他都可以裁决，但重要的是刑事，重刑轻民，民事部分更多的是通过一些礼仪规则来解决的。法律是慢慢形成的，整个框架体系大概就这么三大类。

今天我们讲民法，民法是四块内容：婚姻家庭法，就是婚姻法、继承法这两大块；合同法，也叫契约法，债法，等等；物权法；侵权责任法。这四部分内容就构成了整个民法体系。有的时候还会适用《民法通则》。《民法通则》是在合同法、物权法、侵权责任法等具体法律出来之前先确定一个大的原则，现在整个民法体系的部门法律出来之后，《民法通则》的很多内容已经被新法吸收了或者被更新了。2002年，我在北京参加高级律师培训的时候，国家就准备修《中国民法典》，《民法典》的内容就包括这四大部分内容。这就是整个框架，我们大概知道民法是包括哪些内容，等会儿我们了解了每个法律的主要内容，基本上就了解了民法内容的百分之八九十。

关于组成部分的一些常见问题，我想举两个问题来说明一下。

第一个问题就是《劳动合同法》。我们现在的用工制度是特别多，农民工包括一些个体户，也纳入了《劳动合同法》的范围。《劳动合同法》到底是属于民法还是属于行政法？类似的问题不仅仅是《劳动合同法》，只不过《劳动合同法》是我们比较常用的。其实，法律和法律之间都是有交叉的，《劳动合同法》就是规范用人单位和劳动者之间形成的劳动关系的法律，主要是调整平等主体之间关系的。大量的劳动合同纠纷现在也是属于民事案件，只不过是必须要经过一个劳动仲裁程序；劳动仲裁程序先行之后，才能到法院诉讼。一旦进入法院诉讼，劳动仲裁程序就失效了，法院要重新审理。有的比较复杂的案件，劳动部门也不愿意管，你去告他，他就给你一个《不予受理通知书》，你拿到这个通知书之后可以直接到法院去告。简单来说，因为

他们觉得这个程序反正也是可有可无的，整个体制上是存在着一些不合理的情况。现在修正后，稍微有点合理的是劳动仲裁跟调解连在一块，就像小额的工资类纠纷，是仲裁之后就生效，劳动者不服可以起诉，用人单位不服是没法起诉的，这个和行政复议里的很多类型差不多。比方说台州市政府行政复议，作为行政相对人，如果不服，可以向法院起诉；行政机关即使不服也必须服从，因为行政机关是上下级之间有一个监督和领导的关系，你不能不服。劳动关系里面也有这种现象，立法的初衷是基于劳动者是处于弱势地位的，而现实状况恰恰是有时候反而劳动者占主动、企业处于尴尬的位置。我举个例子：不签劳动合同的处罚是双倍工资，那作为劳动者来说肯定是不签好，不签就可以拿双倍；但用人单位不签的话，就要付双倍工资，如果叫劳动者签他不签怎么办呢？法律就明确规定：要么你走，要么就留着。现实中有这种情况：叫他走他不走，叫他签他不签。类似的情形反映了中国人的习惯，就是喜欢游走于权利和义务的边界。所以现在法院的很多纠纷，我们可以分为两大类：一类是事实清楚、法律关系明确，借条、欠条没什么争议的，就是赖皮、能拖就拖的这一类；另外一类，就是游走于法律的边缘，然后导致纠纷的。因为即使最完善的法律都是有漏洞的，所以我们掌握一个法律的精神远远比掌握一个法律的知识来得重要。《劳动法》除了用人单位和劳动者之间的关系外，还有一个就是劳动行政部门，你要到那个地方去投诉了，他要监管的，这个监管部分就属于行政法，因为他是有权处罚的。如果不服他给的处罚，那是属于劳动监管的，就是行政机关管理的部分。另一个比较特别的就是工伤认定，一个说工伤，一个说不是工伤，那到底是不是工伤？一般来说，看是不是在企业劳动的正常情况下发生的。比如，在上下班的途中或者是在出差期间受伤，这是不是工伤？这个就由行政机关认定；如果你不服，可以提起行政诉讼。所以，不同的法律之间是有交叉的，这个交叉说明一个问题：如果发生法律纠纷，你要去辨别它是属于民事的还是属于行政的；也就是说这个事情是谁管的，到法院之后是民庭管的还是行政庭管的。如果你不清楚，到法院去告的时候，立案庭会告诉你。有的争议很大的时候，一般来说都请律师，律师会提供更专业的解答。

另外一个就是现在的拆迁，在中国比较有名，纠纷也特别多。那拆迁是属于行政还是民事？拆迁安置补偿基本的规定是：拆迁属于行政法范围，拆迁必须要有个文件规定、有个依据；你不服这个依据，就拆迁这一块可以提起行政诉讼；安置补偿就是拆迁之后给你补偿，不服补偿是属于民庭管的，属于民事案件。这就说明了在我们整个法律之间，是相互交叉的。不仅仅是民事和行政，刑事和民事之间也是有交叉的。最常见的就是：把人打伤了、要赔偿，那轻伤就构成刑事案件，轻微伤就属于一般的民事案件。民事案件属于法院民庭管，刑事案件可以提起刑事附带民事诉讼，也就是说刑事和民事是交叉在一起的。类似的事情很多的，行政法就更多了，你违反了哪条，可以给你治安处罚或者行政处罚，情节严重的要追究刑事责任，整个程序都是相互交叉、递进的。但总体上有个规定，就是民事相对来说轻一点，刑事要重一点，行政处罚介于两者之间，这是一个基本的常态。

刚才是简单了解了一下整个法律的框架。接下来说一下整个法律的原则。一般来说，如果我们把法律的原则都掌握的话，那么过了十年二十年之后，这些原则还是适用的，因为这些原则不仅仅是现在规定的，实际上以前在古罗马时代就形成了。先是慢慢形成一种习惯、规则，然后随着时代的发展，可能会有变化，缓慢推进，法律本身有一个稳定的基础。法律的价值在哪里？首先我们要了解什么是法律，为什么要制定法律，法律从哪里来的——这些问题了解了，你就知道这些原则是怎么制定的，这些原则有什么作用。

关于法律的基本原则，三个类型的法律原则是不一样的。刑法是"罪刑法定原则"，通俗地说就是法律没有明文规定的"不为罪"。以前不是这样的，1979 年的时候《刑法》还有类推，就是说类似的情况如果法律没有明文规定，但是认为这个已经严重危害社会、构成犯罪，也就是说先认为你是犯罪，然后找不到相应罪名的时候，就定一个类似的罪名，叫"类推"。到 1997 年《刑法》修改的时候，已经取消了"类推"。"类推"实际上是给当事人一种不能确定的预期。法律的价值在哪里？就是可预期：我能够预见到我这个行为会产生什么后果，大致会知道。所以《刑法》规定：法无明文规定不为罪。刑法定的不仅仅是说你构成什么罪，连相对应的处罚都定了。我们看西方或

者我国港澳地区电视剧的时候发现，他们实行的是陪审团制度，有罪无罪是陪审团裁定的。在我们中国，定罪的问题出差错的很少，大部分问题是量刑方面的。那我们就担心这个量刑的权在哪里呢？国外的量刑细则是很细的（美国的刑事手册很细的），就是说定你什么罪，由陪审团去审查；陪审团审查就凭良知，凭整个法庭里面交叉询问的时候产生的印象，然后独立地做出判断，不允许被其他人干扰。一旦成为陪审团成员，第一，你事先不能了解案情；第二，直接把你封闭在一个地方进行对案件的判断，就是代表人民做出了判断，有罪还是无罪；如果裁定为有罪，法官根据你定的这个罪，起诉什么罪就是什么罪。我们中国是可以改的，定你"抢劫"罪，法院说：这个不是"抢劫"，是"抢夺"，定个"抢夺"之后直接判。甚至起诉"抢夺"，法院都可以定"抢劫"的情况也有。因为中国的法律不是很细致。为什么说对法律的了解，掌握法律原则比较重要呢？价值就在这里：你对法律的原则都了解了，大家都知道怎么办，知道问题的对和错；关键无非是对和错之间的分界线在哪里，或者是中间有一个灰色地带的事情怎么处理，这容易产生纠纷。正常情况下，对和错两个界线的地方，就是黑和白之间，大家都能分得清楚；只是黑和白相交叉的地方，这个比较灰色的地方，以哪个地方的边界为止，这个情况可能是很难判断的，而且不同的人的判断是不一样的。

今天我们讲的是民法，民法的原则是什么呢？不违法即合法。行政法刚好倒过来，是不合法就是违法。中国是全世界法律最多的国家，一方面可能是地大物博，另一个原因就是我们是一个统一的法律体系。国外像美国，各个州的法律不一样，每个州自己制定法律，联邦有联邦法律，州有州的法律。比方我们上次去加州上课，他们说加州的法律是怎么怎么规定的，相对应的联邦的规定是什么什么。我们中国的法律，法律下面有最高法院出的"司法解释"，司法解释之后呢，省高院又搞一个"指导意见"，然后到台州中院又搞个"会议纪要"。从法律层面上说，最高法院的司法解释是具有法律效力的，省高院以下的东西都是没有效力的。而现实状况是，越下面的越有效：台州中院的直接有效，尽管只是"会议纪要"，甚至没有盖公章，就是发一个"简报"之类的，大家都这么办。所以说，我们中国在整个法律体制的执行过程中，会出现很多争议不清的问题，各地各有一套。同样一个案子，比方说诉讼时

效，像借欠条，诉讼时效两年怎么算？温岭和路桥两地法院判断不一样。那中院的意见是什么？按原来的规定，在最高法院"司法解释"之前，反正各地按照各地的常识，你这个官司在温岭打赢的，到路桥就有可能打输了。所以中国虽然是一个法制统一的国家，但实际操作起来各地并不一样。民法本意应该是：法律规定哪些东西是不能做的、哪些事情是应当做的；应当做的不做，或者不能做的做了，肯定是违法的。除了这些规定之外，哪些东西可以做，不需要法律明文规定。因为民法的原则就是，只要法律没有禁止的，就都是合法的。举一个比较常见的例子来说，原来说两个人谈恋爱住在一起叫"非法同居"；现在不这么说了，现在叫"同居"，把"非法"两个字去掉。你说男女找对象，两个单身男女住在一起是"非法"，非哪个法？没有法律规定说不能住在一起呀。平常住在家里没问题，去宾馆的时候要登记，宾馆不给登记，不给登记他不干；宾馆就说要么你不用登记，反正不看；他说不行，我就要登记，哪里规定说我不能登记了？类似这种情形，说明一个理念，就是民法原则，只要不是法律禁止你做的，不是法律要求你做的，这之外其他的都是合法的。这是个民法原则，行政法刚好倒过来。

行政法，只要是没有法律依据的就是违法。这就会导致我们的行政执法过程中把法律规定的有些很原则的东西倒过来了。这说明什么问题？中国现在为什么会出现这样的问题？我思考后，觉得有两个原因：一个是中国历来都是"学而优则仕"，优秀人才绝大部分都去当官了，都是在有行政权力的机关里，机关就是"官本位"；而法律本身应该是"民本位"，整个社会，法制就是"民本位"，当以我们的公民的地位为基础的时候，就叫"民本位"，而我们的现状是"官本位"。另外一个就是"法律是工具"的思维，这个在中国特别盛行。我们有句话叫"我们要拿起法律的武器"——武器就是工具。而实际上，法律应该是一种精神，一种融入我们价值观里面的思想，而不应该把它当作一种工具。

义务普法，应该有两个重点对象。第一个就是我们的领导干部和公务员，第二个是未成年人。后者是因为他不懂法，所以要向他普法。前者不是不懂法，因为一般来说进入公务员队伍都要进行法律培训，当的官越大，培训就越多，他就会知道很多法律知识，甚至有些当官的比专业法律人士还精通

法律。他不是不懂法律，而是缺少一种法治的理念，认为法律是工具，愿意拿法律去约束别人、管理别人。物业管理也是一样的。我们叫"物业管理"，实际上应该是"物业服务"，是请你为我做物业"服务"的，不是叫你来"管理"的。"物业管理"，现在叫《物业服务管理条例》，是服务为主的，这个实际上就反映了"法律工具论"的思想。为什么会产生这个思想？实际上是有深层次的原因的。刚才说的这个原则怎么去理解？我们从另一个角度也可以分析一下。首先，国家是哪里来的？西方国家普遍认为国家是"社会契约论"。"社会契约论"就是说：有些事情我们管不了，然后大家就请一个"人"（就像物业一样，这么多小区的业主不可能很多事情都去管，管不了）来统一管理公共事务、国防事务，请一个"人"来管，就是一个契约关系，这个是主流观点，认为国家是社会契约的产物。除了这种"社会契约论"之外，还有其他各种各样的理论。我可以举一个比较特别的例子，和大家分享一下，叫"强盗理论"。美国的一个学者，他认为，国家就像强盗一样。为什么这么说呢？什么东西利润最高？有人可能回答说是"一本万利"，他说"错，是无本万利"。什么事情无本万利？当强盗！强盗就是抢，不用本钱的。等把这个地方抢光之后，到哪里去抢呢？要到别的地方抢。别的地方也抢光了，怎么办呢？没了。所以强盗后来也总结：不能抢光，要抢一部分、留一部分。第二样事情，你在这里抢，人家也会来抢，怎么办？你要把人家赶走，你要保护当地人。就是我虽然抢了你一点，但是我要起到保护者的作用——对抗外敌。第三个，为了使你能够多交给我一点东西，让我多抢一点、多霸占一些，公共的一些道路呀什么东西给你整理一下。这三大块，第一，你要给我钱，就相当于政府纳税；第二个，对抗外敌，就是国防；第三个就是造路等公共设施，就是一种公共的事务管理。他说"整个国家不就像一个强盗嘛"。我们认为这种叫"强盗逻辑"。提出这个理论的人很聪明，但是32岁就去世了，这里我们就当作一个笑话来说吧。那么从国家的角度来说，实际上就是因为这个契约，本质上就是要由大家联合起来委托一个政府来管理。那么法律是什么？法律就是规则，是大部分的人都愿意遵守的规则。就像游戏规则，大家都愿意遵守，不遵守你就出局，这个是前提。那么小部分人不愿意遵守，怎么办呢？总要有人管，谁管？聘请个"人"来管，这个"人"就是政府。

组建政府，政府的权力就是人民授予的，目的就是两个：第一，服务大众；第二，管理那些不愿意遵守规则的人。

《道德经》里有句话，"失道而后德，失德而后仁"，如果大家都是按照道德、按照礼仪去解决的话，可能也不需要法律。有道的时候就不要"德"，"德"是一个品德，如果"德"也没了，要"礼"，客气一点。实际上后面一句话之后，我们可以再加上去"失礼而后法"，当礼仪也不存在的时候，那就要"法"。"礼"更多的是适用于熟人社会，因为熟人之间互相还有一个谦让，还有这种传统的道德理念是几千年遗留下来的习惯形成的。而陌生人社会之间就不一样了，互相之间可能就无所顾忌，那就需要用法律约束，法律解决的就是这个规则，在这个框架之内怎么去处理你和别人之间的关系。我们把一些基本的思想背后的理论搞清楚之后，就能够理解什么是法律原则。社会要想实现法治，必须具备三个基本的要素：服从多数，尊重少数，遵守程序。

我们现在的社会叫"法制社会"，不是治理的"治"，真正的社会是治理的"治"，叫"法治社会"。这个"法制社会"，是没有对应的英文单词的，因为人类社会就分为三个类型：专制社会（和封建王朝一样，独裁专制的）、警察社会、法治社会。我们实际上是介于"警察社会"和"法治社会"之间，叫"法制社会"。"法制"就是"法律制度"，有"法律制度"的政府就是"法制政府"。现在我们提出来要建设"法治"，"法治台州""法治浙江"，只是从理念上、制度层面上提出来，再慢慢加以落实，真正实现法治还很遥远，可能需要30年甚至50年或者更长的时间。法治社会需要两样基本东西，其中一样就是一种完善的法律制度，我们法律制度是总体完善的，框架有了，但不是很细腻，比较粗犷。第二个很重要（我们缺乏的），是民众对法律的信仰，就是不管是谁，他对法律的敬畏就像敬神一样。当大家对法的信仰已经达到一种普遍程度的时候，就是说大家愿意遵守规则，才能有法治。

我看过一篇文章：《中国人为什么不愿意遵守规则》。中国人喜欢特权，当官的肯定希望享受特权，平民百姓呢，也如此，比如希望今天到医院看病的时候有个熟人，能给予方便。中国人总是喜欢享受特权，不喜欢遵守规则。当整个社会都有法治理念的时候，大部分人的意见就会成为一种规则、一种价值理念。美国最著名的一个"世纪审判"，就是"橄榄球明星辛普森杀妻案"。

这个案子判了以后，美国民调显示，70%以上的民众认为辛普森是有罪的：老婆就是他杀死的。而事实上民事案件他也输掉了（美国的规则是刑事案件和民事案件分开审）、钱也赔了，但是刑事案件宣告他无罪。刑事案件的要求就是要排除合理怀疑，哪怕只有5%的怀疑，这个怀疑的价值就要归于被告人；所以后来觉得可能存在超过5%的疑问，就宣告他无罪了。这种事情如果发生在其他国家的话，肯定会舆论一片哗然，不光是我们国家。日本有一个小孩子在美国，捡足球的时候跑到邻居家里，美国人跟他用英语"叽里呱啦"地说，他听不懂，结果"啪"一枪给打死了，最后法院宣告美国人无罪。日本提出强烈抗议：明摆着小孩子对你没有构成威胁，你为什么要把他打死？美国法律规定得很清楚：这是私人领地，进入了，他就有权打死你。你抗议归抗议，他就是无罪。辛普森案件最终判决那一刻，上至总统下至贫民，只要在马路上走的不影响交通的，都停下来看这个案子的审判结果。最后法院宣告"无罪"的时候，整个社会都能接受。他们接受的不是辛普森被宣告无罪的事实，而是能够接受这样一种"规则"。我们中国现在恰恰是缺少这种规则意识。

　　这个问题因为时间关系就不再展开谈了，这就是法律的原则和精神，这个原则和精神是大的方面。回到我们今天讲的《民法》,《民法》有什么原则？在讲这个原则之前，有个问题需要厘清一下，就是"权力"和"权利"的区别。（这本来应该是个很简单的问题，现在恰恰是这个问题容易模糊。）权力，就是公权力，实际上是一种职责，行使权力就是行使职责，国家给你这个权力你就要行使，你不能不行使，也不能乱行使。不行使叫"玩忽职守"，乱行使就叫"滥用职权"，都是渎职行为。而实际上很多时候，一些行政机关人员认为"滥用职权"不行，认为不用职权很正常。想做就做、不想做就不做，这个是"权利"（利益的"利"）；权力，给你力量，就是叫你在这个范围之内做。当然他也有自由裁量权，中国的自由裁量权已经够大了，但前提必须是有"权"，这个就是职责。不能"选择性执法"。中国的选择性执法太多了：抓到一个醉驾的，抓到一个闯红灯的，如果是熟人可以放掉你；罚款是0.5倍到5倍,我愿意罚多少就罚多少,缺少一个规则。就像扣驾照，熟悉的人，给你开200块罚单就过了；不熟悉的人，扣照；找个熟人来说情，

还给你驾照，但要罚 500~1900 元，由他说了算。这实际上就是把公权力当成私权利行使。私权利相对应的是义务，就是说你的权利是可以放弃的，但义务还是要履行，不是说我放弃了权利就可以什么都不管了。比方说：父母的财产我不要了，父母也不养了。这个不行！父母的财产你可以不要，这是放弃权利；但是赡养父母还是要履行的义务。就是说权利和义务是相对应的，权利可以放弃，但是义务必须履行，这是一个原则。我们现在通常是把公权力当成私权利来行使，这在中国是比较普遍的现象。

民法的基本原则，第一个就是平等原则。这个原则很好理解，因为民法本身就是平等的民事主体之间（包括自然人、法人）所签订的、达成民事行为约束的一个规则，解决平等的民事之间的关系。

民法基本原则第二个是自愿原则。自愿原则就是"意思自治"。刚才说了，民事除了法律规定你应当做什么、不得做什么之外，剩下的你都可以做，你有选择权，选择权就是你自愿的，尤其是在人和人之间的交往过程中。在签订合同过程中，这个"意思自治"是基本的核心价值观，也叫自愿原则。

第三个是公平原则。一般来说，如果发生纠纷了，法院就按照相关的法律规定处理。法律找不到明确的法律规定的时候，怎么办呢？就按公平原则。就是说司法机关在处理的时候，实际上往往使用了基本原则中的公平原则。包括我们等会儿讲到侵权责任法：大家都没有过错，就按公平原则处理。公平原则就是：当找不到法律的规定（尤其是民法，大部分东西都没有规定的），怎么办呢？就是按照公平原则，公平原则实际上是自愿原则的有益补充。比方说放高利贷，利息太高了，国家要给你个限制，是银行基准利息的 4 倍。银行基准是中国人民银行规定的，比方现在的利息是每个月 5 厘，那 4 倍就是 2 分，就是说月利息 2 分以下的基本上都给你保护。各地判的也不一样，像温岭是 1 分半，因为有个规定是说各地法院可以根据实际情况确定，但是最高不得超过 4 倍。我上一次看了一个椒江法院的判决书，约定两分半，以不超过同期利息的 4 倍为限，这两分半之内受保护，也就是说你可以两分二，也可以两分一，因为利息是变动的，不同的时期不一样。为什么温岭现在是 1 分半呢？也是台州中院原来规定的，原来利息是低于 5 厘，4 倍利息是 2 分少一点，然后就规定是 1 分半。其他地方可能是在调整了之后恢

复了 2 分，但是温岭觉得这种民间借贷案件太多了，总体上就是按 1 分半来判。而且官司真的打到法院的时候，可能更关注的是本金而不是利息。实际上，公平原则就是前面自愿原则的有益补充。民法有一条：民事活动要遵循自愿、公平、等价、有偿原则。那等价、有偿为什么不作为高利贷的原则呢？等价、有偿就是说这个事情通常情况下交易公平，但是他不能简单的等价，这个等价不是价值，是一个"对价"，就是假设我卖给你的东西值一万块钱，不是说我非要一万块钱不可，如果愿意，给我卖一千也可以，自愿的；我送给别人也可以，"对价"只是说相对应的。所以说我们的公平原则不等同于等价、有偿，它实际上所解决的问题就是说正常像按照你们两个人的关系，两个人之间这种交易，按照市场价大概的情况，是一种平均的"公正"。合同公正是一种平均的公正，就像人身损害赔偿里面，想着同命同价什么之类的，它实际上是一种平均数，总体上达到一个公平的状况就可以了，不是说每个案子你都要打成一样的就很公平。公平原则另一方面就是说法律有规定的：双方约定有违约金的，但是如果这个违约金太高了，你请求的时候，法院也可以根据这种公平原则适当给调整一下。这些都是一种公平原则的体现。

第四个原则叫诚实信用原则。这个从罗马法开始就一直被作为一种民法的"帝王条款"。本身这个事情很简单，而中国恰恰是人家外国有的东西，我就可以成"世界第二"，带引号的。"世界第二"不是说 GDP 达到世界"第二"，只要是世界上有的东西是第一的，我们马上就成为第二。什么 LV、普拉达呀，老百姓拿出来的都是 LV 包，仿冒泛滥，已经成为中国特色了。据说，有个国人去国外花了 20 多万买了 5 个爱马仕的包，结果发现 3 个是假的；去香港买了一对情侣表，发现一个真的、一个假的。现在香港假货很多，表芯是瑞士的，表壳是日本制造的，很多。不光是中国有假货，其他不发达国家比如土耳其，仿制的 LV 包就多了，比我们路桥市场的肯定要差好几个档次，一看就知道是假的。这个实际上就反映出整个社会缺乏一种诚信。所以我们到国外去买东西的时候，经常会碰到假货这个问题。我前不久去柬埔寨，他们说有一个外贸名品街，都是尾单，现在淘宝店经常说是外贸尾单。外贸的人都知道：根本就不存在外贸尾单。因为外贸是来料加工的，哪怕是废料你都要交上去的。比如公证处，如果涉外公证，一张纸一千块，哪

怕打字打错了也要交回到司法部去，不允许流到社会，流到社会就可能会造假。涉外公证的纸都是司法部统一管理、统一销毁的，打错了没关系，反正还给他。这实际上反映的就是在我们中国太缺失诚信了。现在民事诉讼法也规定了诚信原则，以前是没有的，现在是逐步改善使整个民事诉讼都要有诚信。在国外因为是陪审团审判，如果你这个人不诚实，你的话就打折扣了；陪审团直接影响判决，他不敢不顾诚信。而我们中国，一个案子审判长审了之后，也不一定能够判；所以中国很多法官说，审是审了，判是审判委员会的。现在提出一个证据叫"直接证词"原则，就是说谁审谁判这个案子，因为面临现场的时候你就会感觉到：他说的话是真的还是假的。凭我们的经验，很多当事人到我这里，有时候看他们的眼神，有时候他们一开口就知道他的话是真的还是假的，有的当然是持怀疑态度。现在在整个案件处理过程中，诚信原则的法条越来越多。

第五个是"公序良俗"原则。公共秩序和善良风俗合起来叫公序良俗。它是填补一些法律漏洞的。我们刚才说民法的原则是只要不违法就是合法的，除了应当做和不能做之外，大部分都是可以做的。那是不是什么都可以做呢？我们要遵循一个公序良俗的规则。我举一个宁波市江东区的行政案子。公公和婆婆离婚了，儿媳妇和老公也离婚了，然后公公和媳妇两个登记结婚了；本来是两户人家，各自分开、重新登记之后变成了三户人家。因为村里要拆迁，村民反应很大。不光是拆迁，而且要求公安分户口；公安不给他分，他就告。宁波市江东区公安分局答辩说：第一，村里要加个意见，因为村里不同意；第二个，村里反映，你这是违反了公序良俗这个原则。像这种事情，以前都是当笑话来说的，而现在是现实中发生的，很多事情是道德无下限。所以我们觉得人如果有一种法律的精神，就会知道这个事情该怎么做，不一定非要知道法律条文具体怎么规定的。按照我们原来的传统的理念，就知道这个事情应该怎么做、不应该怎么做，我们只是不清楚灰色地带有多大或者不明确中间边界位置，但是我们肯定会知道是非，而不是非要一定去在这个灰色地带游离，甚至无视社会公德去做一些让人耻笑的事情。

最后一个叫禁止权利滥用原则。民法通则里没有这个，倒是有另外一条叫守法原则：要遵守法律和国家政策。我觉得这个是一句正确的废话，任何

思想比知识更重要

法律都要遵守，哪个法律你可以不遵守？所以这个原则写不写都一样。那么《宪法》里规定有个禁止权利滥用原则，这个在民法里作为一个原则提出来，不仅仅中国，国外也一样的。资本主义社会的价值观——自由、平等、博爱，当时认为平等的社会就是要自由自在的；然后现实状况是，我可以自由地想做什么就做什么的时候，权利越来越大、人口越来越多的时候，你的权利和人家的权利发生冲突的时候怎么办？两个人住同一个房间，一个想睡觉，另一人要吵，怎么办？哪个说了算？权利就发生冲突了，发生冲突的时候就要限制你了。后来就发现平等的社会是不自由的，自由的社会是不平等的。或者换一个角度说，自由不是你想干什么就干什么，而是你不想干什么的时候没人强迫你干什么，这才是自由。禁止权利滥用就是说你在行使权利的时候不能超过正当的界限，正当的界限就是损害了别人也在行使正当的权利。现在我们通过媒体经常看到"广场舞风波"，有的人在广场那边要安静，然后老太婆老头子很早起床、很晚睡觉，就在广场跳舞，音响开得很大，他说我是自由的，我可以活动呀，你有你的自由，我有我的自由。这里实际上反映一个什么东西呢？就是权利不能滥用。你行使权利的时候不能影响别人，我想安静的时候我没有影响你唱歌，但是你唱歌的时候影响了我休息，这个就是影响了人家，那这个权利就要被限制。尽管我们行使的权利本身可能是正当的，但是超过限度，比方说很晚了，你的音响还开得很响，这个就不行，影响邻里关系。所以这作为一个民法的理念应该贯彻下去。

我们讲了法律概况和基本原则，民法 60% 的内容你就清楚了。民法实际上就是解决这一些问题，可能我们会碰到一些具体问题说这个不实用，那下面就讲一些实用的知识，重点讲四个法律常识。

先讲婚姻法。现在法院里离婚案子特别多，北京统计离婚率是 33%，就是平均 3000 对结婚，有 1000 千对办理离婚，离婚率真的有这么高吗？有的说还不止，上海更高，我当时一听也蒙了，后来说这个只是分析，离婚率并不是这么算的。离婚率是结婚登记和离婚登记的比例。但是结婚登记的可能婚姻持续 10 年、20 年、30 年甚至更长，而离婚是登一次就算一次的。比方说第一年 3000 对结婚，1000 对离了，还有 2000 对保持婚姻；到明年又有 3000 对结婚，变成 5000 对夫妇，等于说原来 2000 对还在，再加 3000 就

是 5000，5000 对中有 1000 对离婚；第三年再加 3000，实际上离婚这个比例是这么算的，实际上并不是三对人中有一对离婚。但确实，当前离婚率很高，一个单位如果有 100 人左右，基本上没有离婚者的可能性不大。以前领导干部一般不愿意离婚，现在领导干部离婚也正常了，也不是什么新闻了。

离婚案件解决的是什么问题呢？有三个。第一，要不要离婚；第二，如果离婚，小孩子归谁；第三，财产怎么分配。婚姻法是最基本的法律，要不要离婚，婚姻法规定叫婚姻自由。婚姻自由实际上是包括结婚自由和离婚自由。结婚自由是解放初的时候，禁止包办婚姻、买卖婚姻，等等，现在条文也写着，但现在的社会强迫婚姻的已经少之又少，基本没有了。有的说父母非要我和他（她）结婚，但最后还是你自愿，也不是说你不结婚父母就拿你怎么办，只不过是你为了从父母那里获得更多的利益，然后屈从于他们的意见而已。实际上父母也本不应当给你的，你成年了，又不需要父母给你任何东西。现在的"婚姻自由"实际上讲的就是离婚自由。两个人的感情都没有了，还非要绑在一块，这叫"自由"吗？婚姻是两个人的事情，两个人中只要有一个人不愿意，为什么就非要绑在一块呢？所以婚姻自由就现阶段来说，实际上就是一种离婚自由。如果第一次因为感情不和，一方要离、一方不离的，法院一般就给你个选择权、犹豫期判你不离；过了半年之后第二次起诉的，95% 以上都是判离了。

第二个是子女，中国人对子女的争夺战是空前绝后的。以前子女多，现在普遍是独生子女，都要抢这个孩子，以前抢儿子，现在是女儿也要抢。因为年纪一大说不定就不孕不育了，小孩子抢到手就是"自己的"，抢小孩这个愿望远远超过一堆财产的争执。法院都是怎么判呢？法院现在处理很简单：两周岁以内的原则上会判给母亲，小孩一周岁内男方是不能提出离婚的；两周岁到十周岁的，原则上谁带就归谁；十周岁以上的听从小孩子的意见，一般就是这么处理。从正面的角度说，是为了保持孩子原来的生活状况，尽量减少因为父母离婚而产生的对孩子的不良影响；从深层次说，法院对小孩没办法"执行"，小孩在男方这里，非要找男方把他抱过来，然后交给女方，或者从女方手里抢抱过来，怎么执行？没办法执行！法院也难。所以，诉讼过程中，抢小孩的事时有发生。有一个案件是第二次起诉离婚，女方有过错，

小孩子男方在带，男方起诉离婚了很正常，法院肯定判离婚；结果开庭前，女方把小孩子抢走了，法院也没办法，小孩不大，又不到十周岁，无民事行为能力，小孩在她手里，要么判给女方，男方说判给她我不干呀，然后他就撤诉了。类似的因为小孩的事情而导致的离婚纠纷特别多。实际上从婚姻法的角度说，不管是婚生的、非婚生的，还是收养的，法律地位是一样的。父母离婚之后仍然是子女的监护人，只不过由一方抚养。这里我们会思考一个问题：抚养权或者监护权真的是权利吗？相应的责任是什么？就是如果你的小孩子损害了别人利益的时候，监护人要负责赔偿。实际上对孩子的监护权，更多的是责任，权利很少。但是中国人普遍觉得自己的小孩自己带亲一点吧，也希望子女跟在身边能够听话一点。从法律层面上说，子女抚养本来也是简单的问题。

第三个就是财产了，这里面涉及一个基本的概念，就是婚姻到底是不是契约。有领袖说过：婚姻不应该是作为一种交易，婚姻是高尚的。而现实中，婚姻其实只是一种合同的关系，也就是契约关系。有人说合同法里规定了，婚姻、收养、监护等有关身份关系的协议适用其他法律的规定；实际上写的是有关身份关系的协议，财产关系的部分还是原来的，所以理论上说，婚姻就是一种身份加上契约。人身关系这一块是身份，人身关系之外的财产关系就是契约，两个人签订合同。现在离婚案除了刚才说的子女的情况之外，剩下的就是财产关系。你如果理解了婚姻除了身份之外，主要就是一种契约的话，就有利于调解夫妻关系。因为两个人就是一种合伙，不行就散伙，行就合下去，能不能合伙看你的能力。你如果明白了婚姻的本质就是一种契约，就会明白一些基本的规则。第一，婚约不受法律保护。第二，聘金、聘礼以前是什么性质说不清楚，说返还聘金、聘礼是没有法律依据的，按照法律规定——没有法律依据的是不能判的，现在有规定了，实际上就是附加条件：我为什么送你聘金、聘礼，就是为了和你结婚，只要一结婚，东西赠予就生效了，附加条件就成了，这个钱就不返还了（只有两三种特殊情况除外）。第三，允许夫妻财产约定，夫妻财产约定包括婚前财产、婚后财产、婚前的部分财产、婚后的部分财产，都可以约定。怎么约定？《〈婚姻法〉司法解释（三）》出来之后，南京就闹了一个"加名税"，

就是说加一个名要缴税，最后是国家税务总局说，这个不交税的，依据是《婚姻法》第19条的规定，夫妻之间允许把婚前财产约定为夫妻双方共同所有，是属于法律行为，不是转让行为也不是赠予行为，所以允许财产约定。可以约定遗嘱的、赠予的只归夫或妻一方所有。离婚的时候，原则上夫妻财产各半分割。如果是按照合同法的规则去解决离婚问题的话，很多问题也就迎刃而解了，离婚双方也很容易理解。

《〈婚姻法〉司法解释（三）》，我们戏称为"离婚法"。其实这个按照合同法的规定、契约的理念去理解的话，复杂问题也很简单。《司法解释（三）》里最有争议的是第七条，实际上真正有影响的是第六条。第六条就是婚前财产赠予，但是没有办理手续，按照现在司法解释的规定，是属于按合同的，合同法的186条就是说你：除了救灾的、扶贫的，除了道德义务，剩下的就是公证，除了公证之外，赠予没有办理过户是可以撤销的。就是说如果你的老公当初说这个房产给你、房产证交给你，我们到时候就怎样怎样，你怕他说话不算数，要他白纸黑字写给你，写这个房产归你所有，如果这个房产没有过户的话，离婚的时候他是可以撤销赠予、把它拿回去的，因为这个是没有经过公证的，也不涉及道德义务——离婚了，两个人各过各的了，没有身份关系了。所以我觉得《〈婚姻法〉司法解释（三）》里真正有影响的应该是这一条，而不是第七条。第七条实际上很简单，就是说父母出资登记在子女一方名下的，那么在离婚时这个房产谁出钱归谁。这个很正常，因为大量的媒体都已经说过，我们不展开说。但是经常有人问的是：是父母出资，但是登两个人的名字，登两个人的名字，你就是认可了，因为物权里有个基本原则叫"一物一权，公示公信"，既然你这个权利登记为两个人，那当然就是两个人共有的。那份额怎么算呢？有份额约定的，按约定；没约定的，各有一半。不管钱是谁出的，只要名字写上了，就属于夫妻共同财产了，这个是没争议的，有争议的是写着一个人名字的。

另外一个，当时温岭电视台问我一个问题：人家觉得《〈婚姻法〉司法解释（三）》对女方来说很亏呀。我说女方亏不了，还占了便宜。为什么这么说呢？你看一看《〈婚姻法〉司法解释（三）》第四条，比方说男方婚前买的房子，按揭的，结婚之后再付按揭款，按揭款付了一部分以后，离婚了（按

揭款付完了、没付完都没关系）——以前处理就说房子是男方的、婚前财产，没什么争议的；那婚后支付的这一款项属于夫妻共同财产，这个也没争议的。那争议的问题是什么呢？婚后支付的钱。比方说买房子花了200万，婚前付了100万，婚后又付了100万，那么100万属于婚前财产，就是房子属于婚前财产，这个没什么争议，那后来付的100万按照以前《〈婚姻法〉司法解释（三）》之前，台州本地的处理就是说这个100万属于夫妻共同财产（这个没争议的），各人一半，就是你要补偿给他50万；而现在的规定，就是这个100万是按照我付的房子的部分价值来算，这个规则就是补偿的标准是它的增值部分，如果这个房子原来200万，现在变成400万的话，那婚后付的100万，要按200万分。所以说现在的《〈婚姻法〉司法解释（三）》分的数额比原来的高了一点，并不是说女方亏了。就是说，我们用合同法的理念去解决婚姻财产纠纷，问题就很简单了。这个是婚姻法。

合同法，平常经常碰到的，实际上就两个问题：一个是民间借贷，一个是买宅基地。民间借贷要注意哪些事项呢？第一，借款合同和借条是不一样的，借款合同只是约定你借给我100万，但是你有没有给我100万你也要举证的，所以有合同还不行，在合同里必须还要有依据证明你付了这个钱。如果打借条，直接就证明钱是借来的。老百姓经常问一个问题：借条写的利息太高了，有的是三分利，甚至更高的六分利，很多人以前不敢写，就写得低一点，怕高利贷追究责任。实际上现在按照规定，四倍之内是受保护的。不是说你就不能写，如果约定利息了，不写就视为没有利息；如果写明有利息，但是利率不清楚的，就按照银行利率。还有一个问题就是：借款借条里面，什么时候借款、什么时候还，写好还是不写好？其实借条是不写还款日期更好，如果是欠条又不一样，欠条通常情况下就是说到这一日为止就欠你钱啦，就意味着从这一天开始计算诉讼时效。借款如果没写还款日期的话，是20年都没关系的。还有个更重要的问题，如果借款是有担保的，一般就担保人签个字；如果有还款日期的话，诉讼时效从还款日期开始算，两年；保证时效从还款日期起算，没有约定的时候，只有六个月。很多人等到差不多两年起诉的时候，保证时效已经过了。所以如果借款的话，保证时限要写明白，能不写还款日期就不写日期。另外一个在司法实践中比较常见的就是，通过

第三人交付款项，你如果是付款方，有义务证明你把钱交给了别人，包括借条交给人家；数额巨大的，比方说 50 万以上，要证明我这个钱是交给他的，依据是你有"举证义务"。如果是通过第三人去交的话，你的举证就承担了更多的风险，所以民间借贷要注意这些事项。

宅基地转让也是问得比较多的，但是相对来说不像借条这么普遍，毕竟买房子的人少。问得最多的一个问题，也是最大的风险，就是房产证没有转到你名下以前，这个房子永远是别人的，转到你名下了，房子才是你的；没转到你名下的时候，哪怕房产证办了之后，现在通常做法有的就是银行贷款，你要么再加给我什么钱，不加我就不给你办，然后和你耗着，打官司我肯定会输，输了你也拿我没办法。这种风险是很大的，所以我们不建议去买这种宅基地，你一定要买的话，买房子比买地基要好得多了。如果是集体土地的话，基本上是转不了的，你买地基建房子就相当于租房子，而且碰到"三改一拆"的话，说不定什么时候就给你拆掉了，所以地基是不建议买的。合同法里也没有这方面的太多内容。

《物权法》总共有 240 多条，其实内容不多的。你掌握以下几样，就基本上掌握了核心。第一个，物权的基本类型，一个是所有权，一个是用益物权。像房子，叫不动产，不动产是登记开始生效，没登记就没生效，包括抵押也一样，抵押合同如果没登记的话，抵押权是没有的。另外一种是动产，比方说我们买一只手表、一部手机，是交付开始生效，你原来是出租的或者是借用的，之前已经交付的，那签订合同时生效。特殊的动产是三样东西：航空器、船舶、机动车。航空器、船舶，实际上和我们不大相关，和我们有关的是机动车。机动车车辆登记，是交付时生效，如果没有登记的话你是不得对抗善意第三人，也就是说人家如果把这个东西抵押登记或者怎么办了之后，你可能是没办法对抗的。《物权法》实际上有一个概念叫"善意取得"。这一点以前比较有争议，但是现在法律规定很明确：第一，善意取得不光适用于动产，而且也适用于不动产，以前认为动产是善意取得，没什么争议，比方说人家卖给你一个手机，这个手机如果是人家借来的，而你不知道，你符合三个条件：第一个，你买这个手机，就是受让这个财产的时候，是没有恶意的，是善意的；第二个，你已经支付了对价，不是白拿的；第三个，你买的是动

思想比知识更重要

产，已经交付了。现在呢，善意取得可以适用不动产，就是不动产已经登记了。为什么这么规定呢？因为现在我们的很多房产是允许夫妻之间一个人登记的，例如老公买了而老婆不知道，以前说你这个是不动产登记的，你怎么不知道他家里还有其他人呢？只要是登记了，或者是冒名去登记的，人家是不知道。温岭就碰到过一个：找到一个卖菠萝的女的，跟他说这个是我老婆，你记住叫什么名字，签字，100 块人民币，然后登记了，后来他老婆发现了，说我没登记，这个字不是我签的。鉴定了还真是这样，后来做了很多工作才协调好。类似的按照现在《物权法》的规定就是说，我买的房子只要我是善意的，我不认识你这个老婆，只要你们有一个人签字了，另外一个人到底是谁，是管理部门审查的，不是我审查的；你房产证登的就一个人，那我就办一个人名字就可以了，那另外一个人造成你损失的话，你可以另外要求损害赔偿。

抵押权也是登记生效，抵押的时候实际上比较多的是房产抵押。我们的民间特别是民间借贷：你房子抵给我，就把房产证拿过来了。实际上你拿了房产证之后有几个问题的：第一，这个抵押权没生效，没有抵押的效力，唯一有用的就是知道这个房产在哪里，起诉的时候你没有优先权，抵押不生效的，抵押要去登记之后才生效，没登记拿在手里没用的；另外一个，房产证主人如果是有问题的话，他（她）可以去重新补办一下房产证，结果你这本房产证已经是作废的。所以要抵押的话，必须去办理房产登记；以前是房产登记了还要土地登记，现在只要房产登记就可以了，土地登记已经不需要了。

《物权法》里面最搞笑的东西是什么呢？物权法里规定的基本原则就是"统一登记"，当时制定法律的时候国务院肯定是认可的，而《物权法》出台很多年了，"统一登记"却还没有着落。这一次十八届三中全会确定，要落实统一登记制度。而现实层面，我估计落实还要一点时间。现在按理说物权登记是可以的，物权可以查，这个物权是谁的，大家都可以查。而我们中国很多现实的状况和法律的规定是存在一些差距的。但是作为我们来说，自己办事情的时候，只要了解法律的一个原则性的规定；另外一个要看到现实方面，就是说你如果遵纪守法了，不要站在一个灰色地带上，那么该登记的你就登记。

另一个经常会出现的抵押就是流质抵押。什么叫流质抵押？就是合同里的约定：如果你这个手表抵给我，我就借你 5 万块钱，假如你还不了 5 万块

钱，这个手表就作价 5 万块抵给我。这个是不允许的，这就是流质抵押，相当于典当。典当就是东西典给我，到时候你赎回去。流质抵押是以合同为依据的，你借多少钱，我这个东西拍卖了，5 万的我给你 5 万，超过 5 万的还给我，不够 5 万的与抵押人没关系，你可以向债务人继续要。流质抵押是禁止的。这个是物权法。

剩下一个就是侵权责任法。在侵权责任法公布之前，相关的民法通则是原来的 19 条，还有最高法院关于人身损害的一些司法解释都有相关的规定。侵权责任法总体上也就是把原来散见于司法解释的东西整理成相关的规定。侵权责任的基本类型是过错责任——没有过错没有责任，这个是基本的原则。过错推定实际上是法律有明文规定的，哪几种类型可以过错推定，推定之后认定你是存在过错，必须有法律明文规定，而且也只是一种举证责任的倒置，本质上还是有过错，要证明有过错，并不是说你没有过错还要承担责任。另外一种就是无过错责任，也就是严格责任，像这种产品责任，没有过错，你说因为设计有缺陷或者其他什么东西呢，不一定有过错。我销售产品给你，东西原价进来之后加了多少钱卖给你，一点过错也没有。产品本身有缺陷，你可以向销售者求偿的，这就是法律特别规定的无过错责任。有的无过错责任，比方说像电力，高度危险的，它是无过错；但如果侵权人能够证明他是故意或者重大过失造成的除外。最常见的就是电力设施，爬到高压线上去自杀，这个肯定是不赔的。正常的例如钓鱼的时候，钓竿钩住了电线、触电了，是要赔偿的。哪怕造房子，违章建筑，碰到电线了也是要赔偿的，这个叫无过错责任，尽管是没有过错，但因为是高度危险，所以要承担相应的责任。第三，就是公平责任，它适用的前提是双方都没有过错。这个原则刚才在讲法律原则的时候已经讲到了，就不再展开说了。侵权责任法里，总共规定了八个单独的责任，和我们有关的、接触比较多的主要也就这么三个：

第一个，产品责任。因为产品存在缺陷造成损害的，受害人可以向生产者追偿，请求赔偿，也可以向销售者请求赔偿。现在一般产品都有具体的三包政策，尤其是机动车，从 2013 年 10 月 1 号开始履行，也是比较明确的。

第二个，交通事故。交通事故赔偿的基本原则就是——第一，交强险；第二，第三者责任险，就是商业险；第三个才属于侵权人不够赔的时候再赔。

我前段时间看了一条微信，说是一位退休交警的忠告：最好不要垫付款项，一旦垫付，想追回这个钱往往会有很大的难度，甚至最后都不能够追回来。正常情况下，车辆要买保险，这个钱不能省，而且第三者责任险要买100万，不要买50万，因为现在一个居民如果发生事故死亡的话，50万是远远不够的，买50万就意味着你自己还得赔偿，因为如果对方死亡了，有医药费，强制险执行12万，再加上三责险50万也就62万，是不够赔的。现在赔个70万、80万很正常，所以三责险应该是100万，你最好是有不计免赔。要找一个比较靠谱的保险公司，现在很多保险公司是出了问题之后纠纷特别多，很多保险公司拉保险的时候他说得很好，到理赔的时候给你东减一点、西减一点，差个几千块钱，你除了不得不接受外，还真没办法，打官司还不够花律师费，他就抓住你这个心理。交通赔偿你按照正常的程序之后，最好由保险公司去理赔。我记得《北京人在纽约》中有一个镜头就是自行车撞了，他说要打电话给保险公司，实际上就要养成这种理念，你如果法律意识强的话，就说按照规定处理，你一和保险公司去协调，可能最后效果都不好，还不如通过法院诉讼，一告，保险公司付掉了，你去不去都没有关系，不会要你付钱。

第三个是医疗事故。现在医患纠纷特别多，有一次医院叫我去，给他们专门讲一下医疗损害责任事故。我给他们分析了现在的侵权责任法和原来的医疗条例，包括最高法院的司法解释的区别。总体上说，应该是医疗机构的责任加重了。因为按照医疗事故规定，是一个过错推定，推定你哪些情况是有过错的：第一，你违反了哪些相关的规定，这个规定大到法律，小到诊疗规范，只要你违反了就推定你有过错；第二个，隐瞒了病历，或者是不提供给我，我认为你有过错；第三个，伪造、篡改或者销毁，最多的就是篡改。现在很多医院的病历发生篡改了，是有意篡改呢还是当时就改了？如果鉴别不出，那医疗机构要承担不利的举证后果，因为改了是事实，你说当时改的，但如果你没有用正规的改法——病历书写是有规范的，一般来说，只要消费者说造成医疗损害，就可以起诉，你认为医院违反什么规定，就可以起诉。这个是侵权责任。

最后一个问题就是侵权责任和违约责任的竞合。就是比方说交通事故，我们坐在车上，不幸受到伤害了，如果事故责任是对方的，你可以告他侵权

责任；那么坐在这个车里，你和他是一种运输合同关系，是合同违约——没有把你安全地送到目的地就是一种违约责任，那么你可以选择告交通事故肇事方的车辆侵权，也可以告自己坐的车辆，叫运输合同纠纷，都可以。两者之间有利有弊：告对方的可能是强制险可以赔，有保障；第二个，你告对方，可以要求赔偿精神损害，合同纠纷就没有精神损害这一块了。具体如何选择，建议咨询专业的律师再做出决定。

今天上午我们就是漫谈了相关的民法的一些基本的框架、原则和一些常用的法律知识。我觉得民法基本上就是这些内容，没什么太深奥的。你如果需要从事专业的法律工作，你就需要在那个专业再去深入研究。其他平常的，这些法律知识已经够用了。如果有什么问题，大家可以提一些问题，我们再进一步交流吧。

（以上内容根据 2014 年 1 月 11 日的讲座录音整理，略有删改。）

银行案件防控与消费者权益保护

蒋晓波　（浦发银行宁波分行高级经济师）

今天我会从五个方面介绍消费者保护的主题。

一、银行消费者释义

银行消费者是指为生活需要购买、使用银行产品或接受银行服务的自然人。根据行为性质不同，银行消费行为大致可以分为两类：购买、使用银行产品的行为和接受银行服务的行为。购买、使用银行产品的行为主要有哪些呢？比如购房子的时候向银行贷款就是购买银行产品的过程，申请和使用了银行的信用卡也是购买、使用银行产品的行为。接受银行服务就是个人到银行去存款希望增值、保值，或者去换零钞等行为。

二、银行消费者的主要权利

银行消费者利益主要涉及几个方面，这里简单地讲一下。

第一是安全权。指银行消费者在购买、使用银行产品和接受银行服务时，享受生命健康和财产不受威胁、侵害的权利，包括人身安全和财产安全两个方面。简单讲，比如你到银行去办理相关的存款、取款的时候，如果地

面很湿滑，银行就有义务放一块指示牌提示客户。如果没有放，路面湿滑，客户不小心摔跤、骨折了，银行是要对客户做赔偿的。

银行出售的产品有银行自身的产品，也有银行代销的产品，消费者在购买银行产品的时候，一定要搞清楚两者的区别。如果是银行自身的产品，像存款、银行自身出售的机构性的理财产品，银行有义务保证你的权益、财产不受损失，保证收益率。如果购买的是银行代销的产品，银行只是中间人，产品的收益和保障权是取决于第三家公司的。

第二是隐私权。指消费者对自己的基本信息与财务信息享有不被银行非相关人员知悉、不被非法定机构和任何单位与个人查询或传播的权利。除了公、检、法等国家法律规定的部门，任何人都不能查询你的信息，包括银行内部的工作人员。除了在柜面办理业务过程中直接接触到的，银行的工作人员一般也接触不到你的账户的金额。

其他权益还有知情权、选择权、公平交易权、损害赔偿权、受教育权、受尊重权、监督权等。

三、银行消费者权益保护概况

接下去，我们来了解一下银行消费者权益保护的概况。美国是世界上最早提出消费者权益保护的国家。20世纪60年代以来，美国信用交易规模迅速扩大，信贷消费成为美国消费者的主要消费模式。因此，美国政府制定了一系列法规，来保护消费者的权益。英国、澳大利亚、加拿大、日本、韩国等相继出台了一系列法规，保护银行消费者的权益。所以银行消费者的利益在国外起步是比较早的。

我国在2006年，由中国银行业监督管理委员会发布了《商业银行金融创新指引》，首次引入了"金融消费者"的概念，强调银行的金融创新必须以切实保障银行消费者权益为基础。近年来，又进一步探索建立了"人民银行协商调解处理＋转送相关部门"的申诉处理模式。2012年，中国银行业监督委员会消费者保护局成立，表明监管部门将消费者权益保护提到一个更高的层面。

如果消费者在购买实物产品的过程中受到了损害，会向"消协"投诉，银行的消费者如果觉得权益受到损害，能向哪里投诉呢？人民银行、银监局。

四、我国银行卡消费者权益保护的现实障碍

接下来看一下第四个问题，我国银行卡消费者权益保护的现实障碍。我国虽然有了一系列法律法规，但在现实过程中还是存在着这三个方面的问题：

一是知情权不够充分。由于我国的银行消费者权益保护工作起步较晚，相关立法工作有待进一步完善，银行方面隐瞒、误导银行消费者的行为时有发生，一些银行履行风险揭示与告知义务的自觉性仍有待加强。银行的产品相对来讲比较专业，银行销售人员有时候为了业绩，可能只把产品的优点向你介绍，隐瞒了缺点。如果没有一定的金融知识，一般人很难判断。譬如有的理财产品半年只能赎回一次，在固定的开放期开放，销售人员没讲，这一天时限一过有的产品是不能赎回的。这就要求银行的产品销售人员一定要把产品的特性、特点、利率情况、期限等向客户讲清楚。作为消费者本身，一定也要多问，直到彻底理解为止。

二是选择权受限。银行消费者选择权保护面临着某些障碍，如当银行与消费者信息不对称时，消费者的选择权受限；部分银行消费者金融知识匮乏，维护自身权益意识淡薄等。

三是公众金融教育机制不完善。受经济发展水平影响，我国的公众金融教育工作起步晚，金融知识普及程度不高，尚未建立持续性教育机制。尤其是在金融产品与服务日新月异、层出不穷的今天，部分银行消费者缺乏消费理性与维权意识，银行消费者教育工作需要加强。

我们从电视、网络、报纸等可以看到，在国外，从小学、初中、高中都会有跟银行相关的金融知识的教育。但是我们去看国内的教育呢，无论是小学也好，中学也好，甚至在高中，退一步说呢就是甚至在大学，我觉得金融知识这一块的教育是非常缺少的。其实小孩子的这种理财意识、公众的理财意识，从小学、初中、高中就应该开始，像银行开户怎么开、要注意哪些问题，办贷款怎么办、应该注意哪些问题，这些其实应该从小教育的。

五、银行消费者权益保护，我们该做些什么？

接下来我们重点就讲第五个问题：作为消费者如何保护自身的权益？我从案例、实例的角度来讲，作为消费者本身，在跟银行打交道的时候应该怎么做。

第一个案例：存款被盗案

2009 年 11 月 9 日，何女士在某信用社办理了一本存折。2010 年 4 月 22 日，两名男子以向何女士账户存入货款为名，骗取了何女士的存折及密码，并持存折到信用社某分社取走 4.5 万元。事后，何女士发现账户上不仅没有存入货款，反而被取走了 4.5 万元，遂向公安局报案，并以信用社分社没有尽到合理审查义务、侵害自己权益为由，将信用社分社告上法院，要求赔偿损失。

经法院查证审理，法院认为信用社分社与何女士系储蓄合同关系，存折和密码为取款的重要条件，何女士应当保管好自己的存折和密码。何女士将存折和密码交给他人，是导致他人得以将存款取走的主要原因，因此何女士负主要责任。男子在盗取存款时，取款凭条上的签名为"荷某"，信用社分社未能发现客户签名与账户名不一致，未尽谨慎的审查义务，承担次要责任。法院判何女士承担 60% 的责任，自担 2.7 万元损失；信用社分社承担 40% 的赔偿责任，赔偿何女士 1.8 万元。

这个案例的启示，一是作为个人，我们有义务保护好在银行的个人账户信息不外漏，包括存折、银行卡，千万不要借给别人，更不能把密码轻易告诉别人。把银行卡和存折借给别人会发生什么风险呢？如果这个人坏一点，他现在不取钱，把你的银行卡、存折的磁条信息和银行卡背面的磁条信息用刻录机刻录，以后可以复制出一张信息一模一样的银行存折和银行卡。过了半年或者一年以后通过 ATM、POS 机把你卡里面的钱卷走。

如果朋友要给我汇款，或者生意合伙人要给我汇一笔款怎么办呢？就告诉对方你的姓名、银行的账号、开户行三个要素，千万不能把你的存折、卡给他，也不能把你账户的密码告诉他。因为银行的系统有一个保护机制，客户的密码都是屏蔽掉的，任何人都查不到。

第二个案例：冒用司法机关工作电话实施诈骗案

2011 年 6 月，黄某接到一名自称市公安局警察的人打来的电话，称：要给黄某做"录音笔录"。这个民警称，有人以黄某的名义在某行开了个账户，里面有 58 万元存款，涉嫌洗黑钱，要把情况上报法院。之后，一名自称省里某法院工作人员的人给黄某打来电话，称：为保证资金安全，要黄某把钱转到法院一审判长的账户上。听说要把钱转到一个陌生账户，黄某立即拨打 114 查询，结果发现刚才来电显示的号码的确和省里某法院的总机号码一样。这下他不再迟疑，立即把 90 万元存款转入"审判长"的账户，并按对方要求到省里某法院门口等工作人员接待做笔录。等了几个小时都没有见到人，黄某才醒悟过来：被骗了！

通过了解，该法院总机只能接电话，不能外拨，但受害人不知道这个情况；骗子利用改号软件，冒充有关单位的总机号码进行诈骗。这种诈骗的一个特点是，即使被骗者回拨正确的总机号码查询，也会因为不知道具体要找哪个部门，而无法核实到详细信息，让骗子有了可乘之机。

这个案例给我们什么启示呢？作为银行的消费者，一定要有自我保护意识，要了解公、检、法在办案过程中是不可能通过电话的方式来做笔录的，肯定是面对面的笔录。其次，我们要了解：公、检、法这些机关根本就没有所谓"安全账户"，而且不可能以一个审判长个人的名义去开立单位的账户。第三，到银行去核查公民的财产，必须由公安局或者相关的法院、检察院出公函，才可以查你在银行开了几个户头、有多少存款，包括交易明细。

第三个案例：无卡存款交易成功后，消费者要求撤销交易

2012 年某月，甲某向异地乙某借记卡账户存入款项，填写了存款凭条，并签署了本人的姓名。银行柜员按甲某的指令完成交易后，甲某以其与乙某的商业谈判破裂为由，要求银行柜员撤销该笔交易，将钱款退还。银行柜员拒绝了甲某的要求，称应由甲某自己与乙某联系退款事宜。甲某表示不能理解柜员的做法，遂向该银行客户服务中心投诉。

银行柜员告诉甲某，他跟乙某的退款要他自己跟乙某联系，就是说由乙某把这笔钱退还给他，银行主动发起是不可以的，已经签字确认的成功的

交易是不能做撤销的。后来这个消费者也跟相关的部门投诉过，银行相关部门都告诉他是不能做撤销的。为什么呢？银行跟乙某是储蓄合同的保护关系；银行虽有义务保护甲某的利益，但是存款已经存到乙某账户，存款的所有权已经从甲某转移到乙某了，银行有义务保护乙某账户的资金安全。

这个案例给消费者的启示是什么呢？我们在做无卡交易的时候，即你为他人的账户网银划款也好、ATM 转帐也好，或者说到银行的柜面为朋友存款也好，一定要确认这笔款是一定要存的，而且是这个账号，账号和姓名没有差错才能做这笔交易。银行确认的回单一定要仔细看，银行就是按照你填写的单子做这笔交易，只要银行做的这笔交易打出来的单子跟你填写的那个单子丝毫没有差错，银行就没有任何责任。

如果甲某一定要讨回这笔款应该怎么做呢？只能通过司法机关来扣。如果你跟乙某打官司，乙某输了，那么公、检、法会出一个扣款通知单，银行据此才可以到乙某账户里面去扣款。

第四个案例：冒用他人身份证领取信用卡、恶意透支

2012 年 3 月，郑某和林某委托某公司人员冯某办理贷款。冯某获取郑某和林某的身份证复印件等资料后，委托专门帮人办理信用卡的"二哥"，分别以郑某和林某的名义，向某商业银行申领了两张信用卡，累计恶意透支近 5 万元。2012 年 4 月，发卡银行向警方报案，警方遂将冯某抓获归案。

这个案例里，林某和郑某是没有责任的，没有委托"二哥"办信用卡，是别人盗用了他们两人的信息。发生恶意透支以后，银行首先向郑某和林某追索；郑某和林某讲没有办过信用卡，银行就进行核查，确实不是本人申领，银行就向公安机关报案；警方立案侦查后，将冯某抓获归案了。

这个案例郑某和林某没有责任，银行有责任。根据人民银行的相关管理规定，银行在发放信用卡的时候必须做到三个亲见：亲见申请人本人；亲见申请人提供资料的原件，包括身份证、房产证；亲见本人签字。这个案例里银行把关不严，没有做到三个亲见，导致了这起恶意伪冒信用卡透支案，银行是负全责的。

第五个案例：借用他人借记卡账户惹麻烦

甲某和乙某关系很好，乙某申领了借记卡，甲某给乙方借记卡存款，而且经常使用乙某的借记卡。后来乙某出国，将借记卡给甲某使用。甲某给该卡存款后，在操作时输错密码三次，银行将该借记卡进行了密码锁定；甲某前来解锁卡片，银行因其非持卡人本人申请解锁，拒绝为其办理。甲某无法提取卡内存款。

这个案例说明什么呢？不要去借用别人的银行卡、存折，应该用自己的身份证办理。现在办银行借记卡很方便，只要有身份证当场就可以办好，在任意网点都可以办理。

第六个案例：借贷搭售，强制交易不合规

日前，某报投诉监督热线接到高先生的投诉电话：7月份，他到某银行支行办理50万元的房屋装修贷款，被该支行个贷部的客户经理告知，如需要办理此项业务，利率要比基准利率上浮30%左右，同时还需要购买一定重量的黄金。

本案例中，银行为办理个人贷款设置了购买黄金的条件，强制个贷消费者办理其他金融服务后，才向其发放个人贷款，属于强制搭售行为，侵犯了个贷消费者的公平交易权。遇到这种事情，消费者可以向人民银行、银监会去投诉。

第七个案例：代付变代扣，银行越权处理账户资金

客户王先生在一家大型企业工作，该企业委托A银行代发本单位员工工资。2009年10月15日，王先生从该企业辞职，但当王先生清理自己工资卡的时候，发现原本已入账的8月和9月的工资不见了。王先生咨询银行，银行答复说：企业凭企业介绍信、说明将王先生8月和9月的工资抽回了。王先生为此很是愤怒，意欲起诉银行。

这个案例银行是存在明显过错的。要对银行的个人账户扣款，必须凭公、检、法的相关文书证明原件才能办理。银行跟王先生是储蓄合同的关系，银行接受企业委托把工资代发到王先生的账户，跟企业的业务关系已经结束了。企业要跟王先生解除劳动合同，应该由企业向王先生追索。

上述案例的几点启示：

银行消费者权益的保护需要从两方面着手，首先银行方面：

第一，银行应规范经营，诚信对待消费者。

在销售信用卡、放贷或者销售理财产品的时候，一定要向消费者讲清楚产品的特点，产品在使用过程当中的注意事项，等等，合规经营。

第二，在向消费者提供服务时，应根据消费者的需求以及银行的实际情况，提供咨询指导、业务办理、技术支持等服务，保证消费者得到相应的服务。

像现在银行帮助客户办网银，网银办了以后要对客户进行相应的培训，应该告诉客户在使用网银过程当中要注意什么，网银应该怎么使用，提供服务的时候要普及这一方面的知识。

第三，依法向消费者提供真实、准确、充分的相关金融信息，保证消费者的知情权和选择权。

银行销售保险类的存款，例如存五万块以后给一定的保险，是跟保险公司合作的，银行员工跟客户介绍的时候没有介绍清楚，只是跟客户讲这个存款很划算、五年期的利率比较高、还有一定的保险。消费者存了两年以后，钱有急用，想把银行存款提前拿出来，大不了损失一点利息，定期转为活期——但如果是保险类的存款，是拿不出来的，一定要五年到了才可以拿。

第四，开展消费者金融知识教育。

其次，银行消费者应该怎么做呢？

第一，消费者应了解、学习金融知识，具有自我保护意识，保管好自己的相关信息资料等。

第二，根据自己的资金情况等，合理选购银行产品。

第三，切实保护好自己的银行账户、密码、个人信息，不随意告诉他人。

银行开户必须本人办理，密码设置不要过于简单，通过正规的渠道办理业务（柜面、网银、电银）、使用银行卡在 POS 机刷卡消费、ATM 取款输入密码时，用手予以遮挡等，以确保您的账户安全。

总之，银行有义务来保护消费者的权益，但消费者也要从自身的角度来保护好自己账户的信息安全。银行消费者权益保护需要银行与消费者的共同

努力。尽管监管部门、银行业金融机构都在案件防控方面做了大量工作，但面对复杂多变的案防形势，就个体而言，每个人自己才是自身利益的最佳保护者。

（以上内容根据 2013 年 11 月 30 日的讲座录音整理，略有删改。）

古越钩沉

浙商的人文精神与经济发展
——转型提升之路

吕新福 （浙江工商大学管理学院院长、博士生导师、浙商研究中心主任）

　　在座的各位，不知道你们对"经济"是怎么理解的。通俗的说，就是使有限的资源尽可能得到好的配置，产生好的效益。实际上经济这个概念的前提背景是资源的有限性。配置方法有两种类型：一种是计划型配置，就是权威分配的方法，还有一种是市场价格的配置方式。行政权威的配置方式是按领导的权威来配置资源。市场价格的配置是谁出价高配给谁。

　　现在比较多的是采取企业组织和市场交换的利用方式。国有企业相当于车间的形式，国家才是真正的老板。所以，不同的配置方式和组织方式，效果是不一样的。换一个角度讲，经济问题也总是和财富、物质相关联。今天来说，就是和货币相关联。这样的问题大家觉得跟文化有什么关系？实际上，任何一种经济的背后都是文化。不同经济的发展水平所包含的文化内涵是不一样的，需要的文化支撑也是不一样的。比如说今天市场经济背后的文化是什么？它需要善于去发现、捕捉供求差异的机会。

　　在市场活动中，可能有的人赚钱了，有的人不赚钱，有的人赚大钱了，有的人赚小钱，会有财富分配结果的不平等。正因如此，就有慈善性文化的

存在。如果没有慈善，有钱的人不去关注弱者和没钱的人，社会人类就不能存在。那么市场经济包含什么文化呢？包含信用、信任、契约、效率，等等。当然还有一些很重要的问题，比如说权利意识、自由意志。

市场经济是要维护人们的权利的，如果没有权利意识，市场经济一定做不了。市场经济一定要讲契约，签的合同一定要算数。这是市场经济本身包含的文化。经济跟文化之间本身就是非常密切地联系着的。另外，不同国家的文化传统是不同的，而经济发展具有一般的规律性，这两者的关系该如何把握也是很重要的问题。

用我的观点讲，市场经济的自然历史形态和发达形态是欧洲、美国的文化。从本源的角度讲，适合市场经济的发展强调什么呢？强调分离，人与人之间、人与自然之间、肉体与灵魂的分离，强调的是人向外去追求物质，强调人们去探索外部的未知世界，追求科学和理性的精神。市场经济最发达的形态表现在美国，为什么呢？最有个性精神、最敢闯、最有冒险精神的人从全球范围聚集到美国，美国绝对是创业者、冒险者的乐园。

为什么中国文化到了 20 世纪 80 年代才正式大规模地开始市场经济运动？这跟我们的文化传统有关。因为我们的文化传统强调天人合一。道教是从自然的角度去讲的，儒家学说是从人的角度去讲的，佛教是从人心的角度去讲的。天、人、心合一包含着人与人之间天然的联系，强调人和自然之间割不断的联系，也强调肉体和灵魂不分离的文化传统。农耕经济最早适合这样的文化，所以在农耕经济的时候中国创造了世界最突出的文明。

到 20 世纪 80 年代，西方已经进入工业化的后期了，人们简单地谋求自己的利益已经越来越受限制了。它更强调合作、对资源环境的保护、对弱者的关注和社会保障，等等，这些和中国的天人合一的文化又能够吻合了。这时候中国的文化传统可以结合市场经济，没过去那么强的扩张性和侵略性。

我们的话题就有这样一个背景，因为中国有自己的文化传统，按照经济发展的规律我们不能不走。农业经济到工业经济有一个过程，如果不发展工业经济，国家是要被打垮、边缘化的，甚至不排除民族的衰落和衰亡。工业经济能造出强有力的工具，比如说飞机、大炮、宇宙飞船等，都是工业文明

的产物。农业文明和工业文明在工具层面上绝对不是一个等级的。从农业文明走向工业文明是经济发展的规律使然。我们自己的文化传统跟市场经济、工业文明之间是有距离的，或者甚至是有对立的。但是经济发展的一般规律又不能不搞市场化和工业化，这问题怎么办？

先聊聊第一个话题：浙商的地域历史文化传统。

"浙商"跟浙江的民营或者民营经济的概念有什么不同呢？其中有一个很重要的不同就是：讲民营经济和民营企业的时候，浙江和江苏没什么差别；但如果讲浙商的时候，浙商和苏商、鲁商就有差别了。这种差别源于什么？就源于区域文化的不同。

从外延的角度讲，浙商包括浙江籍在外面创业或经营的人，外省籍的在浙江创业和经营的人。为什么呢？因为他们长期在浙江生活和创业经营，等于他认同了浙江地方的文化了，不认同它的文化他的创业和经营是很难扎根的。我们讲的浙商是跟浙江的地域历史文化有关联的。浙江的地域面积和法国、德国差不多，浙江的地域文化和欧洲的文化也有相似性，就是文化多元性比较明显，这是非常有生命力的原因所在。

聊到浙商地域历史文化传统的时候，第一个观点就是山水自然资源的养育和历练。文化和自然脱不了联系，因为人生活在什么样的自然环境条件下，就会养成什么样的习性，或者说文化是有关联的。浙江是东南沿海气候，环境适合农作物生长，多一分勤奋就多一分收获，这是浙商的地域文化带来的。另一方面，浙商受海洋资源的影响，灾害很多。一场灾害就把你的庄稼打掉了，迫使你再发奋努力。这种环境条件下，相对于可耕种的土地来说，人口是比较多的，所以人均拥有的耕地资源比较少。这就迫使浙江人千方百计地跳出浙江，到外面发展。

更突出的体现是什么呢？是山海资源，我们一般叫山水资源。

台州典型是山海资源，山历练人性和坚韧性，海历练智慧和冒险精神。还有一种文化我概括为根植与远行。因为这个地方养育了我，土地有根植性，使我深深地眷恋。由于资源环境很有限，总是面临生存的压力，所以远行。

浙江这样的地方形成个体和家庭的经济方式，比较突出地体现在：浙江

人的个体意识和主张是比较强的。这也是改革开放之初，浙江人率先行动起来的一个非常重要的原因。如果不具备普遍的个体意识和主张，就不会突破当时的计划经济。

最后就是农工商并举的淘汰制。这里形成了什么样的人文精神呢？农业形成的最主要的人文精神就是对土地的珍惜和对自然的热爱。没有良好的自然环境和土地条件，农业根本就无法进行。人工劳动在农业生产当中只占一小部分，更大部分的农业生产是根据土地和气候自然环境进行的。对商业活动来说，他所培育的人文精神比较多的是功利性的算计和利益性的追求。

浙江的地域文化一方面是民间百姓文化。今天现代化非常看好浙江，最重要的原因就是看中它的百姓和民间文化。现代化主要不在于国家和政府而在于国民，国民行动的重要性。从全球范围看，现代化根源于国民的觉醒和国民的行动。国民靠自己的努力争得自己的权利，维护、增进自己的权利。现代化的根基在这个地方，所以我特别强调这条。作为浙江人，特别珍惜这种民间和百姓自主的文化传统。当然我们后面会提到这个问题其实也面临着挑战性。

第二种文化就是中国传统主流文化。特别是南宋以来，南宋的王朝移到杭州。相应地孔子家族也南迁了，最早落户于磐安，后来才到衢州去的。

第三块是西方近现代文化。西方近现代文化对浙江的影响是比较大的，因为对外开放比较早，尤其是台州。

我曾经在我写的文章中讲过，这种三元文化的聚集，是浙江文化传统的特点和特质。浙商如何从边缘转化为主流，民间百姓文化、中国主流传统文化和西方近现代文化的三元文化，都是一个边缘的聚合。我当时提出这个观点，第一是出于生计需要。西方学术界非常强调人的本能，传统文化强调伦理道德，主要强调意识层面而对无意识和潜意识层面是不太重视和强调的。最突出的是弗洛伊德，弗洛伊德把人的本能都概括为性本能。但是不可否认，本能的激发却可以产生巨大的力量，所以早期浙商的成功源于老百姓吃不饱饭。解决生物生存要求的本能，就没有那么多顾虑和限制。早期浙商成功的重要原因是本能激发了自发和自为的精神。传统文化特别强调自觉，但实际

上文化精神当中的自发性是很要紧的。正因为如此，浙商能够把很多其他人做不了的做起来。

第二点就是浙江的地理环境、文化传统形成的浙江人的勤奋吃苦精神。

第三点是浙江人走遍千山万水，四海为家，使浙江人把生意做到全国乃至世界各地。其中最突出的是温州和台州。

第四点是我的一个概念，叫"个众"概念。很多人都觉得在河南这些中原地区，一个人赚钱，其他人会眼红，眼红就挖墙脚，让你做不成。那浙江人呢？你赚钱，我就跟着你学、跟着你跑，所以大家陆续都赚了钱。这是造就早期浙商群体成功的关键性原因，哪里有浙商哪里就有市场。而且由于地域文化造成浙商特别灵敏，尤其台州、温州人对市场经济获利的敏感性很强，捕捉商机的能力特别强。浙江有手工业传统，有不少能工巧匠，也有很多人跟着来，把商业和手艺两块结合在一起。这些能人挑头往前冲，大家跟在后面一起奔，就形成了一种气候。如果单从前面的那些因素，实际上还不足以说明浙商的成因。

早期浙商群体成功的原因和奥秘是什么呢？早期浙商是中国市场经济的拓荒者。因为早期是计划经济统治着整个中国的经济。市场经济是缝隙里成长的，甚至是地下的，没有取得公开的合法身份。后来由于改革开放的松动，再加上浙商的群体性行为，每到一个地方就让市场经济的星星之火燎原起来，所以市场经济的拓荒者同时也是初级工业化和城镇化的推动者和建设者。从市场经济的角度讲，浙商是布道者。对早期的浙商的高评价，都是从这个角度去讲的。但也正是这些成就了早期浙商的特点，导致了在经济社会环境变化的时候，变成了制约浙商发展的局限和障碍。

2008年的世界金融危机可视为一个转折点，但是浙江的转折是从2004年开始的。2003年以前，浙江经济持续增长，2003年是浙江在全国地位最高的时候。2004年开始，相对地位就下降了。但突出的体现是2008年的金融危机。为什么？2008年的金融危机导致海外市场的急剧萎缩，大量的出口都断了，而之前浙商正好利用了中国加入WTO的机会形成以产业集群为主的经济形态。地域经济大量的出口迅速占领国际市场，所以金融危机对浙

江的冲击很大。国外市场的冲击，导致国内市场受到很大的影响。全球范围和中国范围内的经济增长方式要开始转变，在全球范围内发展中国家廉价的生产，大量产品供发达国家享受，他们是提前消费，我们是廉价地耗费资源和对环境的污染，这种世界范围的经济格局不可持续。而中国自身由于改革开放30多年，大量廉价地耗费资源和劳动力，导致了对自然资源和环境的严重破坏，导致支付能力的约束和限制，贫富差距的扩大也使经济难以为继，所以这时候才有中国真正提出经济社会的转型问题。

正是从这时开始，浙商面临着前所未有的挑战。第一个，为了生计的动力，不存在了。生活无忧了，甚至很多人有子孙后代都用不完的钱了，那他还追求什么？动力面临着衰弱和衰竭，企业家精神颓废。

第二个局限性就是占有物质财富的局限性。传统文化是强调重义轻利的，讲利益是种耻辱。计划经济平均分配，也没有利益和追求。市场经济把人们对利益追求的欲望充分地激发和释放了，获得和占有财富、物质的欲望迅速膨胀。但是这个问题最大的局限性是什么呢？物质膨胀了，精神萎缩了。

第三是个人和家庭所有与经营的局限。浙江个体和家庭经营意识很强，财产一定要传给子女，不能传给外人。他们的很多子女是什么状况呢？当长身体、长学问的时候，父母忙于做生意赚钱，没人顾得了孩子，他们有巨大的失落，得不到应有的爱和关心。小孩对父母的怨恨，父母对子女的歉疚感——为了去平衡这种状况，给钱越多其实危害越大。很大一部分子女，觉得父母的职业太苦太累，不愿意接班。第二种类型的人又没有能力和本事接班，早期应有的教育没有得到，而且心理上又扭曲和失衡了，再加上后期父母对子女过度的经济补偿，导致人格畸形发展，根本就没有相应的素质和能力接班。第三种类型，有一小部分人，子女培养得不错，一些有钱的人把子女送到国外去读书和学习。送到国外回来之后，子女不愿意接父母现有这一块，转向另一行搞投资。很多第一代浙商的子女赚钱是搞投资去了、不做实业了，所以浙江的实业的继续发展是有很大的问题的。

第四个方面的局限，前面的"个众"当中，带来的跟随和模仿的局限，你挑头我们大家跟着你。最典型的是永康的浪潮经济。比如说某几个老板，

因为搞五金制品，包括搞门、保温杯等，某个老板引进保温杯产业的配套设施很完备，一下子就把浪潮推得很高了。浪潮推高了之后，市场同类化竞争，价格就迅速回落。这属于典型的跟随模仿。

第五个方面的制约就是各种特殊关系的制约。中国传统的人文社会是讲各种特殊关系的，兄弟姐妹、亲戚、老部下、老同事、老战友，能拉得上特殊关系的全拉，坏的一面很明显。浙商现在到省外去投资非常疯狂，因为浙商有钱，都聚在一起，整个浙商组织在一起，资产规模就大了，容易和政府建立各种特殊关系。拿出资源和好处，一方面促使浙商的财富积累，另一方面严重地阻碍着浙商的继续发展。

第三个问题是浙商人文精神和经济发展的转型提升。怎么个转变提升法？

这里我分开几点讲。第一点：完整的个性化和社会化制度。这里我分两点，一点是完善的个性化思路。我们这一代人年轻的时候是能吃苦的，长身体的时候闹饥荒，长学问的时候是"文化大革命"；但是我们到老的时候，退休的时候有保障，是很幸福、很安宁的。对于在座的年轻人，二三十岁的时候身在福中不知福，到你大了以后真正是要吃苦。因为未来的竞争是很严峻、很残酷的。很多家长、好朋友，孩子要读大学，来咨询我，一般都说哪一个专业热门，其实是错误的。任何一个热门专业都是短暂的，很快就膨胀饱和了。正确的选择是，什么专业是适合你小孩的，什么就是好的。能够把小孩的资历、特点最好地开发出来，能够做得最好，他又是最快乐的，这种选择才是最好的。这跟我的个性化思想是有关系的。正像我们前面点到过，我们文化当中形成的特点就是模仿，不是用自己的眼睛去观察，用自己的耳朵去倾听，用自己的头脑去思想。

另外一方面，做生意一直强调守规则，但是中国人普遍是最不会守规则的。为什么呢？因为从小以来就强调小孩要"听话"，小孩排斥大人了就闭目塞听：我根本就不听你的，或者说这只耳朵进另只耳朵出，根本不在脑子留下一点。由于小时候什么都被迁就，一发脾气大家都急了，爷爷、奶奶、外公、外婆全来安慰你。

第一种境界是听清楚人家说什么话。第二种境界是听明白人家说什么理。第三种境界是听懂人家的心灵。第一种境界是用耳朵听，第二种境界是用大脑听，第三种境界是用心灵听。如果不会倾听、不会沟通，怎么能形成团队？现在强调社会关系、社会资本，个性化就是完善个性化。这两个方面，一个是自己去观察、倾听、思考，另外一个真正要听懂看明白，两方面结合就是完善的个性化，所以我们习惯眼观六路、耳听八方。

眼观什么"六路"？六路是上下、左右、前后，上是精神，下是主旨，左是功利，右是道德，前路是资源，后路是资本。

耳听八方听什么呢？人怎么把握自己呢？非常重要的一点是要保持自己信念和人格的一致性，坚持不动摇不改变。另一方面要随时随地观察各种变化，感受丰富性和多样性，既有坚守又有灵活应变。通过各种观察和比较，去发现：自己真正在意的是什么？最放不下的是什么？最拿手的是什么？最喜欢的是什么？最擅长的是什么？通过比较，把真正体现自己的优点和特点的事确定下来，才是核心的优势和能力。另一方面，去感受各种不同的场景、氛围等，去感受各种对象的愿望和需要，使自己适应客观环境和条件。人格的自信和状态的生动性、变化性、灵活性——我觉得这样的人格塑造才能使你走向未来，才能成功和幸福。

这个跟浙商转型有关系。比如说转到什么地方去？现在有很多情况下，人家做什么，我跟着做什么，你还没弄明白人家有什么资源你有什么资源，人家有什么能耐你有什么能耐，人家有什么乐趣你有什么乐趣，都不了解这些就一味模仿。还有年轻人创业，如果你自己还没有充分认识自己到底是什么样的人，真正在意和喜欢什么，即使让你一次成功了，但是第二次一定会栽跟头的。所以转型升级跟新浙商创业都是有关联的。

前面讲完善的个性化制度，第二小点叫完整的社会化制度。今天搞市场经济三十多年了，发达国家进行现代化已经有一两百年或更长的历史了。从某种意义上讲，我们上半身是现代社会，下半身是传统社会；上半身戴礼帽、扎领带，下半身穿短裤、穿草鞋。但是真正的现代社会应该是公民社会，因你发挥什么作用来确定你的价值和得失。这个问题是什么原因呢？

传统社会没有经过充分的社会化。第一点是市场社会化。市场社会化是什么意思？一句话，就是你的权利你做主。但是要根据不同的对象，反应不同需要，确立充分的合同和契约，把能想到的，尽可能事先都规定好，千方百计地履行和执行。根据不同的对象，改变不同的交往方式，这就叫市场社会化。要把握自己的权利不丧失，要理性地尊重对方的权利、不会逼人家。你看北方人喝酒大口地喝，生意就好谈，一下子就可以签合同了，醒了就反悔了——那不是市场社会化。这种权利意识要充分地履行，还要根据不同的对象、场合。

第二点叫伦理社会化。中国传统社会是伦理社会，没有真正的社会化。伦理是讲人与人的关系，以对方为重。父亲以儿子为重，儿子以父亲为重。在单位里，领导以员工为重，员工以单位领导为重。一般情况之下，缺乏对对方真正的需要的了解。以小孩为重，结果却容易培养出一个皇帝式的儿子。小孩做什么事情你都不了解，他是一个人，是有独立人格的，你不了解他真正需要什么。

孩子成长最关键的不是一味地给予，往往他（她）不需要的你给的太多了，需要的你没给。我们在以对方为重的情况下，充分考虑到对方真正需要什么，不仅仅是他意识层面，不仅仅是当前，还有未来和长远。对待长远的成长和成就，弄清什么是最重要的，什么是最缺乏的，尽可能提供帮助。领导对员工也一样，以员工为重不是简单地给他涨点工资，而是员工对公司经营管理的参与，对公司发展的想法和创意，未来施展抱负的愿望和平台。中国的任务很艰巨，浙商一样很艰巨的。

第三点叫公共社会化。我们现在以部门利益最大化为目标，这就违背了公共原则。公共偏私化是中国当前存在的非常突出的问题。公务人员操守是第一位的，能力是第二位的。如果不履行公共职责，能力越大，公共利益失衡就越大。因为他在公共的职位上，拥有公共的权力。如果不为大众谋利益，一定是对公众利益伤害最大的。对公务人员来说，公共的操守精神是第一位的。对私人来说，能力重要性就凸显了，只要按照法律办、不违法，就充分考虑自己的权益。

今天的公民要有公民的义务和责任。比如说在公共场合，如果你大声说话，那就影响公共秩序了。21 世纪是公共精神主导的时代，浙商很欠缺这一点。浙江跟江苏比的话，比工业经济的规模，我认为是不可比的。浙江的资源禀赋跟江苏不同，江苏平原辽阔，特别是苏北有大片平原。但是有一点是可比的，浙江总体来说，公共精神不如江苏，这是往后发展的很大障碍性。所以大家要注意这个公共性，家庭当中有公共性的东西，企业当中有公共性的东西。

第四个观点就是生态社会化。一位大学教授，是学校的领导，住在我们小区里。他那天带了小孩玩铅球，孩子把铅球往草地里扔，草就死掉了。从生态和公共的角度讲，这种行为不具有公共精神和生态意识。所以很多事例反映了中国文化的特点，家庭里面搞得好，家庭之外就不管了。

我在国外考察，加拿大每个房子前面都有一片空地，空地也种着很多草、花之类的。有的草地变成了水泥地，房子前面的空地是水泥地，十有八九是中国人的。中国人从事长期的小生产，个人是微不足道的。日本是岛国，民族的生存危机很强，每一个人都有民族的生存危机感，所以很重视环境。日本每个家庭外面过道上的花和整个街道都非常干净漂亮。环境和生态实际上是一个民族文明的重要标志，也是竞争的关键性所在。因为以后环境对人们的重要性越来越突出，没有很好的环境，自己人不但往外跑，外面的人也不到你这里来。

最后还要讲一讲缘约的社会化。缘是先天形成的东西。父子关系是天生的血缘的关系；姻缘关系，结了婚之后就自然延续下去。现在讲，浙商容易违规，其实就是浙商利用了相同的感情，利用了乡缘和地缘文化。最好的父子关系、夫妻关系也要经营，不去经营，天生的关系就断了，尤其在利益冲击下。夫妻关系要经营好了，夫妻是一辈子的情人，经营不好，"七年之痒"之类的问题全都产生了。

我们讲的社会化，比如说同是大学同学，毕业后各自从事什么工作和职业？接触的社会圈子怎么样？会发生什么变化？每个人是不同步的。不同步就产生矛盾和差异了。要注意差异性的调整和改变，及时交流沟通。夫妻也

要同步进步，姻缘才能长久。父子、同事、朋友都是存在着这个问题的。

最后是信仰和信念的社会化。传统的宗教不是真正体现我讲的信仰的社会化的。

第三个大问题的第二点叫专业化与合作化或平台化之路，或者叫统一的专业化与合作化。现在浙商转型升级一定要考虑专业化的要求，只有专业才能做得精良，才能把成本降到最低、获得高的利润，才能有生存资本。但是还有两个问题存在：第一个问题，中国改革开放到今天，很多行业的利润率是不平等的，有的行业垄断、没充分放开，利润率很高。如果说仅仅从事某个行业，不经手另外的行业，超额利润就拿不到，所以就存在企业跨业经营、多业经营的问题。还有一个专业化的发展和技术性过长的问题。比如说技术的积累是个很长的过程，很难在短的时间当中建立一套跟发达国家同等的技术水平和管理水平体系。

那怎么办？就要通过合作和平台的方法去解决。有的老板自己是搞纺织的，但是房地产赚钱，怎么办？那就拥有股份，我不参与经营，只参与利益分享。这就是专业化与合作化的结合了。

地方经济的发展，尤其是产业急剧的发展，一定要构建共享性的平台。所以，从专业的角度和共享平台对接起来才能有更好的发展。

第三点就是现代的绿色化和生态化之路。这个我讲几个观点：第一个观点是现在赚钱，物质化的倾向已经很强，但是带来的问题很突出。从身体的角度讲，现在非常缺乏生态消费，过分的物质消费也需要生态消费。生态消费很多，呼吸的空气是生态消费，大家喝的水可以是物质的也可以是生态的，自来水是物质的，但是天然的水就是生态的。我们看的景观是生态的。发展要落到一点，一定要重视生命和健康。一个人的幸福要以健康的生命为基础，没有健康的生命谈何幸福。现在在宗旨上走偏方向了。单纯的追求物质带来了很多的烦恼和痛苦，肥胖症、糖尿病等病出来了，富二代成了严重的社会问题。这里就有很多认知偏差存在。所以现在一定要把以生命和健康的成长作为基础目标和宗旨，这是绿色化要求的。尽量地减少对环境的污染和资源的过度消耗，因为自然资源是有限的，环境的存在和容纳也是有限的，生态

环境的承载力是有限的。如果整个生态系统破坏掉了，那么绿色化和生态化根本就谈不到了。

第二点，生态化很重要的问题是把无用的变成有用的，充分利用可再生的，把不竭的资源有效利用，把有限的资源节约利用。植物是把无限的太阳能转化成生物能，再供吃草的动物去享用。

生态还有很重要的问题，即要注意共生性。你的存在和发展是人家存在和发展的条件和动力。你的存在给其他环节提供了某种专业化的分工，就是为他人创造了条件。你做了一些人家没做的或者这个行业不足的，正是社会所需要的，所以这里面包含着我讲的共生又竞争的关系。

最后我有几个观点要表述。搞经济一定有一个得失和利益的问题：在物质上得与失、利与害的区分是绝对的。所以单纯追求物质，一定有竞争，西方的物质主义一定导致战争。第二个观点，精神上的得与失或者利与害的区分是相对的。最后一个观点，生态上得与失的区分是多元的。我们在座的那么多人就是一种社会生态，每一个人有不同的思想，那就有多元性存在着，生态是多元的。

从物质上、精神上、身心上和生态上来考虑我们的得与失。因此在不同的阶段，不同的环境条件下，人文与经济的结合是多种多样的。我们适应一种客观的环境和条件变化，发挥每个人精神的主动性，把人文精神调整好，有效地支持、促使和引领着经济的发展，浙商的转型提升就会有很好的前途。

今天的讲座就到这里，感谢大家！

（以上内容根据 2013 年 6 月 15 日的讲座录音整理，略有删改。）

家教拾珠

培养全能宝宝　播种幸福人生
——亲子阅读中的"全人"发展教育理念与实践

王晓燕　（浙江全能教育研究院院长）

各位家长下午好！上个星期，夏辇生老师和张洁老师已经给大家做过两场讲座，夏老师是我认为最有创意的童话作家。我们都知道童话大王郑渊洁，四年级以后就没有上学，他的儿子也没有上学，他不仅用童话使自己获得一个成功自由的人生，还用童话把儿子培养成才。我觉得夏老师的童话著作，应该可以和郑渊洁齐名并驱的。她的身份是作家，她的人生也是个童话。她除了写童话之外，还有更丰富的生活。上周，我去参观她的油画展，所以我们有一个机会进行长时间的交流，也借机推荐她来这里做了第一场讲座。而我发现，在幼师毕业的这些老师中，张洁在语言方面是最有专业表现力的。前年的时候，我就请她跟来自澳大利亚的儿童语言专家做了同台演讲，确实非常棒。在这样两位既有创意又有非凡表现力的老师做了讲座之后，我今天的演讲，肯定没有她们的精彩，所以请大家做好心理准备。但是有一点，我希望通过今天的讲座，通过阅读，能给大家打开一扇门，和大家一起进入到

一个更宽大的、更深广的世界：一个孩子怎样用这么小的心灵去承载整个幸福人生。我们常说"三岁看大，七岁看老"，这句话在中国已经流传了很多很多年，西方科学——脑科学、生物学、社会学、心理学等都在从各个方面解读中国的这句"智慧"之语。什么叫"三岁看大，七岁看老"？当中国的智慧和西方的科学融到一起，就给我们的孩子、家长点亮了一盏明灯：如何在这样一个小小的生命体上，从三岁到七岁的历程中，用更宏大的中西方结合的智慧，在每一个细节中，把他（她）一生的幸福所需要的营养元素，通过"亲子阅读"这个小小的窗口给他（她）播种下去。所以今天，我前面会讲一些理念的东西，后面特意带来了几个故事，给大家做一个实践的解读，希望台州图书馆"童萌汇"这样一个项目能够持续下去，也希望我们以后能有更多的机会，把这样一个宏大的亲子教育世界一点一点地与大家做细致分享。

今天想给大家讲几个概念：全能宝宝、幸福人生、亲子阅读。

"全能宝宝"指的是"完整儿童"的概念，这是指每一个独立、全面、完整发展的宝宝，不是跟人比来比去、获得全能冠军的意思。因为当时在阐述这个理念的时候，没有一个更好的合适的词来表达"完整儿童"。你跟人家讲"完整儿童"，不容易被家长理解，所以取了一个口语化的"全能宝宝"加以命名，没想到很受孩子和家长喜爱。那这样一个"完整儿童"的概念，跟整个幸福人生有什么样的关系呢？跟我们的"亲子阅读"又是什么样的关系？我希望用简短的时间跟大家做一个分享。围绕着这么几个关键点，我们分享这几个主题：一个是老生常谈的"我们为什么要阅读"，可能每一个讲座的老师都会涉及这个问题；第二个主题是"人类自我发展是什么样的走向"，也就是说我们的阅读到底和什么有关系。人类自我发展的走向肯定是通过教育来承载，教育是为我们个体的幸福成长和社会的幸福成长服务的。在这样一个教育的历程中，"全能宝宝"作为一个教育的理念，到底起了一个什么作用？我认为是用来播种幸福的种子。而怎么播种幸福？"亲子阅读"是其中的一条通道。所以今天和大家分享这样的主题——我们为什么要阅读。

一讲到读书，我相信大家都会想起那句话："书中自有黄金屋，书中自

有颜如玉，书中自有千钟粟。"书中还有很多很多，为什么当时中国对读圣贤书那么重视呢？因为在这么漫长的历史进程中，只有读书才是唯一的出路。前年，我跟两位海外华侨一起写了一本书：《教育富国论——中国教育的反思和行动》，其中一个教育工作者，对比了中国和美国的教育发展史，其中一个很大的区别是：中国教育的发展是自上而下的，也就是以前学校的产生、教育的产生是为圣贤阶层服务的，所以我们读书是向上看的；而美国，学校产生于大众，读书也是为平民服务的。这就形成了中西方教育的不同，因为读书承载了整个中华民族这样一种向上看的追求，所以我们会奉读书为神明，读书就变成了"学而优则仕"，变成了他出人头地的唯一出路了。为什么现在中国人的读书状况会让人忧心忡忡？你看有一条微信到处在传播，说中国人的阅读太差，闲暇时间全部都在玩手机，而其他国家的人都在读书。还有许多人提倡要学习犹太人的教育，因为犹太人是最会读书的，等等。这些事例都表明了一个事实：我们中国这么尊师重教的一个国度，目前的阅读状况却令人担忧。这是对比产生的，以前中国对读书是这样敬仰，到了当今时代却是这个现象：互联网横行，电子信息随处可得，快餐文化深入人心。也就是说我们以前没书读，读书才显得那么高大上；而现在，我们在任何地方都可以读到我们要读的东西，这样的状况，我们还需要阅读吗？已经有很多的出版社和很多的媒体都对这个问题非常担忧。但是，今天我们之所以能够待在这里谈这个阅读问题，就说明互联网时代并没有毁灭阅读的价值。因为有许许多多的人、许多的国家依然在研究读书对我们产生什么作用。美国一个专项研究的结果表明：如果从小开始，父母每天陪孩子阅读，孩子到十二周岁就可以大幅度提高学习的能力，对孩子的性格养成也有积极影响作用。我以前写阅读文章的时候专门用过这个资料，有非常详细的研究概述。我们在生活中就可以找到这样的例子：如果一个孩子是喜欢书、捧着书长大的，那这个孩子的读书基本上是不用担心的，只不过是读什么书的问题。也就是说，如果我们的教育可以更自由——只要允许这个孩子按自己的兴趣捧着书，那我相信这个孩子在未来的学习之路上一定会找到他的路径，到达他要到达的地方。但是很遗憾，我们现在的教育存在问题，特别是

小学里，语文几乎被折腾得支离破碎，教育自身变得很功利，让爱读书的孩子与他的成绩之间有了隔断，但是这并不能抹杀阅读和孩子的学习成绩以及未来成就之间的重要关系。也正是因为阅读具有那么多的奥秘，联合国教科文组织早就在倡导"走向阅读社会"。美国这几年也在推崇阅读。举一些例子：布什当总统时，他的夫人推动了一项运动——通过阅读为学习做好准备；英国有一个"阅读年"，他们要打造一个举国都是读书人的活动；日本有"亲子阅读运动"；等等。受这些趋势的影响，我们可以发现在这样一个电子信息的快餐时代，另一种社会现象也在中国大地上悄然发生。大概在四五年前，我就发现了一个趋势，即街面上越来越多地出现了一些"绘本馆"，真有一种"忽如一夜春风来，千树万树梨花开"的感觉。我不知道台州情况怎么样。在杭州，走到拐角就会发现有一个绘本馆，过一会儿又会发现另一个绘本馆。有一大批家长、出版人或者是阅读爱好者，也有很多文学创作业内人士，他们用自己的行动、用各种方式慢慢推动着阅读实践活动。

我来之前专门看了一本书，叫作《帮助孩子爱上阅读》，是一个阅读推广人阿甲写的。还有一个儿童阅读的论坛，他们称之为"点灯人的聚会"。就是说：通过阅读给孩子点一盏心灯，照亮孩子的未来人生。我觉得这个寓意非常好。我现在在策划"心灯会"，也是想通过各种方式给大家点亮心灯。民间这些群体这样那样的活动，推动了一些机构介入读书会：出版机构是因为他们要推动出版物发行的需要，然后再到科研机构、教育机构、公益机构，等等，再到政府部门，就这样一点点星火燎原起来。前几年我参加了国家计生委（现在是卫计委）和世界银行发布的儿童早期发展报告会，其中提出两个观点：一个观点是儿童早期发展会影响代际贫穷，所以中国要改变贫穷问题必须从早期教育开始；另一个观点是早期教育投资的回报率达到 1：17，即投入 1 美元，其未来社会福利、学业成就、犯罪防范等方面可以达到 17 美元的收益，比任何一个教育阶段的投资回报率都要高。所以投资儿童早期教育更能促进未来发展的竞争力，因此卫计部门也开始投身到人口早期质量干预的决策与行动中。上次在一个人口计生的群里就发现，国家卫计部门培训中心领导发了一条消息，要举办亲子阅读师资培训班。现在，我一听说

台州图书馆也要做这个活动，就觉得太好了！图书馆做这个活动，可能要比其他部门更名正言顺一点，而且可以扩展。因此我很乐意来一起尽力推动这件事。

当前社会是文化快餐与信息互联时代，为什么有那么多人来推广儿童阅读？这肯定有各方面的原因，但是我们今天先把阅读放下，我想带着大家走得更远一些，去思考一下更深远的问题。有一句话，叫"以终为始"，就是说你定好了一个终极目标，就从终点开始出发。这句话伴随了我十几年，我也一直这样践行。我知道，这个过程会很辛苦，因为很多人会说："你眼前的问题都没解决，比如还没赚到钱让自己生存无忧，怎么可以去做公益？就像有人说，你看我孩子，现在的学习成绩都不好，我怎么去管他后面的人生？"其实不然。比如说我们从杭州开车到台州，我们肯定是盯着台州出发的，如果我不知道是到台州，一会儿到宁波，一会儿到金华，就会在路上花很多的时间。只有"以终为始"，才是最高效的路径。所以，我们要更深远地去看待、更明白地去领悟阅读的奥秘：人类现在对于自我发展到底在做些什么？对人类来说，他们发现走了那么长的路，有一样东西是最值得关注的，那就是幸福！大家都知道这样一个笑话，就是央视做了一个路边随机调查："你幸福吗？""我姓曾。""你幸福吗？""我是打酱油的。"……尽管这个调查几乎成了笑话，但它有了另一个影响作用：让人们看到幸福的旗子高扬起来了，看到关注幸福的重要性了。其实在央视调查前，就有另一面旗子，那就是哈佛的幸福课。哈佛大学原来的王牌课是"经济学导论"，据说后来有个年轻的讲师开了一门"积极心理学"的课，因为他觉得：自己在哈佛上学、工作都很顺利，可是为什么觉得不幸福？所以就开了这门课。第一次只有 8 个学生，第二次就有 300 个了，到后来有 800 多个学生，他就这样讲出名了。然后他的课就超过了原来的王牌课成为了排名第一的课程。这说明了人们原来对经济的关注慢慢移向了对更贴近人内心的东西的关注，这就是人类心灵的幸福。在这样的背景下，联合国秘书长潘基文提出将 3 月 20 日确定为"国际幸福日"。我们国家还有人提倡将 5 月 20 日作为心理健康幸福日，"520"就是"我爱你"的寓意。随着这些现象增多，慢慢出现了许多对于幸福的探讨。有提

出幸福学的，有提出幸福文化的，有在做幸福产业的，有以幸福指数为治理指标的——种种现象，其实是表明：追求幸福，是全世界人类生活的终极目标，即这个世界所有发展领域最后都要到达那个"以终为始"的"终"。

所以，如果你站在幸福的意义上看待孩子每一方面的教育，你会发现教育那么充满魅力、那么轻松、那么便捷。想知道孩子和幸福之间、孩子和阅读之间是什么样的关系，我们需要先来看看幸福是什么。首先，幸福是一个主体感受，也就是说幸福是一定要回到主体感受的，孩子的幸福不是你的，你的幸福不是孩子的，所以孩子的幸福必须回到孩子本身，就是他的生命主体一定要有一个接受幸福的"心感"。到底什么是幸福呢？其实幸福有两大很重要的因素：一个是爱；一个是自由。爱是面对社会的，有个人写了一本《自私的基因》，认为"人不为己，天诛地灭"。但是另一个材料是说人类的产生来自关切，是两个人相爱才出现生命。所以说一个人幸不幸福取决于爱与自由这天平两端的两个因素。我能不能实现想吃就吃、想睡就睡和想要干什么就干什么，这个是自我的幸福。另外一端的幸福，可以让孩子做个实验，如果他天天和小伙伴抢椅子、抢玩具，不开心，然后你就把这些东西都给他一个人，却没有人陪他玩，就算给他所有的玩具、椅子，他也一点都不幸福。大人也一样的，哪怕天天与人吵架，也希望能够有群体归属感，要得到别人的认可与关爱。因此，幸福不是一个自己和自己玩的游戏，而是通过自己投射到这个社会，再跟自己玩的游戏。所以说天平的另一面是如何对待社会的问题、如何将社会的镜子照到自我心里的问题，是相互照射的问题。

所以说爱的元素是针对社会的，自由是针对自己的，只有这两者形成平衡，有爱和社会连接、让自己得到温暖归属，同时又有自由和自己连接、让自己可以自在飞翔，才能真正落到幸福的根部。当然，每个人的幸福都不一样。十几年前，我曾经专门做过一个有关幸福的调查，现将这两个问题抛给大家，你们也可以思考一下。我当时想研究每个人的幸福是什么，就问孩子："儿子，幸福是什么？"他脱口而出："幸福就是睡大床。""那爸爸妈妈以后睡你的小床，大床让给你好不好？""那有什么意思？！"他说了，睡大床是他的"幸福"，但其实不是，他的幸福是要跟我们在一起。就像很多人说，

他的幸福是要赚很多钱，要什么什么……其实这不是他真正要的幸福，真正的幸福隐藏在这些现象背后。于是我就换了一个问题："如果幸福有 100 分，你觉得你获得了几分？"第二个问题才是真问题。如果你说你得到了 80 分，那么 20 分丢在哪里？我调查了十几个人，通过这个幸福分数的缺失，便可以知道，幸福其实就是每个人的需要层次。比如说一个老板可以赚 300 万元，但是仍然觉得不幸福，因为他觉得没有他的员工自由。在这些调查里，我看到了幸福和马斯洛需要层次之间的关系，一级一级升上去：先满足衣食住行等生存的需要；满足后他就不幸福了，他还需要被人爱、被人尊重；然后又觉得不幸福了，他还要自我实现；等等。为什么对待同样的事情，不同的人有不同的感受呢？这就来自于不同的归因。如果幸福和金钱挂钩，你口袋里的钱比你心里的钱多，就容易幸福。所以我经常说幸福是"知足常乐"，物质主义是快乐的鸦片、是幸福的泥潭，如果把幸福建立在物质阶梯上，那很容易产生饱厌现象，而永远无法达到真正的满足感。

幸福，一方面要知足常乐，另一方面又要不知足常乐。因为如果没有新的追求，则又是不幸福的。所以幸福永远是欲望和能力之间的你追我赶，超不过不幸福，超过了就又不满足了。那么，人类因何而幸福？世界上不是缺少美，而是缺少发现美的眼睛，生活中不是缺少幸福，而是缺少感悟幸福的心灵。所以，我们怎么才能让孩子更幸福？给孩子包办一切就能够让他轻松省力吗？让他以后不用奋斗了就会幸福吗？其实，你对孩子"授之以渔"，只要给他一双慧眼、一颗慧心，就比"授之以鱼"更能给孩子创造幸福力。我在十几年前出版的一本《打造孩子一生幸福的幼儿教育》课程专著里，提出幸福生活的四个层面含义，分别为：健康安全的生活、独立自主的生活、民主规范的生活和智慧创意的生活。健康安全是所有幸福的基础保障，也就是人们所说的许多 0 前面的那个 1；而独立自主才是幸福的主体支持，因为幸福是一种主体感受，是自己说得算。如果一个人觉得我可以对我整个生活负责、我可以决定我的所有、我可以创造我的所有，这个人无论物质条件怎么样，肯定会幸福感很强。除了有这个独立自主的主体满足感，幸福还需要满足社会群体的民主规范意识。有一次我邀请浙大一位教授写了一篇《幸福

的公共维度》，就是讲这个问题。现在大家的物质水平普遍提高，我们的个人生活似乎都没有什么问题，但是你会发现社会这样那样的纷乱不堪现象让你不幸福。所以说幸福不是个人的事情，感受是个人的，但是幸福是整个公民社会的事情。

那么，真正的幸福生活其最高意义是什么呢？智慧与创造！我常常说如果一个人每天生活在动脑筋的创造中，哪怕这个人是一个全职妈妈，她每天可以给自己的家人、孩子变出不同的饭菜，她就很幸福。我曾经和一个出租车司机聊天，他每天都觉得很幸福，因为他每天都可以载不同的乘客，跟这些乘客聊天，每个人给他的反馈、展现的东西都不一样，这让他很热爱自己的出租车生活。所以只要有创意，就算大街上扫地也可以扫出不一样的乾坤，他的生活就能幸福。那怎么样才能培养孩子的幸福力呢？我们把它归结为：健康的身心、丰富的认知、积极的情感和全面的技能。健康的身心，表达是幸福力的基础；丰富的认知，是提供更高幸福目标的阶梯，也即文盲有文盲的幸福、学者有学者的幸福、老板有老板的幸福，这是与各自的认知程度相关的。也就是说虽然幸福的元素一样，但是幸福的体验层次各不相同。人的一辈子为什么要不断学习、不断读书，就是为了不断地往更高的幸福层面上去攀登。其中的认知部分，包括经验积累、智力增长等因素，确实起到了一个很大的影响作用。我以前常举一个例子，是崔永元主持的节目《实话实说》，其中有一期是《我和儿子一个班》：一个农民父亲，儿子读四年级，他原来在深圳打工，他的弟弟在深圳的外企工作，他打工的工资是每月五百块钱，而他的弟弟是五千块钱；他的心里怎么都不平衡，就让弟弟给他找工作，可是找来找去，他都只能找一些搬运工的工作，因为他只读到四年级。这样的现实情况让他受到刺激，就辞了工作回到村里的小学读四年级，与他儿子一个班。我常用这个来举例说明，知识本身并不能完全给你带来幸福，但是它是幸福的阶梯和杠杆，可以让你更快地走向更高的幸福目标。

有了健康的身心基础，有了丰富的认知给幸福提供更高的目标与阶梯，这就形成了一个斜边坡度，你怎么爬上去呢？这必须要有个动力：我想上，我想上！比如说我在农村里衣食无忧，但我还想到城里去；比如说我在中

国做生意，还想到世界去……所有这些动力都让你不断向上爬，这个动力就是积极的情感和观念。情感观念不同，对待同样的事情，行动和结果会完全不一样。比如，这是半瓶矿泉水，但是它可能会带来两种不同的动力。一种是："唉，看，只有半瓶矿泉水！"另一种是："哇，还有半瓶矿泉水呢！"你说哪一种观念容易支持自己爬上去呢？对，一定是那个积极的。有两个到非洲卖鞋子的人，一个说：这里没人穿鞋子，这里没有希望。一个就觉得：非洲人一双鞋子也没有，这么大的市场，充满希望。人其实是受内在观念的指挥而行动的，这个指挥让人往东，人就不会往西的。所以积极情感才是一个人追求幸福的核心动力。有了这个动力，接下来还得有一样东西，那就是工具与手段。比如要爬这个幸福之坡，你开着汽车去和开着飞机去是不一样的，当然走路去就更遥遥无期了。这便要讲到全面的技能问题。这里讲的全面的技能，不仅仅是指读、写、算的能力，还有怎么自我服务、怎么跟人交往、怎么创造表现等等这些能力，都是创造幸福生活所不可缺少的。时间有限，以后有机会再跟大家细交流。最后，我们可以做出这样的总结：幸福其实就是"天人合一"，它既要符合自己的自然本性（即我要怎样），又要符合社会规则（即应该怎样）。所以"全人教育"的理念便是解决这种"个人本位"与"社会本位"的统整合一问题。这个概念来自于西方，但正好与"天人合一，物我一体"的中国古代智慧不谋而合。所以到现在，"全人教育"在世界传播开来，而在中国，也越来越被人认知、获得共识，我认为是正好到达了由"西学东渐"到"东学西渐"的这么一个汇聚点。如果从这个汇聚点开始，我认为中国是可以以文化实力走向世界之巅的。

现在来谈谈教育。人类已经为自我发展看到了一个终极目标，那就是"幸福"。那教育怎么为人的幸福成长服务呢？这里有两大功能，一是要帮助孩子体验到当下学习和生活的幸福感，另一个是要引导孩子有能力去创造未来生活的幸福，即教育所有的目标都要指向孩子的幸福体验与追求。但现在教育的失败是一方面把终极目标之"本"忘记了，而把"末"死死抓在手里。比如一篇课文、一篇童话，其实是完全可以让孩子从中读出幸福感的，但是我们的教学法却让这一篇篇课文变成了支离破碎的字、词、句练习，孩子在

学习的过程中就再也没有幸福感了，他怎么从中吸收营养来滋润、充实自己的心灵呢？另外一方面，我们的教育短视、功利，比如幼儿园为小学服务、小学为考上中学服务、中学为考上大学服务；等到一考上大学，便不知道自己的方向在哪里，不知道如何去实现自己想要的幸福，所以也到达不了幸福的彼岸。其实只要真正认定：我们的一切观念行为，最后都要指向孩子的幸福人生，这个教育就有意义了。

举个小宝宝的教育例子。有一个孩子在吃东西，说："奶奶，这个蛋糕给你吃。"你看，孩子的这个行为很好，但是奶奶却说："哎哟，宝宝真乖，你自己吃，奶奶让给你吃。"奶奶这个行为好不好啊？奶奶认为她是疼孩子，当然是。但我们将目光放远一点，放到孩子的未来人生，奶奶的做法，他会丢掉什么？他会说："这些东西只有我吃，奶奶是要让给我吃的。"讲到这里，我给大家举另一个例子。当时我在做一个杂志的编辑，有人写了一篇文章《谦让乎？说谎乎！》，讲一个妈妈带两个孩子出去游玩，妈妈拿出两个苹果，小的孩子伸过手去就要抓大苹果，妈妈就把这个苹果拿回来："宝宝，我怎么教你们，怎么跟你们说的？孔融让梨的故事你们还记得吗？"大孩子很机灵："哦，孔融让梨的故事，我要把大的让给弟弟。"妈妈说："嗯，是的，你看哥哥多棒！哥哥记牢了这个故事，所以我要把大苹果奖励给哥哥。"哥哥就拿着大苹果对着小弟弟眨眼睛。你说，母亲给两个孩子讲孔融让梨的故事，对的吧？教育孩子要谦让，对吧？但是，你知道这两个孩子以后会怎么样吗？所以现在的孩子很早很早就开始学会讨好大家、讨好家长，他们走向社会的时候就会失去自己的真善本性。这样的品性，等他到了成年进入社会生活，能给他带来幸福吗？所以我们现在的人就会有那么多的痛苦，就像著名的漫画家朱德庸先生所说的："到了54岁以后才发现了自己那个内在的小孩，我真想抱抱现在的自己。"也就是说，他在很小的时候缺乏这样的爱，这个缺乏让他一直陷入一个孤僻的世界，然后到54岁的时候，一个心理工作者让他知道：原来他所有那些痛苦，都是因为没有人抱抱他那个内在的小孩。那篇文章就是《我真想抱抱小时候的我》，我看了很感动，发在微信群里，说："好在他是朱德庸，好在他功成名就，好在他到这时候看到了有多少人在经受小

时候亲子缺失的痛苦。"所以如果个人的个体人生没有在很小的时候播种下这些心灵营养的话，他怎么能够成长到要和他人一起共建一个和谐社会，怎么能够实现公共社会的幸福呢？所以教育的功能是：首先要让每个人幸福，才能让这个社会幸福。这样两面一体互促发展，才是教育的本质与价值所在。

人们认识到教育的本质是经过一个过程的。一开始我们都觉得"书中自有颜如玉"，我们都觉得知识灌输进去就行了。后来西方人发现知识灌输是不够的，必须要开发个体自主的智力，而智力开发了就可以让他自己去读很多东西。20世纪七八十年代，智力开发之风非常强盛，现在还有这个遗风。我相信在台州，还是觉得早期智力开发很重要。但是，真正最重要的，是一个人的完整发展，也就是这句话："从 whole child 到 whole person"。这个才是人类的走向。那么这个完整的人、这个"whole"是什么意思呢？人生下来都是完整的，整个生活世界也是完整的，是因为科学的发展，才变成了越分越细的各个学科知识，也慢慢造成了人在这一学习过程中的割裂发展。小时候的这种知识割裂学习，长大后就会造成人格的割裂、身心灵的分离矛盾之痛苦。这种割裂的状态，即使让他学再多的东西都不能给他指向幸福。所以他从小就必须像心理学家荣格所说的："每一个人一生中所需要做的，就是小心翼翼来保持自己的独立性、完整性、多样性，不要让它支离破碎成各个碎片。"人之所以不幸福是因为成长过程的完整性被破坏掉了：妈妈叫我这样做，老师叫我这样做，我自己想要这样做。现在我们学的东西越来越多，科目越来越多，但是，完整的主体没有了。所以我们现在要去推动这个关于"从 whole child 到 whole person"的全人发展的教育。这个教育不仅仅是课堂里的教育，而是跟每个人每天每时每地生活有关的、自我和社会平衡发展的教育。

我们从小该怎么做？从完整儿童到完美成人这样一个全人发展的历程中间，怎么通过从培养全能宝宝来开始播种每个人的幸福人生？"whole child"就是完整的儿童，人生而完整，我们首先需要保持儿童的完整发展，因为只有这样，身心灵完整、人格完整，才能更好地把孩子引向幸福的人生。那么这个"全能宝宝"的解读就不是说今天我音乐第一名、跑步第一名……

而是指孩子在认知、情感、技能、社会道德等等各方面充分发展。充分发展指的是孩子的潜能有 80 分就不要只发展 60 分，孩子的潜能是 100 分，若发展 70 分就可惜了，要在这个潜能基础上充分发展。怎么才能充分发展？又必须主动发展。一定要他自己主动才有这个动力，然后才是各方面全面发展，这个各方面的全面还是要整合在一起的，所有东西堆放在一起不是一个整体，而是你中有我、我中有你才是整体。这个概念接下去用到阅读中，你就会发现，阅读不仅仅是阅读，而是一个丰富的全人发展大舞台。阅读在我们的学科分类中只是属于语言，但是通过阅读，你可以发展孩子的认知、情感、道德、技能、艺术、创作，等等。比如说我今天给孩子唱一首歌，那一首歌中可以有运动、情感等其他方面，也就是说一个人是整体地接收、整体地学习、整体地发展的。接受这个概念后，你会发现你跟孩子相处的任何一个片段，哪怕你只是陪他看个电视或牵着他的手去一趟商场，都可以培养成全能宝宝。这样的全能宝宝是健康的、聪明的、能干的、性格活泼开朗的、阳光的。所以，真正的全能宝宝是一个生命充满阳光感觉的可爱的孩子，是真正成为他自己而又被这个社会所喜欢的一个孩子。所以我曾经问，哪句话可以代表"全能宝宝"这个教育理念？老师们就说："让生命充满阳光般的感觉。"我做了那么多年的教育，与家长做一些基本交流，大概就能知道家长背后那个孩子是怎样的状态。因为如果去了解孩子的技能，你是没有办法知道孩子的状态的；但是家长就像空气一样，自己是怎样的状态，就会让自己的孩子呼吸到什么样的空气，就会把孩子养成什么样的状态。所以，真正的全能宝宝需要家长来"共修"。

我用了二十年的时间做了一套全能宝宝的幸福启蒙课程，完全是家庭和幼儿园结合在一起的。整个课程体系形成了一个幸福套餐：0~3 岁亲子课程是预备餐，幼儿园的家园同步课程是标准餐，父母大学课程是保障餐，多元智能课程是特色餐。这样一个套餐整体才构成一个培养完整儿童的生态教育体系，它不是只靠课堂本身，而是需要家、园、社会同步协调的全息生活影响。这个体系要通过怎样的方法去达成，我把它总结为几点：首先，一定要形成整体的目标，就像刚才说的，不管是学音乐、阅读、运动，等等，一定

要指向培养一个全面发展的、和谐发展的、完整发展的孩子的目标走向。因为只有在小时候是完整成长的，才能指向成年以后的完整发展。成年以后的许多问题都是因为童年的缺失和割裂造成的。而这种完整人格的发展，主要在于 0~7 岁之间的奠基。其中家长和孩子之间的亲子关系，则是保障这种完整发展的地基，也就是一个人幸福人生的安全岛。

　　所以，在任何教育行为中，我们都首先要建立整体目标意识，必须以孩子作为主体，也就是说所有的教育最后都要回到孩子本身，如果是你要单方面给孩子一个教育影响，对孩子来说基本上是没有用的。比如说我们要让孩子认识冬天，就跟他说："冬天雪花飘，冬天很寒冷，冬天……"没有用的，孩子是左耳朵进、右耳朵出，可能在当时是有效果的，隔一段时间就没效果了，因为他没有进入主体的学习。你让孩子到室外，让他去感受冬天：你看到了什么，听到了什么，闻到了什么……这就是孩子自己的学习，然后再回到书本："刚才看到你很冷，哎呀，你看，小兔子也这么冷，所以它要穿上衣服。"这个"它"就和"他"在一起了，它的感受就变成他的了。有的家长特别是孩子还小的家长说："我的孩子最近已经会数学加法了，会数数了。"我经常说："你让孩子数数看。""1、2、3、4、5、6、7、8、9、10。"看着好像他会数了，我说："好，现在拿 5 个积木，让孩子数数看。"你就发现孩子不会数，这是因为他只是会背 1、2、3、4、5、6、7、8、9、10 的顺序，并不意味着他内在主体已经学会了点数。孩子的点数能力在小班的时候才会具备，手口一致地点数，两个统一了，才是他自己真正学会的东西。如果我们是有心和孩子接触，我们一定要回到孩子主体。有一句话叫作"蹲下来看孩子"。关于这句话，有一个故事：一个妈妈带着孩子到商场里，妈妈逛得开心，孩子拉着妈妈的腿哭："妈妈我不要逛啊，不要逛！"妈妈说："哎哟，这么多好看的东西！"孩子说："哪里呀，我看到的全都是人腿。"妈妈蹲下去一看，真的全是人腿。所以说家长要懂得蹲下去以孩子的眼光看这世界，知道把孩子带向哪里，知道怎样和孩子在一起。还有一句话叫作"孩子有一百种语言"，是指孩子跟我们大人不一样。有一次三八妇女节，一个孩子要给妈妈送礼物，就用泥面捏了一只乌龟，妈妈来了以后，孩子就说："妈妈，我送你一件礼

物，愿你像乌龟一样。"妈妈气不打一处来，把他拉到一旁："你这孩子，竟然说我像王八！"孩子哭了，老师就问："你为什么要送乌龟给妈妈啊？"孩子说："乌龟是最长寿的，我希望妈妈长命百岁。"妈妈流着眼泪赶紧拥抱孩子。因为孩子有一百种语言，他们理解与表达世界的方式不一样，有的孩子会把树画成黑色的，说树被太阳烤焦了；有的把太阳画成绿色的，说如果太阳能够变成绿色，照下来都是绿荫就不热了……所有这一切都告诉我们，孩子有独特的视野和创造力，你要进入到孩子的视界中，以他的眼光、他的心灵去阅读他。所以如果我们能够阅读孩子，我们肯定能够带着孩子阅读，打开一片完全不一样的阅读世界，让孩子真正成为阅读的主体，通过阅读去获得完整发展。

有了整体目标，接下来还要知道一句话："以天地为课堂，以万物为教材。"生活时时处处是教育，你完全可以把生活中任何东西都拿来对孩子进行教育。我经常说一些家长带孩子乘坐公交车，抱着孩子就像抱着枕头，跟孩子没有任何交流，其实哪怕是坐公交车，你都可以和孩子一起进行词语接龙，可以看红绿灯来数数，可以让孩子画车上的人……只要你心中有目标，眼中有孩子，肯定就处处有教育了。所以我在《父母大学》丛书中就写了一章介绍"五分钟教育法"，指的是每天有五分钟，你就可以很好地教育孩子。怎么教育呢？根据孩子的特点，开展生活中的随机教育。婴幼儿时期的孩子是以游戏为主导心理的，在他们眼里所有东西都是活的、有生命的；这个时候孩子所有的学习都要跟玩结合在一起，你要用游戏的方式跟孩子玩。孩子不好好吃饭，有一个爸爸就很聪明："你听，爸爸的肚子就是个搅拌机，你看看水放下去、沙子放下去，咕噜噜咕噜噜，肚子里就搅拌起来了。"孩子听着就很高兴了，也开始做"搅拌机"，先将饭菜在嘴巴里嚼，然后咽下去，开始"搅拌"了。有一个妈妈很聪明，她看到孩子想跟她学做家务，进门以后孩子叫她，妈妈就说："哎呀，你叫我妈妈，你是谁啊，你到底是谁啊？""我是妞妞啊。""哎呀，我家的妞妞会把妈妈的鞋子放好的，我要看看你是不是我的好妞妞。"孩子一听，马上就把鞋子放好了。接下来，妈妈说："我家的妞妞还会把自己的房间理干净。"孩子就马上去理干净。妈妈原本是灵机一动想到的，

后来就成为她们之间的游戏，只要她想给孩子改变一些什么、去促进她一下，她就说我们来玩一个"你是我妈妈，我是你女儿"的游戏。其实家长只要动点脑筋，完全可以用很轻松的方式在玩中引导孩子。比如小的孩子不肯洗澡，你可以用形象的儿歌比喻："关上门，闭上窗，洗头洗澡不用慌。"一点点智慧就可以很轻松地解决这些问题。

通过这种生活随机教育的入口，我们可以引导孩子进入一个多元智能的整体发展世界。还可以运用一些综合的手段，比如可以用音乐的方式、运动的方式、美术的方式，等等，那些东西没有那么神奇，完全可以通过生活课堂把这些手段全部综合起来，以自然轻松的游戏方式来引导孩子、促进孩子。另外，还有一个更重要的作用就是"家园共育"，我们叫"家园同步"。为什么呢？一个人的一生会受几种教育的影响：第一个影响力是家庭教育，第二个影响力是学校教育，第三个影响力是社会教育，第四个影响力是自我教育。一个人的人生就是这四驾马车并驾齐驱的结果。这四种教育在不同的年龄阶段所占的权重是不一样的，在0~7岁这个阶段是家庭教育起最重要的作用，因为这个时候是亲子关系形成的时期。你们知道亲子关系有多么重要吗？这十年我在研究成人，我发现一个现象就是：成年以后一个男人为什么找这个女人，这个女人为什么找这个男人，这些都是受他和她童年亲子关系影响的。也就是说，这个男人会按照自己和妈妈的关系来找老婆，这个女人会按照和爸爸的关系找老公；然后还会从自己原生家庭的亲子关系中形成一种处理应急方式的机制。当成年后自己的这个亲密关系发生冲突时，这个机制就会自动跑出来。我曾经交流过几个个案，当夫妻两人吵架的时候，有的男人会躲到沙发角落去发抖，有的男人会怒火万丈，去破坏家里的东西，有的就破口大骂甚至耍泼赖……在心理学上有一种退行反应，就是指一个人在应急状态下会倒退到婴儿的状态。在这些案例中，我就好像看到了这一个个大男人慢慢变成小孩，他小时候在妈妈面前是怎么处理这些关系冲突的，怎么处理吵架问题的，他就会把这样的问题和方式带到他的亲密关系中。所以说亲子关系会影响到亲密关系，然后他自己的亲密关系又会带到他自己的亲子关系中，如此轮回。因此，我在那本父母书上写着"父母大学，影响三代人的修炼"，

就是指它会代际传递。我们同时对亲子两代人进行干预，就是想要停止这种代际传递的轮回漩涡，让下一代开始有一个新的成长生态环境，得到全面改善。

在婴幼儿阶段，如果教育影响力是一百分的话，那么，家庭的影响权重占百分之七八十，机构教育只占百分之二三十。但是为什么我们还要选择好的幼儿园呢？你会发现因为机构人员作为专业工作者，他们所起的作用会影响到家长的那百分之七八十。所以我们还是要选择一个好的幼教机构，去推动家长由自然朴实的经验走向专业化方向。但是不管怎么样，家长还是这个时期的教育主力，要培养全能宝宝，播种好幸福人生的种子，家长必须要成为第一个教育工作者，成为自己孩子的教育专家。而无论是家长，还是机构工作人员，都要能够形成这样一个意识：心中有目标、眼中有孩子、处处有教育，即心中有一个培养完整儿童的教育目标意识，眼里有一个充满生命潜能、自己主动学习发展的孩子，然后以天地为课堂、以万物为教材，时时处处都有让孩子完整学习、促进全面发展的全人教育，在这样的理念指引下，通过各个领域的分工协作，通过家长、学校、社会机构的合力，殊途同归地共建幸福生态环境、播下幸福种子，那么我们可能通过一代人两代人的努力，有望改善这个社会。

好，前面讲了培养全能宝宝与幸福人生教育的关系，接下来我们再来看看亲子阅读是什么。显然，阅读是一种教育形式，它首先是语言教育，在语言教育中又包含了其他方面的教育。但是我认为阅读更应该是文化。我是在15年前开始研究父母教育的，经常碰到这些问题：比如像做生意的那些家长，自己只要做好生意，然后就去搓麻将了，问：怎么能让孩子学会看书？我就跟这样的家长说："如果你家里天天打麻将或你在家天天想着怎样给人送礼，你的孩子是学不会阅读的，因为他没有这个文化氛围。"所以亲子阅读最重要的因素，是看一个家庭有没有、能不能培养孩子的阅读习惯，看他的家庭文化、书房摆设、父母的阅读习惯。只要自己做到了，就给孩子提供了这样的文化氛围，一般来说孩子在这种文化氛围中是很容易养成阅读习惯的。

阅读除了是教育、是文化，它还是亲子共同生活的一个创造和体验的时

光。因为所有的文化都是通过我们大家共同创造而建立起来的，所以通过亲子阅读这个载体，可以创造一种很好的亲子关系，是亲子之间共同体验建构的过程。有了这样的意义，你就会觉得每个晚上花半个小时、一个小时和孩子阅读，其实本身就是亲子生活的共享时光，孩子自然也是高兴地享受。只有这样的意义，阅读才会变得充满轻松和愉悦感，而不是一直催孩子"赶快看书，赶快看书"。不是那样硬邦邦的任务。

基于这样的理念，我们再来为孩子做阅读的选择。第一，根据年龄选择。不同的年龄会有不同的阅读物，阅读在很小的时候就可以开始。在 0~7 岁阶段，是有阶梯的。越小的孩子，图片要越大，造型要越明确生动。现在这些绘本可选择的范围还是很多的，我建议小年龄的孩子，不要给他选择很多很复杂的图片，如奥特曼之类的，美感不够，这类读物 6~7 岁后选择更合适。年龄越小越要选择生活化的、可爱的、简单的、具象的、色彩鲜明单一的。中班这阶段的，可以选择知识稍多点的，更有探索性的、更具情感性的。家长在给孩子选择图书的时候，要更多注重这个故事本身的情感表达，因为它是透过情感的表达才滋润到孩子的心灵体验。所以需要根据孩子的年龄特点来选择相应的阅读物，而不是只把一本书给孩子。在内容选择上，要选择对孩子有教育意义、能有收获的内容，不能只是为了好听而选择。你看现在中国就没有好的动画片，好不容易出了个《喜羊羊与灰太狼》，还是成天灰太狼与老婆打架，这就是内容不对。那个《天线宝宝》，我们大人都看不明白，但是孩子就喜欢。我看过它的介绍材料，原来《天线宝宝》创作背后有一百来位婴儿专家，他们对每个镜头都细心审核，使之符合孩子的心理需求与特点，所以孩子才喜欢，这些内容都到他们的心里去了。所以内容选择，一是要选符合孩子兴趣的；二是一定要有教育的引领性，给他提供那种点亮一盏心灯、让他走向幸福的内容。

再就是阅读的时间选择。阅读可以在任何时候进行，哪怕是你在做着家务的时候，都可以给孩子阅读。比如说有个很著名的《猜猜我有多爱你》，你和孩子都知道这个故事了，你就让孩子看书，自己可以一边做家务，一边跟他交流学习。所以可以在任何时候选择阅读，但是有一点，一定是你和孩

子都很放松的时候，彼此都是在享受中阅读。不管你平时是在什么时候选择阅读，一定记住：在学龄前阶段，每天晚上临睡前给孩子阅读，让孩子在朗朗读书声中入睡。

我们现在正是透过阅读这扇窗，要通向整个全人发展的整体世界，所以我建议大家学会用一些立体阅读的方式，就是通过各个通道来走向阅读。比如说通过想象的方式阅读：宝宝，什么叫狡猾的狐狸？怎样才是狡猾？你想想看狐狸到底狡猾在哪里呢？任何一本故事书，一个题目，一个情节，某个段落，都可以让孩子想象。你还可以让孩子学会倾听，通过倾听让孩子感知：兔子来啦，你有没有闻到兔子是什么味道的啊？你听到兔子来啦，兔子走路是什么声音的啊？你可以让孩子打开整个感官的通道，眼、耳、鼻、口、触，来跟你的阅读呼应在一起。然后还要让孩子学会表达，比如让孩子画故事，把故事里的角色与情景用手工表达、用音乐表达、用表演表达，用运动、用游戏，等等，反正就是书里书外的世界要融为一体。我们写文章叫"功夫在诗外"，阅读也一样，它的奥妙在书外，如果你能把书里的世界和书外的世界融于一体、寓教于乐，来整合、启发、引导，那么，不管你给孩子多少时间、读什么书，都可以把他引向成为一个全能宝宝。

通过十几二十年的研究，我发现全人教育内涵包括全人、全脑、全智、全能、全息发展等各个角度层面。但是在内容上它有几大核心支柱，第一个支柱是生命教育。一个人从出生到死的历程，都是以生命的主体去感受这个世界，去作用于这个世界。所以，一个人如果不能去建立对于自己生命这个自我概念的认同、觉知、正确的评价，他以后基本上是没有办法在这个社会上很好地生存发展的。很多困扰我们幸福的东西，都是因为不知道：我是谁，我在哪里，我要到哪里去。都是这个"我"的问题。所以我们就把第一支柱称之为生命教育，围绕着这个支柱就有了这个生命成长的系列，一是要让孩子悦纳自己，就是知道自己是独一无二的。曾经有人举过一个例子，说一个孩子念儿歌："布娃娃，真漂亮，大大的眼睛小嘴巴。"自己的孩子是小眼睛大嘴巴，所以妈妈说："我们不要这样的儿歌，我们给它换过来：小娃娃真漂亮，小小的眼睛眯眯笑，大大的嘴巴……"就是这样帮孩子建立独一无二

的自信感，这种自我价值感太重要了。再就是他还要能够尊重和自己不一样的别人，他要知道自己在别人面前是什么。我们现在很多的人跟人吵架，情绪激动的时候，是不知道自己发生了什么的，等过些时候：呦，原来我是这么一个样子啊？！他需要有这样一个觉知，这些都是需要在小的时候培养形成的。所以我们是从婴幼儿阶段的生命教育到小学阶段、中学阶段，再到大学到成人这条线，形成一个教育的逻辑性序列。

第二大支柱是爱心培育。光有自我生命的认知还不够，还需要知道自己和这个社会的链接，要有一颗关爱之心去面对这个社会。所以爱心教育的这个系列，最主要从家庭中来。通过父母之爱、亲子之爱、亲情之家，播种下爱的种子，才能发展出他对社会的爱，对自己亲密关系的爱以及亲子亲情之爱。

第三大支柱是社会教育。第四大支柱是自然教育。也就是一个人如何对待自然、对待社会、适应自然、适应社会的问题。在这四大支柱课程里，我分别选了一个阅读内容，给大家举一个例子。这是一个小小班（2~3岁）的课程，叫《身上的宝贝》。当时写这个故事是因为，我很感慨在成年生活中，有很多人是不会用自己身上的"宝贝"来跟人交往的：被车子撞了一下——"你眼睛瞎啦"，这就用错嘴巴了！我们和动物比，牙齿可能不如某样动物，腿不如某样动物，没有翅膀不如某样动物，但是人作为这个宇宙的生灵，之所以能成为这个社会的主宰者，是因为人可以用大脑去指挥我们身上所有的宝贝。所以我们给孩子上的第一节课就是让孩子知道自己身上有这么多的宝贝。如果你一次一次地去强化这个意识，孩子就知道，以后他碰到任何问题都可以用自己身上的宝贝，不用来依赖你了。那我们怎么给孩子读这样的故事呢？我们来一边读一边琢磨一下，哪几个点才是真正给孩子的营养："小狗多多长大了，要去幼儿园上学了，要离开爸爸妈妈了，小狗有点心慌慌，宝宝们，你们心慌慌吗？（这个故事，在孩子刚刚上幼儿园时讲，所以要和孩子的生活体验与心灵感受结合在一起）多多身上有宝贝，宝贝会帮多多的忙（给了孩子信心）。多多走进幼儿园大门，一眼看到了熊猫老师，熊猫老师笑眯眯。多多看到了什么啊，他用什么看见的？哦，他用眼就看到了，熊猫老师是笑眯眯的。多多连忙一鞠躬：'老师早上好！'老师说多多的小嘴真

甜，你看他会用小嘴。要出去做操了，快快整理玩具吧，桌子底下还藏着许多小积木，多多一样一样捡起来，一样一样放进积木盒。老师说：'多多的眼睛真亮。'要上课了，熊猫老师说：'看谁先快快坐好。'多多连忙跑到座位上，小手放放好，不吵也不闹。老师说：'多多的耳朵真灵。'要吃饭了，老师说：'猜猜今天吃什么？'多多鼻子一抽：'嗯，我知道了，今天吃香香的肉馒头。'老师说：'多多的鼻子真灵。'午睡起床了，多多自己穿衣服，自己叠被子。老师说：'多多的小手真能干。'小朋友，多多的身上有哪些宝贝在帮忙呢？你身上也有这些宝贝吗？这些宝贝是怎么帮你的忙的？"

我们来整体梳理一下这个故事。这个故事的关键点是：多多离开爸爸妈妈去上学，他有点心慌慌，但是没有关系，因为多多身上有那么多的宝贝可以帮忙——眼睛怎么帮他的忙，嘴巴怎么帮他的忙，鼻子怎么帮他的忙，手脚又是怎么帮他的忙。如果故事只讲到这里，这是多多的，跟你的宝宝没有关系，所以一定要把故事跟你的孩子拉在一起，指向孩子身上也有哪些宝贝，然后这些宝贝是怎么帮你的忙。

接下来就要发挥家长的聪明才智了："姐姐的眼睛可以干什么？""哦，姐姐的眼睛可以帮妈妈找东西"，"好，现在妈妈让你去找……""嗯，姐姐的鼻子可以干什么？卫生间里还有什么气味？我们赶快用我们的小手……"就可以用很简单的方式把这些东西全部整合在一起，可能家务什么的也都搞定了。这个只是一个很小的案例，然后顺着这个会有很多的阅读主题，从身上的宝贝到情绪、身体，再到性教育，等等。到了大班的时候，编王子和公主的故事，就是给孩子进行性教育。通过这样的方式，哪怕只是通过阅读以及阅读的延伸，就可以把生命成长的营养植入到孩子的心理世界，孩子就能认识自己、悦纳自己，更好地建立自我价值，去创造一个更完美的自己。

再来举一个爱心教育的例子——《亲亲热热一家人》《我爱我家》，以家庭背景来展开的。家是爱的最初的基地，我在做这个研究的时候，发现了一个现象让我挺痛心——离婚。其实婚姻的变故，在现代社会很正常，但是怎么处理离婚事件给孩子的影响，真的是一门艺术。十几年前，我采访过一件事：幼儿园有一个孩子，父母离异时判给了爸爸，爸爸和奶奶都不允许妈

妈来看他，妈妈就偷偷地来看，并给他买了东西；孩子很高兴，回家和爸爸说，结果被爸爸打了一顿。从此妈妈来看他，孩子就瞒着爸爸，这个三岁的孩子，跟妈妈相会了以后就哭，爸爸来接时问他为什么哭，他说："我不小心摔了一跤，摔疼了。"当时他们跟我讲这个事情的时候，我就很心疼，然后就开始关注这个现象。有的离异一方会对孩子说"你妈妈是来抢钱的"等等，特别是孩子的祖辈，有的会有这些行为，真的是对孩子有极大极大的负面影响。

但是有一个案例感动了我，我就去采访。当时一个刑警队的队长调到了杭州，好不容易把夫人也调了过来，把家安顿好，结果他妻子出"状况"了。他就去追杀他的妻子，他说："当时我扛着一把刀，找了她两天，如果让我追上，肯定就干出蠢事了。"但是这件事情过去以后，他就回到孩子身边，他觉得不管父母有怎样的恩怨，对孩子来说，爸爸妈妈是永远都没有"错"的。所以他为了孩子，每个星期都跟前妻一起带孩子到这里到那里玩。我当时就写了一篇《春天的故事》，说我们的人生历程总会阴晴圆缺，但只要我们心里怀有对孩子的爱，依然可以让春天的阳光照亮孩子的生活。

就在这样的一个背景下，我开始把离婚编进了课程，编了《没有爸爸的小狗贝贝》这样的童话故事。我们再来看看这个阅读的营养点在哪里：小狗贝贝原来有一个和和美美的家庭，有一个疼它的妈妈和一个疼它的爸爸。可是有一天，爸爸妈妈吵了架，爸爸走了，再也没有回来。别人都有爸爸，贝贝没有爸爸，贝贝很难过，它不肯出门，害怕别人笑话它，担心别人欺负它。有一天贝贝正在家里玩积木，突然"咚咚咚"有人来敲门，打开门一看，原来是外公外婆来看小贝贝了。外公外婆带来了贝贝最爱吃的肉骨头，贝贝真高兴，过了一会儿又是"咚咚咚"的敲门声，原来是妈妈的朋友熊猫阿姨来看小贝贝了，熊猫阿姨给贝贝买了会唱歌的小汽车，贝贝真高兴。过了一会儿，又响起了"咚咚咚"的敲门声，这一回又是谁呢？原来是隔壁的小伙伴——小猫、小兔和小鸭。小伙伴说："我们一起去郊游，一起做游戏，一起玩皮球。"贝贝和大家一起玩得真高兴。虽然没有爸爸有点难过，但贝贝现在觉得自己的家真好，还有很多人爱它，大家在一起真好。这个故事的关

键点在哪里？如果我们仅仅把它当作一个故事，或许读过就读过了，处理好孩子和故事的关系，可能故事就变得更加丰富、更加鲜活了。一个家庭除了它自己的核心成员，孩子怎么和长辈亲友发生关系，怎么和邻居、同伴发生关系，以及大家对这件事情的态度和故事主人公在这个反应中得到的启示，其实就是那句话——"虽然没有爸爸有点难过，但贝贝现在觉得还有那么多人爱它，自己的家真好，大家在一起真好"。"天要下雨娘要嫁"，生活中的阴晴圆缺，我们每个人都不可控制，但是我们要让孩子知道，在现有的情况下，我们如何用一双眼睛去发现生活中残缺之外的美，用的心灵去感悟不幸之中的幸福，这才是给他真正的营养。

在这个主题里，除了离婚以外，还有爸爸妈妈吵架，当事人在分享的时候，我真的很难过。有个课题叫《家人也有生气的时候》，讲爸爸妈妈吵架以后，让孩子说：爸爸妈妈为什么吵架。班上大部分孩子都是说"爸爸妈妈吵架是因为我不乖"，我听了觉得很难过。因为我们成年生活中，通过成年的心灵教育就发现大部分成年的困境都是因为小时候父母的婚姻。也就是说爸爸妈妈的吵架，本来和孩子没有关系，但是，第一，父母很容易把自己的情绪发泄、投射到孩子身上，让孩子认为爸爸妈妈吵架是因为我的错，第二，哪怕不投射给孩子，孩子在这个情境中也会吸收到——爸爸妈妈吵架是因为我不乖。所以以前有很多的案例，比如说孩子常常为了转移父母争吵的注意力而让自己生病，很多孩子的病是为了父母"生"的。

当我开始研究成人的时候，我就倒过去看，很多成人的负罪感，他的沉重、无助、悲伤、委屈，他深深压在心里的那个东西，全都是因为童年生活中，把父母的担子背在自己身上。我们在做这个课程的时候就是告诉孩子：爸爸妈妈吵架生气，在很多时候都不是因为你，是因为他们自己也有很多需要处理的问题。每个人都会发脾气，每个人都会有困难，当他们开始发脾气、当他们有困难的时候，你应该做什么？这个时候，爸爸妈妈需要宝宝长大去帮助他们。通过这样的引导来让孩子理解，每个孩子也都会成为家人生气吵架时候的调节小帮手，他们会想出各种各样的办法，令人感动。这样的孩子长大以后，就能形成自己和家庭的独立界线，并且也有帮助家里人的责任意

识与力量。中国家庭的教育问题，不是单一的，是彼此的纠结（界线纠结）。所以我们要让孩子知道：爸爸不在很难过，但是我们可以在这样的情况下让自己生活得更快乐。只要让孩子感受到这一点就够了，他在以后的生活中，会用这样的武器去自我调节。如果你正好碰到这样的问题，就可以用这故事去现身说法；如果你没有这样的问题，也可以让孩子想想看：哪个小朋友是没有爸爸妈妈的，我们怎么去安慰他。我们就可以把这个阅读，从书里延伸到书外。所以阅读经由跟生活的碰撞，就可以从一个窗口打开一个世界。

　　我们再来举一个自然教育的案例。我们都知道，自然是一个大课堂，大人都认为自然是一个科学世界，其实对孩子的教育而言，自然世界完全可以变成一个人文世界。我选择的也是一个小小班（2~3岁）的课程，因为越小的孩子越需要把自然世界和社会生活结合在一起。这个案例是抛砖引玉，以后各位在家里带孩子，可以更加容易去做这件事情。这个故事叫《亲亲热热在一起》，讲的是秋天果园里的葡萄这一节课：熊大爷有一个果园，每到秋天就长满了各种水果：红艳艳的苹果、金灿灿的橘子，还有那像灯泡一样的大肚子梨……有一年，熊大爷在果园门口搭起了一个高高的架子，又在架子上撒上一些葡萄种子，过了一些时候，种子就开始慢慢发芽，慢慢长高，长成了长长的葡萄藤蔓。又过了一些时候，藤蔓爬满了整个架子，就像房顶一样遮住了夏天的太阳，果园门口变得冰冰凉凉的，可舒服了。又过了一些时候，葡萄架子上不知不觉长出了一串串紧紧挨在一起的葡萄珠子，那些葡萄小珠子都是绿绿的小小的，后来又慢慢长大，颜色也变成了紫紫的，密密地挨在一起，看上去好美丽啊。秋天到了，水果丰收了，熊大爷摘下了苹果。苹果宝宝经过葡萄架下的时候，抬头对葡萄说："你们为什么要挤在一起呀，这样不难受吗？"葡萄宝宝齐声说："葡萄宝宝一家人，亲亲热热在一起。"熊大爷摘下了橘子，橘子宝宝经过果园的时候，也抬头对葡萄说："你们为什么要挤在一起呀，这样不难受吗？"葡萄宝宝齐声说："葡萄宝宝一家人，亲亲热热在一起。"熊大爷摘下了梨，大肚子梨宝宝经过果园的时候，也抬头对葡萄宝宝说："你们为什么要挤在一起呀，这样不难受吗？"葡萄宝宝齐声说："葡萄宝宝一家人，亲亲热热在一起。"终于，熊大爷搬来了梯子，小

心翼翼摘下了一串串葡萄，又小心翼翼地拿到水果超市去卖。来买水果的叔叔阿姨也小心翼翼地挑选，生怕碰散了葡萄宝宝。葡萄宝宝多高兴呀，因为大家都知道：葡萄宝宝一家人，亲亲热热在一起！我们感受一下自然知识点：认识葡萄，知道葡萄是长在葡萄架上的，知道葡萄是从小小的绿绿的再变成紫紫的，主要的知识点是知道葡萄是一串一串的。让孩子怎么来形容一串一串的呢？我们就将拟人的方式和情感教育结合在一起：一串一串的葡萄就像一家人一样亲亲热热在一起。这很符合一个2~3岁孩子的心理特点。3岁以前的孩子要和你一起阅读的时候，就是那一句话：重复再重复。我们就用重复的方式让孩子理解"葡萄挤在一起、一串串"的知识点。这个知识点又引导了孩子的人文情感。我们上这个课的时候，就让老师和孩子一起做游戏：老师当葡萄妈妈，所有孩子挤到一起当葡萄宝宝。可以用身体动作的方式来表现这个故事本身。

我们再举一个社会教育的例子。我个人觉得社会的例子是更需要用故事的方式的。谈一个大班的课程内容。现在的职业教育确实很成问题，大家在选择大学专业的时候，常常不知道为什么选择，总是哪个热门去选哪个。但是现实很残酷，现实永远跑在学术的前面，就是当你觉得这个热门的时候，现实是它可能已经不热门了。所以现在越来越多的人读了这个专业却没有在本专业领域找到工作以及他的事业方向。事实上，职业教育也要从小时候开始，深深地植入孩子心中：职业是什么，我应该如何选择职业，我跟这个职业之间是怎样的关系。所以我们用一个月的时间来引导孩子如何去学习认知、探索各行各业的奥秘，这个是作为一个开始的故事。第一周的故事是专门讲职业的概况——《职业介绍所》：笨熊拉拉从动物学校毕业后，一直找不到合适的工作。熊爸爸说："现在像你这样找不到工作的人可不少，这样吧，你干脆开一个职业介绍所来帮助其他找不到工作的人，你得花一点时间去各个地方跑一跑，注意有哪些空缺岗位，你就可以帮别人介绍了。"经过一番认真的调查访问，拉拉还真找到不少岗位，就这样，笨熊拉拉的职业介绍所就开张了。小动物们听到这个消息都赶来了，第一个接待的是小猴。拉拉说："老人公寓正在招一名保安，我看你这么机灵肯定合适。"小猴拿着拉

拉的介绍信去上班。第二个接待的是小猪,拉拉说:"你喜欢老师吗?我看当老师真不错,你就去试试吧。"小猪还想说些什么,拉拉又去招待下一位了。第三位是小狗,拉拉说:"医院正少一位护士,这个工作可光荣了。"小狗有些犹豫:"这个工作我能做好吗?"拉拉说:"没问题,你就只管去吧。"后面一位是小猫,拉拉说:"海鲜大酒店需要一位厨师,就介绍给你吧。"接着拉拉还介绍了小兔子去当了警察,小马去做电工,小鸡去当救生员,小鸭去当司机……看着一个个小伙伴在自己的安排下都参加了工作,拉拉心里美滋滋的。如果你家里有个六七岁的孩子,你讲到这里时让他好好想想:接下来会发生什么?(如果一个孩子拥有一个像老师所说的思维灵活性的话,就会发现笨熊拉拉在给各个小动物安排工作时候的问题了,你可以在这个地方抛一个问题给他,再让他自己边琢磨边听下去。)拉拉还没有高兴几天,烦恼就来了,小动物们一个个找上了门,要求拉拉给换工作。小猴说:"真对不起,我喜欢自由自在地跑来跑去,这两天待在门口不动可真受不了。"小猴还没说完呢,后面的小狗等不及了:"我也要换个工作,当护士需要耐心细致,可我总是毛手毛脚的做不好,叫起来声音也特别响,把病人都吵得睡不着觉,要是再不换工作,我就不好意思了。"小猪红着脸也开口了:"都怪我没有好好读书,上课的时候,好多字都错了,学生都开始笑话我了,我这个老师看来是当不成了,你给换一个不需要读书认字的工作吧。"看小猫在旁边耷拉着头、欲言又止的样子,拉拉就问:"你也要换工作吗?"小猫不好意思地点点头:"都怪我嘴馋,烧鱼的时候总是管不住自己的嘴巴,把客人的鱼都吃了,被老板辞退了。"小兔子胆子小,哪敢去抓坏蛋啊;小马又不会爬树,当电工可真有些困难;小鸡不会游泳,根本不能胜任救生员的工作;而小鸭长得太小了,开着那么大的车,前面的路都看不见,实在是太危险了。小动物们都对自己的工作不满意,这可怎么办呀!看着笨熊拉拉发愁的样子,熊爸爸语重心长地说:"别看这样的工作简单,样样都要动脑筋去想呢。"后来怎样了呢?拉拉给小动物们换好了工作了吗?你认为应该怎么换才更合适呢?我们也来动一动脑筋、帮一帮笨熊拉拉吧。这个时候你就可以让孩子将动物一个一个画出来,让孩子给这些动物重新编岗位,帮助笨熊拉拉开好

他的职业介绍所。反正通过一番动脑筋，每一位小动物都找到了满意的工作，而拉拉看到自己能够帮助那么多的人找到合适的工作，他觉得自己从事这样的工作实在是太好了。如果你的宝宝帮助拉拉给小动物们重新安排好了工作，你应该代替拉拉去感谢他。孩子听了这个故事又可以得到怎样的收获呢？

故事不仅仅是故事，故事是一个窗口，把孩子带向整个人与社会的丰满世界。现在的孩子特别难管，当然现在的员工也不好管，这些 80 后、90 后的孩子，一个个自主意识非常强。自主意识的强大，是人类社会的进步，不是坏事情，恰恰是给人类带来更大希望的。但是如果大家自主意识都非常强，而没有一个规则意识，那就会给这个社会带来灾难。所以说自我自主和社会规则这个天平是需要在小的时候给他建立的。从孩子的身心发展特点来看，分成这样的一个阶段，打个比方，0~3 岁就相当于一个水的气体分子状态，他只能按自己的大纲去学习，像空气一样自由自在地跑来跑去，根本抓不住。所以 3 岁以前你一定是没有办法给他规则的，你只得跟着他的兴趣跑，在跟着他跑的过程中给他引导好方向。3~6 岁是一个表象时期，这时候他就像水的液体状态，你给他方的瓶子他就变成方的，给他圆的瓶子他就变成圆的。所以 3~6 岁才最适合进行教育引导，按他的大纲和你的大纲加在一起学习——既要给他自由，同时又要给他规则的导向。到了 6~7 岁以后，他才开始进入规则意识，所以上学是需要 6~7 岁开始的，这个时候的孩子就像水分子的固体状态，适于开展一些规则性游戏，比如球赛、棋类，等等，也可以规规矩矩去进入正式学习了。

基于这样的特点，在进入大班之后，我们必须让孩子学习自己建立规则。这个我和大家分享一下：以后如果家里有 6~7 岁的孩子，记住让他自己建立家庭规则，就是你要跟他讨论规则，然后让他自己建立，这个规则才能成为他自己的。如果你跟他说："不可以这样，不可以那样。"那没用，不能让他内化成自律行为。我们让孩子建立规则之前得让孩子知道规则的作用，所以就编了《无法无天王国历险记》这个故事：淘淘是个出了名的皮大王，从小就不喜欢让别人管着，做什么都要破坏那些大人制定的规矩，为这，淘淘从

小到大可没少受批评，也让老师和家长操够了心。淘淘想：大人们为什么这么喜欢管着小孩，总要我们不可以做这个不可以做那个，到幼儿园有老师管着，在家里有爸爸妈妈管着，在外面还有警察管着，这么多的规矩真烦人！要是这个世界上没有这么多的规矩，每个人都能自由自在地想干什么就干什么，想怎样做就怎样做，那该多好！想着想着，淘淘就美滋滋地闭上了眼睛，迷迷糊糊之中，忽然一个像超人一样的使者从天而降，对着淘淘说："我是无法无天王国的使者，今天特意邀请你到我们的国家做客。"淘淘一听可乐坏了，连忙答应。那个使者拉着淘淘的双手，腾空一跳，"倏"地一声就把淘淘带到空中，真爽啊，就像超人一样。过了好一会儿，超人使者把淘淘放在了地面上："无法无天王国到了，现在你自己去玩吧，想到哪儿就到哪儿，爱玩什么就玩什么，再也没有人管着你了。"说完这个话，使者就不见了。"想到哪儿就到哪儿，想怎么玩就怎么玩。"淘淘一想起这个话，心就像要跳出来一样：那我先到儿童乐园去玩吧！每次妈妈带淘淘去儿童乐园玩，淘淘都不尽兴，什么"要注意安全"啊，"转椅不要转太快"啊，"不能站着从大滑梯上往下滑"啊，"玩碰碰车要系上安全带"啊，等等。不仅妈妈管着，许多地方还有工作人员一起管着，还有有些地方总是有很多人在排队等待，淘淘可没有耐心等待，只好不玩了。有些时候淘淘玩得正高兴呢，妈妈却要催着回家了，真没劲！现在可好了，再也没有人管着淘淘了，终于可以自由自在地玩个够了，真是爽极了！淘淘想乘公共汽车去儿童乐园，他找到了去儿童乐园的汽车站牌，可是左等右等，老半天也等不到一辆汽车经过，偶尔看到一辆，开到站台就是不停。淘淘真是又纳闷又着急，向路人打听以后才知道，原来在无法无天王国，公共汽车也是非常自由的，司机想什么时候上班就什么时候上班，想在哪儿停就在哪儿停，要坐上想坐的公共汽车，就要看自己的运气了。淘淘愣住了：那我得等到什么时候呀，得了吧，还是走路去吧。淘淘一边走一边看街景，这里和淘淘住的城市不一样，十字路口没有红绿灯，也没有警察，更没有交通标志，行人可以乱穿马路，汽车也可以横冲直撞。有时在十字路口挤成一团，有时又差点撞到路上的行人。淘淘想：这里可真乱啊。要穿马路了，淘淘的心突然突突地直跳，原来淘淘每次穿马

路都有妈妈陪着过斑马线，斑马线的那一头还有红灯绿灯管着，只要绿灯一亮两边的车子就停住了，淘淘就拉着妈妈的手一步一步走过马路，有的时候还有警察叔叔在指挥汽车给行人让路；现在不仅要让淘淘自己过马路，而且没有斑马线，更没有红绿灯和警察来指挥，这可怎么办呀？淘淘在马路的这一头犹豫了老半天，终于学着当地人的样儿，瞅准了汽车经过少的那个空闲，快速奔跑，冲到马路对面，如果慢一步，说不定就会被哪辆汽车横冲直撞地碰到了。终于到了儿童乐园，也没有人在门口管着，就像广场一样，大家可以自由进出。淘淘一进门就直奔他最爱的旋转飞轮，那个像坐飞机一样的感觉真是太棒了，今天一定要玩个够！可是到那儿一看，淘淘又傻眼了，怎么这么乱糟糟的呀？！原来想玩旋转飞轮的人很多，大家都争先恐后地往前挤、抢座位，有十几个人同时抢到了座位，谁也不让谁。有时候小朋友还没有坐稳，旋转飞轮就开始转了，吓得小朋友都哇哇乱叫。好不容易才停下了，淘淘正在犹豫着要不要上去玩，却被谁一推推进了人群里，原来是几个高大的叔叔挤进来了，儿童乐园规定是给小朋友玩的，怎么大人也可以进来玩呀？因为这里是无法无天王国呀，谁还管什么规定啊！大人力气大，一下子就挤到了前面抢到了座位。淘淘也被推到了座位前面，哎呀妈呀，淘淘的屁股刚够到座位还没有坐好呢，旋转飞轮就飞快地转起来，淘淘赶快用双手抓住了扶杆，不让自己掉下来。可是叔叔们嫌这个不够刺激，让飞轮越转越快越转越快，淘淘感觉双手都抓不住了，就要从飞轮上掉下来了。"咚！"淘淘掉下来了。"啊——"淘淘不由自主地呼叫起来。妈妈赶快说："淘淘，淘淘，你快醒醒，你怎么了，做什么噩梦了？"淘淘终于醒了过来，哎，原来是做了一个梦啊。这么可怕的地方我再也不去了，还是有规则的地方好。

通过这样的故事，你再跟孩子讨论社会上的规则：为什么要有红绿灯，为什么要有警察，为什么要有这些制度、规定。然后再来讨论在幼儿园又有什么规则，在家里应该有什么规则。别看这么小小的一个词——规则，如果通过这种方式，让孩子真正接受，你知道我们会给这个孩子的人生和这个社会带来多大的影响吗？

所以，我们从大班和学前班开始，孩子就像民主社会一样，班干部全是

孩子自己通过民主制选出来的。因为 0~7 岁是人的人格奠定时期，只有在这么小的时候，把这些营养给孩子，那么这个孩子到了成年的时候，才能形成一个积极的正向的理性的心智模式，来面对社会的各个环境中间的变故，他才能够用自己的坚定的"yes or no"来判断这个社会，在这个社会情境里他该做出什么行为选择。这样，不管你给孩子是留下一套房子还是只给孩子一个月的生活费，他都可以拥有自己的幸福人生。

所以一个小小的阅读，可以把我们教育的整个世界通过一个童话和童话的演绎方式带给孩子。最后是希望每一个家长都能够自己给孩子编童话，不管好不好听，你学会那种方式，就可以找到一条教育孩子的捷径。今天在这里，用短短两小时的时间，给大家抛砖引玉，因为对每一个孩子来说，唯一的专家，只有家长自己。所以希望大家能够用"童萌汇"这样的平台，通过这么多的专家、老师、志愿者等等给大家抛出的砖，把它变成家长和孩子共同创造的一块美玉，把孩子引向幸福人生！

（以上内容根据 2014 年 6 月 14 日的讲座录音整理，略有删改。）

童话与儿童成长

夏辇生　（著名童话作家、小说家）

　　各位家长、各位小朋友，大家早上好！我非常高兴看到有那么多的家长带着孩子来交流关于阅读的事情，说明我们家长对孩子的成长有着高度的重视。虽然孩子来得不多，但我想首先借助一下孩子们的小手鼓一下掌，表示对爸爸妈妈最大的感恩！还想借助宝贝和爸爸妈妈的掌声，对今天到会的所有朋友表示感谢，对台州市图书馆的工作人员表示最最热烈的感谢！为什么要感谢呢？首先，鼓掌是一个很好的运动，你们知道，手掌上有各种各样的穴位，中医理论上说：当你鼓掌、手心拍红的时候，你全身都在运动。所以，我们今后一逮着机会，就要拼命地鼓掌。再听一下掌声。很好，这就是生命的力量！我要感谢，是因为台州市图书馆让我们在这个非常普通的周末相见。坐在这里，你们不是在听我讲课，我们要换一个想法：我们成人是坐在这里一起喝茶聊天；今天来到这个会场的孩子们，是来做游戏的。因为游戏是孩子们的生活、孩子们的工作。因为有了你们的到来，才有了我们的聊天，我相信你们的亲子阅读从今天开始将与众不同！今天来的朋友，有年轻的爸爸妈妈，也有其他一些长辈，这就说明了我们对孩子的成长和教育的重视程度。

　　我今天要讲的话题，可能对大家来说还比较陌生。因为我是给孩子写了

几十年童话的人，知道童话是什么、知道童话会给儿童的成长带来什么。

今天我们分享的话题是"童话与儿童成长"。原来我们似乎觉得童话与儿童没有太大关联，好像写童话是作家的事，儿童的成长又是儿童的事，今天专门把聚焦点缩小到"亲子阅读"——"新思维·新格局·新能量"。

昨天在来台州的动车上，我身边坐的是台州民生银行的一位高管，他非常重视孩子的阅读（孩子四岁多一点），跟我聊了一路。我问他孩子现在的阅读现状是什么，他说："买了很多的绘本，然后一个一个给孩子讲故事。"我觉得养成孩子的阅读习惯很好，但是故事怎么讲，大有文章。同样一本书，如何跟孩子亲子阅读，你能给到孩子多少，不同的人是大不相同的。所以我就问："讲故事是不是就捧着书，然后根据文字，给孩子一个一个地讲？"他说："对啊，对啊。"因为我搞儿童教育研究二十多年，也经常给幼儿师范生们上大课，所以对中国孩子的阅读现状（不只是家庭的亲子阅读，还包括幼儿园里的阅读现状）非常清楚。他们的阅读现状是（我相信在座的家长也有这样的体会）：拿到了一本图书，就将书一页一页翻过去，把文字读出来——这叫讲故事。尤其是幼儿园的老师，专业训练过，讲故事比家长更有艺术性，更有表现力——但除此之外，她们跟家长的模式是一样的。我看到这种阅读现状，会想起50年前曾经在农村看到的一个现象：老一辈的人喂孩子荷花糕，先放在嘴里嚼啊嚼，嚼烂了以后，口对口喂给孩子。从传统的老一辈看来，这是爱，是无微不至的爱，我把这些先嚼烂，可以帮助他消化。但是从时代发展的眼光来看，这是一种非常错误的喂养方式。首先你剥夺了孩子咀嚼的权利和增强咀嚼能力的锻炼机会。如果一个孩子从小都不懂得咀嚼那一小块松软的米糕，难道你能一辈子替代他咀嚼吗？到了现在，物质条件更好了，孩子要什么家长就给什么，做法比嚼荷花糕喂孩子还要严重！所以我希望今天，我们回到教育的原点来谈阅读，不要再一个一个读故事，我们要在"种子工程"上做阅读的启蒙，不要摘一片树叶来做阅读。如果你把一颗良好的阅读种子种入孩子的心田，今后这颗种子必将长成大树，长出无数的树叶、进行光合作用，这棵树将是他一生受用的阅读之树。所以我们今天要谈亲子阅读的全新的思维、全新的格局、全新的能量。

时代变了，这个时代的命题是——我们要用思维这一把金钥匙打开教育的困惑之锁。现在教育的困惑太多了，尤其是家庭教育。很多家长会跟我说，孩子有这样那样的不良习惯。其实讲一个故事，我就能把你头疼了好多年的事情解决掉。孩子从来不听教育，从来不喜欢听概念，一个小小的故事就能有针对性地把你孩子的毛病改掉，要让他（她）去自我感受和体验。所以，今天我们来到这里，是在完成一个共同的使命——创造亲子教育的奇迹。回到思维的原点，我们要创造奇迹，时时处处。

我们再分析一下当今中国最严重的疾病，这是我跟宋庆龄基金会的秘书长曾探讨的一个问题。那时我问秘书长："你知道当今中国最严重的疾病是什么？"当时正是第一波禽流感的时候，他说："是禽流感吗？""不是。""是白血病的低龄化吗？""也不是。""是什么？""是我们中国家庭独生子女的思维……"（我特意留白给你们，我们的交流是互动的，跟着我想，想错想对没有关系，哪怕是两秒钟想一想是什么，然后找出结论。这样的话，不是我在说、你们被动地在听，而是你跟我一起在互动性地研究。）赞同的请举个手。挺好！我们的结论是——"思维惰性"。我觉得所有的家长都很有智慧，这不能怪孩子思维惰性，因为他得到的太现成了。现在孩子是"一家之主"啊！他要什么，家长就给什么。我曾经在一个中国银行的高端客户的亲子教育讲座上做过一个测试，最后发现所有的家长都希望孩子成为习惯的宠儿。你看什么叫宠儿？宠儿是"要什么就能得到什么"。没有谁会愿意让孩子成为"习惯"的奴隶，一辈子被习惯所奴役，所有的家长都希望孩子可以创造世界。但是我深入调研以后发现，所有家长的做法跟他原本的出发点、爱心完全背道而驰，他们所做的一切的一切让孩子成为了习惯的奴隶。为什么？就是他们永远在现成地给予，造就了孩子主体意识的丢失，养成思维惰性。

曾经有一次，我在谈一个图书出版项目的时候，有个企业经理姓戴，带了三岁半的儿子一起过来，当时我很困惑：这孩子三岁半了还不会说话，只会"嗯嗯嗯"。他说："25家医院诊断出来叫'自闭症'。你真得帮我想想办法。"我扫了孩子一眼，就给他一个很肯定的信息："你儿子这不是自闭症，他这

是典型的思维惰性。"他说："真的吗？ 25 家医院都已经诊断了！"我说："你信不信，我马上做个实验。"当时我口袋里正好有一袋小包装的山楂片，两头有齿波，可以撕开的。"来，来，小咪戴，"我说，"阿姨给你山楂片吃。"孩子做出来的第一行动就让我判断出他思维惰性：他一只手抓住山楂片，另一只手抓住爸爸的手对接到一起。什么意思？"你给我剥嘛！"当我看到这情景的时候，刹那间做了个手势，说："Stop！"我也不知道为什么会突兀地蹦出一个英文单词来，结果大人和小孩都惊呆了，我就说："爸爸的手不干净，小咪戴自己剥。"一般情况，自闭症的孩子是不会受你指令影响的；但我说了以后，这个小孩马上就去撕了。他从来没有撕过，没有经验，几下扯不开，顿时急了，烦燥地一阵乱扯，脸憋得通红通红，马上就要爆发了。我赶紧说："别急，别急，我来看看怎么回事。"顺手拿过来，在顶端齿波处轻轻扯了一个小口。其实，这个孩子的观察力很强，他一直盯着我的手。接着，我把山楂片还给他："你再试试，小咪戴很能干的。"他就在我扯过的口子上"呼"一撕，扯开以后，我看到他的眼里"唰"地闪起一道亮光，这是他经历了有生以来从来没有过的惊喜！他马上就把山楂片塞到嘴里吃，动作之快让我们惊讶不已。我觉得对于一个富裕家庭的孩子来说，可能这一袋小小的山楂片算不上什么，但是这个实验打破了他的那种被动依赖的习惯。我马上做出判断说："戴总，孩子一定是爷爷奶奶带大的。""是的，是的。""一定是要什么给什么。""是的，是的。""一定是在揣摩他的'嗯嗯嗯'，他只要'嗯嗯嗯'，都能达到目的。""是啊，是啊，我太痛苦了。我是全国各地到处去求医、求教。杭州大剧院的千人大会，我去向做讲座的幼教专家咨询。"我问："幼教专家用什么办法让这样的孩子开口？"他说："幼教专家告诉我：'很简单，他不说话，你就不给他。"我说："这一定不是一个好办法。""是啊，我回去试过了呀，他要水，教他说'水'，他就是不说；不说，我不给；你不给他就哭，再不给，赖地，打滚，哭得天昏地暗。我们没有办法，最后还是给了他。"我说："因为你的方法错了，让我来做，要他开口很简单，我教你一招：比如说大家知道中国的汉字、成语等很多东西是值得我们去研究的，你就'指鹿为马'，桌上放三样东西，比方说水、图书、苹果，然后他'嗯嗯嗯'是

点苹果，你不要给他苹果，而给他水。给之前要不断指着那些东西重复强调说：'这是水，这是书，这是苹果，你要哪个呀？'到最后，他就很烦了，就会说'苹果'。因为你不断在重复，他知道这叫苹果了，急了，会叫出来的。'苹果，哦，你要的是苹果，宝贝！'然后再给他。他达到了目的，就知道我必须开口说话。"那一天真的是惊喜连连，我都意外。在西湖边烟雨茶楼上谈完这些事情，回家的路上他带孩子去了好又多超市。回到家，戴总就给我打电话了："夏老师啊，太感谢你了，儿子会说话了。"因为我在教他"指鹿为马"的时候，小孩全听到了，然后当时好又多超市的大喇叭在叫："好又多，好又多，便宜来，便宜来。"孩子回到家就叽哩哇啦地学着大喇叭一阵大叫。我很开心，就说："你看，不用着急的吧？还是家长的方法出了问题。"

在银行的高端客户的讲座上我说："你们虽然非常爱孩子，但是唯一的方法是给予现成的东西，这是很可怕的。"包括幼儿园的老师，他们可能会很生动地讲一个绘本故事，但依然在做把米糕嚼碎了喂给孩子的动作，依然是给予现成的、嚼过的东西。我相信所有的家长，没有一个不爱自己的孩子，不爱，今天不会赶到这里，但是有些家长依然在做一味"给予"的事。有些家长还很用心，把故事先研究透，再给孩子讲，这也是"给予"。我想问一直采用"给予"的方式去爱孩子的人一个问题："你能用你生命的长度来保证对孩子一生的给予吗？"所有人不敢回答我。我们的生命长度是有限的，你走了以后，谁再这样来给予你的孩子？所以我们现在是要培养一个创造性的、独立的孩子，思维惰性非常可怕。有一次我到北京开会，坐在软座里面，四个卧铺，对面一个二年级孩子在玩妈妈的手机，玩得很溜。我就抛了个问题给小男孩："乐乐，你长大想干什么？"他斜了我一眼，回答的内容竟然让我目瞪口呆——"我什么都不想做！"我呆愣着看着他。他很聪明，马上补充："假如我有钱的话。"我马上开窍了，追问："假如你没钱呢？""我没想过。"他只想过他"有钱"，没想过他"没钱"，这是一种非常可怕的思维惰性。所以现在习主席为什么要打造中国梦，就是要把我们孩子的梦想重新点燃。没有想过未来的孩子要让他从小就去想，这太重要了！

再来看我们家长，虽然爱孩子，但不要给他太多的物质，只需给他一样

东西，让他受用终身——一个思维的习惯。当然这个思维习惯，一定要保证他是正面的、主动的、积极的、创新的。因为当孩子拥有这样的思维习惯的时候，他的行为都在这个思维的指引下，哪怕一岁、两岁、三岁，他这一生将是创造性的、将会拥有幸福的人生。所以我说我们每个人的生命都有一个"潜水艇"，当你给了他这个思维习惯的时候，这个"潜水艇"已经从他的心海里升起来。我们不要小看，这是生命的动力。

我们简单分析一下，成功法则是什么。（我相信今天坐在这里的都是成功的人。）思维决定行为，行为决定结果！我昨天要到台州来，我的行为结果就是去订车票，我会订去北京的车票吗？不会啊，因为你的思维决定了你的行为方向。所以"思维决定行为，行为决定结果"。当你的思想那一个念头出来的时候，那个想法已经注定了我们的成败。就像今天我为什么首先要赞赏你们、感谢你们，因为你们想到"这个周末，我要到这个地方来跟夏老师交流，了解一下亲子阅读"。这个念头产生的时候，已经决定了从今天开始，你的孩子、你的亲子阅读将与众不同，你会找到真正的方向、路径以及方法，然后你的孩子将在你这样的全新的阅读方式中，更快乐、更有效益地成长。

再分析一下我们孩子的成长法则。我认为，成长法则就是"在源头找动力，从根本抓教育"。我们千万不要给孩子过多压力，现在许多家长跟风让孩子学音乐、美术、舞蹈，仿佛学的越多越好。这是在源头给孩子压力，没有给他动力。我们从根本抓教育，根本的概念是从"种子工程"抓教育，而不是从每片树叶着手去学这学那。现在的教育走在误区里。我现在研究的，包括家庭教育也好，学校里的教育也好，这两大教育都是立足于：行为习惯养成教育，加上知识的传播。其实，行为习惯养成教育相当于树干，知识点的学习如音乐、美术、舞蹈等是树叶，而这些树叶还不长在一棵树上。有智慧的家长做教育要从树叶回到枝干，从枝干回到根，从根部回到原来种子的基因里来。所以今天我们讲阅读，是从种子的基因里讲阅读。搞明白这个种子种在孩子的心里，是自然长成大树，所以我们要从根本来做教育。这时候孩子的成长才有动力、有方向，而且是有能量储备的，很快会见效。

我们再来看什么是童话。我写了一辈子的童话，也是中国唯一一个把自

己所有的作品拿出来做童话游戏教学、做思维习惯养成教育、回到种子的基因上来做教育的童话作家。什么是童话？（其实我们今天的交流也可以接受很多的信息，因为有的时候这个问题，很多幼儿园老师都讲不清楚，他们说童话就是那些绘本、那些图书、那些故事。）童话首先是儿童的故事。现在很多绘本包括国外的，其实还不是属于儿童的故事，只是属于大人的、全龄化的哲学性的概念。但是现在因为没有太多选择，找不到真正为孩子写的故事，幼儿园老师拿这些去做绘本教学。首先，童话一定是为孩子量身打造的儿童的故事。第二是儿童的语境，这个很重要。因为我们都长大了，当我们成为大人的时候，我们离儿童语境已经很远了。再就是儿童的心理世界。一个在给孩子讲故事的老师或者家长，如果他（她）依然用成人世界的理解去给孩子讲，就是在嚼那片米糕。我真的很难过，因为她"嚼"出来已经不是儿童需要的营养，它没有营养了，甚至说也不干净了。所以童话一定是儿童的心灵世界，也是儿童美好的想象。我可以告诉家长们：孩子一出生，你不要以为他不懂，3~6岁是儿童的想象最为丰富的时候；这时候，如果你的一个好故事，你能懂得怎么跟孩子阅读互动，你给他（她）打开了想象之门的话，他（她）今后要成为什么科学家、艺术家都不是问题。如果当你的孩子在3~6岁的时候关上了这扇窗，再想重新打开，已经打不开了。很多时候家长不懂、老师不懂，把孩子的"门"都关上了。我曾经做过很多实验，好不容易把孩子想象的窗打开，然后孩子回到学校做了一篇很有想象力的作文，语文老师没有看懂，问孩子："你在胡说八道些什么啊?！"记得有一个小学生，我让他写自己名字的故事，采访家长：我的名字从何而来。结果这个小孩子想象力被打开了，说他在妈妈肚子里的时候，就听到爸爸妈妈在争吵：为这个将出生的孩子取名字。爸爸说："我姓吴，女孩的名字就取美丽好了。"妈妈接口就说："吴（谐音"无"）美丽不就是没有美丽吗？"等等，等等，这个孩子太有想象力了。这个童话把父母为孩子取名的心愿真实呈现出来，很有情趣。结果语文老师说："胡说八道，你在妈妈肚子里听得见吗？"这么一个天才童话家好苗子就在那么小的时候被掐掉了。所以我们现在要懂得儿童特有的美好想象，它是非常珍贵的。3~6岁的这个门关上以后，你到10岁

或者 18 岁、20 岁，想重新来打开，或许这扇门已经完全被封锁、打不开了。所以我们要珍惜儿童成长的这个阶段。

再说一下，儿童的好奇与他的憧憬。好奇心，对愿景的美丽的向往，对孩子一生来说是快乐的。儿童的梦想与创造，我们要尊重。习主席说中国梦，我理解的中国梦就是从每一个家庭开始，从每一个人开始，更是从每一个儿童开始。所以我今天很为这些孩子还小的家长庆幸，你们还来得及。从童话的特质来说，最简单的一个定义就是：童话是一个幻想的故事。如果没有幻想，它不是童话，只是生活故事。所以童话的特质、特征，除了幻想还是幻想。

我买了一本书，怎么区别这是生活故事还是童话呢？很简单，里面有没有幻想。假如有幻想，那是童话，假如没有幻想，那就是一个生活故事。然后有个鉴别——童话的逻辑。不要忘记童话是有逻辑的，幻想不等于胡思乱想，这点连一些幼儿园老师都不明白，就觉得幻想是随便想出来的：我今天喝茶，刚要喝，茶杯飞起来了，飞到了月亮上。他觉得这是想象力，我说你这是胡思乱想，因为他没有"物性"。我们看一下，生活故事的逻辑是什么，是生活的真实度！拟人体童话的逻辑是"物性"。比如我写一个故事叫《茶壶爷爷跟他的孩子们》，茶壶一定有茶壶的功能性，杯子一定有杯子的"物性"。广义的童话逻辑是什么？就是"想得过去"。我们现在不是有《小飞象》这个动画嘛，小飞象它为什么会飞？因为它那两只大耳朵，大耳朵扇动起来让我们联想到翅膀，这就是"想得过去"。你要让小象飞，一定要给予小象飞的那个想得过去的逻辑。（因为今天时间不多，这点我们简单带过。）

拟人体童话，拟人体不等于是人。到现在这都是件令人头疼的事。跟一些动画公司合作的时候，经常会碰到这样的问题———说起拟人体童话，就把里面的童话人物当成人。我们现在简单地分析一下。《宝贝第一》当中会有这样的一些角色——宝贝熊、棒棒鸟、红鼻子青蛙。如果是宝贝熊，一定要有熊的特征，但是也有人的情感和思维；棒棒鸟、红鼻子青蛙也一样。我们今天既然回到原点、回到"种子工程"，那就要了解童话的思维内核是六个字（我们若从思维的内核来做阅读，就会完全不同。今后你们去看一些老师在讲绘本的时候，你要用这些标准去衡量，如果这六个字不在，这不是一

个真正的童话阅读）："求新"——与原来的不一样；"求异"——与别人的不一样；"求变"——跟自己以前做过的不一样。在我做过训练的一些小学生中，我要考察他们的思维方式，很简单。有一些同事、朋友说："夏老师啊，你帮我看看孩子的作文。"我说："不用看作文，你把他的日记拿来。"日记拿过来最简单了，我用几秒钟时间"哗哗哗"一翻，就知道他的思维格局。因为这个太普通了，所有的语文老师都会教孩子写日记，首先开头是"今天怎么怎么"，从第一天到第 365 天都是"今天"，我"哗哗哗"一翻，全是"今天"开头的，我会说："好了，这个孩子的思维已经模式化了。"当时我有一个非常要好的朋友，说："夏老师，你这样也太敷衍了事了吧，这么'哗哗哗'一翻就说我孩子思维有问题。"我说："你自己翻，你翻一个小时还是这个问题，开头全是'今天'两个字。但是，我可以花五分钟解决他的问题。""为什么？日记不以'今天'开头，怎么写，我也开不了头啊！"我在夏令营里做过训练，当时做训练的时候，来夏令营的孩子，从小学二年级到高中都有，他们的思维习惯已经养成了，来夏令营就爱玩，叫我给他们讲童话。我说："我才不来给你们讲童话，我来给你们做训练。"那天差不多也是这么多人，也是阶梯教室。我在讲的时候，刚刚在黑板上写了四个字，所有人（从二年级到高中生）的反应都一样——这些学生已经被我们的教育放在一个模子里、做成了一模一样的"月饼"。当时是在嘉兴，我写了四个字——"春游南湖"，所有人："哎哟，又要写作文，刚到夏令营，好不容易来玩一把。"我说："谁说写作文？"这是教育现状给了他们这样的第一反应。（因为在嘉兴这些学校，每年都要做这篇作文。）我说："我不让你们写作文，我们做游戏。"一听到做游戏，他们脖子都直起来了。我说："很简单，我们今天做的游戏就是写一句话的开头。很简单，小纸片传下去，每个人用一句话写作文的开头就行了。"很快，"呼呼呼"传下去，"呼呼呼"递上来，我不用细看，瞄一眼就知道了，第一个词都是"今天"，我还要看什么呢？然后我就说了："大家看一下，今天有没有双胞胎？""没有。""有没有三胞胎？""也没有。"后来他们开始质疑老师的眼睛："夏老师，你眼睛是不是出问题了？"我说："是啊，我怎么看你们全是一模一样的人呢。"一个男孩站起来："不一样嘞。你

看她是女孩，我是男孩。"我说："哦，那你们交给我的纸片写的都是'今天'啊，你们让我看到的都是一模一样的'今天'坐在这里。"孩子们睁大疑惑的眼睛："不是写开头吗？春游南湖，不写'今天'写什么呀？"这就是我们的教育现状！我说："好，玩游戏。玩完游戏，再看你写不写'今天'。"我在黑板上随手画了四条直线，一条直线叫"时间"，一条直线叫"天气"，一条直线叫"心情"，一条直线叫"地点"，我说任何一条线都可以作为开头去讲述"春游南湖"这件事情。我只讲了一条线，在"时间"这条直线上一点一点从上往下，边点边说："昨天晚上，我一夜没睡着，干吗？满脑子想着今天要去春游的事。"又点到第二个点："天没亮我就起来，打点我的小背包。干吗？肯定是准备春游的事嘛。"再往下点："糟糕，闹钟响的时候已经七点，我来不及吃早饭就往学校跑……"在操场排队，或者你在去南湖的路上，或者你到达南湖渡口的那种感受……按时间往下排，排到傍晚，"在我离开南湖渡口的时候，还最后看了一眼红船。"我再往下点："晚上睡觉的时候，我望着窗外满天的星斗，脑海中浮现的依然是南湖里那粼粼的波光。"……我只做了几分钟的演示，孩子们的小脑瓜子全都开窍了。然后，我提出要求，开始玩开头的游戏：按照座位排序，一个接一个说出完全不一样的开头，第一个说完，第二个不能重复。那些孩子太聪明了，思维时空一旦被打开，一下子几十个"开头"就出来了。这只是一个小小的训练——求新，与原来的不一样。原来只写"今天"，开始不写"今天"了，还与别人的不一样！刚才我说，第一个到最后的开头，不许重复，别人讲过的我不写，这样才能创新。你永远走老师教你的路、家长教你的路、别人教你走过的路，你走上去就是今天的堵车道，你堵在车上、路上，你等等看，那种心情……如果"求新、求异、求变"，我要求自己，今天日记的开头是这样写，明天换一个方式，与以前不一样。这六个字就是你的发动机，思维的发动机。就像大家都在堵车道上、没有办法，在等车的时候，你的这辆车就可以"嗖——"地张开翅膀飞起来，只要比所有的车高出一点点，你就可以自由地飞翔。所以我今天不想从细枝末节上讲阅读，我们一定先要明白：思维的发动机、生命的发动机、人生的发动机，我们要创造奇迹的发动机在哪里！

童话与动画的区别也很简单：童话是看有没有童话的内核，动画只是把这种童话的幻想活动起来。我也是中国最早搞动画片的，记得当时是在广电部，我一直觉得自己天赋使命，我要把所有跨界的营养储备复合起来，做我们的童话游戏教学。

好，现在我们分析一下：童话与儿童成长有什么样的关联。

第一，童话的幻想。不要小看这幻想，它让儿童拥有与他（她）的生理、心理特征相匹配的第二世界，超现实的时空。我敢说，现在我们在座的很多家长已经没有这第二世界了，你只有一个现实的世界。但我希望现在你开始明白，从此给孩子的第二世界，那就是培养他（她）的幻想。你们知道吗，快乐是儿童成长永远的正能量，正能量的人永远快乐。我跟韩国交流了16年，很多人从16年前认识我，到16年后再看到我（我在梨花女子大学讲课），说："夏老师你怎么没有变化？好像16年前看你是这样，现在还是这样。"我笑着说："因为我的'年龄'是不变的。"你千万不要以为我"老"了。有的时候，80后、90后的人，看上去"年纪"已经大了，这是负能量在作怪。快乐是我们成长的永远的正能量，所以我们家长首先要接受这个正能量，才能给到你的孩子。

第二，童话的奇迹。童话就是用来创造奇迹的。你们可能会从刚才那个PPT上看到：我写了那么多童话，拍了那么多的电视专题，策划、原创了那么多的动画片，还画画（去年还在意大利佛罗伦萨参加了"2013国际当代艺术双年展"），等等。他们就觉得不可思议，一个人怎么可能做那么多事情？！那是因为，思维格局打开了，时时处处都可以创造奇迹。我希望今天我们的这个交流能让你首先创造一个关于你自己的奇迹，你才有可能跟孩子一起去创造他（她）的奇迹。想象力是一种创造力，没有想象力的民族没有未来！我今天给你们展示那些作品，不是炫耀我有多么了不起，只是想告诉你们：你们的未来可能比我更好。因为我在你们那个年龄的时候，没有人告诉我：你可以去创造奇迹。所以我相信到我这个年龄的时候，你们每一个人都比我更厉害！这是我期待的童话的能量。因为"能量"是永远看不见的，所以就容易被忽视。首先，幻想拥有思维拓展的能量，它的时空是无限拓展

的。我可以告诉大家一个秘密：我三十年前写的那部童话，今天拿出来，它的思维、它的想象依然是先进的，在这个时代依然像是新写的。读者的想象力真丰富，它可以再行创造与拓展：我二十多年前写的一部童话叫《紧急追踪》，当时清华有个大三的学生给我写信，说："夏老师，你不应该是一个作家，应该是个科学家。"因为我当时写了宇宙中心，飞船是悬浮停泊，他说他是学天体物理的："你一说悬浮停靠，我突然感觉这是对的呀！因为宇宙中心所有的合力等于零，当所有方向的合力等于零的时候，当然是悬浮停靠了！"我也可以告诉大家，我中学的时候是数理化的尖子，这些都是知识储备。一个物理的原理、一个法则，都是营养，储备在你思维的土壤里，你才能写科幻的东西。所以一定要知道：幻想是一种思维拓展的能量，让孩子永远拓展世界；快乐是生命的能量，当你给孩子注入生命能量的时候，这孩子一生的生活质量一定很高，不在乎他（她）多有钱还是没钱，钱跟快乐没有关系。奇迹是一种超凡的能量，当你今天知道童话有这么大的能量的时候，你才会知道夏老师为什么花那么多的精力，跟我们回到原点讲这些东西，让你们知道孩子的成长是需要能量的。我相信知晓了这三大能量，再没有不需要童话的人。因为你自身也需要这三大能量，然后又希望给予孩子这三大能量。其实，你们已经接受到了能量，请给自己鼓掌。

再看一下童话与我们的儿童教育。童话的创想时空，拓展儿童生命、生活与成长的时空，让他们有比现实生活更好玩的、更宽阔、更高远的世界。要不要这个世界？（掌声）再响一点，要不要？好！要的孩子、要的家长，你们都拥有了！因为一切都取决于你自己要不要。我为什么这样一问一答？这就是一个宇宙能量的互动，宇宙的能量就像太阳和空气一样，它不问你要不要，它存在，但是想要的人他会寻找，就会跑到太阳光里去晒太阳，在他不想要的时候躲在家里、躲在阴凉处。你说太阳多么无私，那么公平地给到每一个人阳光，但是，如果你没有要去接受它，你能得到吗？所以我今天问你"要不要"，当你说"要"的时候，能量已经注入了，能量无处不在。

第三，童话的游戏精神。我们现在很多家长活得很累，尽管你们年龄比我小，但有的时候我就觉得你们那种紧皱眉头的样子，已经被这生活"压"

住了。打开它！我们的生活、工作、亲子阅读，都是一种游戏，是一种非常好玩的游戏。所以游戏是儿童的全部的生活和工作。现在一说起绘本阅读，家长也好老师也好，完全就忘了其中的游戏精神，而是一本正经地拿着书，开始给你讲故事。我从来不给孩子"讲"故事，我做的永远是游戏。在整个讲故事的过程当中，就是游戏的过程，一定要明白！今后我们如果有这种需求，我会专门讲童话游戏教学，今天先简单跟你们梳理一下，先给到你一些实用的，带动你们做一个阅读习惯的改变。现在我们明白了，童话的奇迹源自它独特的想象力。刚才讲到的奇迹，正顺应了这个时代的需求。中国需要创造奇迹的人才，特别是现在的中国梦。

　　是不是一部好的童话，首先看它有没有独特的审美价值。你看《喜羊羊》，说实在的，我觉得它对孩子来说是一种"病毒"。我一直说《喜羊羊》这部动画片绝不亚于我们现在的雾霾，它完全是悄无声息地在窒息你的孩子。我一直在呼吁：孩子在看的时候不经意间已经被污染了！孩子其他什么也没学到，只学到了：嫁人要嫁灰太狼，平底锅打老公……这个暴力动作一出来，孩子一生就被毁了。所以现在你看童话的审美，要看它的创意感、新奇性、童趣化、意境式、鲜活度……要有复合审美价值，尤其对儿童的心灵滋养、品格的建树、习惯的养成、知识的博采、哲思的启蒙……都融合在一部童话里。但是现在有的家长、老师，只是给孩子讲一个故事，只是图解表面的情节，把这些内涵都忽视了。所以昨天我还在车上跟那个银行的高管在分析这个事情："我们现在的阅读走在误区里，你花了很多钱（他告诉我他花了很多很多的钱，买了很多很多的绘本），当你把这些故事讲给你的孩子听的时候，他得到的价值可能只是花掉的那些钱的几十或者几百分之一。因为你不会讲故事，会讲故事的人可能花了10块钱买的书，通过传递、互动交流，给到孩子的可能是一千块、一万块的价值。"很多事情，我们回归到原点，就会想清楚：我们该怎么给孩子做阅读！所以我觉得，今天，台州图书馆做了一件非常伟大的事情。

　　我们回到原点，不着急，先来研究"童话游戏教学"。这是我独创的教学体系。童话的特质是"幻想"，幻想就是创造的能源。当你的孩子学会幻

想，学会主动去创造的时候，我可以告诉你，你在孩子的心灵中，已经建造了一座"核电站"，自己会发电了，这就叫"能源"。游戏是一种形态，同样，游戏还是一种情态，也是一种生态。我们都会把"讲故事"说得很简单，其实在"讲故事"这个亲子阅读的过程中，我们是创造了一个全新的形态、情态和生态，这是一种家庭生态，也是一种亲子生态，同样也是生命的生态。所以针对儿童成长而言，游戏更是一种精神。我们要倡导游戏精神！我可以告诉大家：我就是以游戏精神做一切事情。我当过 16 年记者，觉得很好玩，有不少成果；当作家写那么多书，甚至写了有关韩国最高领袖的小说，100万字，填补了韩国文坛的空白。（所有人都想不明白，为什么这么重大的历史题材由中国女作家来写）……游戏跟我们说的"儿戏"不是一个概念，游戏是一种精神。我们做任何艰难的工作，碰到问题、碰到麻烦的事情，你都笑对它，然后用游戏的精神去跨越它、解决它，那你的智慧、你的经验永远在积累。

童话游戏教学是什么？三样东西加起来：童话特质，游戏精神，奇迹的创造。这才是童话游戏教学要达成的目标。我们今天讲阅读不是为了教你讲故事，教你讲故事太浅了，我们要教会家长如何跟孩子一起创造生命的奇迹。那我就简单地介绍一下我的这三部原创童话。这是中国第一部品牌童话，获得新闻出版总署颁发的全国"三个一百"工程的大奖。出版的那年，北师大出版社作为福利、发给所有员工人手一套，他们认为这是他们看到过的所有的（国外也好、国内也好）儿童教育读本当中第一套真正具有童话游戏教学综合审判价值的精美图书，书名叫《宝贝第一》。这一套《蔚蓝密码》是中国第一部家园童话，被收入联合国"阅读在中国"计划，是适合小学生到初中生读的。《惊天之夏》这套书是去年推出的，中国第一套"科幻魔方"童话。我是一个喜欢玩新花样的人，永远不会重复自己、重复别人，所以这也是中国第一部少儿"创想教育"的读本。如果今后有机会，图书馆或大家有这种需求，我依然可以给孩子当场做实验，可以当堂课打开孩子的想象力。家长完全可以进行现场听课，看孩子怎么能够一下打开被关闭已久的那扇幻想之门。所以，这套书是中国创意产业联盟隆重推荐的，而且创新漫

画版图书，时代信息很强。刚才说的《宝贝第一》，十本书一套。第一本叫《宝贝第一》，第二是《美丽的花环》，第三本是《放风筝》，还有《装大胆》，《火星奇遇》……这一套图书不只是童话游戏教学和儿童人格建树的新读本，还有其非常独特的八大功能，等一下我会教你们怎么用新的思维、新的格局、新的能量来做阅读。

我们现在讲了那么多，为了让大家在"道"上做阅读。我说"凡事如山"，阅读也不例外，分为四大层次：道，法，术，器。我们要学会在"山顶"做阅读，并且要把阅读转换成艺术与创造。不要小看讲一个故事。一讲到阅读，就认为只是买一本书来读，你的能效可能很低。我今天早上还在跟那个图书馆的朋友在交流：什么叫在"道"上？什么叫"在山顶上面做阅读"？有些人做阅读没找到那个"道"，然后就像在盘山公路上一样走啊走，他要上山顶才能看到最美的风景，到了山顶才能看到这本图书，也许这本图书就是一座山。不要小看一个故事，它是一座山，你到山顶上，才能把所有的风景一览无余，才知道要告诉别人：山的这边有什么，并让你的孩子也看到。如果你在山脚下，就如在一棵大树下做阅读，大树成了你全部的世界，那你只能告诉孩子这个故事是怎样一棵树，但是在山顶上一看，它是一片森林，还有泉水，山外还有天空，等等，你给孩子的东西是不一样的。现在很多人的阅读表现力很强，尤其是幼儿园的老师。我去听了很多课，会做绘本阅读的老师长得很美丽，语音、表演各方面都很好，说得很生动。我只看到了一道风景：就是那个老师其实还在"器"上做属于老师自身的表现力，"器"上面的那层是"术"，再上面是"法"，最高层面是"道"。我们要学会在"道"上给孩子讲故事做阅读。其实每一本故事都是一座山。你们今天知道了，今后再去听老师给孩子们讲课，你就可以用这座"山"来评估一下这个老师在哪里，至少有了一个评估意识。

所以我说阅读应该是一种能量的交互。刚才我们在交流的过程，就是能量。能量看不见，但是它就像我们头顶的那些灯光一样，已经把你们照亮了，这点要坚信。我们首先要打破传统的"单向"和"被动"的阅读关系。我昨天和那个银行的高管一交谈，他就说："你怎么把我的阅读现状都看到

了？"我说："这是一个常见的通病。"什么叫单向阅读？要么老师、要么家长，读给孩子听。第二是被动的，孩子只要听就可以了。我提醒大家，刚才为什么说中国最严重的疾病叫思维惰性，思维惰性的毛病出现在孩子身上，病根在家长身上，因为你养成了孩子的思维惰性。昨天我已经印证了我的理论，跟我同车来的那个人，他说："哎呀呀，夏老师，相见恨晚呀！孩子倒是很喜欢阅读，养成了良好的习惯，晚上一定要爸爸给他讲故事，爸爸工作再忙也要讲，不讲会生气。"我说："多好啊，这孩子已经养成阅读习惯，但是他的阅读能效太低了。"他只带着耳朵，而爸爸的阅读能效又很低，只把文字读给他听。我们真正好的绘本，时空非常立体，它不只是一句语言，语言只是其中的一点点。有次我跑到金宝贝幼儿园，他们拿出《宝贝第一》，说："我们在讲这套书的故事。"（她不知道我是作者。）我就问她："你们怎么讲？"她以为我是接送孩子的家长，就说："你坐下来体验一下，我们给你讲。"然后她就把文字读一遍，翻过去，读一遍，翻过去……最后，和我一起去的朋友告诉她："你们知道她是谁吗？她就是这套书的作者。""哎哟，那你怎么……"其实，如果你自己都没有读懂这本书，是没有资格给孩子上课的。等一下我会单独做一个演示给你们看。所以很多东西，你会讲、会阅读、会用正确的思维方式、会进行能量交互和不会这样做，真的有天壤之别。你看传统的阅读主体，首先是图书，第二是家长或者老师，因为家长或者老师觉得图书是主体，孩子是读者、是聆听者、是一个客体——其实错了，我们已经把亲子阅读的主体丢失了。家长也好，老师也好，你是为自己阅读吗？不是呀，阅读的主体是我们的孩子。当你在讲故事的时候，其实老早把孩子丢在一边，只顾着对着这本书自得其乐。有些幼儿老师做绘本教育，做得很像模像样，乐在其中；我们的孩子眨着眼睛在听，他们只启动了听力功能，太被动太可惜了！同样一堂二十分钟的课，换成我来做的话，一定要求自己给孩子一场非常快乐的游戏盛宴。可能这跟我是做图书原创有关。有时看着真的会着急，我们要给到孩子的是完整的足金，而不是取其一小块，或是只让他们看到亮闪闪的表面。没有给孩子全部，不是因为你不想给，而是你不会给。看到了这样一个模式以后，我们要用创新阅读。什么叫创新阅读？全时

空、全方位、全功能的。所谓的功能是图书的功能,加上家长或者老师的功能,调动孩子的功能。所以全时空、全方位、全功能的能量交互,才是我们真正的阅读。我们现在的阅读,效率太低。这些能量的交互,我把它称为"心能源的交互"。你看我写书,里面有我的心能源。但是如果你们不知道,没有接受,打不开这个心能源,我的心能源在浪费,没有办法给到孩子们。首先,家长或者老师要跟我的图书进行心能源的交互,然后你把故事的能源变成"核电站",才能跟孩子交互。我们要关注一下,今后拿到一本好的书,先要预习一下,能源从哪句语言里释放出来。就像我这套书,每个故事都有一个脚本(文字的解释),视觉是图画。第三是感知的。(什么叫感知,待会儿我回答你们,现在讲可能你们觉得太"理论"。)经历的、体验的、猜测的预估的,这里面有太多的空间要在阅读中不断地为你的孩子打开、再打开;还有他(她)的思索、联想、分析、判断、领悟、创想、创新和创造……我们要打开的太多太多了。昨天同车的那个民生银行的高管很后悔:"夏老师,怎么那么不凑巧,我明天一早要去江西出差,妻子是护士,上午要上班,你下午讲就好了。"他当时想要买这套书,我说:"那你联系图书馆,如果大家有需求的话,我们今后会联系,专门来做这套书的童话游戏教学,到时候再通知你。"当然,他没有这些PPT,我也没有办法很详细地跟他说。我们仔细想一想,是不是我们在讲故事的时候,自己感受还蛮投入?但是忽略了主体。你在讲的过程中有没有观察孩子的表情变化、他(她)的反应、体验呢?我们做阅读不要再光光是给孩子讲一个故事,太浅太浅了。我们做阅读的过程是带领孩子走进故事,通过语言的、视觉的、感知的去经历一个童话,然后去体验里面的情感变化,去猜测可能发生的下面的故事,预估它的结果;还有通过你的思索你的联想,分析判断以后领悟出来。还是昨天那个高管,跟我说:"我孩子有的时候听着听着会哭,就不要我再说了。"那个故事是:小鱼变成石头,看到爸爸妈妈的时候,想叫叫不出声音来……说到这里,他女儿就哭了。我说这时候你会怎么面对孩子的感受,你肯定是按照自己的理解来问:"哦!你是不是觉得小鱼变石头了,叫不出妈妈,妈妈又认不出他,所以你着急,你可怜它,所以哭?"这都是家长的想法!那么好的机会摆在

童话与儿童成长

你面前！要是我，就会这样做：先问她："你干吗哭啊？告诉爸爸。"让我说，那个高管的做法剥夺了女儿两个权利、两种机会：第一，剥夺了她思维的权利，把你想的东西加给她了，然后她就点头了，可惜吧；第二，剥夺了她表述的机会，让她自己讲，能力培养，这个时候她心里边着急，想说的时候，她的表述一定是最好的。因为她不假思索，不用通过脑筋考虑组织文字，她表达出来的一定是最生动的。亲子阅读，我是建议所有的家长做笔记，用能量互动的方式，然后把发生意外和发生变化的一些东西记录下来；不出三年，你将是亲子阅读的专家。要让自己成长，不要老是以为阅读就单是孩子的成长。你要从普通的家长往亲子阅读的专家转型。说实在的，现在台州图书馆做得那么好，有很多志愿者，到时候志愿者就会转换成专家。也许那时候你成为了专家，就会像我一样，在别的地方，把你的经验分享给更多的家长，帮助更多的家长走出误区。所以你看心能源，有多么丰富的内涵。我们说主体不要丢失，在讲故事的时候永远不要忘记你在讲给谁听，你的目的是什么。

走出阅读的误区，刚才已经讲过了，首先牢记主体性，主体不要丢失；第二就是主动性，让孩子参与进来互动，不是家长主导着故事，而是你的孩子要走进故事。如果这一本图书有 24 页，我可能会讲 24 堂课，一页纸就能上一堂课，打开孩子的不同的空间，打开、打开、再打开……现在幼儿园拿到我这一套书，第一堂课就会从头到尾把故事讲完。我说我不这样做，我肯定每天讲一页，24 堂课完了以后，再来跟孩子互动，跟孩子从头到尾一起来讲述这些故事。因为孩子已经对每一页都熟了，我只要提个醒，他（她）就能主动进来做故事的讲述者。这样做，一个故事已经足以打造成孩子思维的格局，太重要了！所以一定要注意阅读的效能，不要看表面。效能要做转换，讲一个故事、听一个故事或者读一个故事，我们要转换成感受一个故事、经历一个故事（共同去经历故事，共同去体验一个故事，同时共同去创造一个故事）。这个故事不限于这本书。为什么我们要在"山顶"上做教育？一旦在山顶上把这个故事讲完，孩子看到的不只是"山顶"，还有一览无余的"山下"风景——森林，以及无垠的天空。这才是我们要做的阅读。

接下去，我会推出《太阳鸟开心阅读》丛书。我们创作了一个全新的

概念——开心阅读。幼儿园的一个园长说："我们现在也是开心阅读啊！"我问："什么叫开心阅读？""孩子们听得很开心啊。"我说："开心阅读不是这个概念。"开心阅读是打开儿童心智的八扇门，目标是打开孩子的心门、让阳光照亮他（她）的智慧。我独创了一个阅读体系，小班、中班、大班每个学期一套，一套书八本，每本书一个故事。这八本书的故事架构是八种不同的阅读方式：主体阅读、情境阅读、感觉阅读、颜色阅读、体验阅读、想象阅读、情感阅读、游戏阅读。我现在举一个小小的案例，让你们体验一下。《搭积木》这个小故事说起来简单，是我的一篇小散文，两百字不到。当时我在苏州幼儿师范学院上大课，大礼堂有七百多位老师和学生，还有苏州所有幼儿园的园长和特级教师。那天他们跟我说："夏老师，我们太喜欢你的小散文了，经常在幼儿师范的教材里面看到你的很多作品。你的作品跟别人的不一样。"我问为什么不一样，他们说："不清楚，就是不一样，我们太喜欢了。"我说："好，既然你们告诉我喜欢我的小散文，那上大课的时候，你们选出一位最优秀的老师来读我一篇小散文。"结果他们推选了原来苏州师范学院的一个校花，有 6 年教学经验的幼儿园特级教师陈老师，她就选了一篇《搭积木》做一个示范朗读。朗读跟讲故事还不一样哦！大家现在先用两秒钟时间想一下：如果让你们来朗读《搭积木》，你会怎么做？结果，陈老师上台来了，真的又年轻又美丽。

这是"游戏阅读"中的一个小童话，内容很简单："红红砖，蓝蓝瓦，黄黄的屋檐，绿绿的窗，搭成一座童话房。童话房里，住着谁呀？小白兔、蓝精灵、小茶匙老太太，还有米老鼠和唐老鸭。住在童话房里，干什么呀？做游戏，讲故事，编童话……大灰狼来了！大灰狼敲敲门，掐尖嗓子唱：'小白兔乖乖，把门儿开开，妈妈回来了！'门开了——大灰狼跑了。它把小茶匙老太太当成了妖怪！"

陈老师花了一分钟，用那最灿烂的笑容，把这篇童话读完了。读完以后，我就让全场的园长，包括那些快毕业的学生，用鼓掌打分。从 60 分开始起拍，到 70，80，90，都没有人鼓掌，我喊到 100 分，全场鼓掌。"好，"我说，"按照传统的阅读方式，你们给了她一个最高分，一点不错。但是要用

我的思维习惯养成教育，用童话游戏教学来评估（我说这一天对事不对人），打 60 分都很勉强。"会场上一片寂静。我知道所有的眼神里都有疑问。我说："今天这样说，你们都不服气。很简单，待会儿你们配合我一下，就当自己是小朋友，我是幼儿园老师，我读一遍，你看我读得跟她有什么不同。首先要说明，我任何外在条件都没有陈老师好：没有她那么年轻漂亮，没有她那么标准的普通话，也没有那么好的音色和音准，更没有她那一脸迷人的笑容。但是我有一样东西恰恰是陈老师没有的——那就是我在阅读这篇小散文的时候，手里有一个你们看不见的'鼠标'。所有的孩子都是一台台'电脑'，我会把他（她）的思维程序打开、打开、再打开。我讲到这里，可能你们没有一个人相信，那好，现在试一下，你们也可以看看，我的'鼠标'在哪里。""红红砖，蓝蓝瓦，黄黄的屋檐，绿绿的窗，搭成一座童话房"——停一下，千万不要急着往下读，要给孩子进入游戏、转换角色的时间。孩子们只是用耳朵在听，我要让孩子走进游戏，成为游戏中的一个角色，去跟着你一起搭积木。你知道吗，我们讲故事不要忽略，这是孩子们的创造空间，如果班里有 100 个孩子，他们搭出来的房子是 100 种样子，你要让他们搭，给他们些空间，不要急。家长讲故事、老师讲故事，等于在做表演，根本没有考虑到孩子接收的空间，没有给他们留下思维的空间。我再往下读："童话房里住着谁呀？"——停顿，扫视，目光跟所有的孩子对接。这是我要做的，我的主体永远在。我讲故事不是自己表现给你们看，是要让所有的孩子读懂我的故事。我是一个故事的表演者，一个能量的释放者。我为什么要停顿、要扫视？为什么目光要跟每一个孩子对接？这就是我手里的那只"鼠标"，我要让孩子们自己去想。我上次做幼儿园老师培训时，有一些老师说："哎呀，如果这样的话，孩子们会乱糟糟的，比方说讲到'童话房里住着谁'，孩子们会纷纷说小白兔、孙悟空、米老鼠、唐老鸭……"我说："给他们空间、时间，让他们讲。家长、老师讲故事的时候，是能量场的把握者，要释放的时候释放出能量，要收回来的时候收回来。"我当时说："一个不会讲故事、不会做能量交互阅读的老师，是没有资格来做幼教的，做幼教的你不要把自己只当成一个老师，这个标准太低了；你应该是个艺术家，你等于是有一个

舞台，你在讲述的过程中已经把这一台戏演绎出来了，这是基本要求。所以问'童话房里住着谁？'抛出问题，让孩子自己去考虑。"孩子不会永远"昂昂昂"地讲，他（她）的兴奋度就那么一刹那，你就用你的眼神把他（她）"收"回来。你要开口了，孩子马上会安静下来，因为你是能量中心，他们会看着你的眼神：你要开口了，他们也安静下来。"小白兔、蓝精灵、小茶匙老太太，还有米老鼠和唐老鸭"，假如班里 50 个孩子中有 5 个孩子说到过这个东西，他们会以为老师是选用了他说的，你知道这时候孩子有多么兴奋吗，他（她）被激活了！然后你问这个问那个，"谁说过蓝精灵"，他就马上说："是我说的！"好，我们算一下，50 个孩子，5 个孩子有这种表现、有这种表达的时候，是不是 10% 的孩子的思维被打开了？激活，我们永远记住：要激活！阅读要激活阅读主体的思维。现在 10% 激活了，接下去，我收回孩子们的注意力，接着往下读："住在童话房里干什么呀？"这时候我们学会了三件事：第一件事是停顿，第二件事是扫视，第三件事是目光对接。不要忽略每个主体，所有的孩子都是创造童话的人。然后又把问题抛出去让他们想，这时候又是一片乱嚷嚷：跳绳、拍皮球……让他（她）随便说，你不要打断，说得差不多时我又扫视、一笑，他们又安静下来。这时，我才接着往下读："做游戏、讲故事、编童话。"你们看看，他们说的跳绳、拍皮球，是不是在做游戏啊？我把这 50 个孩子的思维 100% 激活了，他们已经成为阅读的主体了，他（她）觉得老师是选了"我"说的，每个人都会这样想，他（她）已经进入故事，不只是在听一个故事，还在玩一个故事、经历一个故事、创造一个故事。我们要求老师是艺术家，不能只是在口头上讲。像我刚才说的那个老师，带着迷人的笑容一直讲到底，她觉得是一个表现力：我读得那么好听，笑得那么美丽。可是她不是艺术家。接下去，说"大灰狼来了——"的时候，还笑得出来吗？你应该是一个导演，是一个作家，营造悬念、营造氛围。前面，大家正在一起编童话，很开心，我说：你看，下面只有五个字，你怎么读？"大灰狼"要拖长念："大——灰——狼。"为什么要拖长？让孩子有一个思维间歇去想去转换情绪！现在，听故事的人知道"大灰狼来了！"他要知道结果：不行，我们得放慢速度："大——灰——

狼……来……了！"你是表演艺术家，要制造紧张气氛。然后，再往下读时要配上手势与动作（用手掐着自己的脖子）念："大灰狼敲敲门，掐尖嗓子唱：'小白兔乖乖，把门儿开开，妈妈回来了！'"不同的人，根据对大灰狼个性的理解，用不同的语调去读，但你必须要做出那种大灰狼伪装的样子："小白兔乖乖"（无论是粗嗓音，或是尖的嗓门去塑造这个大灰狼，都行，不要只是读那个文字。）我们想一下：老师从头笑到尾，读"大灰狼来了，掐着嗓门唱"，能让孩子入戏吗？记得一次在复合着小学生和中学生的夏令营里讲这篇童话，那天我也是这样坐在台上，最后第二排有一个二年级的小学生很调皮，一会儿坐到前面，一会儿又坐到第三排，一会儿又"咚咚咚"满场子转。但是我在说大灰狼掐着嗓门唱"快点儿开开，我要进来"时，他突然静下来了，从后面"咚咚咚"跑到讲台前面拼命朝我摇手，他入戏了，他在告诉我："别开门，它是大灰狼。"一般的老师要批评他："你怎么不守纪律啊？回去！"我没有。我点点头，同样用动作和表情告诉他：我知道了。他不走，他不放心啊，就趴在讲台边，看你开不开门！这就说明我已经成功了，我是个导演。接下去三个字你怎么读，你的肢体语言、情感全在这里，"门——，开了！"给孩子一个意外，因为所有孩子不希望你开门。当我说到"门开了"的时候，我发现全场包括高二的同学，都愣在那里，所有的眼神全是问号，是那种担忧。这一点非常重要，让孩子开始关注一个人的命运、关注接下去会发生什么。猜测、预估、判断、关爱……现在独生子女一般都很自我，甚至说是很自私的，只知道"我要，我的"，但这些小小的故事恰恰在那个点上把孩子的心灵"啪"地打开了。接下去，你要有个长长的停顿，这时候全场鸦雀无声，都愣在那里，因为他们找不到出路。等到差不多的时候，我一面扫视，一面慢慢地把笑容放出去，从紧张到平和，然后又是几个字："大灰狼——"停顿，扫视，与所有的眼睛对接。给孩子们一个思考的时间：怎么了？怎么了？怎么了？进来了？啊呜一口？……这些都是孩子在迅速地做出反应。然后，我才会释放我的笑容，说出两个字："跑——了！"这时候又会面对更多更大的问号：为什么？为什么？为什么？……孩子没那么好骗的，在他们体验的情景中充满了问号。"大灰狼跑了？"孩子在思索。到最

后，我才释放了我最灿烂的笑容，揭开谜底："它把小茶匙老太太当成了妖怪。"对哦，孩子们想明白了，狼也怕妖怪的呀！那么一个小茶匙老太太突然出现在它面前，它吓得转身就逃。这就是释放。当我讲到这里，孩子们哄堂大笑，释放了他们所有的人文关怀，释放了他们所有的希望。这叫游戏，这才是孩子们乐此不疲的童话游戏阅读。

接下去，我来讲《宝贝第一》的《放风筝》。时间已经超了，还想不想听？想。那好，你们积极性那么高，我就再跟大家分享一下。其实我选《放风筝》之前，第一时间想向大家推荐的是《美丽的花环》。这本书在北师大出版社审稿的时候，总编看了PPT上的故事脚本后哭了："夏老师，你的童话太经典了，它不只是给孩子们讲述一个有想象力的童话故事，你给孩子安装了他一生人格的准则、道德的准则、情感的准则。这里面的人文情怀打动了我，这种感动在我们作品当中丢失得太久。"所以下次有机会，我们可以先看这本。今天为了讲童话的想象力、讲多元时空的全方位的能量互动，我选了《放风筝》。

《放风筝》的故事很简单，主题是想象，主人公是宝贝熊波比，其他出场的人有熊爸爸、熊妈妈、小镇上的邻居们（那些小动物），脚本更加简单。每一本书的扉页都印有"我们一起努力，当人见人爱的宝贝"。

什么叫人见人爱的宝贝？就是说你是一个有品格、有道德、有修养，又有想象力、创造力的人。是不是你阳光、快乐，别人也喜欢，就人见人爱？你光阳光、快乐，一点创造力没有，今后靠什么生活？你也快乐不起来！故事是这样开始的："春天，是一个放风筝的好季节。"这是一句多么平淡的语言，从文字来说是一带而过，但是从图画来说，丰富多彩。这套书是国际化的一个版本，一打开就是这样的文字："献给全世界的孩子！"《宝贝第一》现在已经有美国方面在跟我联络，希望把它翻成英文。虽然我们这里也是中英文版的，美方还是希望他们来做这件事情。现在很多外国人学汉语，和我们的孩子学英语，都可以在这本书上完成。请大家看这里，如果爸爸妈妈只讲"春天是一个放风筝的好季节"，幼儿园老师也是这样，然后看一眼小风筝，就过了，这就可惜了，太可惜了！我就觉得图书是给了你一桌大餐，你

却只拿出一小碟喂给你的孩子。"春天是一个放风筝的好季节"，我就会让孩子认识风筝，让他们找风筝在哪里，不认识的小朋友看到风筝可能会说"蝴蝶"；如果哪个孩子有经验，我就会表扬他（她）："小朋友太聪明了！但是你看天上有两只小鸟在说话，一只小燕子说：'哇，这是世界上最大的蝴蝶！'另一只小燕子就说：'傻瓜，那是风筝！'"这时，孩子就要去区别了：什么叫蝴蝶，什么叫风筝。而且你看这画面上，春天的山、树，是绿色的。假如我是幼儿园老师，我会把这幅图画成一幅大图，然后让小朋友们把春天特有的小花、小草啊粘贴在上面，春天小河里有什么也贴上，和孩子互动，创造这一幅画面，让它更完美。风筝一定有根线，当时设计时，我特意对插图的画家说："你一定要把这根线用一片云遮上。"为什么？这就是游戏呀。就让孩子们去想象：这是我在放，这是妈妈在放，这是……顺着风筝线找到相应的人，无限的时空可以打开，这一幅画我可以上一堂课。一本书不是一口井，一本书一定是一座山。类似这种情况，如果上到第二页，我就把这片云移开。小朋友突然发现这条线连过来、连过来，是小怪物"乱蓬蓬"在放。为什么叫他乱蓬蓬啊？他头发很乱。乱蓬蓬长什么模样啊？他是蓝色的。他有什么特点？……都可以作为上课的内容。这里，只有一句话："放风筝的是小怪物乱蓬蓬。"其实通过这些图画，这边有什么，那边又有哪些，你又可以添加和创造。往下翻，红鼻子青蛙和大耳朵狗也来了。这一幅，我就叫孩子们找，哪一个是红鼻子青蛙，哪个是大耳朵狗。为什么叫红鼻子青蛙？哦，它的鼻子是红的。跟你看到的青蛙有什么不一样呀？他们没有看到过红鼻子的青蛙。这就是想象力，在打开孩子的童话世界。再看大耳朵狗，为什么叫它大耳朵狗？哦，它耳朵特别大。那你想象这个大耳朵狗是什么？它穿着什么颜色的衣服？……你都可以去开拓孩子的认知。他们放的是什么风筝？哦，是蜻蜓。蜻蜓有什么特征？你要讲上一堂课，真的。这时候我们不要忽略图上有棵树，让孩子找：这里还有谁？除了放风筝的三个小朋友，树上还有一只小鸟。这是什么小鸟呀？就是长尾巴鸟。后来动画片里叫"棒棒鸟"，因为它的长尾巴裹起来像一根棒棒糖。这些动物为什么这样叫的原因，都会让孩子去想象。然后这只小鸟又在说话了："嘻嘻，我不用放也能飞好高。"

马上把小鸟跟风筝区别开来了，它不用放也能飞好高，孩子的思维又上了一层。接下去："蜻蜓风筝也飞上天去了。"蜻蜓风筝刚刚是抬过来的，现在也飞上天去了。这里边，可以开发孩子思维的地方太多太多了。我们不说这时那两只燕子又飞过来，一只燕子就说了："哇，那是一只不牵线的风筝。"因为前面它已经被纠正过了，已经得到认知了，那一只"不牵线的风筝"指谁啊？指小鸟。另一只小燕子又说话了："傻瓜，那不是风筝，是一只小鸟。"你不要去告诉孩子：那不是风筝是小鸟。只是小鸟在讲"傻瓜，那不是风筝"。就这种幽默的对话，孩子会记住，还会去判别。今后他（她）到广场放风筝的时候，可能会跟爸爸妈妈对话，也许爸爸妈妈会有意逗他："这是一只不牵线的风筝。"他（她）马上就会说："傻瓜，那不是风筝，那是小鸟。"其实在这个过程当中，他（她）的认知、判断、分析、辨识力都在成长。书里还有安全提示——抬头放风筝的时候千万要小心脚下。这是不是立体的啊？对孩子的安全都给了提示。接下去又是讲："哇，美美兔放上去的是一个大眼睛风筝。"又变了，"求新、求异、求变"，刚刚是鸟啊，风筝啊，蝴蝶啊，现在放上去的是一只"大眼睛"。这时候我们就会问孩子："美美兔倒是很有想法，它为什么放'眼睛'呀？"你不要让孩子先去读故事，要学会停顿、学会询问，小孩子就会讲各种答案，也许 10 个孩子 10 种答案，都对的，要肯定他（她），不要把想象力掐死了。等他们全部讲完了，你才把美美兔的话说出来："'大眼睛'能够看到好美好美的风景。"这是孩子的语境，有的家长不懂，还会说："不要胡说八道，这是风筝呀，又不是真的眼睛。"——又掐死了一个美好的想象，大人的错误是防不胜防的。这时候，大耳朵狗关心地问："宝贝熊波比怎么没来？"等这一页全部讲完，留个悬念："宝贝熊波比怎么没来啊？"接着，我们就放下，等会儿讲，甚至有的时候会隔一天再讲。这时候，孩子可能已经把宝贝熊没来的事情忘掉了。我们的语言跟一般绘本不同，一般的绘本就把故事说得很完整，让你不要动脑筋，我是永远让你动脑筋。脚本解说："突然一只大鹏鸟飞了过来。"它到底是鸟还是风筝，让孩子去判断。你看这个画面上，那些人不是在放风筝吗？这个大鹏鸟突然飞了过来，原来是宝贝熊波比。翻到这一页的时候，你是看不到

宝贝熊波比的，就让孩子想象：这只大鹏鸟怎么会来的？接下来主角就出场了——宝贝熊转过身来，是他背着一只大风筝。这个人物就又出场了。我们刚刚在想他，说到宝贝熊，宝贝熊就来了。故事又发生了，大鹏鸟风筝太大了，宝贝熊怎么也不能把它放上天去。问题出现了，丢给孩子："怎么办？"你不要急着往下讲故事。首先，大家动脑筋想办法，各种各样的。这时候，大鹏鸟终于飞了起来，怎么会飞起来的？其实这里有个过程，小朋友们把手上所有的风筝交给了棒棒鸟，然后大家一起来帮他放了大风筝。永远让孩子们有意外惊喜！到这一页的时候，起风了（你看，永远在营造这种故事的变化），大鹏鸟越飞越高越飞越高，把这些孩子们都带着飞起来了，又变成了情节的意外和人物命运的一个关注点。偏偏这个时候，棒棒鸟又在大叫："我拉不住啦，拉不住啦……"这就是逻辑，当大风把大鹏鸟吹起来的时候，那么多风筝在棒棒鸟手上，它怎么也拉不住了。这里很多东西就像是一颗可以泡开水喂给孩子吃的奶糖，每一页都是一颗高浓度的奶糖，你要冲水给你的孩子喝。接下去不要多讲了。我为什么不喜欢一节课讲完？要让孩子去想啊！"怎么办啊，怎么办？"有的孩子就会赶紧说："去叫妈妈呀！""哎哟，叫我爷爷，我爷爷力气最大。"或者他们会想其他各种各样的办法，让他们去想。第二天上课之前，我先把他们所有的想法汇总（老师、家长把孩子们的办法记录下来，可以出成一本新书的）。好，事情又发生了意外，大鹏鸟终于挣断了风筝线飞走了，悬念出现了：这些孩子一个一个"咚咚咚"掉在了地上。大鹏鸟飞走了，其实问题没有完全解决，这时候小鸟再次呼叫："我拉不住了，快来帮帮我。"这里面体现了团结互助的精神，对独生子女来说特别特别重要。你不要看一个小故事的一个小点，它能给到孩子的是人格的滋养：要让我们的孩子有这样的一种互助精神。大伙急忙跑去帮小鸟，可惜晚了一点点，风筝飞走了。

风筝飞走，还没有完，我们的游戏才刚刚开始。风筝飞走了以后，这张图上有趣地画着孩子们坐在小山坡上的背影，他们呆呆地望着远去的风筝。这时候如果班上有 50 个孩子，我先不读这些故事，要 50 个孩子每个人说说，这时候你在想什么；我让 50 个孩子全部说完，再开始读下面的话。其

中一个说："他们会去哪里呢？"另外一个说："去很远很远的天边。"又有一个说："那儿一定很美吧？"又有一个说："说不定去过节吧？"又换一个说："哦，过风筝节。"你看，这是不是就像钓鱼一样，把孩子内心的种种想法钓出来。要联想，故事没有结束。当前面这段情节讲完的时候，新一轮的游戏又将开始。这时候宝贝熊说："我好想当一回风筝，飞在高高的天上，看很远很远的风景。"你看孩子的想象力！有很多绘本，画很漂亮，但语言都是大人的思维。儿童思维呢，是这样的：风筝飞走了，我也想当风筝啊。这个时候，安全提示又出来了：小心！你看——大耳朵狗是鲁莽的：我也想当——"嘭"跳起来，"啪"摔倒了。这又是一个互动的、关爱的、帮助的事情，什么样的心情，这里都可以开发的。这时宝贝熊突然想出一个好主意，他跑回家去了，说："等一等，我有好办法了。"这时候，又可以请孩子们想一想："宝贝熊去干什么？"100个孩子100种答案。没关系，故事接着往下讲。熊爸爸、熊妈妈跟着他来了，宝贝熊拿出了糖葫芦分给大家——读这些故事的人都知道，这不是普通的糖葫芦，它是心愿树的心愿果，你只要吃了这个心愿果，就能完成你的心愿。他分给大家了，所有吃完了心愿果的孩子都飞起来了，变成了风筝，风筝的线紧紧地牵在爸爸和妈妈的手上，他们不需要担心，他们很安全，他们每个人所看到的风景都不一样。（为什么？又要孩子们思考了。）大耳朵狗说："我看到了整个小镇。"大家可以根据他们的语言区别飞的高度。小怪物说："小镇外面有一条小河。"美美兔说："小河那边有一片树林。"红鼻子青蛙说："树林后面是一座小山，山上还有一座塔。"小鸟说："山后面还有一个美丽的小镇。"这里可以让孩子比较：飞到不同的高度看到不同的风景。但文字只有一句：大伙都真正当了一回风筝。宝贝熊说他只看见眼前的这个广场，说明他飞得最低，急得哇哇大叫："再高一点，再高一点！"熊妈妈说："谁让你吃那么多，身体太肥了！"熊爸爸说："要减肥，还不能睡懒觉。"你看，通过游戏和故事的方式，教育点都给抖落出来了，孩子们一笑过后就明白了，你不用再去教育他。这个就是童话游戏教学特有的情趣。

我们每一本书里都有一个双页的游戏，画出各个童话角色飞的不同的

高度，画出他看到的风景。这里边的游戏分别将宝贝熊和伙伴们看到的风景的范围画出来，这个是"画一画，认一认"，每一个圈内的风景是谁看到的，还有一个"找一找"，宝贝熊和他的每个伙伴看到的风景在哪里。所以找啊，看啊，画啊，又是让孩子们互动来做这个东西，这个游戏就叫"看风景"。

"好快乐的一天啊！"放完风筝，大家回家了。他们琢磨着怎样让可爱的小镇也当一回风景。他们想象力更加开放了：他们当过一会儿"风筝"后，又想把小镇放到天上去，让所有的人去看看美丽的风景。这里有多少想象、多少人文关怀和分享的快乐啊！

这套书最大的特点还有最后的"好妈妈加油站"。我们现在的孩子都是一辆"好车"，你说他是宝马、凯迪拉克都可以，有最好的发动机，坐在车上喝着可乐、吃着汉堡，看着沿路的风景，车子在开。但是他不知道有发动机，不知道点火、踩油门，因为家长、老师都在后面推。如果今天我们不来了解这样的阅读方式，还是用传统的阅读方式，也就是给孩子那么好的车里加 70 号柴油，会把他的"发动机"搞坏。我们今天有了这样的交流，你回去就能加 97 号的汽油（最高纯度的汽油）。所以边上就有第一原动力的思维习惯养成教育，教你怎么去跟孩子互动，我认为这才是我童话游戏教学的使命。

最后，我们简单地做一个总结：希望家长从今天开始，通过亲子阅读创造奇迹，秘诀就是那六个字："求新，求异，求变"。你今天带着这样的方式重新去看这套书，发现这个书已经完全改变了，它对你来说已经拥有了全新的故事时空。最后，让我们用童话游戏教学来共同创造中国亲子阅读全新的风景线。

谢谢大家！也祝福大家！

共同创造生命的奇迹！

（以上内容根据 2014 年 6 月 7 日的讲座录音整理，略有删改。）

科普长廊

核电是安全、清洁、高效的能源

徐步进 （浙江省核学会名誉理事长，浙江大学教授、博士生导师）

非常高兴有机会来和大家讨论关于核能的问题。

在人类诞生以前，地球就充满着辐射。最初宇宙形成的过程就是由核反应引起的，现在太阳就是一个大的核反应堆，它通过聚变反应发出光和热，向宇宙空间（包括地球）辐射出各种粒子和能量。我们地球上的宇宙射线来自何方？最重要的一个来源就是太阳。而地球在形成之初也存在着核反应，现在仍然在不断地进行着核衰变，所以，我们周围任何一个空间、介质都存在着放射性，包括我们人体本身都有微量的放射性存在。那么这种微量放射性是以什么形式存在呢？比如说像碳-14，它本身就是宇宙射线和大气中的氮-14核反应产生的。人体当中淀粉是由碳和其他一些元素组成的，人类同化周围的食品也会进到我们体内，所以我们人体内也还有放射性的碳-14，不过它的含量非常微少，对我们并不产生医学意义上的伤害。我可以说如果没有辐射就没有我们现在的人类，为什么？生物体是从最低级的蛋白质开始，在辐射的条件下不断地发生变异、不断地进化，最后到哺乳动物出现，逐渐进化到人类。严格意义上来说，人类是辐射诱变的一个产物，人类是没有办法摆脱辐射的，所以对辐射的恐惧和恐慌是完全没有必要的。当然不是说我们可以到原子弹爆炸的实验场，如果是在高放的条件下，站不了几个小时人

就会死去。我们要正确认识它，在一些高辐射的条件下怎么样保护自己。既然没有办法摆脱它，遇到这种情况要想办法保护自己。比如说现在辐照装置外墙的厚度，一般的都是两米厚的钢筋混凝土，那样的厚度可以把钴-60产生的 γ 射线全部吸收掉；房子外围是测不到放射性、辐射存在的，这样的话你站在外面就没有关系了。

今天讲的主题是：核电是安全、清洁、高效的能源。

核能的开发是 20 世纪人类最伟大的科技成果。20 世纪初是物理学取得革命性发展、发现的年代，我们认识了原子核的结构和性质，认识了重核裂变、轻核聚变的规律，认识了质量和能量的变化关系，核能的和平利用是人类理智的选择。核电的问世让我们拥有了一种新型的洁净能源。到 2050 年，核电计划在我国一次能源结构当中占到 15%，将成为我国多元化能源体系当中一个绿色支柱。现在核电在我们国家能源中仅占 2% 还不到一点，也就是说我们整个国家基本上还是依靠化石能源。

到现在为止全世界的能源供应当中，核电占的比例是多少呢？ 16%。即使到了 2050 年，核电在我国能源也只占到 15%，所以还有很大的发展空间。今天我想讨论这样几个问题：第一，什么是核能？核能是怎么产生的？第二，核电是清洁、安全、高效、经济的能源。第三，当前影响核电发展的因素。第四，对我国核电安全性的认识。

我看在座的大部分都是年轻同志，有的可能还是在校的学生，这非常令人高兴。昨天《钱江晚报》有一篇关于核能知识的竞赛，我想今天的报告当中会有一部分是那里面的答案。假设你有不清楚的地方、需要讨论的地方，都可以举手进行讨论。

什么是核能呢？我们讲，来源于原子核内部的能量称之为核能。在座的各位可能都知道爱因斯坦的一个质能转换定律，$E = mc^2$，也就是：能量等于质量乘上光速的平方。关系式是爱因斯坦对人类一个重大的贡献。$E = mc^2$，就是在核反应的过程当中，当它的质量发生变化的时候，它就有相应的能量变化。能量变化在核反应中有两种形式，一种是放能反应，我们今天讨论的主要是放能，就是核怎么样从它的内部把自己的质量降低，化为

能量而释放出来。还有一种反应就是吸能反应，在核反应的过程当中吸收能量来提高它自己本身的质量，质量增加的过程都是需要外部力量来推动它反应的。我们常用的原子质量单位，就是我们怎么样衡量它的能量变化，用克、千克都太大了。原子质量单位是什么呢？我们以碳元素，碳-12 为标准，它的十二分之一定为一个原子质量单位，它的绝对质量是多少呢？是 1.66×10^{-27} 千克。大家可以想一下，是非常非常小的。我们平时说的一个氢原子，它的质量是多少呢？ 1.6736×10^{-27} 千克。所以原子质量单位跟一个氢原子的质量是相近的，差异非常小。地球上自然存在的最重的元素是么呢？铀，就是我们平时讲的作为核燃料的元素，它的原子质量单位也只有 3.95×10^{-25} 千克。

下面我想讲的一个问题就是：核能是如何产生的？核能释放主要有三个途径，一个是放射性核衰变，第二个是核裂变，第三个是核聚变。这三种核反应的形式是释放核能的主要途径。下面我对这些作一个比较细的讲解。

世界上目前为止我们所认识到的放射性核衰变大概有三种类型，α 衰变过程中放出一个 α 粒子，它带有一定的动能，同时相应地可能还会附带放射性 γ 辐射，或者还会有一些热能。还有一个是 β 衰变，就是放射一个 β 粒子，相应的核素会发生价位的变化。还有一个 γ 衰变放射 γ 射线。放射性核素的衰变过程以动能的形式，具有动能的粒子和热能的形式来释放能量。作为 α 衰变的时候它是一个核素，它的原子质量单位是 A，原子序数是 Z，经过一个 α 衰变以后它的质量减少 4，原子序数减少 2，即放一个氦的核，就是一个 α 粒子，同时还释放出相应的能量。α 粒子是带有一定的动能的，释放出的能量等于一个热量。比如说铀 -238，铀 -238 在衰变的时候形成钍 -234，它的原子序数降到 90，放出一个 α 粒子，还放出一个能量来，那么铀 -238 的核衰变的半衰期是多少呢？是 4.51×10^{9} 年，也就是说差不多 4 亿 5 千年才减少一半，半衰期非常非常地长。

我们平时说的裂变反应用的是核素 -235，铀 -235，铀有很多种同位素，铀 -238 的半衰期非常长，是 4.51×10^{9} 年（4.5 亿年）。比如说有 10 个原子的话，放射核它会减少到 5 个，另外的 5 个就转化成钍，钍继续发生核衰变，形成一个系列衰变。自然界存在着三个 α 衰变系：钍系、铀系、锕系，锕

系也是铀-235,从锕转化为铀-235,锕的半衰期很短,最后形成的核素都是铅。铅是世界上最稳定、最重的核。整个系列衰变放射多个 α 粒子,同时伴随着 γ 衰变, β 衰变,最后形成铅,这是一个系列衰变的过程。迄今为止,在地球上这三个衰变系组成的核衰变仍然在地壳中进行着。

那么下面我想讲一下 β 衰变, β 衰变又分为 β- 衰变, β+ 衰变。β+衰变放射出来的是一个正电子,正电子在自然界存在寿命是很短的,会迅速被自由电子俘获,俘获的过程当中发生湮灭现象,就是消失掉了,变成为两个 0.511 百万电子伏特的 γ 射线。电子俘获可以视作 β 衰变,所以这三种形式都称之为 β 衰变。但是有一条,就是在电子俘获当中,它的核电荷数也是减少一位的, β- 衰变原子序数会升高一位,电子正衰变会降低一位,电子俘获核电荷也会减少一位,这样就形成一个衰变前后质量不变的原子核。

第三个核衰变就是 γ 衰变和内转换, γ 衰变是怎么形成的呢? 就是当一个原子核在前面的核衰变当中处于一个激发态,也就是高能态,高能态的核是不稳定的,通过放射出 γ 射线而变成基态或者较低的能态,即通过释放能量来降低它的能量的水平,使核趋于稳定。所以发生内转换电子的核也是处于一个激发态的核,可以不辐射 γ 射线,而将它的能量传递给核外的一个电子,通常是 K 层的电子,然后使电子电离出去,形成一个具有一定动能的电子,而该核本身回迁到基态或者是较低的能态,趋于稳定。

前面讲的三种核辐射还可以为我们所利用。核辐射既可以在民用上面发挥作用,也可以军用。放射性同位素或者放射性核素在衰变过程当中释放出的衰变,能由热能和粒子的动能组成,而粒子的动能可以转化为热能,我们可以利用这些热能。这些热能的利用途径非常多,下面我想给大家做一个介绍。比如说放射性同位素电池(严格地说应该是放射性核素电池),它把热能转化为电能。在日常的生活中,我们很少用这种电池。这种电池结构非常紧凑、寿命非常长、稳定性非常好,不管你刮风、下雨、结冰、爆热,它都不受外界的影响,而且没有噪声,热能完全转化,在很多特殊场合得到了广泛的应用。比如说像人造卫星,任何电池带上去寿命都短。电瓶车的锂电池算大了,如果带到上面去的话,也就大概能够维持几天或者几个月。但人造

卫星在太空可能要运行十年、二十年，那么长的时间，常规的电池是满足不了它的要求的，这就需要同位素电池。同位素电池因为在不断地衰变，不断地放出热量，而热量可以不断地转化，寿命期内它非常稳定。因为原子核的衰变是一个常数，又非常稳定地释放能量。所以它在人造卫星、宇宙飞船、星际探测器等空间飞行器，以及海洋、高山和极地通信，及航标设施中，是一种不可替代的设施。我们知道，在海洋里有一些特殊的地方，那些小岛上面，其他的能量供应都没办法。航标要保障轮船通过的时候避开礁石，小岛上面需要灯塔，如果我们过二十天、三十天就要去换电池，像南海这些地方的话，是非常困难的。所以在那个地方放上一个核素电池的话，可以维持几年的时间、不需要去更换它，非常有用、非常方便。这张表列了各类电池的主要性能，包括干电池、蓄电池、燃料电池、太阳能电池，放射性核素电池——比容量，同位素电池是最大的。太阳能电池一般寿命大概是 1~5 个月，而核素的电池是数月到十年。外层空间——月面、星际、海底和医学的各种任务，都可以用放射性核素电池。现在有时候老年人起搏器也用放射性核素，不过它是封闭在里边的，不会发射出来，而且它发射的是 β 射线，电池的外包壳就把电子吸收掉了，不会引起放射性损伤。它可以长期供给你能量，起搏器可以运行十几年，最长的大概十六七年的时间。如果用不同的核素的话，寿命并不完全一样，其他任何形式的电池都没有办法维持这么久，所以它有非常持续的用途。相应地，核素发射的射线产生的半衰期多长、它的功率密度表所列出来的，就是根据不同的需要、选择不同的核素用在不同的场合。

第二种用处是放射性核素的自发光光源。我们知道，当核素与荧光物质混合在一起，就可以制备自激发发光永久性光源，最常见的就是夜光表。夜光表早期的时候是用镭发射 α 射线，它就含有 γ 射线。后来逐渐发展到用氢-3，氢-3 的能量很低，但是它能够直接跟发光的光源接触，把能量传递给发光材料，来激发荧光物质，到夜间就会发出相应的荧光来。氢-3 的半衰期有 13 年多，也就是说发光光亮度经过 13 年以后，会减少到原来的一半，保持了夜光的稳定性，不需要老是去换表盘。放射性核素衰变后产生的射线粒子激发荧光物质从而发光，这种光源是冷光，不发热、没有灯丝，也

不需要检修，工作寿命很长，具有很高的安全性，没有发生火灾或者爆炸的危险，所以常被用于夜视条件下的照明，包括机场的跑道。飞机场上面跑道两边，要给飞机降落的时候提供指示，两边布上两排发光很强的灯光，飞机就可以沿着跑道降下来了。如果用其他光源，都是热光源，随时都可能坏掉，电源一旦中断的话，你就没有办法运作了。还有高原机场的停机坪，在青藏高原很多机场的电力供应很困难，机场要给空中提供一个目标，机场上安了各种发光很强的指使灯来指示机场位置、跑道位置。还有就是航空、航海的仪表表盘，就像手表的夜光灯一样。包括油库、弹药库。弹药库很容易发生爆炸，如果用其他的光源，一旦引起火花就可能爆炸。但核素是冷光源，不会发热，也没有电、没有火花，非常安全。所以常用的核素有氢-3、碳-14。碳-14的半衰期五千多年，就是它的核衰变每过5370年才到原来的一半，是非常稳定的。一个人活一百岁，跟5370年相比的话是非常短暂的一个时期。包括氪-35，镍-63等等这一系列，都是常用于发光的核素。

第三个大的用处就是用辐照加工。辐照加工就是现在用于食物保鲜、一次性的卫生用品、辐射灭菌。现在基本有两种，一种是用钴-60的放性核素发射出 γ 射线，然后射线通过这些需要消毒的物质把里边的微生物、细菌杀灭来保证卫生质量。这是常用的，包括现在吃的方便面的佐料，里边有辣椒粉、胡萝卜、青葱，这些东西没有办法消毒，如果把青葱经过蒸煮、油炸香味就没了；辣椒如果经过油炸的话，辣味也蒸发掉了。因为这些都是天然产品，要把里边的微生物杀灭，后来就用 γ 射线照射来杀灭这些微生物、保证食品的安全。一次性的医疗用品，注射的针头、纱布等，以前的棉花都是要蒸煮，后来用化学方法消毒，化学消毒有残留；而 γ 射线是一种能量，穿过以后它就不存在了，把那些微生物杀灭了，非常安全。所以现在在国际贸易中，一次性的注射针筒也好，采血器也好，或者是卫生纱布也好，100%都应该是辐照来处理的。

辐射是一种电磁波，有很强的穿透力。作为辐射源还有一个大的用途是高分子改性。现在很多塑料，特别是很多电缆，通过辐照处理以后，高分子发生交联来提高它的阻抗、绝缘性和寿命。航天器上的很多密封材料，包括

计算机的连接电缆，冰箱的电源线等等，现在相当一部分都是通过辐照处理来延长它的寿命，可以延迟十年、二十年，甚至更长的时间不老化。这样的话就非常安全了。还有就是医学治疗。我们最常听的是 γ 刀，也就是钴 -60 的 γ 射线。某一个人患了肿瘤，用 γ 刀来杀灭肿瘤细胞。其他的包括加速器。我们讲的放射性核素大概有这几个类型的应用，这是核能在日常生活当中的应用。这些核衰变所带来的不光光是危害。如果天天把我们自己暴露在 γ 射线下，肯定要受伤。但是我们可以再利用，可以通过技术手段处理以后，对射线加以充分地利用。

这些射线是可以防护的，α 射线实际上一张白纸就可以把它挡住了，不需要很大的防护。但是要注意，千万不能让 α 射线源进入到我们体内，所以操作的时候要戴口罩、面具、手套。顺便说一句，现在劳保很多人并不是太理解，我在实验室里磨粉的时候有 α 射线和 β 射线的粒子，手套、口罩、面具一定要戴起来，防止粉尘进入我的体内。有一次我到一个厂里参观，不是进行放射性操作的，是一个绝缘材料厂；绝缘材料厂里面有很多粉尘物质，本来工厂给大家配了一些口罩；进去以后我就发现，口罩没发挥作用，有的人把鼻子露在外面，就遮住了嘴巴，这些粉尘是通过呼吸道进入体内的，会引起矽肺。我们搞放射性也是一样的，最主要的防止 α 射线进入体内造成内照射。β 射线一块有机玻璃就可以把它挡住了，γ 射线不行，γ 射线操作的时候前面要放上铅砖把它挡住，还要穿着铅围裙，眼睛还要戴上铅玻璃。那个铅玻璃压在这里是很难过的，但是避免眼睛晶体受到伤害的话，这样做是值得的，不然眼睛受到辐射损伤以后会导致视力模糊。穿铅围裙可保护内脏、生殖系统不受伤害。

下面我想讲一讲核裂变，到现在为止，世界上制造核武器是利用核裂变和核聚变，发电基本上都用的是裂变。聚变反应有很大的能量，但是到现在为止还没有办法实行可控的连续聚变，聚变反应一旦引发的话是不可控的。当然大家都在研究，我们国家有专门的研究机构——中国科学院的聚变反应研究所、西南物理所等等都在研究，想办法能够让它的能量延续下去，这样才可以控制它。但是到现在为止我们还没有完全解决这些问题。聚变

反应原理上是解决了，但是从工程上来说还没有解决。所以到现在为止，世界上还没有一个利用聚变反应来获得能量的手段，唯一的就是军事上用的氢弹。那么核裂变呢？自然界当中存在的裂变反应只有这三种核素：一个是铀-235，铀有很多核素，其中只有铀-235是用于裂变的裂变材料；铀-233用的比较少，因为它在自然界当中存在的量很少；还有钚-239，自然界存在钚-239，同时也可以在反应堆里边将铀-238转化为钚-239。这些核素燃料可以循环使用，所以核电厂用过的燃料也是一种资源，还可以通过分离来获取新的能源。钚-239是世界上大部分原子弹、核弹的原料。还有钚-239是军用的。作为反应堆的两种原料在重水堆里用的比较多。这些少数核素在较低能量的中子轰击下产生裂变反应、产生两个原子核，两个原子核不一定是钡和氪，也可以产生其他的。但是原子核大小可以相近，重量不会差得太大，形成的这些核都是具有放射性的。这2~3个中子在反应堆里边可以继续引起新的核反应，链式反应就是可以控制的，而且可以一直维持下去。现在核反应堆用于电能就是根据这个原理，它一方面产生裂变，同时产生新的中子，可以引起新的核裂变；而中子在反应堆里边还可以引起一部分稳定性核素的活化，使它变成放射性的，比如说钴-60的制造，就是用稳定性同位素放到反应堆里边去，然后在中子的照射下产生钴-60作为放射源。

在裂变过程中，两个新的原子核可以带有大约200个百万电子伏特的动能，这是它的能量，动能在运动过程当中转化为热能，所以反应堆里边可以不断地发出热量，每一个核衰变都有两百个百万电子伏特的动能，然后它转化为热能，那个热能可以加热里边的水，把它变成水蒸汽，就是那个水蒸汽把热量带出来以后经过一个交换的回路进入二回路，然后传到三回路里边去，带动常规发电的涡轮机进行发电。所以三回路里边是没有放射性的，放射性只局限在一回路里边，也就是那个蒸发器的回路里边。如果一回路有渗漏的话，有可能进入二回路，但是二回路跟三回路又是一个密闭的过程，所以它不会带到三回路，三回路的水里边是不会有任何放射性的，这是我们说的能量的传递过程。在裂变过程当中产生的新核，会发生核衰变，放出β、γ射线，然后转化成为稳定的原子核。当然核发生β或者γ射线核衰变的半衰期是不一样的，所以现在

乏燃料的后处理，处理过程中里边还有很高的放射性可以分离，是有用的。真正经过处理以后的废料要地质储藏很多年，最起码要安全地保持300年到上千年的地质稳定结构，保证这些东西不扩散到环境当中去。

在裂变反应过程当中，还要放出2~3个中子，它的能量是200个MeV的动能，很多人可能不完全清楚这个概念，但是把它转化为能量来计算的话，如果是一千克的核，也就是一千克的铀-235完全裂变，它放出的能量大概是多少呢？是8.3×10^{13}千焦耳，而一千克的优质煤燃烧所放出的能量只有29.4个千焦，所以每千克的铀-235完全裂变释放出的能量，是同等优质煤的270万倍。利用裂变能发电，是技术成熟的核电技术，世界上在运行和在建的商用型核反应堆，基本上都是用裂变能为动力源的。现在在建的示范堆，可以更高地增加燃料的利用率。现在世界上示范型的快中子堆已经运行了几十年了。

第三个要讲的就是核聚变。世界各国都在进行聚变反应的研究。我们国家在20世纪60年代已经研究成功，用于国防（我们国家第一颗氢弹在60年代后期已经爆炸成功），现在在进行大规模的国际合作，包括与法国的合作项目。我们国家参与的国际合作项目贡献出的资金是10%，这10%就是将来研究中心所获取的可以分享的技术成果。最容易核聚变的是两个核素，一个是D，代表就是氢-2。氢有三种同位素，一种是氢-1，这是大量存在的，水里边就是，我们喝的水基本上是氢-1，两个氢原子跟一个氧原子结合形成水。它里边有一个同位素D，是稳定性的重核，有两个原子质量单位组成的氢核。还有个氢-3，也就是三个原子质量单位的，都属于氢元素，一个是重氢，一个是氚，这两类粒子可以引起聚变反应。氢-2是D，氢-3是T，它们两个产生聚变反应，产生一个氦-4，也就是一个氦的原子核，放出14.1MeV和一个中子的能量，同时还形成一个氦的核，它具有3.5个MeV的能量。一个聚变反应相当于是一个裂变反应的4倍多。聚变反应当中产生的质量亏损是多少呢？是0.018884个原子质量单位，即每对原子核聚变可以发出17.6个百万电子伏的能量，也就是每千克氢-3和氢-2发生聚变反应的话，释放出的能量大概是3.37×10^{14}个焦耳，是同质量铀-235裂变

核电是安全、清洁、高效的能源

产生能量的 4 倍多。自然界当中氢-3 并不丰富，因为它的半衰期为 13 年多，所以自然界是不存在核素的，只有制备的。现在秦山的三期重水反应堆就可以把氢-2 活化以后形成氢-3，这是重水堆的一个产物。但是我们在聚变反应当中用的是一个锂-6 通过一个中子的照射形成一个氦的核，再加上一个重氢，也就是氢-3。氢-2 在海水里边是大量存在的，技术成熟的话可以解决世界能源的根本问题。聚变到现在还没有办法控制让它连续不断地释放出能量来，只有一次性的，要么爆发，要么就没有，所以只应用于氢弹。氢弹制成大概是足球大小，但是它的威力相当大，它的好处是在聚变反应当中不产生任何的放射性，一旦爆炸，除了它的冲击波能量、热量以外，不会存在任何的放射性。20 世纪 80 年代的能源危机引起了海湾战争，到现在为止能源危机在世界各国是客观存在的，我们国家现在石油、天然气大概 80% 以上是从国外进口的。战略需求在不断地增长，能源短缺引起能源的安全问题，化石能源是不可再生的，地球上经过数亿年形成的化石能源已经消耗掉大部分了，已经到了难以为继的境地。所以化石原料为主要能源的格局面临着巨大的挑战。尽管我们国家现在在发展，发现新的油田、煤田，但是这些都是有一定时间阶段的，就长远的规划来说不能满足我们的需求。加上我们国家能源占有率比较低，分布也不均匀。浙江省基本上是没有煤资源的，石油资源是靠东海。能源的多元化是我们国家能源战略安全的重要保证，发展核电是优化能源结构、解决当前及未来能源安全问题必然的选择。另外化石能源带来严重的环境问题，现在天天讲雾霾、酸雨，虽然煤都经过脱硫处理，但是废气仍旧排向大气层，二氧化氮的化合物没有办法去除。二氧化碳本可以通过二氧化碳储存技术再生，但是成本非常高。联合国气候变化专门委员会 2007 年就发表了第四份气候变化评估报告，指出人类活动燃烧化石燃料导致的地球大气中二氧化碳等温室气体浓度创记录地升高，到 21 世纪末，由于温室效应，地表平均温度将升高 1.1~6.4 度。而研究表明，地表温度每升高 1.5 度就会有 20% 的物种灭绝，升高 3.5 度就会有 40% 到 70% 的物种灭绝，这已经被很多模拟实验证明了。无休止地使用化学能源，大气温度不断地升高，必然会危及人类的生存。1973 年到 2010 年比较，全球能源利用率的二

氧化碳排放量从 156.37 亿吨增加到 303.26 亿吨，几乎翻了一番。发达国家与发展中国家的比重也发生了明显变化，我国所占比重显著增加。这也就是为什么我们国家在国际上受到很多压力的原因之一。你看 1973 年的时候中国只占到全世界能源排放量的 5.9%，到了 2010 年就占到了 20.4%，增加了 4 倍，只用了 40 年不到的时间。所以我国在国际环境当中承受着很大压力。

　　发达国家过去依赖化石能源已经累积排放了大量的二氧化碳，发展中国家在今后的工业化和现代化的过程当中还要依赖化石能源，这一来的话，地球是没有办法承受的。发展核电是减少温室气体排放、应对气候变化的一个有效的途径。与火电相比，核电不直接排放烟尘、氮氧化物、二氧化碳、二氧化硫等等；以核电替代部分火电，不但可以减少煤炭的开采、运输和燃料的总量，而且核电工业是减排的有效途径，也是缓解地球温室效应的一个重要的措施。煤现在大部分都是靠海运，浙江省的火电大概占到整个浙江省电力供应的 80%，现在需要的煤基本上都通过海运：西北的煤通过秦皇岛再运到上海这些海运码头上面，然后再用火车或者用汽车运到相关的火电厂。为什么我们国家电厂都建在沿海？这样运输可以方便。如果建到衢州、金华运输负担又重了。现在金华这里是有火电厂，火电厂一部分是从陕西等地运过来的煤，不通过海运，有的通过内陆河运；而浙江段高速公路承载的压力，那在全国也是算很高了。所以就是从运输的角度来说，也是不得了的事情。第三个是有利于促进装备、制造业产业升级，提高我国装备、制造业的科技水平。核电是一个产业链，包括核资源、核燃料循环、核电站后处理和废料处理。核电设备设计和制造的技术含量是非常高的，质量要求也非常高，产业关联度也很高，所以实际上下游可有几十个行业。核电支柱化的建设，有利于推动高新技术，促进技术创新，有利于提高核工业体系的完整能力，增加核心竞争力。大家都在担心核电的安全，核电的安全是怎么保证的？就是我们要提供非常优良、高质量的装备。比如说我们现在提供阀门、泵，一个核电厂需要几千台大小不同规格的泵，其中最核心的主泵，也就是一回路当中把热量循环起来的泵，那个泵要耐 380 度高温，要在里边运行 40 年不能坏，三代堆要求 60 年不能检修也不能撤换。福岛事件为什么号称酿成大祸？那

核电是安全、清洁、高效的能源

个把热量散发出来的一套系统全部都坏掉了，热循环不起来，里边的燃料就熔化了，大量的放射性就进入到安全壳、压力容器里边，造成严重的事故。

根据现在的规模，再过 120 多年煤就要告罄了，石油大概还有 40 多年，天然气大概是 68 年，核能是 120 多年。如果采用快中子增殖堆的话现在已经探明的核燃料可以用到 2570 年，从根本上可以解决现在的能源问题了。另外核电对环境影响比较小。一个百万千瓦电厂，年废物的排放量，煤的排放量最高，它的粉尘大概达 50 万吨，二氧化碳排出大概是 8×10^6 吨。石油的话大概是 30 万吨的废渣、粉尘，6×10^6 吨的二氧化碳。而核电厂用铀-235，没有废气排放，大概产生 30 吨的乏燃料，乏燃料处理以后还可以继续利用；它的废物固化体有 3.5 立方米，包壳元件端头水泥固化物大概 4.5 个立方米，需要地下储存的工艺废弃物水泥固化是 6 个立方米，所以地表储存的水泥固化物大概 30 个立方米。通过这些技术处理以后，可以稳定地把这些东西保存在那里，对环境不造成其他的影响。每年一个百万千瓦级的核电站大概需要核燃料 50 吨，两个载重的卡车就可以把它运到厂里去，火电大概需要 600 万吨的煤，大概每一天 40 辆火车天天往里边，每一辆火车每一天要拉 40 个车皮的煤进到电厂里去，才能满足需求。另外不光说是对环境的影响，在经济上也有可比性的。现在成本最高的是太阳能。沿海风力发电厂可以跟核电相比：浙江沿海有风能，但是可利用性很差。浙江沿海常刮起 12 级台风，要承受 12 级台风来袭成本就不得了，所以东南沿海只有椒江的大陈岛，20 世纪 70 年代、80 年代搞过一些示范的风力发电。另外东南沿海又是国防要塞，水面上也好、水下也好，如果都建了风能，一个柱子一个柱子挡在那里的话，海军的舰艇就没办法动了，对国防安全带来严重威胁。一个百万千瓦级的反应堆造价大概 120 亿美元，百万千瓦级的核电厂一天发的电是一千万；按照人民币计算，它运行一天 24 个小时才一千万。你可以算算看，核电的成本，不需要多少年就可以回收回来。只要它投入运行的话，大概也就是十年、八年。除了那些管理费、核燃料费用以外，建造费用十来年时间就可以全部收回来了。另外，核电安全性也在不断提高。美国劳工局曾经根据职业安全和卫生条例对各类产业的事故率进行过调查，结果表明，

核工业的事故率是最低的。制造业的风险率是 5.6，建筑业是 5.4，教育事业是 2.4，通信业是 2.0，金融业 1.2，自由职业是 1.0，核工业是 0.9，这是美国根据安全条例做了各种分析以后，最后得出的结论。大家听到过的三里岛核事故，反应堆是报废了，也就是说造反应堆的钱是丢了，另外还要继续不断地维护，要保持降温，因为里边的核反应并没有完全停止，所以造成的损失那是非常大的。但是三里岛事故到现在为止没有造成一个人员的伤亡，伤亡率是零。通过前面这些比较，我们已经认识到：核电是可以大规模生产的，高效、安全、清洁、经济性好的能源，积极发展核电是我们国家电力发展的必然选择。所以加速核电建设是保证能源安全、调整能源结构、实施国家能源战略性重要决策，是实现节能减排、减少污染，建设环境友好型、资源节约型社会，推动经济社会发展又快又好的一个重要的举措，这是从前面这些比较当中得出的结论。

当然了，我讲的这些并没有完全消除公众的疑惑心理。我本身不搞核电，是搞核技术应用的，我在学校念书的时候就是学核技术应用。我今年 72 岁，退休多年了。有很多人觉得放射性那么可怕，我从 19 岁开始接触放射性，到 2005 年 64 岁退休，那么长时间接触放射性，我没感觉到身体状况受到了影响。我的老师今年 89 周岁的生日已经过了，是一位老院士，如果面对面跟他交谈的话，你不会感到他已经是 90 岁的老人了，他的思路、表达都是非常清晰的。

第二个问题，讲讲核电事故以后的世界核电形势。2011 年 3 月 11 日，日本发生了九级特大地震，引发了海啸，导致福岛核电站一号机组被淹，冷却系统一度失效，引发氢气爆炸，从而发生了七级核事故。七级核事故是世界上到现在为止最严重的事故，包括切尔诺贝利核电厂、三里岛事件，也都定作七级。这次事故造成严重的放射性泄露，主要是外部的自然灾害大大超过了设计防灾标准。事故发生以后，日本有关各方又应对不力，造成了严重的后果。日本福岛核电站的防波堤最高的是十米高，而当时福岛事件波浪超过 14 米，水完全灌进来了。而实际上，之前几年曾经做过一些安全分析，国际原子能机构的安全专家已经去评估过，说防波堤恐怕将来遇到严重

事故的时候可能被淹。但是日本并没有完全照做，因为加高 4 米高的钢筋混凝土防波堤成本是相当高的，日本没有想到后来这么严重的事故。损失一个反应堆的成本，和造防波堤的成本，很容易算得出来，但是，日本当时就没有想到九级地震造成海啸。福岛核事故所产生的爆炸，不是说反应堆爆炸，而是它在受高热以后产生的氢气没有及时消除，除氢设备也已经不起作用，氢气在复合的过程当中产生爆炸，导致里边的厂房被掀掉了。我们国家现在所有的反应堆都有非常安全的储存装置，只要产生氢气马上清除掉了，不会达到复合发生爆炸的浓度，所以这种事故是可以避免的。本来，如果淹了以后早一点去做工作，用海水灌进去也可以保证氢不会爆炸，但日本没有这样干，因为海水一灌整个反应堆会报废掉，因为海水是咸的，里边的冷却系统就腐蚀掉了。所以日本就是保守处理，一直在那里等，等到后来没办法、发生爆炸了，再用海水去冷却已经来不及了。日本政府到现在为止，很多资料不对外公布，一直瞒着世界，所以说，是应对不力，是人祸引起的严重的后果。日本福岛事件以后，引起了我们对核电高度的关注、担心和议论，从事核电设计、建设和管理的专家把这一事故当成一次宝贵的学习机会，进行了深入细致的总结，概括为下面五个方面的教训：

一个是选点，就是核电厂应该造在什么地方。要避开断裂带，一定是在一个整块的、比较稳定的结构上。二是核电站的设计标准要充分考虑可能发生的天然和人为的事故背景，在出现意外事故情况下，不仅要确保自动停堆，而且要确保制冷手段的有效性。我们国家在福岛事件以后，所有的核电厂备用的电源有两套，一套是固定的，另外一个是车载的，流动性的，原来固定的那个燃气机组不能运行的话，就把汽车开进去，保证电源供应不中断，冷却系统始终有效。三是乏燃料的冷水池在事故条件下能够确保安全。燃料电池失去动力以后，用过的燃料放在储存池里边、露出水面了，露出水面以后它的热量散发不出去，冷却程度不够，也造成了一些乏燃料的损坏，包壳一损坏，里边的部分放射性物质就释放出来。再一个，发生超过标准设计的事故情况下，应该有有效的应急预案，使后果可控。刚刚讲的日本就是人为事故，救援速度太缓慢。福岛事件以后，我们国家核电厂差不多停了一年的时

间，全部的电厂都要进行安全评估分析，每一个环节都要去检查，安全性到底有没有达到保证绝对安全的标准。包括秦山核电厂，实际上秦山海浪来的时候大概是标高 4 米，它的实际建造是大概 6 米，现在又加高了 2 米，保证核电厂不致被水淹。台州三门厂址的高度远远地高于狂风大浪来的高度。

世界核电的发展形势过去讲分四个阶段，进入 21 世纪刚刚开始复苏，日本福岛事件以后我们减缓了速度，一个是对原有的核电厂已经运行的，要进行检查，现在正在施工的，也进行检查分析，最新的厂址还要进行重新评估。这一系列的工作来保证核电厂的绝对安全。核事故导致国际上有的国家放弃了核电工程，部分国家在观望，但是许多国家仍然坚持发展核电，包括我们国家。国际原子能机构的总干事天野之弥表示，日本大地震对日本核电造成了破坏，并不意味着应该放弃核电；我们需要稳定的能源供给，需要应对气候变化，而在这方面核电提供的机会远远大于它带来的风险。国际原子能机构做了一个核电的预测，一个是发展比较缓慢的话，到 2020 年全世界大概是 469 吉瓦。一个吉瓦是十亿瓦的电功率。那如果发展快的话，可以达到 1137 吉瓦。到 2030 年，世界装机容量达到 722 吉瓦。所以说 2020 年、2030 年的数字预测，我们可以看到世界的核电还会继续发展下去。发改委解振华副主任强调：因为我们国家能源消耗结构以煤为主，大概占到 70%~80%，政府正在积极地调整能源结构，大力发展非化石能源，包括核电、水电、风电等。对直接的核电发展规划，从安全的角度在进一步完善措施，在确保安全的条件下要继续发展核电，这是我们国家政府的一个基本的态度。目前我们国家有 17 台机组在运行，在建的项目有 28 个机组，到 2020 年计划达到在运行的是 5800 万千瓦，在建的是 3000 万千瓦，也就是到 2020 年的时候我们国家总的核电的规模是 8000 万千瓦。

第三个问题我先简单讲一下，就是现在影响核电发展的一些因素。与传统能源相比的话，核电有许多优点。但核电的发展实际上还有很多因素，包括资金、技术、公众对核电的了解和安全等等。人民对核电安全的认识，大概有两个：一个是原子弹要爆炸，第二个，发生核事故以后大规模的放射性泄露。核电的反应堆不会发生爆炸，有几个方面的因素在里边。一是铀 -235

的浓度，我们现在用的堆型大概是 3.5%~5% 的浓度，也就是铀 235 在核燃料里边只占 3.5%~5%，而原子弹核武器爆炸要在 90% 以上，所以核电厂不会像原子弹一样发生爆炸。第二个就是保证核电厂即使发生事故也能安全运行。在工程设计上，包括压水堆的防事故泄露有多层的屏蔽，核燃料烧结在一个像筷子的陶瓷芯子里边，如果它要燃烧的时候会把所有的裂变产物仍然维持在一个个的陶瓷块里边，放射性不会跑出来，仅有一些气体会渗透出来。就是跑出来以后，外面有一个包壳是锆合金的，锆合金是耐高温的。反应堆还有个压力容器是特种钢制成的钢板，外面有钢筋混凝土的安全壳，里边衬有钢板的混凝套，这四个屏蔽保证了里边裂变产物不会大量地向周围环境释放。另外，反应堆采取了先进的工艺技术。我们国家核电站起步就是 20 世纪 80 年代了，所以 70 年代所有的这些核电厂发生过的事故、运行的经验，都体现在现在反应堆的设计和运行过程中。另外我们国家提出了一系列的跟世界接轨的安全措施，包括提出了安全第一、质量第一和预防为主的要求，无论建筑标准、运行的经验等等，都建立了一套非常完整的法规，核电厂的操作人员也要按照法规来运行，要按照法规的要求进行核电厂的建设，这些都保证了核电的安全。我们国家现在核电的技术，现在在施工的包括广东阳江的核电厂，采用了法国的技术 EPR，那最大机组容量是 175 万千瓦一个反应堆，发电的功率非常大。三门的三代堆叫 AP1000，一个反应堆是 125 万千瓦，采用的工艺技术都是最先进的。这些堆的设计都是吸取了过去的一些经验或者是发生事故的教训后形成的。

作为结束语，我再次强调，核电技术是安全的，可以大规模生产安全、清洁、高效、经济性好的能源。发展核电造福国民，积极发展核电是我国电力发展的必然选择，是保证能源安全、优化能源结构、实施国家能源战略的重要决策，实现节能减排、减少污染、保护环境、建设环境友好型、资源节约型的社会的重要举措。发展核电，推动技术创新，有利于提高技术推广应用，有利于提高装备制造业科技水平，促进产业升级，有利于提高工业体系的完整能力，有利于增强我国的核心竞争力，从而推动我们国家的经济和社会又快又好地发展。

今天我利用这样一个有限的时间给大家做这样一个报告，可能还有不完备的地方，如果有什么疑问也可以通过我们有关的部门，网上交流也好，通过电子邮件的回答也好，可以给大家提供一些更多的信息。当然，我本人介入到核电的建设，是从核应急的角度。20世纪80年代初期我参加了国际原子能机构的核应急计划的培训班，回来以后，秦山核电一期工程的第一份核电场外事故应急的计划建议大纲，是我提出来的。后面20多年，包括现在三门的核电安全应急计划我参与了其中的工作，对这块不断地进行了解。我前面讲的这些不是凭空说的，是经过学习和吸收消化的结论，当然还不断地得到实践的补充、充实。所以，我相信对核电的发展应该采取支持的态度。

　　当然了，核电的发展会给一些部门、地区带来一些冲突，因为局部有局部的利益，全局有全局的利益。但是等到核电厂一旦投入运行的话，很多矛盾都可以化解了。昨天我跟有关同志说，秦山所在的海盐县，原来在整个嘉兴地区的几个县市里教育水平边是比较低的，去年的高考入学率已经在整个嘉兴排名第一，什么原因？秦山核电厂的教育附加每年都是一个多亿用到海盐县的中小学的基础教育上。现在你到海盐县去，所有的中小学的操场也好，运动场也好，全部是塑胶跑道的。我们省里边没有其他任何一个县能够达到这样的水平。有了教育经费的投入，再有了师资队伍的提高，教学质量、教学水平肯定要上去。不仅仅对这一代人，而是对整个海盐县的教育水平不断地提高带来长期的影响。所以发展核电对地方经济发展也好，社会进步也好，是带来很多利益的。秦山核电站最初的时候，员工中是没有一个海盐人的，除了打扫卫生的。现在从秦山出去上学的人，学成回来以后，已经进入企业，做到中层干部了。核电厂对整个社会的经济和社会发展，文化素质的提高，带来了长远的影响。我今天就讲到这里，谢谢大家。

　　（以上内容根据2013年11月9日的讲座录音整理，略有删改。）

感受发明魅力　开发创新潜能

黄　林　（全国优秀青少年科技辅导员、模范教师）

尊敬的各位同学、各位家长、各位老师，非常高兴能够再次来到台州，以前来过很多次了。今天看到那么多同学过来，我非常高兴。希望讲座中同学们能够积极参与，一方面认真听，另外听过之后如果有新的启发、新的思考，我们可以进行一些交流。

我讲课的内容有这么几个，第一，发明创造很重要。我们国家现在就缺这个东西。我们人才很多，成绩好的人也很多，但是创新精神不够；第二，发明创造不神秘，你听了我今天的报告以后就明白了，创新发明其实就在我们身边。我做了那么多年，从大学出来就在从事这个工作，我们新昌中学就是以创新教育为特色。这几年高中成绩也非常好，全省我估计也是前几名，每年全省高考的前十名有好几个是新昌中学的；第三，应该说创新教育，创造发明，不单是你搞一些项目出来，关键是启发你的思维方式，包括学习方式、创新计划。我这里介绍一个比较有用的简单的创新计划；第四，发明之后我们可以干什么，可以做哪些事情。

我们同学们都知道四大发明：指南针、造纸术、印刷术、火药。但是中国除了四大发明之外，好像没有第五大、第六大发明了。曾经有一段时间，认为第五大发明是"水变油"。我看过一个长篇报道，汽车里面灌进去

水，然后也行驶了一段时间，就说这是我们中国的第五大发明。后来经过很多科学家论证，这是伪科学。那么多年过去了，中国引以自豪的还是四大发明。那么多年过去了，对我们泱泱大国来说，这是非常遗憾的事情。代表现代文明的发明，几乎没有一样，电视机、火车、飞机、收音机、电视机，包括自行车，都不是我们发明的。所以我们要问了，为什么会这样？在古代，中国的科技在世界上是遥遥领先的，但是后来我们落后了，到底为什么？当然原因是多方面的。有一个重要的原因，我们中国缺少群众性的创造发明活动。我们人民远离了本应该介入的创造发明活动，认为发明高不可攀、跟自己无缘，是聪明人搞的东西。这是一种对发明创造缺乏了解所引起的误解。经过国内很多学校的试验，比如椒江一中（台州市第一中学），做得非常成功。说明其实创新教育是可以培养的，是可以得到提高、可以开发的。我们学校出来的学生人才很多，包括奥运火炬的主创设计师章骏，是我的学生，1997 年从我们学校毕业，现在 30 多岁了，2008 年的奥运火炬就是他主创设计的。祥云火炬获得了组委会的同意，同时列为正式的奥运传递火炬。我们同学创新的思维是可以培养的，可以得到开发的，应该说他也受到我们上课时候的一些启发。实际上很多东西，包括火药，并不是一开始发明出来就用于战争。原来火药是一种药，在试验当中发生了爆炸。所以我们说，很多创新发明是在我们实践当中，在试验当中偶然碰到的一个问题。但是中国人把火药倒入鞭炮，把指南针当作测风水类的工具，这是很可惜的。

英国著名的生物化学家李约瑟 1942 年来到中国重庆，创办了中英科学合作会馆，然后撰写了《中国科学技术史》，完整地把中国的科技发展进行了总结。我觉得有点难为情，外国人做了中国人应该做的事情。他通过调查，通过访问，通过查找资料，写了这部著作。为什么近代科学技术没有起源于中国？中国人有四大发明，但是工业革命没有发生在中国，这是为什么？这里有一些尝试性的解释，我们中国没有具备适应于科学成长的自然观，中国人太讲究实用，中国人的科举制度扼杀了人民对自然规律的认识兴趣，扼杀了我们学生探究科学的兴趣。这是我们要反思的。近几年，学生的负担越来越重。今天非常好，能够在这样的情况下听听我的课，我下面要举很多

例子。

我这里讲一个故事，"让历史凝固在1876年"。为了纪念1876年美国独立战争胜利一百周年，在美国的费城举行了一个盛大的博览会（就像上海的世博会一样，早期是博览会）。当时，全世界有37个国家参展，中国也参展了，带来了展品。展览结束以后，美国一个商人突发奇想，把所有的展品都买下来，然后免费送给美国政府，要美国政府在华盛顿建一个博物馆，让这些展品永久地陈列在那里。如果同学们以后到美国去，可以到华盛顿白宫旁边一个博物馆看一看，展品在那里，"让历史凝固在1876年"，让我们看看1876年的、代表当时最先进的科技成果是什么样子的。沿着时光隧道，在那里可以看到盖着美国国旗的第二代发电机，还可以看到发报机，当然我们中国也参展了，中国的展台上有很多玻璃瓶，里面放满了结满尘土的钨矿、铁矿、朱砂标本，干瘪变形的水稻、小麦、大豆、芝麻等样品，还放着一串精致的挖耳勺，有20多个样式，还有一双小脚女人的绣花鞋，旁边放着一双东北乌拉草做的大草鞋。对面的展台是英国越过大西洋运过来的、当时世界上最大最先进的蒸汽机，我们中国展品的旁边放着德国运过来的高精密度的机床，以及大口径的大炮。我跟同学说了，当一个国家、一个民族的创造性没有得到发挥的时候，这个国家永远是被嘲弄、被掠夺的，所以同学们要立志图强，奋发有为，努力学习，学好本领。我国著名的科学家钱学森说，我们中国的学校为什么培养不出杰出的人才？这就是著名的"钱学森之问"。因为中国还没有一所大学能够按照培养我们科技发明这种人才模式去办学，没有自己独特的东西，老是冒不出杰出的人才，这是中国教育最大的问题。我觉得不但是大学，中学、小学已经养成了这个习惯，我们都有责任。后来安徽11个著名的教授联合《西安晚报》向当时刚刚上任的教育部长袁贵仁提出，中国要直面"钱学森之问"。我们每个人都有惊人的创造力，只不过埋藏在深层的自我里；我们只有付出辛劳，并且经常去挖掘它，我们才会得到它。

其实发明并不神秘。（图片）这是玉米，但是怎么剥玉米呢？我带过来几个玉米，我们平时可以怎么剥？都是用玉米钻或者是螺丝刀，一行搞掉，然后用手剥开，要么两个玉米在搓。同学们说说看，有没有好的办法，你把

这一大堆的玉米快速地剥掉。当然有大的机器，我们现在拿来一个小的机器，你可以试试。有没有同学举手试试看？

同学：脱粒机。

黄林：是不是模拟我们人工剥的样子，用牙齿把它咬掉呢？大家看，令人眼花缭乱的玉米棒。这是一个高中同学给我做的东西，最原始的发明。我最喜欢这种东西，我们不需要高精尖的，有新颖创意、简单实用的东西就很棒。我拍个照片，同学们回去可以自己做一个。当然不只是脱玉米，脱芋头，其他类似的东西都可以脱掉。自来水管挖一个孔，一个木头，这个木头里面用一个形状，三角形带弧度的，搞进去，但是不能太多，这个玉米我塞到里面去，手拿住。上来两个同学，你觉得可以怎么剥，试试看。

这就是发明，简单不简单？很简单，但是我们没有满足，发明是永无止境的，这是最简易的发明，我可以怎么改？我拍了一个视频。本来用螺丝刀剥的，很费劲，这是我们一个老师的演示，这是我们自己拍的。你发现了什么问题？很麻烦，很费劲，很费时。然后搞一个机器，可以绑在我们的小凳子上，现在没有固定住，所以会摇动，转动的话比刚才的肯定省力。但是又有一个问题，你一边托好之后，另外一边要转过来。这就是发明。但是我们没有停留在已经做好一个东西，还要继续改进。我觉得创造发明很有意思，但是不单单是一个作品出来了，关键是对一个人的发展起到了很大的帮助。这个同学正是因为跟发明有缘，原来高一进来的时候能力很一般，是很普通的学生。但是玉米脱粒机发明之后，成为我们当地一个新闻人物，中央电视台以及一些报社都来采访。我们做了很多工作，我也很卖力，把学生项目做出来送到他家里去。那是一个很贫穷的地方，在操场上搞了一个捐赠仪式，把十台玉米脱粒机送给他的左邻右舍。这个学生后来很努力，成绩一次比一次好，到后来，高考考了新昌县文科第一名，考到复旦大学去了。所以很多事情是相辅相成的。当他看到这一点搞的比较好之后，在其他方面，包括他的思维方式，包括他的工作、学习的态度，都发生了很大的转变。他从复旦大学毕业以后，好像是办了个广告公司。我还没满足，做了很多玉米脱粒机的案例，这样可以脱，放上面也可以脱，这样上去也可以脱，像剥皮一样也

可以剥。我要把这个东西讲透，让学生明白，不单单只有一个，左边、右边、上面、下面都可以放玉米。

这个东西可能很多同学不太清楚，我们家长、老师可能清楚，新型的欹器。什么是欹器？战国时期就有的。我们学生看过以后就动脑筋了，把它改进一下。所谓欹器就是这样一个轴，然后搞一个容器，水放进去，空的时候它是倾的，一旦水放上去以后，到中顶偏上以后就竖直了，加满之后就全部倾斜，水流掉了，这就是欹器。但是，我们同学把它改进过了：我们这个东西，水加满，倒出来，不是一下子倒完，而是慢慢地，像细水长流一样，直到流得很干净为止。关键是重心发生改变，这个地方加了前面一部分，把重心往前面移，这样水慢慢通过这个地方，这边水慢慢流出来。所以我们说，任何东西都可以改进。问题是，创新每时每刻伴随着我们的学习、工作、生活。"世界上不是没有美，而是缺少发现的眼睛"，世界上课题有很多，关键在于能不能发现，能不能发现问题，特别是有价值的问题。如果发现问题了，说明你成功一半了。比如，你使用钢笔的时候发现什么问题没有？

同学：墨水沾在外面很脏。

黄林：掉到地上容易把笔头摔坏了。使用牙刷的时候发现了什么问题？

同学：牙齿出血了。

有没有发现，一旦刷牙听到那个声音，你很喜欢刷。使用剪刀的时候不安全，能不能搞一把剪刀，用的时候，撑开的时候有锋利的刀片出来，一旦合上的时候就很安全了？使用雨伞的时候有发现，风一大。容易把雨伞吹反了。到体育场看足球比赛，看一些大型活动的时候，每个人拿着雨伞，后面的同学看不见了怎么办？如果家长一个抱小孩，一个拿雨伞，一个手里拿东西拿不了的时候怎么办？是不是有问题。这个是我自己画的，雨伞能不能像屋檐一样把雨滴汇集起来往后面走？这个是运动伞，我们比赛运动场上，能不能把雨接在里面，然后在中间走？尖伞，我们东西带的太多了，手不能拿雨伞了，雨伞放在肩上，也可以吧？我们可以不断地动脑筋。这是一个大胆的发明。就是刚才同学们第一个讲的，风一大，容易把雨伞往后面、反方向吹进去，伞里面有很多"耳朵"，"耳朵"能够同这个雨伞之间撑开一个缝隙，

但是尼龙扣把它扣住，风一大，对流了，从这里出去了，这个雨伞后面撑过去了。但是有同学说了，雨再大怎么办？这是它的一个弱点，我们可以再改进。这边有很多耳朵，风一大，这边撑开了，所以是对流的，但是风大雨也大就比较麻烦了。你在教室里扫地的时候，发现有什么问题吗？比如教室里面桌子很多，墙角里面很难扫干净。上体育课的发明。体育课的发明太多太多了，可以上一两个小时的课。发音标枪，标枪扔过去它能发出声音。那怎么做？用鸽哨，放在标枪上面，一旦扔出去，声音就出来了。设一个踩线指示仪，一旦跳远踩线它就报警了。清洁方便哨子，我们体育老师再不必用嘴巴吹了，手捏一下就行了，"一、二、一！"但是有一个问题，发不出长音；比如说足球比赛结束了，一个很长的声音，拼命捏也不行。用餐的时候有什么问题，玩电脑的时候有什么问题，等等。问题始终存在。这是我刚刚在一个小区里面拍的，一个奶奶跟一个小孩子在玩板。大人太重了，小孩子太轻了，怎么办？同学们有什么好的办法？跷跷板下面不能是水泥地板，一定要有黄沙，一定要软，下面放弹簧也是可以的，但是弹性不能太大。

同学：如果弹簧弹力很强的话，就把孩子弹出去了。

黄林：很聪明。最后面那位同学你说说看。

同学：底下放个轮胎。

黄林：没看到过，轮胎体积比较大，下面放轮胎也是缓冲，目的是一样的。

所以办法很多，刚才有同学说了，这个地方下面可以加一个大的铁块。刚才是跟大人玩，小孩子可以跟铁块玩；把铁块移到那边去，铁块很重的，一百斤，移到中间，两个同学可以玩了；移到旁边去，小孩跟铁块在玩。能不能一个人玩？能不能两个、三个、四个人同时玩？这是另外一种思路。

养猪场很脏，这个都是我自己拍的，很不卫生，很脏，怎么办？这个猪槽，猪料放在里面，猪非常无聊。假如把你一个人关在教室里面，也很无聊、很难受。我们把猪当作人来看待的话，它太难受了，所以它的鼻子老拱出来。我觉得很正常，因为它一天到晚没事情做，吃了就睡觉，所以越来越胖了，有什么办法？！要是能做一个东西，让猪一天到晚少吃一点，慢慢不让它吃饱，一天到晚都在吃，也挺好的。我把这个例子跟同学讲了以后，我们高中

生同学提出来，他说养猪场猪舍现在是平的，你可以把它做成一个台阶的，让猪每天中午、晚上锻炼身体，走上来吃东西，再走下去，有一个高度。后来我看到英格兰科学家做了一个猪料的容器，放到一个球里面去，像足球一样，把猪料放进去，猪拱一下就有东西流出来吃，它一天到晚不停在那儿拱，有事情做。

自行车上有什么缺点？你希望自行车怎么样？我叫两个同学上来讲讲。

同学：自行车的问题很多，比如有时候骑着骑着链条就会掉了。有时候刹车会不灵，还有，脚踏板时而会打滑。

黄林：台州小朋友都很厉害，你希望自行车是什么样的？

同学：自行车链条换成是固定的，把脚踏板改成一个脚踩上去，把脚给固定住。

黄林：但是也得能拿出来。

同学：我觉得自行车带人骑不太好，我觉得应该把它改成可以很多人一起骑。

黄林：现在一个人、两个人、三个人都可以。

同学：骑的时候有时候很容易倒，希望能够不容易倒，把它从两个轮子改成四个轮子的。

黄林：那是汽车。

同学：自行车很容易爆胎，几天以后轮胎里面的气就没了，我希望能做一个防爆轮胎，还有可以有一个一年都可以不用充气的轮胎。

黄林：我觉得这样给同学启发启发，同学还是能够讲出一点东西来。

同学：我希望自行车骑得省力，如果脚痛了、不舒服，前面扶手的地方能有摁扭来驱动。

同学：我觉得自行车座后面应该增加一个靠背，因为骑自行车的时候脚要使劲往前蹬，身体自然会向后倾，如果有靠背，让你蹬的时候往后靠，更加有助于发力，而且还可以节省力气。

黄林：你是不是班长？

同学：不是。

黄林：你很老练。

同学：这是我在电视上看的。

黄林：同学们讲得非常多。我列了一些东西，你可以看看，在里面补充一下，时间关系就不上来了。我们同学的积极性要保护，家长可以鼓励他，把想法都写出来，到时候再筛选。

自行车有哪些缺陷？有哪些问题？问题很多。还有哪些希望？刚才同学们说想省力。我列了一些，内胎容易撕破，刚才同学说了，最好一年里面不要充气。有一个发明，他把里面灌进去很多橡胶颗粒，像滚珠一样，全灌进去，他说受到我的启发，报纸上也登了，他说受到黄林老师的启发。我去骑了，但是没有像充气那么舒服，骑在上面能感觉到下面有小颗粒，但是不用充气，破了也没关系。雨天骑车容易把脚淋湿，刹车容易损坏，钢丝容易生锈，重量大，链条有点松、会掉下来，充气不方便，占地面积比较大——针对这个问题，你可以设置很多方面，你可以让龙头翘起来，你可以把它折叠等等。三角架里面放折叠雨伞，这个有必要；坐凳比较脏，我们厂家搞了一个，坐凳下面可以拉出一个布罩一样的东西，把它罩住；两头可以骑自行车，手要摇，脚在骑，锻炼身体；后座太硬；充气怎么办？我们三脚架里面搞了一个充气筒，我们把坐凳打开，车铃转弯的时候能够响，不能上楼梯，雪地上打滑，自行车摆放不稳定，等等。问题很多，你针对某一个问题进行设计制作，这个叫"缺点立足法"。

生活中的不便就是我们创新的源泉。镰刀，最主要的问题，原来它是不能折叠的，现在折叠了就不会伤手了；原来这个镰刀长长的，我们小时候是这样的，现在不知道有没有这样的镰刀，倒是没调查过。但是不会动的镰刀，长长的，平时容易割伤手脚，折叠，把刀片折叠在里面。所有的刀片，同安全有关的，都可以这样考虑。下面，抓鱼手套：鱼泥鳅滑溜溜的，搞了一个尼龙搭扣这种东西，增加摩擦，把鱼扎起来。这是我儿子的，很多地方我不讲了。我们老师，包括我，如果你自己的小孩都没培养好，怎么来教别人？我的儿子一年级我就带他去比赛了。我就这样启发他，我一定要叫他自己做模型，哪怕用硬纸板做也行，要做一下，把你自己的设想体现出来，做差一

点没关系。真的去比赛，大人来参与一下，帮他一下。板栗很硬，炒的时候要剥壳，要割一刀，用菜刀割，壳很厚很硬，很容易把手划伤。所以他搞了一个机器，很简单，当然是几颗几颗的，不是大规模的，出来一颗切一刀；栗子下来被挡住，这个杆子拿出来挡住了；切一刀，放下去就走了；一颗颗，这也是很巧妙的。我带到广东，得了一个宋庆龄发明奖银奖，奖了一千块钱，路费解决了。当然也不是为了钱，就是锻炼一下。这是第二个发明，第一个发明也是一年级的。我们运动员入场，开幕式要有同学举牌，有礼仪小姐，比如说举着"一年级三班"；但是举牌的人不能老看着后面队伍跟上来没有，要往前面走。可加一个小镜子，看看后面的人有没有跟上来，脚步是该放慢一点还是放快一点。加上去一个东西就是发明，有那么难吗？我们同学就能做这些东西。镜片割过来，胶水买来叫他自己黏上去，油漆自己漆上去，三夹板，钉子他自己敲，同学们也要这样。到四年级的时候我们一起搞了一个，那就稍微好起来了，在全国得了金奖。我们同学不但读书好，其他的科技创新这方面也可以跟上。这是一年级的时候，很小，介绍，跟人家交流不是很好吗？我觉得是很好的东西。

什么是发明，我讲了那么多，实际就是：凭借科技原理创造出来的前所未有的事物和方法。第一，必须从来没有过的。第二，必须是科学的，符合技术原理，要有意义的。同学们在纸上乱涂乱画不是发明，虽然是首创的，从来没有这样跟你一样的东西，但是一定要有意义的，一定要凭借科技原理，科学的。可以是一个东西，也可以是一种方法，发明是在原有的不省力、不节能、不美观、不省料、不轻巧等等的基础上，改进而成的事物和方法。发明有"三性"的判断，第一，新颖性，必须从来没有过，我现在做了。一模一样做出来，那是小制作。但是你把它稍微改一下，就是你的东西。怎么判断新颖性呢？我们可以问老师、问家长，也可以查。有一个中华人民共和国国家知识产权网站，免费的，下面也有一个专利讲述，高级搜索，打进去"折叠担架"，那么多折叠担架，点进去图片都有的，谁发明的，它是什么结构，都有的。这是免费网，专利可以查的。第二，创造性，这是发明的关键，要有创意，要巧妙，巧夺天工，产生使人意想不到的效果，就你想到，别人想

不到。这个很难表述。我举一个例子，我们椒江市区学校门口有很多突出来的东西，减速带；我们开车的人很烦恼，这个地方要慢下来，对汽车也有影响。后来一个高中生，他用美术的方式来展示，把它涂成立体的形状，感觉这里有东西，实际上是没东西的，平的。同学们说，你一次有用第二次没用怎么办？我们感觉到这个东西很有创意，很有思想，很有意思，减速带也是比较好的方法，但是现在没推广。对青少年来讲，我是特别看重创造性的。我们再看担架，刚才讲了，你有没有考虑过，担架上坡下坡时如何能够始终让病人保持平躺？你说我现在搞个担架，上坡了病人头朝下，下坡了头朝上了，很难受的，有些病人不能这样折腾的。你做个东西，不管上坡下坡始终中间是平的，那就太好了！我们做过，初中知识就可以了，我把它分析一下。我们肩要扛在带子上面，不能扛在杆子上面，上面手抓住的这个地方，这个地方固定住，但是能够摇动，位置不能移动，但是能摇动；所以这是一个平行四边形，这个距离也算好了，跟这个长度一样，这是平行四边形，所以我们人站在地上，这个杆子 AB 垂直于水平面，但是 AB 又是红色等腰三角形的高，中线，这个杆子同这个杆子是一样长，做好了，只能够摇动，而不能移动。所以，这个中线、这个中心点已经做好了，中心点等腰三角形就是高，所以 AB 跟 D、跟床面、床板也是垂直的，AB 跟床面垂直，跟水平线垂直，所以 DG 跟水平面是平行的。我做了这个东西之后，学生没有满足，我叫每个同学都做，模拟发明一下。我们工作做到家，做个小东西，铆钉就叫铆钉，手抓抓，不是这样扛在肩上，也可以，每个同学做一个。我觉得搞这个发明，我到现在为止，搞下来二十多年了，没有觉得不想搞了，我觉得是做不完的事情，很有意思。第三，实用。这次清明节回到老家，我大伯，就是我爸爸的哥哥，有点瘫痪，走路要人扶着，70 多岁了。我说我学校里有一个东西给你用一下，这个轮椅。他要站起来的话，开关一按，他能够站起来，保险带绑住；站起来之后，踏脚板要放上去的，脚要接触地面，不要翻转的，下面装了一个汽弹簧，空气弹簧，汽车里面后备厢有的，给他一个力，这个力也不是很大，"握"住他、帮他起来，他不用自己费力起来。

今天听课的群体，可能有高中生，有家长，有老师，有些小学生可能看

不懂，原理我也讲不太透，它是把手语翻译成文本，在电脑里面显示的。比如我现在中饭要红烧肉，我们搞不好，搞了一下之后戴上手套，然后显示出来；我今天要点红烧肉它就做出红烧肉。当然错误肯定也是有的，至少能做出来这一步。这个好像是得了 50 万美金，在美国一个大赛上。这是青少年发明的评价标准，选题的科学性，方案科学性。第二，先进性，要比以前先进。第三，实用性，这是评委评比的一个标准。

最后，发明计划训练。刚才讲了缺点列举法，希望列举法。你希望自行车怎么样，你把它列出来，挑几个点再进行改进。小朋友的话，"聪明十二法"，我觉得很实用，把几种方法全部包含在里面了，而且很简单，很容易记牢，我跟高中生也是这样讲的。"加一加，减一减，扩一扩，缩一缩，变一变，改一改，连一连，学一学，对一对，翻一翻，反一反，定一定"——简单易记，形象生动，它不是一个独立的方法，而是包含了不同方法的组合。"加一加"，自行车里面加个打气筒就是发明，但是要首创的。我现在加过了，我加在三脚架里面，你加在坐凳下面，加在其他地方，可以的。但你要加的比我巧妙、实用。你说我加到轮胎里面去，这个东西行不通的，三脚架没有阻挡是可以的，拿出来比较方便。能否在这些东西上添加点什么？比如加大点，加长一点，加些东西。

手电筒，这是我们学校的，后面再加个手电筒，现在已经有了，同样两节电池，把开关拨到前面，前面亮了，拨到后面，后面亮了，或者两边都亮。我们小时候看电影，到野外，到另外一个村里面去，很多人去，晚上走路，前面看见了，后面看不见了，我们手电筒需要这样往后面照，现在两面都亮了，这样比较好。话筒，我们记者采访的时候，你没讲完我拿过来要提问了，现在有两个话筒，你讲我也可以讲，当然这个不礼貌；但是有时候我可以提问一下，不要把话筒拿过来拿过去，有时候他这样讲，我也讲，没话筒，声音没录进去，或者是比较轻。模制话筒也是话筒，组合式的。我们学校搞的，二胡里面加了一个小的京胡，是种新的发明，拉出来声音不一样，不是二胡，也不是京胡，而是组合的东西。自行车打气，两种方式，把它拉开，这是我们学校的，管子相当于打气筒的管子，活塞在里面，打开之后可以充

气，而且刚好前面、后面都可以拉到，不用的时候夹在哪边也可以，这是台湾人的发明。我把它拍过来，当时他不给我拍，我说我给学生看看的，没关系的，不会把你的技术熄灭掉的。他是把自行车的三脚架拍成两半，拍开之后把自行车拿出来，本来塞在里面的，然后摇着也能打，一个气球在那边也能打，方式很多。后来这个东西我们去转让过给自行车厂家。厂家说这样搞了以后，会不会对三脚架的承重有影响？我们说不会的，他们可能有他们的考虑。这个也是我们学校搞的，我觉得这个发明非常好，只是没时间继续研究这个东西。

电焊帽，电焊的时候要放下来，不焊的时候把它翻上去，否则要伤眼睛的。我看到一个人，双目失明，他说是电焊的火花刺伤的缘故，现在加了这么一个东西，有开关，这里搞一下打开，放掉，弹簧弹力把它拉住，这个位置看准了，放掉它可以电焊。这个位置可要找准，不然的话，你刚刚找准了把它翻下来，一反了，位置移动了，加了这么一个东西。所以加加东西是非常重要的。橡皮铅笔是美国一个画家威廉发明的。橡皮铅笔这个东西是非常好的一个发明，原来铅笔上面绑了一块橡皮，现在把它组合在一块。所以很多东西是非常简单的，关键是你组合得巧妙不巧妙，实用不实用。

第二，"减一减"，把它减去一点，这个东西能不能减掉一点、减短一点、减轻一点？现在家里蚊香比较少了，有电蚊香。前几年蚊香是点火柴那种，点火柴那种蚊香有时候很难点着。有个同学动脑筋想办法了，他把蚊香头上挖一个孔，你们说有什么好处。

同学：容易把它点燃。

黄林：为什么？

同学：因为没有空气火就不再燃烧。

黄林：开孔了有空气了是吧？

同学：对。

黄林：它开了孔以后，火苗的接触面增大了，通风了，关键是把接触面增大了，所以容易点着，减一减，减去一点。

学校粉擦，现在有没有好的办法减少粉末飞扬？我现在把它挖四个孔，

灰尘可能就不会到处飞扬了。原来一边擦掉一边往旁边走，粉跟着一起走，现在擦的时候，在中间去了，到最后把它搞掉。现在像吸尘器一样，吸那个粉擦。

第三，缩一缩。把东西压缩、折叠、缩小会怎么样呢？我举了这个例子，折叠起来是一个盒子、箱子，打开是这么一个东西，桌子和椅子。

"变一变"，改变它的形状、颜色、气味，把它转弯转一下，有些地方平时不能打，但是转弯转一下能打，转换一下它的转动方式。这个帽子你们应该看到过，一个花瓶、帽子，改变一下，这个比较好的。最后面一个同学，看一下窗户，它只能够这样拉，但能不能按照以前的拉到外面去，你看一下，通风量只有一半，最大通风量只有一半，但能不能把它开到最大通风呢？你把它的轨道改变一下，可以做到。医生的药箱，野外动手术，打开一样，像母亲的化妆箱一样，这里放剪刀，这里放药，动手术的时候很方便。搬一搬，把这些东西搬到其他地方，把它的原理，把它的技术搬到这个地方来，借用一下，利用鸟鸣的声音来感知是不是潮湿了，是不是干燥了。这是小朋友发明的，容易找的摇控器。现在摇控器有时候找不到，丢来丢去找不到。做一个声控的，一拍就知道声音在哪里了，原来在这儿。"改一改"，它有什么缺点？哪里不足、可以改进？这是一个跷跷板，我们改的，一个人，两个人，杆子可以多几个，像刚才同学说的，这里有一个弹簧，这里前面有一个弹簧，一个人可以玩，两个人、三个人、四个人、五个人、六个人都可以玩。当然玩起来跟原来的不一样。弹簧也是可以缓冲的，这是一个，你杆子可以多几个。同样这个东西，可以多搞几个。拐杖，你有没有发现拐杖有一个缺点，老年人过来坐到这个椅子上面，拐杖往旁边一放，掉下去了。老年人弯腰很麻烦的，能不能做一个拐杖，不管它怎么放、怎么摇，都不倒？不倒翁是下面比较重，重心偏低，这是美国人的发明。下面比较重，但是不能太重，老年人拿了30斤的拐杖累死了，所以不能太重。但是刚刚好，拿得动，又能够竖起来，这是香港人的一个发明：下面底部面积增大，这是三个脚，简单的，这是我们现在市场上已经有了的四个脚，已经可以放牢的。这是我们中学的一个项目，它上下可以伸缩，这个学生保

送到浙江大学就是因为这个发明，这个比较好，但是同稳定性的关系不是很大。上楼梯可以把它搞短一点，下楼梯可以搞得长一点，个子长高了长一点，可以控制。这是可以当椅子坐的拐杖，现在已经有了，早几年很少。我 1997 年到广东参加展览会，广东一个老先生跟我讲，为什么中国人做不出来？当时香港没有回归，这是香港人从国外买回来的东西，他说我们国内的人为什么搞不出，不过现在很多了。

"连一连"，把它连到这个地方来，把它联系起来考虑。你们可以扩展一下，学校里面的卫生间，蹲的地方，把它做成一个椅子，可折叠的。可折叠的就比较方便，把椅子连在这个地方。当然容易弄脏那是一个问题，有些人喜欢这样，特别是老年人，这个比较好。我们现在是手在用鼠标，能不能脚也用呢？

同学：可以。

黄林：脚用有什么好处？第一，方便没手的人，残疾人。

同学：但是脚趾不那么灵活。

黄林：脚趾没有手指那么灵活，但是可以锻炼的。我在想，如果用脚踏鼠标的话，我打字两个手不要停下来，光标移动一下，我现在这样打，脚移动一下就好了，移过来移过去，相当于三个手了。

同学：没手。

黄林：没手，再考虑一个，用脚。就是可以配合起来使用。其实这个鼠标很简单，就是把这个东西放到下面去，把它的样子做成鞋子的形式，脚可以控制就行了。所以发明是到处都有。

"反一反"，反方向，正反、上下、左右、前后颠倒过来看一下。同学们可以回家去试试看。我们站起来可以把头朝下，从我们两条腿的中间看后面的世界，这个世界是非常美丽的。现在不要看，现在看不到东西，到外面去看，这是你从来没有看到过的。电梯，本来是给我们人乘坐的，但是现在电梯在动，人不动，这是反一反。还有很多，你们可以思考一下。倒过来，反过来，可以回去思考一下。

"学一学"，我们可以向植物、向动物学习。鲁班发明锯子是从什么地方

受到启发的？茅草。狗模仿人刷牙，宠物也要刷牙，但是这个狗不刷牙的，我们要宠物刷牙的话，该怎么办？学一学，让它刷牙。第二，狗很喜欢啃骨头，模拟骨头的样子，狗啃的时候就刷牙了，可以试试看。这是我拍的茅草，但是像素不高，茅草的刺拍不出来。锯子，木锯，这是古老的挖掘出来的锯子，看不太清楚。鲁班就是从植物当中受到启发的。尼龙搭扣从哪个地方受到启发？从什么植物当中受到启发？我们衣服有网状结构，它刚好有一个勾，它一个是勾，一个是网状结构扣住，但是也能打开，也能拉开，稍微用力就能拉开。

还有几个功能，发明技法，"扩一扩"，把它扩大一下。电视机现在越来越大。"代一代"，代替一下，用塑料或什么材料代替一下。"定一定"，把它规定一下。我们现在知道，温度计是瑞典科学家把水的冰点跟沸点之间分成100等份，把它规定一下，就把温度计的计量法定下来。

"聪明十二法"在电风扇当中的使用——大家看，"加一加"，电脑的风扇带台灯的风扇；"减一减"，减去吊杆吸顶的电风扇；"扩一扩"，全方位的电风扇；"缩一缩"，微型电风扇；"变一变"，球式儿童型的电风扇；"改一改"，保健电风扇；"连一连"，催眠电风扇；"学一学"，太阳能电风扇；"对一对"，木片电风扇；"搬一搬"，电视用的电风扇、空调扇；"反一反"，热风扇；"定一定"，节能电风扇。我很想做一把平时的折叠扇，扇了之后能够有药用价值，能够起到保健效果。想一想，我们学校里有什么可以改进？家里面有什么可以改进？你可以尝试进行改造。

发明之后做什么？我们可以参加比赛，学校里面、全国都有很多比赛。你如果找不到比赛信息，可以找我，我每年都有很多的项目要参赛，你可以跟我们一块走，一般都是在暑假里面。第二，可以申请专利。第三，可以开发生产。专利是法律武器，它通过公开发明的秘密来保护发明权，专利可以分为实用新型专利、发明专利、外观设计专利等。我们一般都是实用新型专利，发明专利一个也没有。发明专利一定要都是首创的。实用新型专利申请费一般是两千块钱，发明专利五六千，每年要付年费，我们学校有67个专利，但是绝大部分已经"死"了，就不付专利费。就不保护了。这是专利的特点：

独占性、时间性、地域性。美国的专利，不受中国保护，除非在中国申请专利。发明专利保护年限是 20 年，其他两个都是 10 年。实用新型专利就是我们的小发明，有点改进的，都叫实用新型专利。发明专利要首创，从来没有过的东西，那是比较难的。外观设计专利是把外观给它改进一下。

例如这个按摩球，外面加了许多铆钉，在转动的时候，一边在活络筋骨，一边在按摩。我在学校是鼓励这种小东西的，我觉得符合学生的口味，太高精的东西，学生做不出。关键是培养学生的思维方式，这个东西当时没有申请专利，参加了全国展览会。过了几年有人模仿生产出来，成品已经在卖了。虽然是我们先做出来的，但这个专利不是我们的，因为不受法律保护，人家已经提前生产出来了，而且抢先申请了专利。

今天讲课之后，同学们要在生活中多找问题，把它记下来，向你的老师、向你的父母亲提问，向他们提出你的一些设想。作为家长，可以引导自己的孩子；作为老师，更要引导我们的孩子，引导我们的学生共同参与这个事情。如果小时候养成思考发明的习惯，潜移默化，肯定是对成才有很大帮助的。

谢谢大家！

（以上内容根据 2012 年 4 月 7 日的讲座录音整理，略有删改。）

人类学和中国农村

章 伟 （台州教育集团董事局主席、台州职业技术学院党委副书记）

首先感谢"台州社科大讲堂"，让我有机会向我们的市民朋友汇报我的一些见解。特别令人感动的是：今天下雨，还有这么多的朋友来听讲座。今天我要讲的题目是《人类学和中国农村》，取这个题目的时候花了一番心思，实际上大家等一下可能就会听到，题目后半截这个"中国农村"似是而非，更准确地应该是说"中国的传统和现代"，但是农村的表现会更加激烈，所以我就把今天讲座的题目取为《人类学和中国农村》。刚才主持人也介绍了：我今天特地带了几本书，希望能够赠予喜欢读书、愿意互动的听众们。

"人类学"离我们的生活很近，但作为一门学科，很偏狭，受过专业训练的人大概很少。所以到底什么是"人类学"，很多人讲不清楚，特别是"人类学"和"社会学"之间到底是怎么回事，我们今天会涉及这个问题。今天的讲座，主要的结构是这样的：先说说什么是"人类学"，然后讲讲现在我们国内跟国际接轨得比较好的一些突破领域，主要是讲三个研究：一个是讲我自己的研究；另两个是我的两位学友——李霞和吴飞的研究。为什么今天要在这里讲三个人的研究？毫无疑问，我自己做的研究我比较熟悉（虽然很难谈得上成就），而他们的作品，的确是国内和国际上公认的，应该说在理论领域是有所突破的。比如说吴飞，他对华北的经典研究使他成为了华人在

哈佛大学获取人类学博士学位最快的一个，仅仅用了三年不到的时间（很多人在欧美获得博士学位都是五年甚至七年八年）。哈佛大学的人类学主任，对吴飞的评价非常高：吴飞的研究是自涂尔干以来在本领域最重要的成果之一。这个评价是很高的。我们知道涂尔干又叫迪尔凯姆，大家在经典教科书中都会读到，我想中学课本也会有。"社会学"的三大鼻祖就是卡尔·马克思、马克斯·韦伯和涂尔干。他们的研究都是非常棒的。之所以谈这个，是因为我估计有很多读者是老师，你们可能也会读一点社会学。今天我们可以讨论一下：具有国际意义的人类学研究是怎样做出来的，怎样去衡量它。

我们首先讲第一个内容：什么是人类学。这里就讲到一个问题：在大学里，很多人就问：为什么我们报那个课题（报课题大家都知道：台州市的叫"台州市哲学社会科学规划课题"，省里的叫"浙江省哲学社会科学规划课题"，当然国家也有），要取这样的名字——哲学社会科学？为什么哲学会被拎出来？这里有一个过程。大概我们人类很久以前就意识到了，学问之中也有社会分工的，大概从亚里士多德年代就开始了，但是人们的认识没有那么深。一般来说，像柏拉图《理想国》就认为：应该有一个全能的哲学王来统治这个世界，这种在人类中是最优秀的。所以基本上在原始社会以前，在哲学和社会科学没有分化之前，大家做的都是哲学。哲学就是要思考：人和世界、人和人之间最根本的关系是什么。按照马克思主义的经典说法叫作"世界观"和"方法论"。比如说"群众路线教育"，有一位学者就说了：毛泽东思想实际上就两句话："为人民服务"和"实事求是"，一个是世界观，一个就是方法论。在很早以前，大概哲学、社会科学没有分化之前，所有的学问都是哲学。所以哲学也被认为是"学问之学问"。接下来就有了社会分工，在人的思想领域，开始有专业化的分工。亚里士多德就在思考政治学的问题。然后随着资本主义的兴起，人们开始思考世界市场的问题。比如说马克思的定义叫"世界市场的问题"，亚当·斯密思考的是社会分工带来的财富积累和进一步的问题。接下来有全球化的问题。这些都是什么呢？就是资本主义兴起以后，同时也兴起了社会学和人类学。这里就有一个很有趣的故事了。我刚才讲了，社会学的创始人大概有这么几位：卡尔·马克思、

马克思·韦伯，还有一个是涂尔干。几乎同时，又产生了一批人类学家：比如说从波兰到英国的马林诺夫斯基，被认为是人类学的创始人；涂尔干的侄子莫斯（这个很巧，世界上的两门学问的鼻祖居然出自一个家庭）；还有从德国移民到美国的博尔斯，是传播学派的。莫斯创建了仪式和互惠学派；马林诺夫斯基创造了人类学的功能主义学派，又经过拉得克利夫·布朗和福斯，把这个学派巩固为结构功能主义学派。后来在法国（法国这地方很特别，从来不随大流），有个人叫葛兰言（这个人跟中国也很有关系，他居然研究《诗经》），由他创造的二元转换的理论，直接影响了后来法国二元论的创立，也就是斯特劳斯的二元理论的创立。这个影响了20世纪50年代以后的一代学者，不但是在人类学和社会学领域，而且在哲学领域产生了深远的影响。在人类学当中，随着哲学和社会科学的分化，随着社会分工的出现，人们开始把原来哲学一统天下变成了世界范围内的社会科学化。随着社会科学化的到来，在座的各位，如果是从事研究和教学事业的话，你们开始慢慢都有饭吃了。因为不是谁都可以搞哲学的，他必须要具有独特的哲学思维：要么强于演绎，要么强于综合。哲学对人的逻辑能力的要求极高，一般人根本没有办法成为哲学家。但随着社会分工的出现，知识的增量越来越多，有很多人承担了知识创造和传承的功能，我们把这个年代称为社会科学化了的年代，所以也回到我刚才说的：为什么我们的这个课题要把哲学和社会科学放在一起？毫无疑问，人类学是社会科学化以后的产物。这是我说的第一个内容，就是人类学是怎么来的。

第二个内容，讲人类学要研究什么。人类学是直接研究人的生活的，不直接研究人的思想，当然也会触及人的思想，但是主要是研究人的生活。比如说生育的问题，著名的人类学家费孝通先生就写过《生育制度》。生了以后要长，你是在一个什么环境下生长。等一下我会说李霞的贡献，她是以女性独特的视角发现了这个问题：女人慢慢成长的时候，跟男人就区别开了。因为你们慢慢地会观察到：男孩跟女孩之间的不同，他是在社会中成长的，一开始接触的人，学习、玩耍和他应对的问题，跟女孩都不一样。所以，最后会形成什么人是女孩，什么人是男孩。李霞的框架是"娘家—婆家"，女

人，特别是传统女性的一生，实际上就是在这两个家之间完成人生的过渡。因为一个人是不可能或很少在自家到老的，她的角色会从待字闺中的女儿，通过婚姻，从娘家过渡到婆家，然后在婆家从漂亮媳妇成长为老女人，最终她要代表这个家庭来持家，然后还要在娘家和婆家之间有自己的互动空间。到什么时候开始，女人的重心完全到了婆家？就是自己的母亲过世了。母亲去世以后，女人跟娘家的关系会发生实质性的改变。我们原来有很多概念，比如说"从夫居""从子称"，人类学者总结下来了，但是很多人并不了解从"从夫居"到最后要"从子称"到底是怎样的过程。实际上最终的结果是，这个女人终于在婆家"熬成了婆"。这里面有很多学问，等一下我们会具体讲到。

回到我们的第二个问题：人类学研究什么。必须要深入到人的生活，你才能了解人类学，在哲学当中无法对这些问题进行实际性的推断。如果说人类学是研究人的学问，那到底里面有什么东西呢？大概有四个内容。第一个就是亲属制度，这是人类学研究最原始的东西，也是很核心的东西。第二个，政治经济生活，说白了是要通过"爱慈孝"组织人伦，通过"公义信"来组织社会关系，要通过社区之间的互动关系来形成地域文化。所以政治与经济的关系还并不是我们通常所理解的那样。什么是政治，什么是经济，等一下我要说这个问题的。今天我们讲的还有一个重要的内容就是：大家要反思一下，你们如果想写文章，要思考一些问题，要想一想你的知识源泉是什么。我刚才讲的一些内容，可能跟大家想的不是很一致，就是说我讲的所谓的政治与经济不是你们所想象的政治与经济。这个问题实际上是很人性的，我希望我们要反思一下我们的知识来源是什么，什么是政治。教科书说这是围绕着政权产生的，斗争或阶级斗争的核心内容是政权，从现代政治上来说，就是从国家产生以后——这个问题没有错。但我为什么要提这个问题？民族国家是什么时候产生的呢？人类直立行走已 160 万年了，不要认为我们的祖宗没文化，我们不能把晚近一百多年来形成的观念就认为是真理，这不对。欧洲的所谓的那种"nationstate"仅仅是欧洲的产物，跟我们以前的知识没有关系。我们以前不是这样子。第三方面是什么呢？象征。很多人就不理解了，

象征是什么？就像前段时间习主席说的："拿破仑说过'中国是一头沉睡的狮子'，现在狮子醒了，大家不必恐惧，中国是和平的温柔的狮子。"这是象征。象征对我们日常生活真的很重要吗？我举个例子。第二期《舌尖上的中国》，片子最后讲到一个祖籍福建的华人，在美国生活了40多年，回到故乡了，做菜，解说词说到："这顿回乡宴，集聚了全乡几乎所有的好厨子、好食材和好做法，把大家都集聚起来，在碰杯中完成了自己对于家乡的回归。"（我们以前大概不让拍这种片子的）为什么要办回乡宴？这是象征。田汝康先生曾经还写过云南少数民族的"摆"（就是"大摆筵席"的那个"摆"）。这个"摆"很有意思，因为如果不是人类学家到现场，是不会发现这个事情的。我们去旅游，看到他们在吃饭，会怎么描述呢？拍一大堆乡村宴席的照片。而田先生在那里就发现，当地人叫"摆"，但并不是发现这个名称就够了，还发现了为什么要"摆"的意义。这个"摆"是一套仪式，代表的是"礼佛"。庄孔韶先生后来去当年的村民那里做过回访，现在大家还做"摆"，但是已经不具备当时的功能了。当时这个"摆"，首先就是摆出来，代表自己的真心礼佛。田汝康先生发现这个少数民族几乎是存留很少的自由概念，有的人愿意把自己一生积蓄的95%以上用在"摆"了，然后周围最多的会有七个区域的村寨的人都来吃。这个事情就像我们经常会看到，有人一路磕头去西藏朝圣是一样的，这是他的信仰。如果从结构功能主义这个角度分析，大概有三重功能。第一，完成了自身信仰的取向，他通过这样的方式向世人和内心告白了——我是礼佛的，我是信佛的，我是有信仰的。第二，也代表了当地人与人之间交往的一种方式。为什么在做"摆"的时候，周边寨子的人都来吃？是因为形成了一套制度，有利于族群相互之间的交流。等一下我们会讲到马林诺夫斯基在特罗布里恩德岛经典的"库拉圈"，这个研究也会证明这一点，有一种功效。第三，实际上是代表了（因为我们人类学是研究人的）一群人而不仅仅是一个个体，他的心智模式，他如何处理自己与自己之间的内心的关系、自己与他人的关系、与村子的关系，甚至与自然的关系，都包含在"摆"里。田汝康先生的研究非常经典，我记忆很深。他这著作，我以前找了很久都没找到，后来是先看了英文版本，然后才找到中文版本。

"人类学"大概可以包含"体质人类学"和"文化人类学"。

"体质人类学"实际上很重要，但是由于欧洲大陆发生过一次变故，大家就把它忽略掉了，很可惜。是德国人最先创建了"体质人类学"，研究得很深入。费孝通先生曾经回忆：当时对这个问题也是忽略了。我们现在继续在"忽略"当中，所以我们等一下特别要讲一样东西。

我们先讲"文化人类学"。"文化人类学"有几个分支，首先是"考古学"（考古学当然也同时属于历史学的范畴）、"进化论"，然后有"传播理论"，再有博尔斯的"文化论"，有"结构功能主义"，同时有"产生人类学"（也称"象征人类学"）——有很多很多分支，但是基本上我们把这些都称为"文化人类学"。如果更准确一些的话，前段时间我跟王斌先生探讨过，应该把它称为"社会文化人类学"。（这个下次有机会我再讲，结合"文化人类学"和"体质人类学"的差别，讲一讲中西方的文化差异到底在什么地方，大家原有的概念是不正确的。）从人类学这个角度来追述历史，叫"历史人类学"。我们讲的天地之间怎么来，实际上是代表人类心智的。（这个心智就很复杂，既有体制的因素也有文化的因素，这个是交织在一起的。）"天地浑沌如鸡子（像鸡蛋一样），盘古生在其中，万八千岁，天地开辟（也就是说，一万八千岁的时候，是盘古让天地怎么来的）。"我们中国人是这样理解的：盘古在其中，然后把蛋壳撑开了，"阳清为天"，清明的东西往上升就成为了天；"阴浊为地"，这是天地的构成，盘古在其中"一日九变，神于天，圣于地，天地之精华"，然后"天日高一丈，地日厚一丈，盘古日长一丈。"天在长高，跟盘古的长高是等同的，但这个时候天又增厚一尺了，然后一万八千岁以后，"天数极高，地数极深，盘古极长"。注意一下——"盘古极长"。但是地虽然深，却是增高了一尺，基本上已经到了平流层，就是跟太空交接的地方。所以盘古倒下了，他的血液化为河流，骨骼堆成高山，血肉成为土地，这个世界就这么来了。这是中国人对于世界的看法。那么大家要注意一点，首先盘古还是神，世界的来源是盘古，然后我们再往下看，最后一句"后乃有三皇"，三皇是谁？最集中的说法——伏羲为伏羲王，女娲叫女娲王。"昔宇宙初开之时，女娲兄妹两人在昆仑山，咒曰（这是唐代人写的，所以它说是咒

曰）：'天若遣我兄妹二人为夫妻而烟悉合，若不使，烟散。'于是烟就合了。从这里我们就知道，女娲跟伏羲是兄妹。兄妹成婚，在马克思看来，如果是一万年前，这根本就不稀罕。（等一下我们看西方的就更加荒唐了。）这个就构成了我们中国对于天地人的产生的传统看法。我们要重视这个看法，大家不要认为现代人很高明，千万要注意，那一点点知识真的不值得这么自豪。希腊认为首先是混沌（我们是"周"和"圆"，他们是"混沌"），卡俄斯和黑夜女神统治一切，然后他们的儿子"黑暗"推翻了父亲的统治，娶了母亲，生了两个儿子，叫"光明"和"白昼"，这个跟我们的传统是不一样的。（因为西方原来的禁忌，不是从始祖开始就对于父母乱伦有禁忌的，我们是从三皇五帝的神话安排一开始就有禁忌，所以中国人的"礼"还不是你们现在想象的，就是我们自从"五四"以来批判的那个样子。）"光明"与"白昼"创造了地母盖亚，然后到了天父乌拉诺斯，这是第一代天神。这个时候，天与地连在一起，他又跟他的妈妈结婚了，生下了十二个提坦巨神，六男六女。然后他们兄妹相结合，生了月神、星神、晨光女神。再从提坦开始，乌拉诺斯把两个儿女给吃掉了，克洛诺斯把父亲乌拉诺斯阉割了，娶姐姐瑞亚为妻。接下来有宙斯，宙斯受到祖母盖亚的鼓动，把父亲给毒死了，跟姐姐赫拉结合，和三个哥哥三分天下，他管天。这个时候天上的秩序终于安排好了。所以你们就可以看出，西方人这么复杂的政治还真的跟我们不一样。

梵蒂冈西斯廷教堂里最有名的一幅画是米开朗琪罗画的。在这个雕塑里一共有99幅壁画，这个壁画是全景，最靠上面的中间这一块，是宙斯的指尖给亚当一个神力，然后有亚当跟夏娃造人的故事。中国人以人为本，是很直接的，就是盘古死了以后就有三皇，三皇就开始造人了。我们不避讳那时候是血亲，两人是兄妹；但没有希腊神话这么乱，没有费那么大周章。这个西方的，我们姑且把这边的称为亚当，这边的是夏娃，受着毒蛇的诱惑，吃了果子，后来受罚了。由于非常孤单，就造了人。中国人认为人就是两兄妹的后裔，但是西方一定又要说拆出肋骨来了。因为文化有它的自我安排，他接下来要真正的人神分离，他神系完整了，然后告诉你：人和神之间是有本质区别的，你不是人神通过正常渠道生育的。所以为什么西方会非常严谨地

分出此岸事件和彼岸事件，是因为他老早的文化就是这样安排的。那这里我们就要讲一讲了，我刚才说的"体质人类学"跟"文化人类学"很难分，但是"体质人类学"很重要，"体质人类学"可以用考古来发现以前的一些踪迹。但是，由于物质的湮灭，我们很难说以后还能找到很多证据。但是文化的传承就留下了更多的线索。

现在人类学终于成为一门学科，要去研究它。它的历史实在是太漫长了。如果没有很好的学术训练，我们很容易被一些现象给遮蔽掉，就不知道真正的知识在什么地方。比如说我们现在形成的这个道德观念，到这里我就想到"平均脑量"，这个涉及的知识很重要。等下我还要说到"平均脑量"。在体质上，男女有别，就天然地形成男女之间关系的冲突。这是从生物学的角度去研究人的特征的问题。

"体质人类学"是描述人的器官性质的——物理性质和生理性质。大家看倭黑猩猩趋向于乱伦，如果是长臂猿的话，是非常忠诚的"一夫一妻制"。我最近也在看德国人对这个问题研究，说"人类是一个非常矛盾的形态（大概从体质上来说），是倾向于乱伦的"。原始神话肯定已经证明了这一点，现代的"体质人类学"也是在研究这个，在生理上是不倾向于严守"一夫一妻制"的，我们仿佛处在倭黑猩猩跟长臂猿之间。但是坏就坏在，人类的社会，就像涂尔干说的一样，社会事实决定了这个社会，人类已经走到中间了（当然还在摇摆），我估计无论什么法律都解决不了，人类始终处在乱伦和严谨的"一夫一妻制"之间。第二个就是跟人类的理性抉择有关。我刚才说的是纯粹的生理。这个虚线的部分是黑猩猩的"male"和"female"，就是它的骨骼生长，人的情况是实线部分。大家看到，当男性骨骼发育到顶峰的时候，女性到最低谷。这个在生物学上相当于狮子。所以非洲的雄性狮子会有杀子爱好，这对雌性来说绝对是天大的灾难。所以如果从生物学这个角度来说，女人对男人天然不信任，或者男人对女人也不信任。但是男女之间必须寻求合作，不然的话，在处置天敌的时候、抵御社会风险的时候（以前没有"风险"这个词，我这里也说一下，它是现代社会兴起以后的产物，因为原来的地域关系都非常稳固，只有制度关系），我们就想到了：第一，由于我们刚才说

的大脑容量的增加，生育对于女性来说是构成了巨大的灾难，大概在解放前的话，基本上四分之一女性是因为生育死掉的，致死率是非常高的；第二个是，如果男女之间不寻求合作，就会在社会竞争当中遭到另外一方强制性的侵害。这里面有一个重要的原因就是，生物科学家是了解动物为什么要把子女杀掉的，杀掉子女有利于雌性在最短的时间终结哺乳期从而重新怀孕。所以人这个机制跟狮子是差不多的，那么这个时候就非常重要了，就是我们要有限地来利用"体质人类学"，要提供给一些根本命题的基础，我们不能光从道德想象，现在你的想象是因为你已经是一个社会人了，所以你想"这个也不对"、"那个也是不对"），要从知识本源来说，它有内在的基础。这个事情我们就暂且评论到这里。

　　我们接下来说"人类学"，特别是"文化人类学"。"Anthropology"就是人和他的逻辑的或者学问的一个结合，就是有关人类的知识学问。这里面我要讲到的一个人就是马林诺夫斯基，这个人真是太厉害了。他是一个波兰人，跑到了英国，当几乎所有搞殖民的人都在享受的时候，他跑到新几内亚边上、西太平洋的一个岛上，叫特罗布里恩德，研究原始人的机制。他同时给人们带来很震撼的结果。大家看看这些人，按照我们的说法是"衣不蔽体，无异于其禽兽"（这个是我们原来有华夷之辨的时候说的），他在那里就慢慢发现了当地人的文化。马林诺夫斯基说功能主义就是要满足，该群体的基本需要和自身需要（基本需要是生物需要），然后是工具需要和整合需要。关于"库拉圈"，我有一段非常有意思的读书经历，今天给大家顺便讲一下。当年还没有中译本，我们就开始读了英文，读得囫囵吞枣。有一天我们在谈天的时候，碰到了一位学友，就被问：你们怎么看库拉圈这个问题（因为当时阎云翔的书《礼物的流动》刚刚出来，我们也在探讨相关的一些问题，因此就提到了"库拉圈"）。我当时还真的没有意识到这是个问题，回家一看，还真找不出来，因为马林诺夫斯基的这张图也不是他画的。这个岛在特里布里恩德岛的北部，分为两块，西纳卡卡岛往这个中间的圆圈里面，我看英文版（原版）里面注了"特里布罗安海"（这外国人也真好笑，他就不说这个地方是特里布里恩德岛）。这个读书的经历告诉我们：对这个问题研究不仔细，还真的容易被

问倒。那么他说的是什么意思呢？我刚才已经讲了，他有不同的需要，然后在这样的一个圈子里面，这里"soulawa"是顺时针的交换，"mwala"是逆时针的交换，他们的这个船，（因为当时说，如果每到一个地方，大家都要以获得交换为荣的），里面据说是刻着当地很有名的一些受大家尊敬的酋长、巫师、巫医等这些人的名字。他们会在这个里面刻上他们的名字，然后这个里面就形成了相互交流的"库拉圈"，大概就是这么一个样子。后来布莱尼把资本主义社会的人，以人的需要为特征，分为三种人与人之间相互的形式。第一种是互惠，第二种叫再分配，第三种就是交换。我们处于现代的人，大概就是这三种。而在他们当中，也有一系列制度，跟我们也有相似的功能：就是通过库拉来交换。然后我们就很难解释为什么要互惠。有的人的解释说，是为了面子，互相帮助的需要、需求。大家仔细想一想，很多的互惠实际上是一锤子买卖，你看不到边、摸不着地，你不知道如果以"报"的方式的话，什么时候来。所以这个事情你就不能说原始人就是弱者、就低能，他们有满足自己活动的一套制度。假设有更聪明的星球的人类或者生物在的话，他也会想。我给你总结下，人类就三种：互惠，再分配，交换。其他都不会了。我们人类认为自己很厉害的时候，"外星人"可能在笑。实际上，让社会科学家给你总结，就这么简单。网友对这个事情是怎么评价的呢？说特罗布里安岛这样超越我们想象的地方相当于网络游戏，人类学家相当于网络玩家。特罗布里安岛这张图相当于游戏地图，土著居民相当于怪物，民主制相当于游戏攻略——有的学生给我写这个东西，我觉得真的很精彩，我给他打高分。那么这里面要说的是，社会结构是指一个文化统一体当中，人与人之间的关系；而人与人之间的关系，又因为文化程序的持久性，会形成一套制度。所以这个制度的事情，后来还有人做了个补充，说要天然扩展秩序。当然他的补充里面包含着很多阴谋论的成分，我们不去评论。但至少帮助我们对制度有一个更好的理解。这些原则和规范会构成一套行为模式，然后人与人的关系虽然在变化，但是如果你的时间段足够长，你会发现社会结构的形式是基本固定的。

　　我刚才举了李霞写的例子。每个女人从少年时代开始，各自的成长路线

都不大一样。从少年开始，然后有过非常青春的年代，到最后待字闺中、开始谈婚论嫁。非常明显的是，基本上所有女人（当然可以是丁克家庭，可以不结婚，我不反对文化多样性），就朝着这个脉络，从娘家过渡到婆家，然后开始在两者之间摇摆；这两者之间的摇摆，有很多制度来支持它。比如说双方出的定金，都要成为小家庭的独立财产，结婚以后马上要安排回门，然后要回娘家，两边来回是不停的，它有一整套的制度安排。你不能说这些都是封建社会压迫人的、意识形态的话。学者肯定是在观察：现在这条制度仍旧在起作用，她反复地跟娘家在沟通，通过源自娘家的势力来加强对自己的保护，甚至对抗婆婆，跟丈夫谈判。都有这样的例子。李霞在做人类学调查的时候，就住在村里，看得一清二楚，主人公每天说什么都记录在案。所以传统的家庭会认为：嫁过来的媳妇，天然成为了家庭的一个"危险"，婆婆不自主地会监督着你，因为她已经"坐庄"了。然后这个少女会不断地通过比如说"我要分家"（李霞讲的第一件事情就是分家）——分家从男性的视角叫作提前获得决策权。这是我得出的结论，李霞得出的结论跟我不一样，她是从女性的角度来说的。因为沃尔夫在研究台湾的时候曾经说过："家庭有各种不同的形式。"其中他提出了"子宫家庭"，意思就是女性会天生营造一种保护孩子的氛围。他把它形容为"子宫"，实际上就跟蛋壳一样，就是要保护自己的孩子。（李霞是从这个方面来说的，她不会同意我的观点，会认为我是男性主义，她是女性主义。当然，我认为她说的也是对的。）上次在北京，我们专门谈到这个事。继续保护到什么时候？像我们农村现在还有这种现象：如果是女性长辈去世的时候，第一件事情是要通知她的家人来。这个也是制度设定的。就是说如果家里的婆婆去世了，第一个是要通知她娘家的亲兄弟。

　　这套制度设置是"保护"。也就是说，婆家实际上跟你的关系，无论亲疏远近，是一直要涉及保护到你去世为止。但是你是等到婆婆去世以后，多年辛苦熬成婆的时候，你就变成了这一家的"主政"了。我要说的是这是一套社会制度，是一个有功能的结构。李霞几乎跟我同时发现了结构功能主义的不足，就是动态的问题。我们原来都关注到静态结构的问题，因为我们都会

人类学和中国农村

说祭祀制度、继子制度、单系继承，然后从夫居、从子称，到今后的子女长大、开始增加获得决策权为止，有一整套制度。这些制度我们都知道，但是忽略了什么呢？动态的关系。李霞的贡献在于她创造了一个结构。我们原来都说，比如说单系继承，这是一个定固定的民族，她把这个贡献就弄成了一个结构：叫作从娘家到婆家。"娘家—婆家"这是一个结构，非常精彩地对中国农村甚至城市里边的女性的一生做了描述，这就是理论的力量。

　　费孝通先生是我的师祖，我所做的事情基本上是在他巨人肩膀上做的一件小小的工作。费先生曾经对中国社会有一个精彩的描述：中国人的社会结构，就像往水里投一颗石子，中间泛起最高的浪花是自我和家庭，随着关系越来越薄越来越远，圈子也会越来越大、越来越薄。这就是中国人的社会结构，准确地说这是传统中国的社会结构。费先生的说法几乎影响了中国八十年，无人匹敌。费先生在晚年还有很多思想脉络，作为后学我们都还没有来得及仔细地思考与追溯，所以也很惶恐。但是我们也做了一些工作，这个就是我写的叫《乡村社会》。如果把这个总结一下，我大概做了三方面的工作。第一，我在方法上做过贡献。因为费先生有自我批评，说他当时在方法上并不那么完备。后来他有一个脾气很臭的同学将了他一军，费先生也做了回应，但这个事情因为当时双方都年事已高，基本上都是没有能力以一个完整的作品来证明。就是费先生跟他的师弟利奇，都是福斯的学生，都在英国取得博士学位，利奇就很苛刻地说费先生的思路不对，他说，你研究来研究去，就是中国一个村，一百个村的研究堆起来才是中国了嘛！利奇这个人是很有才的，但是脾气也是很臭，得罪了很多人。但我很佩服他，他对于缅甸缅北山区的研究跟费先生的研究一样，在人类学史上地位很高。两个人有争论的时候，学术界关注的人也不是特别多。我当时是关注了这个情况，所以我觉得应该在方法论上有所改变。于是我就把费先生原来已经注意到的，不仅是一个村，应该与更广阔的地域之间和真实的社会背景联系，就是在全球化背景下的村庄、村镇、县域甚至全球，要有一个比较的视野，这是在方法论上做的一点贡献。第二个贡献在理论上。费先生的关门弟子叫马克勋，他曾经对于中国的"家"做了研究。他当时就说了，这个

家庭的类型里边，有一个类型叫"你的家"。他有很深的日本学的背景，在东京大学读的博士。因为费先生有一个师妹也在日本，非常有名，所以当时马先生是到了日本。他的"你的家庭"这个概念，是在日本获得灵感。因为日本人跟我们的家庭结构不一样。我们叫"家族制"，以兄弟在一起的大家庭为核心家庭，然后辐射形成家族。日本人不一样，他们叫"家户"，家户最根本是谁做家长的问题。在日本，他很可能是农民或者手工业者、跑堂的伙计，最后成了老板，然后就主政了这个家，主政了家户成为了家长。有人改了姓，也有人没有改姓，这个是日本的家户制度。所以费先生受日本这个制度的启发，他说中国可能有"你的家庭"问题。但是我又顺着往下思考：你的家庭是怎么构成的。我就发现这里边有问题了，这个问题的脉络是这个的：就是当"独生子女"出现第二代以后，我们会发现他已经没有兄弟姐妹了，他的上一代也是独生子女，也没有兄弟姐妹，他从来没有叔叔、阿姨、姐姐、兄弟，这个我在书里面实际上对我们的生育政策提出了非常严厉的批评。基于我的研究，现在是时候要调整了。第二个，还有一套制度叫继承制度，我们原来叫单系继承，因为双系继承基本上就是乱了，如果既有母系社会又有父系社会，会双系继承的。我们是长期的单系继承。独生子女到第二代以后，继承出现问题了，大家不要认为这个不是问题。人必须要在现实当中才能养成他的心智，他连兄弟姐妹都没有，叔叔阿姨也没有，榜样也没有，继承制度如何体现呢？我做的第三件事情是，通过研究为什么会出现这样的情况，对费先生的推理方式做了进一步的思考。费先生那个"圆"是从自我的家庭出发，一步步到修身、齐家、治国、平天下，一步步往外，与人的关系是从围绕着自己家的核心来展开的。

我刚才已经结合例子把李霞的贡献介绍了。这个人很不简单，现在在北京一家比较重要的出版社里当编辑，我欠她一本书，欠了很长时间，所以最近没有联系了，我不好意思和她联系了，因为欠有文债。

她写的这个《娘家与婆家》，把妇女的生活空间与后台权利，都非常细致地描写出来了。她一上来就说分家，讲了一个故事：老大跟老二两个人原来没分家，共同买了五台农机，女人们在家操持家务，男人们出租农机，日

人类学和中国农村

151

子过得很好。后来要分家。没有想到，大嫂要分家，二嫂也说要分家，村里人也没有想到。结果两个人都同意分家，最后农机是大哥三台，小弟两台，五台就这么分了。然后大家各自都觉得不方便了，但依然无怨无悔地分家。所以从女性的视角来说，她们真正介入到这个家庭、实施权利，是从分家开始的。因为在同一个家庭里面，大嫂就是当家人。在这个时候，大嫂完成了她从大家庭向核心家庭的身份转换，现在这个家庭会越来越小。然后二嫂是获得了可独立决策的一个家庭。李霞就是从这个故事开始，把这本书写出来，最后清晰地描述了，现在在农村，女人的一生真正在做什么，她背后的社会制度是什么。我觉得这真的是一个很好的想法。理论之所以厉害，是因为它的抽象性涵盖了几乎所有人的生活。

还有点时间，我们说说吴飞讲的这个自杀。对于中国人来说，自杀是小概率事件。为什么会研究自杀，这个事情来自涂尔干。人类历史上最早系统地对自杀进行研究的，就是社会学创始人之一涂尔干。但是涂尔干给人留下了无穷无尽的遐想，这个遐想实际上我当时在做学生的时候也想到过，但是我没有吴飞聪明，所以我不可能再精进一步了。这个就像武打小说里面讲练功一样，作为这个"idea"，你可能是产生过火花的，但是你没有后续跟进的能力，你根本就没有成果。当我们熟读社会学的经典教材的时候，你就会发现社会对于个体具有绝对的优先性，而社会事实又对于社会本身具有绝对性——这是涂尔干社会学的基本结论。以一个比较浅显的例子说，大概就是：你这个人，可能生下来基因注定你能够长到一米八，但是至于你这个人的社会能力怎么样、智力发展怎么样，特别是情商发展得怎么样，是社会给你的。所以大家在这个社会成因里，就发现自杀是怎么来的。本来我们说工业社会发展了以后，把人从极其繁重的劳动中解脱出来，进一步提高了人除食物以外的其他需求（就是恩格尔系数的提高，那时候还没有），但为什么自杀率会增加？这是一个社会事实。涂尔干就开始分析了。涂尔干实际上在刚才说的社会决定论的背后，做了如下三点描述。他说一个人是否自杀取决于三条线索：第一，这个人的本我，会不会把自己的生活经历、价值观和自杀联系起来；第二，周围会不会有这样的社会氛围，和相应对他有影响的组成；第

三，是这两个因素的相互作用。我当年看《自杀论》的时候，觉得非涂尔干这个话非常巧妙，反观一下，我们是怎么去解读他的社会决定论的呢？难道涂尔干是一个机械的社会决定论者吗？我的思考仅止于此。吴飞比我年纪小，是一个青年才俊，现在在北大哲学系。他做了一个非常好的调查，从事实本身出发，来揭示这个理论到底是什么样的。然后他真正调研了中国人的生活，按照西方的说法分成"公共领域"和"私人领域"，就是"Private area"，这是西方的分法。（中国能不能用这种分法？因为我说过，现在这个社会，已经不能从家庭出发，已经有两个石子扔在这个水池里。）吴飞分析了，在公共领域，受到的不公正待遇叫冤枉。但是在自己熟人领域（比如是家庭夫妻之间、妯娌之间、父母之间、婆媳之间），受到的不公对待叫委屈。中国人在过日子当中，人最不可承受的，也无法用其他情感弥补的是委屈，所以这就解释了中国的农村妇女为什么自杀率高。而在发达资本主义国家，比如说日本，男性的自杀率远高于女性。吴飞非常精彩地做了这样的分析。然后他又继续往下，从"爱孝慈"所产生的委屈，是在什么家庭之间，分析得非常清晰。怪不得这个凯博文——吴飞的老师说：吴飞试图让世界明白，中国人的自杀是跟人家不一样的结果。所以这就是涂尔干留下的线索，不但是心智的，更有社会因素的关系。他的研究得出了这个结果，这是一个非常精彩的结论。

最后我要说的是，人类学之所以可爱，是因为它潜入人们的生活细节之中，不说大话。这是最可贵的品质，也是我现在在做研究当中始终喜欢它的原因。时间关系，今天就讲到这里。谢谢。

（以上内容根据 2014 年 4 月 26 日的讲座录音整理，略有删改。）

与科学结缘

郭日方 （中科院老科学家科普演讲团成员、科学诗人）

各位听众朋友好！很高兴来到台州，过去我只是经过这里，没待过，这次在台州住下来一看，这个地方太漂亮了！这是一个很适合居住的城市，虽然只有两天时间，但我感觉空气新鲜，车辆、人也少，绿化又好，青山绿水，还靠着大海，有点不想走了。虽然北京"舞台"大一些，但是你们知道，雾霾太厉害，春天是风沙，到冬天就是雾霾。人口太多了确实不好。在我们台州市生活，一定要有个长远规划，因为我们发展经济、搞建设，最终目的是让群众过上美满幸福的生活，如果人们整天都生活在雾霾中，就不是我们发展的目标了。我们也算有缘分，我是昨天刚从北京过来的，前天还在石家庄。这一个多月在各地，主要是跟年轻的大学生们在一块谈心聊天。我说，你们一定不要把我在台上说的当成是一个很严肃的报告，其实就是一种谈心。刚才王主任介绍，我今年已经73岁了。这一辈子我经历了太多的事情，就想利用这样一个机会，和在座的各位谈一谈，似乎很久远的那些往事。事情虽然久远，跟我们今天所过的幸福生活还是有着很密切的关系。

我这一辈子，有50年跟科学家在一起。自从走出大学校门，就到了北京，又从北京到了国外，在驻外使馆。从使馆回来之后，"四人帮"已经粉碎了，就到中国科学院，跟科学家在一起。在使馆实际上也是跟科学家打交

道。我曾工作过的那个使馆，在座的朋友们都知道，在索马里，现在那是一个海盗出没的地方，我们国家军舰还是每天在那里护航。可是我在的时候，那里很安定，没有看到过打架的事，因为那时这个国家刚刚独立，民众比较团结。当时我们在索马里帮他们搞了很多项目，毛主席不是说吗："要援助第三世界国家人民。"尽管当时我们很穷，还要拿出钱来帮助非洲，包括现在的越南、朝鲜、阿尔巴尼亚……很多的穷朋友。在索马里我们就搞了很多项目。一条 1045 公里的公路（相当于从北京修到武汉），从索马里的南部城市贝莱特温修到北部的布劳，叫贝布公路；一个 3 万人的体育场；国家大剧院；妇女儿童医院；卷烟、火柴厂；烟草、水稻实验站；农场；北部城市哈格萨的供水工程；医疗队。你看，这么一个小国家，我们就搞了这么多项目，其实我还没说全。在这些援外项目建设中，我就跟很多科学家在一起。回国之后，到中国科学院，更是每天跟科学家在一起。所以我实事求是地讲：在座的朋友们所知道的那些科学家，我都认识，不只是一般的认识，还经常见面，在一起共事。我的工作就是为他们服务，为科学家的工作创造条件，帮助他们解决困难和问题。你们所知道的老一代科学家，如严济慈，是金华东阳人（这一块地方出了很多院士）；台州还有个陈芳允，黄岩中学毕业的；还有郭沫若、华罗庚、钱学森、李四光、陈景润（福建人）……我经常跟他们打交道。钱三强，故乡是湖州，在湖州上中学，祖籍是绍兴。我去年到湖州中学去讲课，说："你们值得骄傲，出了个钱三强。"因为认识了很多科学家，所以我就利用这个机会，和在座的朋友们讲一讲我知道的，这些科学家一生的追求。我们现在不是整天讲梦想么？习主席说了，"要实现中国富强的中国梦"！每个人都有自己的梦想，一个单位有一个单位的梦想，一个国家也有一个国家的梦想，每个人的梦想都不同。怎么让我们国家富强起来，能够屹立于世界民族之林，是很多科学家的追求，我想也是我们大家的追求。我们科学家就在科研战线上，为国家做贡献。

先讲陈景润吧。陈景润是福建厦门人，离我们台州也不远。我和陈景润是 1977 年的 1 月认识的，刚刚粉碎"四人帮"，他来到中国科学院机关找院领导，想解决一些具体问题。他一见面就伸出双手，说："老同学，你好啊！"

我很奇怪："陈先生，咱们两个什么时候同学了啊？"因为我是河南开封人，在黄河边上，而陈景润是厦门人。他说："我们是同学！""你说说看。""方毅方院长是厦门人。""对！""你给他当秘书，肯定也是厦门人。"陈景润接着说："我是厦门人，所以我们就是老同学。"我一想，他肯定是数学推理：方毅是厦门人，他的秘书，一定也是厦门人，两个都是厦门人，所以就是老同学。我一想也有道理："好，以后你就叫我'老同学'好了。"科学院很多人见了我都叫我"郭秘书"，唯有陈景润叫我"老同学"，一直到他去世。这个数学家很了不起，你们都知道，他在 6 平方米的小屋研究"哥德巴赫猜想"。他个子不高，一米六几，体重也就是八九十斤，又瘦又小；口才也不是太好，但是他的意志和毅力非常坚强。他的小屋就在中国科学院数学研究所的二楼，楼梯的拐角，本来是一个厕所，他就改造了一下，在那打上地铺，挂了一个白炽灯，就在那里吃饭、睡觉、研究，多少年如一日。我们到他小屋去，看到 6 平方米小屋的四角堆的全是运算稿子。陈景润就是在这么一个简陋的小房间研究（他很少去食堂吃饭，就买来窝窝头、咸菜，自己也不做饭，生活非常艰苦），最后成功了！他研究的哥德巴赫猜想"1+2"，被世界数学史称为"陈氏定理"。那是 200 多年来世界数学界没有解决的难题之一，他竭尽全力去研究，达到最高水平。就这么一个人，他说自己是一只"丑小鸭"。在我看来，他像一只苍鹰，穿云破雾，在蓝天自由地翱翔，摘取了世界数学王冠上的宝石，很了不起！那么我跟你们讲的是：我们当时最发愁的一个问题就是——陈景润没有结婚。他 40 多岁了，每一天想的都是"1，2，3，4，5……"及数学公式，根本没有时间接触女同志，也不去想这个事。小平同志说，这不行啊，得给他解决一下后顾之忧，没人料理他生活不行，得照顾他的生活。科学院领导就很着急了，给他找对象。先在科学院找吧。科学院在北京有 40 多个研究所，好几万人，找了很久都没找到。科学院不行，继续在北京其他单位找，找了半天还是没找到合适的。北京找不到，咱们到京外找，到省市去找，结果最后在湖北省武汉军区一个医院找到了一位女医生，叫由昆，长得很漂亮，高高的个子。两人结婚后，生了一个儿子，有了一个幸福的家。

陈景润是一个很老实的人，这里只讲两个例子。一次是他从美国讲学回来，找到我说："'老同学'你好，我又来了。""有什么事吗，陈先生？请坐请坐！"他从口袋里掏出一个大信封，装了2万美金："老同学，这是我在美国讲课，人家给的讲课费，现在我把它交给组织。"我说："陈先生，这讲课费是属于你的，怎么能交给组织呢？！你应该得到的，拿回去吧。"因为过去老受批判，他害怕人家说他爱钱、有资产阶级思想等。我说："陈先生，你不要害怕，这是你的钱，一定要拿回去。"他这才拿回去了。你看，他如果不说有多少讲课费，别人不知道，一般也没人会说。改革开放后第一次开人代会，他跟一个院士住在同一个房间，半夜两三点钟了，那个院士上洗手间，一看灯开着："陈先生，你怎么在洗手间里写字？回房间写吧。"陈先生说："不，我怕影响你休息。"他研究数学问题，怕影响别人，半夜待在厕所里。还有件事儿，他那个6平方米的小屋下边，是一排平房，"文化大革命"时科研也停了，就改成了浴室。这天陈景润在二楼窗户旁，刚好看到有一女同志在洗澡，窗帘也没拉，他的汗马上冒出来了，就在白纸条上写了两句话，跑到浴室旁，往门口一贴，又立马跑回来，弄得浑身是汗。女同志洗完澡后一看，门上贴了张纸条，还写了两行字："各位女同志，今后洗澡请把窗帘拉上。陈景润。"你看他多老实，还签了个名。这些女同志一看纸条，就相约跑到他宿舍去敲门（平时，陈景润对她们一个个都"大姐""大嫂"地叫，很熟），陈景润说："干什么呢？""陈先生你看我们洗澡了？""我没有，我就看到你们的窗帘没拉，以后你们把它拉上。"你看他多老实！

粉碎"四人帮"之后，陈景润的晚年可以说是得到了组织无微不至的关怀和爱护。晚年陈景润最高兴的一件事，就是被他的儿子当马骑。他每天从实验室回到家，儿子一听到爸爸的脚步声就跑到门口，藏在门后面，手里拿了根小竹竿当马鞭，等陈景润推开门进来，就说："爸爸，趴下！"陈景润赶快往地上一趴，这儿子就蹦到他背上，用小鞭敲他的屁股，满屋地跑。陈景润晚来得子，孩子很调皮很活泼，他很高兴。由于陈景润年轻的时候遭遇了太多的困难，加上不分昼夜研究数学问题，所以身体比较差；晚年得了帕金森症，不大好治，60多岁就去世了。

在中国科学院还有很多科学家，我们在座的朋友们可能跟他们接触比较少，不知道他们的事，我给你们介绍一下，这些科学家是怎么为我们国家的富强去奋斗的。新中国成立之后，大概有3000位（没有准确地统计）从海外回来的科学家，加上没去台湾的一些科学家，他们共同组成了我们新中国科学和教育事业发展的一个基础，可以说他们是奠基人。现在很多院士，很多大学的教授、校长，很多科研单位的科学家，包括国防、部队、医院等等各条战线上有成就的科学家，都是他们的"徒子徒孙"，都是他们的学生。而且他们回来以后，为我们国家各个学科的发展奠定了坚实的基础。我们现在已经看到这些科学家为我们国家的发展所带来的成果。你们看我们的航天载人技术，一批一批的航天英雄回来了，我们的"玉兔"登月，各种各样洲际导弹，中程远程近程和潜艇的导弹技术，概念飞行器……当然有些事情没有公布，我们的北斗卫星、高铁、水下机器人、激光武器等等，太多太多的方面——我们今天国防军事的现代化，经济技术的发展，就是这几代科学家奋斗的结果。小平同志讲："科学技术是第一生产力"，现在科学技术已经不光在国家的科学发展当中起了重大作用，而且渗透到我们每个家庭、每个人的生活，这就是科学技术的力量。一个国家要发展，关键还是靠科学技术，光靠人、靠手工是不行的。现在世界贸易，我们已具实力，超过了美国，综合实力在全世界已经占第二位——这是了不得的成就，除了改革开放的政策之外，还有一个很重要的原因就是科学技术的带动。

现在我们周边并不太平。你看越南（我对他们太清楚了，因为我在外经部工作就是分管越南处的），越南南北统一战争中，如果没有中国援助，他不可能打败美国，也不可能统一。菲律宾也是如此——南沙之争。钓鱼岛就在我们台州往东，这些事情好像是正在进行当中。但是我现在可以这么说：我们不怕！因为日本、菲律宾等，都是美国在后边挑动的，美国希望他们跟我们闹；但真正要打仗，都要掂量掂量。33年前我去美国的时候，觉得我们的差距实在是太大了，起码差了五六十年。现在一看，我们这个总体水平，虽然跟美国还差大约20年，但是在某些领域已超过了他。我们综合实力已经大大提升了，不怕他们。为什么说不怕呢？在座的老先生们可能知

道：新中国是在战争的氛围中成立的。我们当年是小米加步枪打败了资深的国民党军队，横渡长江，把国民党逼到台湾去了。接着抗美援朝，我们新中国那么穷，跨过了鸭绿江，打出了个"三八线"，美国也没有胜利，算是平手。刚才讲了越南南北的统一，实际上是中国的帮忙，跟越南人一块打美国。跟美国交战三次，美国没有一次是胜利的，何况现在？但是现在我的理解就是：我们有大国的风范，一般是不会像菲律宾、越南这样子闹，我们做做工作，尽可能大家一起协商，和平谈判，解决问题。你如果做得太不像话的话，那对不起，我们也不客气。这个底气哪里来的？就是因为我们科学技术发展，我们的军队现代化了，我们不像当年那么弱了，而且有很重要的原因，是我们有了"两弹"！所以我们要特别感谢老一代的领导人，毛主席1955年开始决策——我们必须搞"两弹一星"，要感谢那一批科学家——钱学森、钱三强、邓稼先、郭永怀、王淦昌、于敏等一大批科学家，为我们国家的和平发展提供了强大的战略支撑。所以这些研制"两弹一星"的科学家，贡献真是非常大。

我给你们讲一讲钱三强吧。钱三强，中科院副院长，"两弹一星"研究工作的总技术指挥（是周总理点名的），他是约里奥·居里夫妇的学生，曾经在他们实验室工作，得了法国科学奖。他在实验室研究中发现原子核在中子的轰击下，会发生三分裂或四分裂的问题。这个被认为是第二次世界大战之后最重要的成果。新中国成立的时候，钱三强向伊莱娜·居里夫人说："我想回国了。"小居里夫人说："新中国刚成立，你能不能在这再学几年然后回去？"钱三强说："不！正是因为新中国刚成立，条件很差，是最需要我的时候，所以我要回去。"我曾经问过包括钱三强在内的这些科学家（不光在法国，还有在美国学习的科学家，他们当时都三四十岁，科研工作上已经很有成就了，学有所成了，新中国一成立，他们就要回来。从1950年到1955年这几年时间，这些科学家汇成一个赤子归航的潮流，通过各种渠道，克服了重重困难，非要回来，非要回家）："在国外，生活条件很好，学术条件也很好，为什么要回来？"他们都这么回答："其实我们出去的目的就是要回来。"因为他们出去的时候，亲身感受到我们国家被欺负、被奴役、被迫害的那种痛苦：

八国联军进北京，火烧圆明园；日本欺负我们，杀了我们三千多万同胞。所以他们说要"科学救国"，一定要出去学习科学，回来救国。（当然，光靠科学是救不了国家的，虽然科学很重要。）他们学成之后，就形成了一个赤子归航的潮流，都回来了。钱三强也是如此，回来以后，先在中科院计划局当局长，后来担任中国原子能研究所的所长。搞"两弹一星"的时候，他担任了总指挥，因为他手下有一大批有才华的科学家，他都很熟悉。当时毛主席说："我们也要搞原子弹。"钱三强说："在技术上我们没有问题，就是国家的经济上有没有可能斥资这么多，我们表示担心。"陈毅元帅、张爱萍将军都说："我们砸锅卖铁也要搞。"我们下定决心要搞原子弹，因为朝鲜战争，杜鲁门·艾森豪威尔托印度总理给我们传信："中国再不停战，我们就不排除使用核武器。"毛主席就下决心搞原子弹。这样，就从20世纪50年代末开始着手进行。钱三强这个大科学家生活非常简朴，我们每天都在院机关见面，每年春节我都到他家去看望他。他的夫人叫何泽慧，也是中科院的。他们是同学，都是居里夫人的学生。我到他家一看，条件非常简朴：没有高级的沙发、高级的装修，就是一张破沙发，棕色的。第一次到他家，我不知道这个沙发已经坏了，他一见我，说："郭秘书请坐！"我就赶快坐下，一坐下，坏了，屁股陷进去了。沙发的弹簧都坏了，他也不修。当时我这个腰在索马里打篮球给摔坏了。（顺便说一下，我在索马里待了5年：1970—1975年，生活非常枯燥，没有电视，不像现在每个人都有手机，只有一部电话直通国内，是外交部用的，私事不能用，一个月去一次信使，白天关在院子里，只有礼拜天我开着车，大家到果园里去玩一玩。大家都是单身汉——那时候我们大使馆里都是单身汉，都不带夫人的。我们去参加他们的国庆招待会，人家一看就知道中国大使馆的人来了——因为我们都穿着中山装，不是黑的就是灰的。大使在前边带队，我们在后面跟着。人家的外交官都是胳膊挎着夫人，两口子去参加国庆招待会，我们全是单身汉。时间长了，大家熟了，他们就问了："郭先生，能不能问你一个问题，你们中国大使馆的外交官怎么都没有夫人？"我说："有啊，我们都有夫人。"他说："那你们夫人怎么不过来？""我告诉你，我们中国妇女的地位很高，她们在国内比我们担负着更重要的工作，我们带不动；第二，

我们中国的文化是尊老爱幼，我们上面有老人、下面有小孩，还需要她们在家照顾孩子。"他好像有点理解："这样啊。"使馆文化生活很单调。我们是"五年三战"——五年只看过《地道战》《地雷战》《南征北战》三部电影。三部电影轮流转，这个月《地雷战》，下个月《地道战》，再下个月《南征北战》，然后再轮过来；每次轮几个国家，索马里、肯尼亚、坦桑尼亚、埃塞俄比亚。后来大使就提议：我们大使馆和索马里国家队比赛篮球吧。不是没事干吗？结果就组织打篮球。我们使馆年轻人能打篮球的也就十几个人，我算一个左边的投篮手，投的还不错，还比较准，但是怎么能投得过人家索马里国家队呢？索马里的国家篮球队都是一米九几的高个，我们怎么跑得过人家呢？技不如人，但是咱精神不能输！拼命地跑呀跑呀，"呼——"绊了一下，坏了，我摔在水泥地板上了，一个月不能动。医疗队给我治了一个月也没治好，只是缓解了一下，那时又不能回国，就落下了病根。）所以，到钱三强家里一坐沙发，我就起不来了。钱三强的工资并不低，但每个月都交 100 元党费，说："我不需要这么多钱。"临去世的时候，他把自己的存款交了最后一次党费。我们很多科学家都是如此。咱们都知道，每两年颁发一次的国家最高科学技术奖，奖金 500 万。据我了解，这些获奖的科学家把奖金都捐出来了，捐到大学、捐到研究所培养研究生。这些科学家就是这么一个追求：他们对自己的待遇想的很少，对国家对民族的考虑占着非常重要的位置。真的是这样！

　　钱三强担任了总指挥之后，要张罗组织人马。有一天，他就把邓稼先找来了（这也是一个很了不起的科学家），在中国科学院的办公室跟邓稼先谈话。一看到邓稼先进来，钱三强就说："小邓啊，你坐！我今天想跟你说一件重要的事情。"（钱三强叫他小邓，因为那时邓稼先才 35 岁）"什么事？""毛主席、党中央已经决定，我们要搞'两弹一星'，我推荐你参加。"邓稼先一听很振奋，他从国外回来就是想为国家做事，机会终于来了，很高兴："真的吗？""是的，我刚从毛主席那开会回来，现在想和你商量，请哪些人参加，咱们怎么搞，有什么困难，什么时候能成功……"两个人谈了很久很久。晚上七八点钟了，钱三强说："回去吧，回去吃饭吧。"临走的时候交代："中央说了，这件事是绝密，不能告诉任何人，包括自己的家属、领导和周围的同事，

只有参加者本人知道。"邓稼先说："好，我记住了。"邓稼先回到家里，往沙发上一坐，夫人看见他回来了："吃饭了！我再给你热一热！"（其实菜早就做好了，摆了一桌）邓稼先坐在沙发上"嗯"了一声，这时候，他的两个孩子——将近四岁的女儿和两岁的儿子也都跑进来了，喊："爸爸，爸爸，我们饿了，吃饭了！"邓稼先说："好好好，你们过来。"他把两个孩子叫过来，一个胳膊搂着一个，然后在女儿脸蛋上亲了一口，又在儿子脸上亲了一口。邓稼先夫人一看，今天有点不大正常，平时没这么亲过啊，今天回来这么晚，又搂着两个孩子不停地亲，就问了一句："稼先啊，今天有什么事情吗？"邓稼先说："我要调动工作了。""那去做什么工作呢？""不能说。""调到哪里去呢？""也不能说。""去多长时间呢？""我也不知道。""那你到那以后，给家里来封信，免得我们挂念。我们给你写信吧。""这恐怕也不行。"他的爱人心里有点纳闷了：这是干什么去了呢？潜伏到敌后去了？也不好多问："那吃饭吧。"邓稼先就这样离开了北京。

现在我们知道他是到大漠深处，到新疆罗布泊孔雀河那里去了。从此，他再也听不到妻儿的殷殷呼唤，再也看不到长安街的车水马龙，每天面对的是漫漫风沙，如血的夕阳。那个地方极其艰苦，一年一场风，从春刮到冬，吃的是窝窝头、咸菜。1960 年到 1963 年困难时期，全国都没有饭吃，毛主席带头不吃肉了；他们在沙漠深处，条件更艰苦，好几次从部队调粮食。科学家在那搞科研，太辛苦了，给他们调点粮食，也不能天天调啊。刚开始的时候，邓稼先每次弄个大缸，用根棍棒搅拌炸药，很危险，随时可能会爆炸。要运算，就在墙上挂个小黑板，用粉笔写数据计算。就是在这种艰苦的条件下，他们用坚挺的脊梁，撑起巍巍昆仑；用他们的满腔热血，浇铸着共和国强盛的根基；用原子弹的爆炸声，向全世界宣告中国科学技术面貌的地覆天翻变化：我们的原子弹研究成功了！但是邓稼先却为此付出了沉重的代价，他病了。你们知道邓稼先离开北京，离开家，在大漠深处待了多长时间吗？我告诉你：不是 28 天，不是两年零八个月，他一走就是 28 年！35 岁加 28，回来时是 63 岁！同志们，你看看，我们今天的生活多么美好，而他们在沙漠深处度过了自己的一生。生活条件是那么艰苦！为了国家的富强！邓稼先作

为现场的总指挥，每一次爆炸后都要穿上防护衣，带头深入现场去采样。尽管有防护衣，但是长此以往，20 多年超剂量的核辐射，造成了他大面积皮肤出血，得了癌症，最后被迫回到了北京，住进了北京医院。邓稼先西南联大的同学杨振宁听说他病了，去看他（有许多年，他们那一批科学家"消失"了，他们隐姓埋名了，都"消失"了。外国都猜测：这些科学家到哪里去了呢？后来才知道，到大漠深处去了），坐在床边，就问他："邓先生，我很冒昧地问你一个问题：当时你们原子弹跟氢弹爆炸成功，国家给你们多少奖金啊？"邓稼先说："10 块。""10 块？"杨振宁不大相信。"10 块！"原子弹爆炸成功，邓稼先拿到的奖金是 10 块钱，原子弹 10 块，氢弹 10 块，一共是 20 块。杨振宁说："简直不可思议，怎么会给这么一点钱呢！"因为当时我们国家经济困难，参加原子弹和氢弹实验的一共是 10 万大军，国家拿出的十几万块钱，按照一、二、三等奖，发给大家，人人有份。搞原子弹成功，哪个人没有份啊？都有份！所以设立一、二、三等奖，一等奖 10 块钱，二等奖 5 块，三等奖 3 块，统统发下去，就是那么艰苦。当然了，我们的科学家绝对不是为了这 10 块钱的奖金。你给他 100 万、1000 万都不算多。他们为了什么？为了国家的富强！邓稼先住院了，不久他的病越来越严重。有一天他向医院提出来："我想去看一下天安门。"医生很理解他，领导和亲人都很理解他："好，我们派人陪着你去。"他说不要："你们就给我派个车，送到天安门广场，回来再接我一下就行。其他人不要去了。"这样，邓稼先来到了天安门广场，凝望着天安门城楼，经过人民英雄纪念碑，看着天安门广场的车水马龙和又说又笑的男男女女，他想了很多很多。他肯定是回忆了自己的一生：和钱学森、赵忠尧他们去美国，坐威尔逊总统号航船回国，投身于新中国的建设，不久就到沙漠深处，一待就是一辈子。他还想起有一次和同事坐着小轿车经过天安门广场，同事曾经问："稼先啊，再过几十年以后，我们的后代还会记得我们这些人的名字吗？"邓稼先说："他们记得或不记得都不重要，重要的是我们为国家做了我们应该做的事情。"他知道留给他的时间不多了，所以这次来到天安门广场，也许以后永不能再见。他回去不久就病危了，不能说话，昏迷了。他的床头柜上放了一束洁白的马兰花，散发着淡

淡的清香，他的亲人、领导和同事都守在病床的旁边，千呼万唤："邓先生，你还有什么事情要交代吗？"千呼万唤，想听邓稼先再说一句话。很久很久，邓稼先使尽了全身的力量，颤动着嘴唇说了一句话："为了这件事情，我死了，值得！"这就是邓稼先留给我们的遗言，他的生命之花就像他床头的马兰花一样，把清香洒满了人间！所以当我们今天过着幸福的生活，当我们的国家今天有这么强大的综合实力，我们怎么能够忘记邓稼先？！怎么能忘记邓稼先和他的战友在大漠深处度过的日日夜夜？！又怎么能忘记邓稼先最后一次饱含泪水凝望着天安门城楼时那深深的眷恋？！他用他的热血，在我们共和国的血管里注入了力量；他用无私的奉献、卧薪尝胆，为我们今天的幸福生活播撒了春天。所以每讲到邓稼先的时候，我总想到这么一句话："有一种怀念叫作直到永远"。邓稼先这样的科学家是值得我们永远怀念的，他像一座丰碑、一面旗帜，永远树立在我们的面前。

我再讲一位邓稼先的亲密朋友，也是钱学森亲密的同事郭永怀先生。郭永怀先生的夫人叫李佩，今年94岁，还健在，我经常还能见到她。郭永怀比李佩大10岁。郭永怀先生，一个跟邓稼先一样伟大的科学家。你们看这张图片，这是在中国科学院力学研究所的大楼前，他的塑像。每年他的诞辰，很多院士、青年学子，都要来这里缅怀这样一位伟大的科学家，因为他过早地离开了我们，去世的时候只有59岁，所以后来知道他的人们就比较少了。他是怎么去世的呢？是回北京向周恩来总理汇报原子弹试验情况的时候，飞机在北京西山要降落的时候，突然失事掉到农田里烧毁了。抢救人员到现场的时候发现，很多遗体都已经烧焦了，唯有郭永怀和他的警卫员，两个人是面对面地抱在一块牺牲的。把他们的遗体分开，发现有一个黑色的文件包抱在郭永怀和警卫员的胸前，那个地方的肉比较厚，没有烧焦，保护了这个文件包，里面装的是向周总理汇报的资料。郭永怀在飞机失事的最后一刹那，突然想到这个文件包。一个幸存者后来回忆说："只听到郭永怀先生喊了一声'我的文件包'，警卫员马上提着文件包跑过来，他一下就把警卫员抱住，摔到地上，壮烈牺牲了。"当时周总理曾经劝他坐火车，说现在的飞机比较旧。他说："我回去向总理汇报之后，还要回西北基地，还是坐飞机吧。"结

与科学结缘

果坐飞机出事了,才 59 岁。《人民日报》在头版发了讣告:《郭永怀同志逝世》。2005 年,中央电视台要举办春节晚会,上级领导指名要我写一篇怀念科学家的诗歌。著名的艺术家殷之光朗诵了一首我写的《人民不会忘记——献给郭永怀院士》的诗歌。已经过去了 10 年,今天也算我们有缘分,我亲自为你们念一念:

今天,当我们在这里欢庆胜利

我们不会忘记

那些新中国科技事业的先驱

为了实现中华民族飞天的梦想

他们在坎坷崎岖的山路上

洒下多少心血与汗水

经历了多少风风雨雨

他们的名字

他们的业绩

他们的献身精神

他们的人格魅力

犹如永远熠熠生辉的星辰

在茫茫太空

闪耀得那样明亮那样绚丽

我们不会忘记

1999 年 9 月 18 日

在人民大会堂

有一位科学家曾被中央军委

授予"两弹一星"功勋奖章

但是就在那次庄严的授勋仪式上

他却没有能够出席

他就是被祖国和人民永远怀念的科学家

郭永怀——

1956 年　回国的前夕

为了冲破外国的阻挠

避免有窃取军事机密的嫌疑

郭永怀亲手焚烧了自己的

全部科研文稿　义无反顾地

踏上了赤子回归的行旅

面对妻子的迷惑和嗔怪

郭永怀却微笑着说

放心吧　所有的科研数据

都深藏在我的心里

为了新中国的原子能事业

他从繁华的北京

来到荒凉戈壁

与外界断绝了一切联系

对亲朋好友也严格保密

与风沙作伴

与艰辛为侣

他将自己的满腔热血

洒在大漠深处　黑水河边

用瘦弱的身躯支撑起民族的骄傲

和共和国强盛的根基

我们不会忘记

1968 年 12 月 5 日

那是一个寒风凛冽的晨曦

郭永怀手提着核试验文件包

行色匆匆

登上了从西北基地

飞往北京的专机

中央领导在等待听取他的汇报

妻子在企盼着他归来的消息

郭永怀俯瞰着连绵起伏的群山

面上露出了几分欣喜

飞机穿越云层

原野渐渐清晰

2000 米　1000 米　500 米

突然飞机发生了剧烈的抖动

驾驶舱与地面失去了联系

就在这千钧一发之际

只听郭永怀大喊一声：

"我的文件包！"

便和警卫员紧紧地抱在了一起

烈火吞没了机舱

在农田里熊熊燃烧

然而有谁能够想到

当人们吃力地把两具遗体分开时

那只沉甸甸的文件包

竟完好无损地抱在郭永怀的怀里

高山在呼唤

郭永怀你不该离去

大海在呜咽

郭永怀你不能离去

妻子在哭泣

永怀呀你才 59 岁的年纪

周总理在流泪

永怀同志你永远和我们在一起

是的郭永怀他没有离去

郭永怀他不会离去

人民的科学家

永远活在人民的心里

这一辈子在科学家身边，我深深了解这样一个伟大的群体，他们这种强烈的爱国精神、奉献精神、创新精神、团队精神、追求真理的精神、"蜡烛"精神等，以及他们高尚的人文修养，是我们今天最值得继承和发扬的精神财富。这些科学家对物质这方面东西真的想得很少，而对国家的命运、民族的尊严想得很多，我在他们身边也学到了很多东西。当然我的岗位跟他们不一样，不在科研第一线，是为他们服务的；但同样，我在人生旅途中也遇到了很多困难、很多挫折。我就讲讲当秘书这一段的一些事情。中美建交之后，邓小平受邀访问美国。作为代表团秘书，我有幸跟随出访美国。那次访问，局势非常紧张。当时我随身携带着装满谈判资料的文件包（这个文件包，睡觉的时候我当枕头枕，夜里起夜，把文件包拿到洗手间，放在洗脸池边看着——文件包想跑也"跑"不了，然后再睡觉，再拿文件包当枕头。早上起来吃饭的时候，我把它放到椅子背后，生怕文件包出了问题），精神高度紧张。加上我吃不惯西餐，睡不好觉，胃病复发。回国一检查——低分化胃腺癌。北京医院的院长、中央候补委员吴蔚然，一听说我病了，让我赶快住院。第二天早上 8 点半，他亲自在手术台旁边，把我的胃切掉了四分之三，主动脉周围十几个淋巴结已经有转移了。我就不能上班，回家休息了。接着是五年的化疗，这五年化疗下来以后，很痛苦，不能吃、不能喝，骨瘦如柴。你们看我现在还像个人样，那个时候我体重只剩 99 斤，而我的个子是

1.75 米。太"苗条"了！我的人生面临一个重要的转折：家庭、前途怎么办？只有跟病魔斗争，别无办法。我就开始了另外一个文学艺术领域的跋涉。我的全部著作都是在生了胃癌之后、不能工作了才完成的。我就写科学诗，出了 280 多本著作，写了多部电视剧本，基本上 90% 的内容是科学。要跟疾病斗争，不能整天都想着死，得想些美好的事情，这样我就开始写诗、画画、出书，调整自己的心态。

我在病中写了一首诗歌，这里朗诵一下，叫《金色池塘》。诗中回忆了我在上大学的时候，悄悄喜欢上一个女同学，但又不敢跟她说话，一直到现在，我也不知道她叫什么名字、到哪里去了。但是我在病中突然想起这件美好的事。这首诗被联合国教科文组织翻成了英语，在 100 个国家举办诗歌日时传播。俄罗斯作家协会通过中国作家协会找到我，让我授权在俄语国家传播，说明他们还是喜欢这首诗的。我来念一下：

许多往事都已老去
只有只有那金色池塘
依然那样年轻美丽

那一首没有唱完的歌
飘过高高的相思林
那一个没有猜出的谜
消失在流泪的雨季
站在塘边站成了
一个冬天的雪人
我终于没有能够
说出那个字　终于没有
告诉你锁在心头的
那个秘密

许多往事都已老去

只有只有那个秘密

依然那样年轻而美丽

　　一首很短的爱情诗。最后我再送给各位算是与大家一起共勉的一首诗，这首诗的名字叫《昨天、今天和明天》：

有人说人生只有三天

昨天今天和明天

昨天无论是苦风凄雨

还是阳光灿烂

无论是耻辱磨难

还是荣耀光环

都已随风而去

犹如过眼云烟

今天太阳照样从东方升起

道路依然向远方铺展

荆棘泥泞也好

关山万重也罢

你还必须一步一个脚印

脚踏实地走向明天

而明天是一片迷人的彩霞

一道靓丽的风景线

看似很远其实很近

它总是充满着期待和希望

远在天边

向你发出深情的呼唤

啊朋友　走出昨天的门槛
抓住今天每一寸光阴
跨上通向明天的征途
一天一幅风景
一处一座驿站
用你的脚印
用你的目光
把昨天今天和明天
编织成人生最美最美的花环

因为时间关系，就讲到这里。今天有机会跟大家一块聊聊天，非常愉快，谢谢大家！

（以上内容根据 2014 年 5 月 18 日讲座录音整理，略有删改。）

人生悟语

读书与人生
——阅读名人传，汲取正能量

徐　雁　（南京大学信息管理系教授、中国阅读学研究会会长）

很高兴第二次来到我们台州市民讲堂，跟大家一起交流读书心得。"读书与人生"这个话题，和我们每一个人都有关系，今天我看到来的朋友中既有老人又有小朋友，心情很愉悦。

"人生"这个命题很容易抽象化。我想大家最近一定都在看一部电视连续剧《养女》，其中有一句对白，孩子问妈妈："生活到底是什么？"妈妈就告诉他："你被生下来以后就要活下去。"这就是生活的真谛，生活的意义。当然我们知道活下去是所有的动物（不管是高等的还是低等的）共同的命题。但是高等动物区别于低等动物的最关键的地方在哪里呢？那就是不仅要活下去，而且要活好、活出价值、活得精彩一点。怎么样才能够活得精彩一点？就是阅读，尤其是读好书、佳作、名著、经典；还要学习，要活学活用，边学边用，学以致用。然后通过阅读学习，让自己人生的抱负插上知识的翅膀。我们看到的这个小美女，手拿书本在诵读。她在诵读什么呢？我们看到她跟我们一般的小女孩不一样，有一对翅膀，所以她是天使，天使所诵读的一定就是《圣经》。这是我在德国访问的时候，在圣诞市场上淘到的一本书，待

会儿还会给大家看我更多的这一类收藏品，大概将近 100 件。那么这本小说给我们提供了一个什么样的启迪呢？作为无忧无虑、无生无死的天使，她都离不开读书、读经典，那对于我们这些肉眼凡胎的世人来说，更应该通过阅读、通过学习，让自己真正拥有一对理想的翅膀。所以我们今天的这个讲座，主要以名人传记作为阅读的对象（在我们台州图书馆、台州书城、各位朋友的家里，可能都有很丰富的传记类图书）。通过传记的阅读，我们能获取一种什么样的精神营养呢？这就是我们今天讲座的重点。

关于"传记图书"，鲁迅就说过：传记有很多品种，类型丰富。今天我们重点要讲的是人物的自传、回忆录这一类的作品。在这一类的作品中，最有名的是"采菊东篱下，悠然见南山"的陶渊明，又称为"五柳先生"，为自己写了传记《五柳先生传》。还有中国"五四运动"的重要旗手——胡适先生的《四十自述》。为什么要写《四十自述》？因为"三十而立"，"四十而不惑"，所以到了 40 岁的时候，要给自己总结总结。著名的翻译家、新闻记者萧乾先生所写的传记《风雨平生》很有意思：他在去世之前是中央文史馆的馆长，但是在第二次世界大战最后两年的时候，活跃在欧洲战场上的只有一个中国记者，就是萧乾。所以如果大家是搞新闻传播、搞文史的，看一看萧乾先生的传记，是会非常给力的，它能够给我们一种正能量。

我的母校——北京大学的老教授季羡林先生，写的《牛棚杂忆》，主要回忆在"文化大革命"中他自己的一些经历。但季羡林先生还有另外一部书，特别励志，如果你想要让自己的孩子朝留学的方向发展，可以看看这部回忆录，有关他在德国留学期间的生活，叫《留德十年》。季先生在留德期间，正好碰上中国跟德国是敌对关系，所以他在留学期间，生活极其贫困，因为两个国家断交了，来自中国政府及自己家里的接济一点儿都没有。季先生在《留德十年》中有一段描写，我看了以后记忆特别深刻：每天从学校夜自习回到房东家里，第一件事情是拧开水龙头，用水把自己灌饱。因为没有任何东西可以吃（没有钱买），趁自己胃还不难受的时候，赶紧上床呼呼地睡着。那个时候，他经常做梦，梦见枕边有大把大把的花生米，香得醒来以后（实际上是胃空了，饿醒了），连个花生壳都找不到。他的老家是山东临清，原

来大运河经过的地方，是出产花生的地方。我想这可能是季羡林先生小的时候，某次过年，家里将花生放在他枕边（就像给压岁钱一样），等他醒来以后就有花生吃。梦境是他童年记忆的一种反射。季羡林的《留德十年》，真的是非常好看的。

董竹君的《我的一个世纪》，等一会我要重点讲。郑丰喜的《汪洋中的一条船》，根据他的传记改编的同名电影，由当年由著名的台湾演员秦汉、林凤娇共同主演。这部书在出版的时候叫《汪洋中的一条破船》，为什么作者说他自己是汪洋中的一条破船呢？因为他一生下来，脚就跟正常的孩子不一样：我们都是脚心着地的，他的脚心是翻转过来朝天的。所以他生下来以后，他的爸爸一看就说："这样怪物似的孩子，怎么能够养得活。"让接生婆把他扔到房子后头的山上，等狼把他吃掉算了。爷爷不同意："我们郑家不能干这样的事情，你们不要这个孩子，我要。"是郑老爷爷把郑丰喜这条命给救回来了。当然，后来他的人生很艰难。比如说他曾经跟着台湾一个走江湖的要猴老人走街串巷卖艺，相依为命。最后，当这个要猴老人身体不好的时候，觉得自己快要离开这个世界了，就找到一个好心人，拿出一张纸条跟他说："跟我一起走江湖的孩子，老家在 X 县 X 村，你帮我把他送回到家里。"郑丰喜回家了以后，家里说他派不上什么用场（不能走路），让哥哥把他背到一个地方去养鸭子。他就拿一根长长的竿子，整天坐在那里管鸭子。没想到碰到刮台风，水位不断上涨，家人又冒着洪流危险把这个孩子从养鸭棚里找回来。就是这样的一个孩子，他内心里还有向上学习的动力。因为到了 9 月 1 号，他发现村里平时能看到的小朋友都不见了，他就满村子爬，从村东头爬到村西头，最后终于发现，原来这些小朋友都在一个教室里上课，他就趴在外头听。有一天语文老师问一个问题，结果坐在教室里的这些小朋友没有一个能够回答出来，郑丰喜就在门外说："老师，我能回答这个问题。"老师说："怎么还有一个同学没进来呢？"还以为他迟到了不敢进来，开门一看，地上趴着这么一个残疾的儿童，老师感动得不得了，把他抱进来放在桌子上，问："你能回答吗？""能回答。""你怎么能够回答呢？""我已经听了一个礼拜的课了。"原来这一整个儿礼拜，他都悄悄趴在

这儿听课，等到快要放学的时候快速离开，怕同学们欺负他、取笑他。老师知道后很感动，马上去找校长："我们要免费破格地把这么好学的小朋友请进教室里来。"校长不同意，这个老师做了很多思想工作，最后成功了。等到小学毕业的时候，这个残障的儿童是以这所小学毕业考试的第一名被初中录取。这个时候，社会上有一些慈善家知道了这个孩子好学的事迹，专门给他捐了款，让他接上了义肢，就可以用双拐撑着去上学。最后，他成功地考上了台湾政治大学的法律系，由此还成为了台湾十大杰出青年。所以我经常讲郑丰喜的《汪洋中的一条破船》这部书，能够起到很重要的励志作用。我们一般的孩子出生了以后，四肢发达，头脑更发达，当这样一个四肢头脑健全的孩子不肯好好学习的时候，我们的家长、老师就可以给他看《汪洋中的一条船》这部影片，给他借来《汪洋中的一条破船》这部小说，告诉他：你看，连这样一个残障的孩子都有如此的志气，不仅考上大学、成为台湾的杰出青年，而且还写了一部自传，办了"郑丰喜图书馆"、义肢慈善基金会——要让天下所有像他这样的小朋友都能够及时地装上假肢。

平鑫涛所写的《逆流而上》，朴槿惠写的《绝望锻炼了我》，一会儿我都会有具体的解读。这些作品具有什么特点呢？一般来说，在阅读学上有三个特点：故事很曲折；细节很生动；传记的每一个人物个性都特别鲜明（每个人的回忆录，每个人的人生都是不一样的）。所以我们在阅读"传记图书"的时候，要特别重视这种带有自传体色彩的作品。比如说琦君的自传体散文有三种（我这儿出示的这两种书，相信我们台州图书馆肯定有收藏）。这个叫琦君的作家，是台湾师范大学的教授，但说起她的一部名作，我们台州的朋友可能都知道，那就是《橘子红了》。《橘子红了》就是根据她的作品改编的电视连续剧。她是浙江温州人，《水是故乡甜》，主要写了她在家乡——温州和在杭州上中学期间，自己的一些所得以及对家乡的一些回忆。这部书，是写她自己人生的经历和往事，文笔相当好，令人感动。而且对于我们在座的中老年朋友来说，还有个好处（我是在火车上看完这本书的）：这部书的字号特别大。我们现在的智能手机、IPAD 都可以把字体自由放大，但一般的书的字都特别小，小五号字左右，你看的时候好像要用牙签把眼睛顶起来

以后才能看清楚。这三部书相当好，特别适合我们阅读。还有像自传体小说《城南旧事》也是这样。假如小朋友什么时候不听话，妈妈就可以借《城南旧事》这本书或借《城南旧事》的电影给他（她）看：这个小女孩多么地懂事。这本书写的都是小主人公英子的眼睛看到的成人世界的故事，从小偷到奶妈到疯子。后来这个扮演英子的小朋友到哪里去了呢？我们都知道有一个童星叫小婉君，她实际上比小婉君更早涉足电影。我记得这部片子是中国大陆著名的导演吴贻弓改编的。这个扮演小英子的小女孩到哪里去了呢？到日本留学去了，现在应该也有40多岁了，我们再也见不到她了，我相信她已经成为了某一个学科某一个专业方面的人才，她不再从事电影。我觉得这中间体现了一种很重要的见识：一辈子从事电影？那是一个吃青春饭的角色。作为一个女孩子（女孩子、男孩子都一样），必须要有一门自己能够安身立命、能够顶天立地的专业，有了这个专业，你才能够让自己有更好的人生。《城南旧事》这部书告诉我们：一个十分懂事的女孩子，她的眼中看到的世界。但是我们不仅仅以《城南旧事》作为例子，因为在台湾的女作家中间，林海音是特别善于描写女性生活的，所以她的小说写得特别好。一般她写的小说都是一个儿媳妇、一个太太，在家庭中、在社会上应该如何把自己做得更好。当然林海音的个人传记，有她自己写的，有她女儿写的，也有其他专家写的。她在家里是个大姐，她的父亲因病去世较早。她本来是可以考大学的，但考虑到考大学后再就业的时间比较长（学习的周期比较长），就考了个中专，我记得是北平的新闻学校，因为短短的两年时间，就可以找到一份职业，可以跟她的妈妈一起挑起抚养自己兄弟姐妹的家庭重任。所以作品中的和作品外的林海音就是这样一个善解人意、有担当的知识女性。

接下来我们来具体分析"传记阅读"，我认为主要有五个方面的重要的精神能量。首先就是领受家教文化——沐浴亲长恩德。现在我们比较欠缺的，比如说感恩教育。如何才能培养起感恩心呢？我想我们首先应该感谢我们的父母，感谢我们的爷爷奶奶、外公外婆，感谢我们的祖先，让我们来到世上，参与这个时代，见证这个社会的精彩，让我们拥有生活。所以通过传记的阅读（我们看到一般的传记，都是从家族文化开始写的），知道至少上溯三代

都是干什么的。另外一方面，我们知道这些人物既然成才了、成名了，说明他们的家教文化应该是比较成功的。但是我们每一个读者，只可能拥有一个家庭，不可能体会到其他更多的家庭是如何教育子弟的，那通过传记的阅读，就可以真切地感受到原来还有各种各样的家教文化。我们如果到广东中山市去看我们的国父孙中山先生的故居的话，一定会看到一个豆腐作坊，在作坊边上，会放着一块圆圆的大石头，再一看，磨豆腐的那口大铁锅有个窟窿，那是什么呢？导游一定会问你："你们知道中山先生小时候的这个故事吗？"原来中山先生小时候，村里最富的就是豆腐作坊家，这一家有三个男孩，经常欺负村里的其他孩子，中山先生就联合这些孩子一起跟豆腐作坊家作对，但是毕竟搞不过人家三兄弟联手。有一次气不过，就搬了一块大石头把他们的豆腐锅给砸了。你想想，中山先生去砸这么一个锅，明显是不占理；最后是中山先生的奶奶专门请人拿了钱，去买了一个铁锅赔给人家。就是这样的故事。可能我们看了以后觉得这没什么。为什么要说这个故事呢？中山先生后来成为了国父，成为了一个伟大的民主主义革命家，所以现在看中山先生的传记，人家就会告诉我们：中山先生那时候是联络这些受苦的相当于第三世界的小朋友，一起来反抗豆腐作坊家的行为。你看同样的一个故事，如果中山先生没有成名，没有成为一个国父、伟大的民主主义革命家，在这个村里人家永远会说：你看那个孙家的小孩如何如何……就是另外一种解读了。所以我们说第三方的传记的作用是什么？那就是励志！这也是我们从小到大经常听说的。传记的历史作用是肯定的，但怎么读？我想对于一个学生来说，最重要的要引导他去读他自己最崇拜的、最心仪的、最敬重的那个作家、科学家或伟大的人物，看看人家小时候是怎么成长的。作为已经拥有了一份工作、走向了社会、有了自己家庭的人，再去看这些人物在你同龄的阶段，是如何开展自己的人生的。在这个方面我们可以举一部书为例——琼瑶的丈夫平鑫涛所写的《逆流而上》。在《逆流而上》中有一篇专门写他和琼瑶的故事。我们都知道琼瑶小的时候因为偏科，成绩不太理想，而她的妹妹和弟弟都是学校里的红人，成绩都很好，给家里争光，只有她经常被老师批评。所以琼瑶很小的时候就想脱离家庭，远离父母。但她阅历不深，刚开始

是爱上了教她语文的老师，家里当然坚决反对，最后她把自己嫁给了另外一个人，结果发现这个人是个嗜赌如命的赌徒，此时琼瑶跟他已经有了一个孩子，所以那个时候琼瑶一方面要大量投稿（那个时候都是手写的），换点稿费来维持自己的生活，另外一方面还要给孩子哺乳、换尿布等等，生活忙乱，极其痛苦。那个赌徒丈夫，不仅不管家，还要如何如何的。这个时候，在投稿过程中，她遇到了录用她稿子的编辑平鑫涛。平鑫涛在他的传记中，也如实地写到过，他跟琼瑶还在谈恋爱的时候，已经有了一辆车。有一次周末，他们想要出去旅行，琼瑶就跟他讲："能不能带上我的小妹妹和她男朋友一起去？"平鑫涛当然说"好啊"。没想到（大概老平的车技不行），刚离开台北就发生了车祸，琼瑶坐在副驾驶位置，根据描写是"浑身都插满了玻璃片"，就是那样严重。后排的当然也受伤了，平鑫涛作为司机，自己也昏迷了。当他有点清醒过来时想：哎呀，真倒霉啊，这趟车祸吃了这个苦头，估计女朋友也要飞了。没想到就在这个时候，琼瑶满头满脸裹着绷带，在护士的搀扶下过来了跟他说："真是对不起，真是对不起，我不该同意你开车出去旅游，更不应该跟你说要带上我的妹妹和妹夫。"你看，琼瑶就是有这样一种情怀，她不是一个怨妇，她是一个文学女性，首先把责任揽到自己身上。她丈夫后来办杂志、开公司，她成为了老板娘。夫妻之间嘛，总是有一些不愉快不开心的碰撞，平鑫涛就特别感激地说：每当遇到这种时候，琼瑶采取的办法不是在淘宝网上拼命购物，不是出去当吃货，也不是出去踩马路，而是把自己关到书房里读书写作，在这个过程中让自己这种不好、不愉快的情绪慢慢地释放掉。不管是几个小时、半天或者更长的时间，每当她再一次推开房门，回到生活中的时候，又是一个心平如镜、脸面慈祥的琼瑶。我想这样的一种传记，我们在阅读的过程中就能得到很多的启发。所以在传记阅读中，是有很多的精神正能量可以给到我们的。

我再跟大家介绍一位：他现在是民进中央副主席、全国政协副秘书长，也是著名的当代教育家、曾经做过苏州市副市长的朱永新先生。大家在网上一找就知道，他是经常呼吁要"建立国家阅读日"的一位政协委员。他自己回忆：上世纪 70 年代末，考到江苏师院也就是现在的苏州大学以后，他充

分利用学校图书馆的文献资源，博览好书和名著，其中读得最多的是传记，诺贝尔奖得主的传记他都读过。（大家知道前几天，写《百年孤独》的马尔克斯去世了，是吧？莫言为什么能够获诺贝尔文学奖？跟他学习《百年孤独》一些创作手法有关系。莫言获奖的小说叫《生死疲劳》，《百年孤独》说的是一个世纪中的一个时间段，《生死疲劳》说的是一个人人生的时间段，也差不多是"百年"的意思。那个叫《百年孤独》，这个叫《生死疲劳》。"生死疲劳"是佛教的一句话。）朱永新先生就通过阅读德田虎雄自传，获得了一种精神正能量。那就是："追求自己的梦想，任何人都能创造辉煌，跟你的出身、你的家庭都没有关系，一个人只要发挥他的主观能动性，在阅读的过程中成人，在成人的过程中成长，在成长的过程中成才的话，这个人一定能够对社会做出自己的贡献。"朱永新先生的这段话很有道理。上海作家林华女士也说过："一个人在30多岁以前应该读大量的名著，因为这是一种很重要的精神洗礼，会给你带来鉴赏能力、审美能力、评价能力，也就是说会让你更懂事、更有悟性、更有智慧。一个具有志向和抱负的人，还应该在事业的起步阶段阅读大量的人物传记。"我们知道，在阅读学上有一个基本的界限：如果你大学毕业走向工作岗位、走进家庭以后，还能够抱着琼瑶的小说看得如醉如痴，你的心智一定不是太成熟的。有时候大家在单位里也会听到一些领导、一些同事对某人的评价：这个人"太文学"了。什么叫"太文学"呢？就像我们说某一个男生太老实了一样的。"太文学"了就是你太小资、太敏感、太不能与大家沟通了。所以林华认为在名著小说中，很难寻找到一个人生的楷模，应该读比较真实的传记，因为真实的传记是一个人一生重要的记录，她说："如果一个人在传记阅读的过程中，能够找出这个人之所以成为伟人的一些重要因素，比如说有的时候是因为他的修养好，有时候是因为他有胆识，有时候觉得他的人格魅力比较强……如果你有这样的一种阅读就很好了，你能够抓住这一点来发展自己，就会让自己变得很优秀。"在这儿我给大家推荐两部书（他不是讲让你更有魅力吗），一本是去年很流行的一部翻译书叫《正能量》，另一本是今年刚刚出版的叫《魅力》。《魅力》是美国的专家写的，《正能量》是英国的专家写

的。《魅力》这部书告诉你魅力是影响人的一生的关键能力。我们知道,有魅力的人,就拥有了号召力、影响力,也就自然拥有了决策力。那魅力的组成元素是什么?根据这位美国专家的研究,他说魅力的最重要的一个基础是善意,要善待自己,尤其要善待他人。为什么要善待他人呢?我们想想"仁义道德"这个"仁",就是一个人和两个人之间的关系,"仁"不是简单的两个人——男人和女人、老人和孩子、健康人和残障人、富人和穷人,"仁"首先告诉我们的是一种母亲一般的情怀。有过部队经历的人都知道,有时候上级看新兵训练的时候,就会说:"你有'妇人之仁',是不能带好兵的。你不在新兵阶段好好地训练他,就是在战场上对这个士兵的生命不负责任。"所以带兵的人不能有"妇人之仁"。那我们要说了:为什么叫"妇人之仁"?为什么不说是"少女之仁""女生之仁"呢?因为妇人是指生育过的女性,她可能生的是男孩,也可能是女孩,作为妈妈,她对男孩、女孩都要爱,所以过去我们才把一个清官称为"父母官",因为希望这个官能够像父母爱孩子一般对待百姓,所以这个"仁"是做了妈妈以后对孩子的那种爱。"仁"一定要从善意出发,为人处事、说话都要出自自己的善意。所以每个人都要检讨自己,"吾日三省吾身":我说这句话是出于自己的善意吗?假如不是出于善意,请你免开尊口。因为不善意的语言出来以后,一定具有杀伤力,要不成为流言,要不成为蜚语,要不传播小道消息,最后受害的一定是你自己。

第二个因素是温情。在生活中、家庭中,如果你遇到一个人经常是愤愤不平的,这也看不惯、那也看不惯,是老愤青一个,这是在心智上不够成熟的一种表现。这种心智不成熟的表现还有很多。最新的一项研究说,一个人如果很喜欢把自拍的照片上传到群里,那就是一种心理疾病,因为他希望人家围观、希望人家喝彩,但最后一定不会是"种瓜得瓜,种豆得豆"的。比如你得意洋洋地上传一张自己的照片,如果你的小姐妹在群里给你点评两句:"发型还可以,就是衣服不相配。"最后收获的是什么?纠结和郁闷。所以这种心理是要警惕的。"温情"告诉我们:对什么事情都要用中庸之道,用一种平和、平实的眼光来评价、来看待。你们想一想,出差去参加一个会议,

遇到一群不相识的人，你们最愿意接近的人是谁？一般来说一定是第一个向你微笑的人，这就是有善意；一定是第一个给你帮助的人，因为他具有温情。有个人偶然夸你一句"美女"，你会对这个人有好感，这是符合我们人类正常心理的，尽管你自己知道还没有美到天仙那个水平。

第三就是自信。一个拿不定主意、做事拖拖拉拉、让整个团队都来等他的一个人，一定是为你和你的集体所不欢迎的，你会跟这个人保持距离，敬而远之；尤其是对那种什么事情都要议论一把、什么事情都要愤愤然发表自己意见的。所以《魅力》这本书给我们很多的启迪：不管你是领导还是被领导者，当你自己拥有魅力的时候，相信你不管在什么环境下、什么时间段做事，一定能够做实、做到位，做到让人家对你进行赞美的程度。

接下来我们再来看看传记阅读的另外一种营养——接收个性的叙说，把握社会的真相。阅读传记佳作的第四方面的价值，是它能够给我们丰富的民间记忆和个性化的见闻细节。因为一般来说，写传记的人，尤其是自传的主人公，心灵特别敏感，你看他嘴上不说，但心里都明白，到了一定的时候、一定的年纪，他都会把那些经历写出来。第二，记忆力超强，个性特别地鲜明，特别关注细节。所以我们通过传记尤其是自传的阅读，可以看到人生故事的真实细节和曲折性，组成了传记家族可读性的重要内容。我们看一看这部书，书名中间只有两行字，实际上还有第三行，没有体现出来，是写她的家里的。大家看这个抓着两根小辫的小女孩，背着一个大包裹是干吗呢？我想我们一般有点阅历的人都知道这是逃难——把家里的细软、吃的东西背在肩上逃难的一个小女孩的形象。穿的这种鞋，50后、60后的说不定小时候就穿过：一双布鞋坏掉了，缝一下又继续穿。这双鞋说不定还是自己的姐姐、哥哥穿过再给你的。这位叫姜淑梅的女士，出生在山东一个地主的家里，有房有地，不是受苦的条件，但她出生在 1937 年——国破家亡的时候，所以也可以说是生不逢时。尤其投胎在一个地主之家，到了 1949 年以后，也就在她 12 岁以后，地主家的这个身份就相当于黄世仁的女儿，那个日子会怎么样过，大家都能想象。她早年读过几天书，后来因为生活、家庭等原因，全部抛空，一直到 1997 年 60 岁高龄的时候，才开始重新任职，65 岁的时候开始写文章，

76岁的时候开始发表文章，成为了作家，人生要再出发！因为她的作品写战乱的生活、饥荒的时日、苦难的岁月，所以细节饱满、生动传神，而她姓姜，因而她的"姜丝"特别多。这部书不长，但是很好看。

第五方面，我们说，传记的阅读是为了指引你自己的人生。因为这些过去的传记人物，都是冲破了很多的艰难险阻后获得了平安吉祥的智者和高人。因为人生百年，不可能永远吉星高照。我们知道吉星是特指的三颗星：第一个大家都认识，头上长一个大寿桃的寿星；第二个，手里抱着一个小孙子的福星（有福的人就是要生个小孙子）；第三个，禄星，管理着功名利禄的，手里拿的是一把如意，大家知道做官最重要、最难得的是做得如意。"福禄寿"三星就是"吉星高照"，但是这三颗星不可能永远同时关照你，聚焦在你那儿，有时候有的人有福星照着，禄星不行——下岗了，也不可能永远有贵人相助，不可能永远风也顺水也顺。所以人生在世，大多数的时候只能靠自己，有一句老话不是说"求人不如求己"吗？怎么才能求己呢？我们来看看这两部传记。刚才解读了平鑫涛的传记，我们知道像张爱玲、三毛、高阳、张爱娟这些人的作品，都是平鑫涛和琼瑶一起推出来的，著名的电视剧《还珠格格》，也是平鑫涛和琼瑶推出来的；平鑫涛的自传告诉我们——战胜贫穷，冲破逆境，是一个人最后能够走向胜利、走向成功的很重要的一种精神动力。像朴槿惠的自传，告诉我们——绝望特别能锻炼一个人。朴槿惠的父亲、哥哥在韩国的政治舞台上都是经历了很大的考验的，"绝处逢生，逆流而上"，告诉了我们人生的一种智慧。我们说一个企业家，如果能够把一个企业扭亏为盈的话，他一定是个优秀的企业家；一个将军，如果能够把战场的形势转败为胜的话，他一定是伟大的将军；那么一个人，如果能够逆流而上、绝处逢生的话，那他一定就是个人物了：他能够扭转自己人生的乾坤，这样的人就是超人！所以我们要从传记阅读中来感受到这种传记的正能量。再给大家介绍一部书——董竹君的《我的一个世纪》。这个女孩子的出生，比刚才说的姜淑梅要差很多，姜淑梅的家庭至少让她在12岁以前还有好日子过，而董竹君在13岁的时候，为了替家庭还债，被卖到上海的青楼里做卖唱的，第二年被一个喜欢她的小军阀赎出来，她跟这个军阀生了四个儿女。但她自

己的人生在成长，阅历在提高，当她发现继续留在这个军阀家里，对四个儿女的成长一定很不利的时候，在 29 岁，她就带着四个儿女，抛弃荣华富贵，到社会上独立生活。到 35 岁的时候，她的朋友资助她创建了锦江饭店（大家知道锦江饭店是上海服务业的一个品牌，至今还在）。在新中国成立以后，她把锦江饭店的资产全部捐献给国家，跟荣毅仁一样，也被称为"红色资本家"。但是后来在 1966 年开始的"文化大革命"中，她又饱受迫害。所以我们可以从她的传记里看到："人生几十年，酸甜苦辣，大大小小什么样的事情都可能碰到，就看你自己怎么去对付这些事情。随心所欲做不到，但是随遇而安可以做到。"你希望社会一定要朝你微笑是不可能的，但是当社会不对你微笑的时候，你还坚持自己的信仰、坚持自己的初衷、坚持自己的底线，"随遇而安"就是一种人生的智慧。所以我们可以看到：在人生的道路上，有时候是需要逆来顺受、随遇而安的，在难得糊涂之中寻找到一种转危为安的机遇；因为时代在变化、社会在发展，有时候需要逆流而上，到中流击水，在逆境中加倍付出，奋发崛起；有时候也需要挑战命运、超越自我。当你遇到人生的寒流、人生的低谷、人生的负能量的时候，要能够勇敢探求绝处逢生的路径……这些东西在传记作品中，都有全面的深刻的记录。

　　我现在给大家介绍一下曾国藩。在中国当代，对曾国藩有很多的争议，现在对他的评价是越来越高。曾国藩的家书，凝聚了曾国藩自己的家教文化。曾国藩没有写过自传，但他的家书实际上是他另外一种性质的自传。这是曾国藩的相貌和他的一副对联，曾国藩人生最重要的体会，就体现在这幅对联中，上联说"好人半自苦中来　莫图便益"。什么叫"莫图便益"？"便益"就是"投机取巧""不劳而获"。他说几乎所有的好人都是需要修炼的，需要让自己拥有素养、教养和修养，所以需要在各种大大小小的酸甜苦辣中来提高自己人生的境界。"好人半自苦中来"又给我们一个重要的体验——"梅花香自苦寒来，宝剑锋从磨砺出"。下联是"世事多因忙里错　且更从容"。"从容"就是不急迫，就是淡定、遇事冷静，所以"世事多因忙里错"又让我们想起诸葛亮给儿子的信——"淡泊以明志，宁静而致远"。你看在诸葛亮那个时代，三国乱糟糟的那个时代——你方唱罢我登台，滚滚长江东逝水——

在那个时候应该怎么做呢？诸葛亮在给儿子的家书中告诉他，要"淡泊以明志，宁静而致远"。那从容淡定的心态从哪里来？从阅读中来，从读书中来，在学习的过程中来提升自己。曾国藩这么一位杰出的人物，我们读他的传记就知道，他的爷爷年轻的时候还真不是个"好东西"："少时为纨绔子弟，自甘堕落，耽于冶游"，经常嫌弃自己老家在乡下、贫穷落后，常到有"红灯区"的湘潭去吃酒；经常太阳升得老高了，他还在睡觉。所以在乡间就有"败家子"这样的坏名声，结果被族中的长老教训了一顿（此时他已经过了而立之年，大概是三十二三岁的时候）。结果没想到，他从此就悔过自新、痛改前非，坚持做到一点：天不亮就起床，"日出而作，日落而息"，"闻鸡起舞"；而且开始关注农事。他从自己34岁开始的人生的转型再出发，通过自己的劳动，把当地的白杨坪的一片土地，改造成为了一片良田，从此他就获得一个经验叫"晴耕雨读"，是一种珍惜时间的做法——如果天晴的话，一定去从事田间的劳动生产，因为家里需要粮食；雨天不能下地劳动的时候，一定是开卷读书。结果，这样就建立起他们家族"耕读"的一种风气，从此人才辈出。这是曾国藩的出生地白玉堂，现在为了做旅游景点刷得太新了，给大家看看它的老样子。这是曾国藩家的私塾，远离住宅，就是"宁静以致远"，要不家里人来人往、账房先生"噼里啪啦"打算盘，都会对孩子构成一种诱惑。所以我们每个人的家里应该有一间书房，挂上传统的励志的墨宝，有藏书，让自己的孩子有一个好的看书学习的环境。这是当地的一个读书人送给主人的四个字——"芳曼群艳"，就是"出类拔萃"的意思，就是让你开了这朵花，比其他的很多花更加艳丽、更加美艳。所以"芳曼群艳"是寄托了大家对曾氏家族的一种期待。这是曾国藩家乡的一个藏书老屋，藏书楼里有个箩筐，你到那儿去的话，导游都会考你一下：这箩筐干什么用的？这个是装线装书用的。我们知道，传统的民居，楼梯一般都六七十度，当你到楼上拿了书抱在胸前的时候，会影响自己的视线，人可能会摔跟斗，就会破坏线装书（私人藏书楼不可能一部书有很多本，跟图书馆不一样，所以都是极其珍惜、爱惜的），所以这个箩筐是装书用的。假如你要看书，先爬到楼上去把书找到、放进箩筐里，再吊放到一楼地上，然后人空着手走到一楼，再从

箩筐里找出书来看。这是他们家藏书的一个模拟的照片，现在书都藏在湖南省图书馆。这是他的家书，因为时间关系我就不再展开了。曾国藩研究过一个家庭的"可持续发展"的问题，他发现：官宦之家不太长久，官二代、官三代不容易持续（这个大家都有体会，古今中外都有这种事例）；商人之家，要保持勤俭节约、不奢侈，能延续三代；耕读之家，严谨朴素的，能延续五代、六代；孝友之家（"孝"就是对"天地君亲师"的一种精神文明的加分，有和邻居、和亲戚、和同事横向的关系），可以绵延十代、八代。所以，"耕读孝友"之家是曾国藩家训中最核心的一个概念：要珍惜时间，从事物质生产；也要珍惜时间，从事阅读，读书成才。第二个要讲究"孝友精通"，这是曾国藩自己的一段诗，也是他自己的座右铭："每日清晨一炷香，谢天谢地谢三光（哪三光？日、月、星三光）。所求处处田禾熟，但愿人人寿命长（每个人至少寿星高照）。国有贤臣安社稷，家无逆子恼爹娘（小孩子不是个熊孩子，好好学习、天天向上，不闯祸，爹娘就会感觉到心情愉快，这就是孝友中"孝"的一个内涵）。四方平静干戈息，我若贫时也不妨（如果世界太平、和谐稳定，那我曾家穷一点、贫困一点也没有什么关系）。"这就是曾国藩的自警警人诗。

还有一部书也是值得推荐的，为什么刘德伟女士取书名叫《一粒珍珠的故事》呢？因为她自己开始学英语的时候，英语老师就给她一个名字：珍珠。所以她获得了一种精神的正能量。她说："原来我自己的人生应该像珍珠一样晶莹剔透，像珍珠一样质地坚硬。"所以《一粒珍珠的故事》，也告诉我们一个对她很重要的作用力：永不放弃！不放弃什么？首先永不放弃自我，然后是不放弃自我的底线、自我的追求、自我的理想、自我的抱负。这部《一粒珍珠的故事》特别适合像我们这样生了一个女儿的父母认真看一看。这是她在 95 岁高龄的时候，写自己的童年和少女的生活。她小时候脾气很暴躁，动不动就跟家里的仆人、父母作对；但她上学以后，就成为了一个有修养的人，曾经作为世界青年的代表参与了国际性的会议。据说在第二次世界大战的时候，有两个人在欧洲宣传我们中国人民的抗战，获得了世界对我们中国抗战的支持，一个是大家都熟悉的宋美龄，另一个就是这位刘

德伟女士。我为什么要特别强调她是女士呢？如果光告诉你"刘德伟"这名字，你肯定把她当作先生。为什么她的爸爸给她取名为刘德伟呢？凡是女性，她的名字特别男性化的，那她一定是来自一个有文化水平的家庭。因为那个时候中国内忧外患，我们被称为"东亚病夫"，生了女儿的这个父亲，希望自己的女儿像男子汉一样能够顶天立地发展自己，所以给她起了一个特别伟岸的名字。除了刘德伟女士，大家一定知道有一个著名的物理学家叫吴健雄，东南大学、中央大学就是吴健雄的母校，在一个大礼堂中间能看到"健雄堂"三个字，这是一个对国家做出了很多贡献的女物理学家。据说她和她的先生袁家骝给我们大陆设立了奖学金，但是当我们到美国去访问她的时候，发现他们夫妇两个住在一个很传统、很破旧、很一般的公寓里，没有住豪宅别墅。原来他们紧衣缩食，要把这笔钱捐献出来报效自己的祖国。所以不仅要看刘德伟的《一粒珍珠的故事》，如果小孩子将来想要做科学家，你们就去找一部《吴健雄传》读一读，也特别有励志的作用。

最后，我给大家分享一些概念。一个是当代作家毕淑敏所说的"淑女"，一定是个"书女"。如果一个女孩子不读书，是个手机控、微博控的话，她怎么能是个淑女呢？这就是一个淑女的形象。大家想想，我展示的照片中这个雕塑人物会出现在哪所大学校园里？浙江大学？南开大学？南京大学？当你们有机会到天津大学的话，就能看到这样一个雕塑。为什么要建这样一个雕塑？大家想想，天津大学男学生多还是女学生多呢？肯定男学生多。如果建一个男孩子看书的雕像，那些男学生怎么会在他边上背单词、晨读，是吧？所以校长很高明，这个雕像其实起到了"见贤思齐"的作用。连这样一个美女都这么用功，你想要娶一个美女，就得"好好学习，天天向上"，是不是？这样的女生长大以后，当了职业女性或者做了妈妈，才是一个爱阅读的女性。这都是中国人的形象。我们来看看我的收藏品，这个是淘宝网上买的，在座各位想要也可以买得到的，价格一点都不高。它有一个很好的作用：增加家里书香的氛围，让自己的孩子看到以后，就知道读书是人生的第一要义，不能天天玩手机，不能天天上网。这个关键的问题是妈妈，妈妈在看书，小女孩就会很好奇，会把女儿的目光给吸引到

书本的字里行间，来吸取知识的芬芳。大家设想，如果妈妈手里拿了部智能手机、IPAD 在那儿自顾自地看，不理女儿，女儿会怎么样？她心里想：原来还有比我更吸引妈妈的那个东西。所以这个女孩长大以后，"被控"的水平和程度一定比她妈妈还高。同样，爸爸也是要看书的，即使在玩玩具的小朋友也会被吸引过来了："爸爸你在看什么呀？"然后由爸爸来给他讲书里的故事。在这样家庭中成长的孩子，将来都是爱读书的，将来谈恋爱也一定是找爱书的。凡是大家看到绘画中有这样的：刚刚看完一本，又迫不及待地打开了另外一本，说明两个都是特别爱读书的孩子，是一种求知若渴的形象，不是假模假样地把书摆在一起。孩子的阅读一定要从娃娃做起，你看这两个洋娃娃，那么小就看绘本书了，再给他一支笔、一张纸，可以让他涂鸦，让他接收这些文字符号信息。

再过五天是世界读书日，我们台州图书馆已经设计了一系列的活动。很荣幸，我是这个活动的第一讲，也很高兴各位朋友能够来捧场、来听讲座。

一本好书，就是人一生的财富。我们应该让自己充分明白这个道理，让自己的孩子和学生也都明白这个道理。这是我编辑的两部关于阅读方面的书，对我们一般的读者来说，这部简编本比较好，另一部书就适合我们图书馆同行。还有一些书做读书活动奖品，这个书适合做漂流书。"读书方恨知识浅，观海乃觉天地宽。"我想我们通过阅读，可以得到许多许多的营养。阅读的选择上，还是我一开始讲的——读佳作、读好书、读名著、读经典。在这些读物中，传记尤其是自传的阅读，能够给我们提供很多的启发。我想今天听过这个讲座的朋友，心中一定也有很多的感慨。

接下来，欢迎大家提出问题，谢谢大家！

（以上内容根据 2014 年 4 月 19 日的讲座录音整理，略有删改。）

反思当代幸福观

晁乐红　　（伦理学博士、台州学院教授）

　　这两年，"幸福"这个词很时髦。有的人评价说，中央电视台最失败的一个节目就是逮着谁就问："你幸福吗？"因为这个问题不是一两分钟、一句话就能回答的，幸福也是门课。翻阅历史，作为中国人来说，并不擅长对这个问题的研究。因为中国传统文化的核心是"仁义道德"，大学者都承认中国古人是最早成熟的，说我们是"文明古国"，意味着我们很早的时候就开始讲"仁义礼智信"这些东西了。后来我们落后了，就是因为我们把道德泛化了，按照学科叫"泛道德主义"，该强调道德的时候和地方强调道德，不该强调道德的也强调道德。所以不管什么好的东西，过度了，就"物极必反"了。

　　中国古代的人生哲学或者传统思想里，很少涉及幸福问题。幸福问题其实和科学、民主一样，也是从西方传进来的，它是西方几千年文明中一直比较关注的核心内容之一。比如历史书中记载的最早关于幸福问题的探讨，在西方有两千五六百年的时间了。像历史学科，之所以称为被"历史"，就是因为第一本历史书（古希腊希罗多德写的）记载了一段对话，就是人类有史以来最早的、关于幸福问题的一个记录。西方文明的来源，俗称"两希"来源，一个是希腊—罗马，一个是希伯来。希伯来是犹太教开始的，衍生出今天西方的基督教；希腊—罗马带给今天西方各种科学、民主、文学艺术……

189

如果我们没有相关的文化基础，只是有钱，到西方旅游，就很奇怪：希腊有什么好看的？除了破广场就是破庙。了解了历史就知道当年这些破广场、破庙，诞生了人类历史上稀有的、只有这一片才有的宝贵的东西，就是我们"五四运动"引进的两位先生——"德先生"和"赛先生"，即"民主"和"科学"。希腊—罗马作为西方文明的最早孕育地，很多东西都有了，包括对幸福问题的探讨。

所以最早的历史书——希罗多德写的历史书，就有雅典人关于幸福问题的最早对话。古希腊有一个很不一般的城邦——雅典。雅典就是从梭伦开始走向强大的。以前也有国王，废除了，当富人、穷人斗得不可开交的时候说，我们找一个中间人裁判一下、调停一下，这中间人就是出身于富人阶级、见识很广又很有公正心的梭伦。他为雅典立法，成为雅典第一任民选的执政官，慢慢，雅典就树立了一种民主的典范。梭伦树立了一个规范——执政官只担任两届。西方的任期制已经2500多年了，从梭伦开始就执政两届，第三届执政官坚决拒绝了城邦公民的邀请，卸任，由下一届来执政，然后周游世界去。古希腊人周游世界和我们当时的周游世界不一样，孔孟他们就周游列国，南边也就到苏北而已，像古希腊航海，往南边没有几天就到非洲了，往东边没有几天就到小亚细亚了——现在土耳其那个地方。他来到了小亚细亚（亚洲西南边），当时有一个帝国吕底亚非常兴旺，国王叫克洛伊索斯。他带着梭伦参观自己金碧辉煌的王宫并款待梭伦，问："梭伦先生，听说您见多识广，在您走过这么多的地方，见过这么多的人中，您认为谁是您心中最幸福的人呢？"其实国王心里想：肯定是我！因为他知道古希腊都是小城邦，雅典算大邦了，也只是城邦国家——city state，而亚洲这个叫吕底亚的国家是帝国，所以他认为最幸福的人肯定是自己。梭伦想了想说："我认为应该是我们雅典城中的一个叫泰洛斯的老头，当然他现在不在人世了。"国王很纳闷："他怎么是最幸福的人呢？""因为他在有生之年生活富裕，儿孙满堂，然后在70岁的时候为保卫雅典壮烈牺牲了，活得愉悦，死得伟大，他是最幸福的人。"国王咽了一口气，一想，再接着问吧："那您心目中能排上第二幸福的人应该是谁呢？"心里想：这回该是我吧？结果梭伦想了

想说:"那应该是我们雅典的兄弟俩吧。""为什么他们是最幸福的人呢?""兄弟俩在奥林匹克比赛中为雅典赢得两项桂冠,在雅典全城为他们庆祝的高潮中,兄弟俩咽气死掉了,所以他们是最幸福的人。"国王非常生气,拍案而起:"难道我就不算最幸福的人吗?"梭伦说:"您应有尽有,但是我跟您说,我曾经见过很多前半生像您现在这样有权有势有钱的人,但后半生很凄惨,所以在您闭上双眼之前,我不能断定您一定是最幸福的人。"国王就说"送客",谈话不欢而散。没过几年,又一个叫波斯的帝国崛起了,灭掉了吕底亚。新的国王居鲁士打算烧死老国王克洛伊索斯,火刑之前问他有什么要交代,老国王仰天叫了三声:"梭伦呀梭伦,你在哪儿呀?你当年的判断可真是英明呀!"新国王问:"你说的是什么?"老国王把这故事讲了一遍,新国王一听,心有余悸,想:昨天的他就跟今天的我一样啊!于是决定放掉克洛伊索斯。所以人们说梭伦这段谈话救了一个国王,教育了另一个国王。梭伦对幸福的界定,到底是一个什么样的含义呢?其实他就区别了两个概念:幸福不等于快乐。就是说克洛伊索斯作为一个帝国的国王,目前是应有尽有,但只是目前而已,而且一定是短暂的,这种只是快乐。而幸福是对一生一世的概括,这两个词是不一样的。所以我们不能说:今天我很幸福,因为我捡了100块钱。我们就把事情以小化大了,只能说:今天我很快乐,我捡了100块钱。大家说"幸福是一个一生一世的概括"的道理很简单呀,但是,现在已经是21世纪了,作为2500年前的判断,这是很高明的。

西方人对幸福问题很重视,最早可以追溯到2500多年前,一直没有中断对它的探索。比如说美国第三任总统杰弗逊起草的《独立宣言》中著名的一段开场白:"人们生来不可让渡的权利,其中包括生存权、自由权和追求幸福的权利。"在这之前,西方人认为生来不可让渡的权利是生存权、自由权和财产权。200多年前,西方人就看到了财产权只是追求幸福中的一种,但有很多人并不追求那么多的财产,用它来概括三种权利之一太狭隘了,所以就把财产权改变成"追求幸福"的权利。只有知道《独立宣言》这段历史背景,才能看懂美国一部大片《当幸福来敲门》,史密斯主演的,片子原名叫《The Pursuit of Happyness》,就是《独立宣言》开篇那句话的最后一个词:

"追求幸福"。这部电影是根据美国一个亿万富豪的亲身经历改编的：虽然他智商非常高，但是他的成功历尽了坎坷，原因很简单，就是因为他是黑人，他的小孩子只能送进这样的一个幼儿园。这部片子是在质问美国人："200多年前，我们立国的宗旨就是所有的美国人在追求幸福上是平等的，到今天实现了吗？"答案是"No"，这部电影就回答了这个问题。

现在我们也开始关注幸福的问题（这是民生问题）了。又回到梭伦的这个界定：幸福不等于快乐，幸福是一生一世的概括。年龄越长看书越多的人，越会理解这样的事情，就是在有权有钱的家庭，基本上是和幸福不挂边的。比如说莎士比亚的四大悲剧，都发生在什么样的家族里？《哈姆雷特》——丹麦王子，《李尔王》——英国王室，《麦克白》——元帅，《奥赛罗》——将军。所以有钱有权以后，家庭还保持幸福和睦，是相当相当困难的。包括刚刚去世的香港的邵逸夫（宁波人），作为大资本家来说，绝对是让全国、全世界的人都敬仰的，哪个省哪个大学没有逸夫楼？然而在2007年，他100岁诞辰的时候，他的两个儿子从新加坡回来给他祝寿——事实上，之前他的两个儿子和他断绝父子关系已经20年了。

我们小老百姓梦寐以求：什么时候当大官？什么时候发大财？好像那样我们就幸福了。其实恰恰相反，一般的人不会懂得这个深刻的道理，所以在拼命地积累财富。比如山西的"房姐"，在北京就有40多套房子，被判有期徒刑三年。她应想一想：我到底要追求什么？我的幸福需要那么多的房子吗？所以说这个道理一般人真的不懂，当人们在日常生活中不去思考幸福问题的时候，就一定会走弯路的。这个现象很常见。

很多小孩子未来的目标就是：当"潘洁"，很多父母也是认为：儿女这样的，就算有出息了：2003年就读上海交大，学习成绩优秀，留校读研究生，2010年毕业，作为上海交大的优秀毕业生，进入了世界500强中的顶尖级会计师事务所中的"普华永道"。潘洁是令整个家族骄傲的，是光宗耀祖的。然而，她2010年9月份开始上班，半年后就去世了。她的母亲和公司打官司，拿着很多晚上加班回家后打的的票据，理由是"过劳死"，但是没有赢。公司说：我们这一年进了好几十个年轻人，怎么就您女儿死了？如果"过劳

死",得死一批啊!很多年轻人都希望进外企,认为这就是成功,家长也希望孩子进这样的外企。为什么大家都希望进外企?工资高,待遇好!但有没有想到工资高、待遇好的地方同时也意味着压力大、劳累?大家都忽视了另一点:你追求的到底是什么?你有没有承受这样负荷的身体?有没有这样的心理承受能力?年轻人过劳死在中国不是个别现象。2012年夏天,杭州的一个小姑娘,淘宝店开得非常成功,打算国庆节就举行婚礼,结果突然去世了。我了解了一下:开淘宝店的人必须有极强的心脏。因为淘宝交易的黄金时间是晚上,"滴滴"一响,你就得起来,晚上不能睡觉。所以没有一流的心脏的话,像南方这么热的夏天,人是扛不住的。

有人统计过,每年过劳死的人数是矿难死亡人数的120倍、车祸死亡人数的6倍、自杀人数的2.4倍。过劳死成为当今中国比很多疾病的死因还要大的一个原因,就是因为人们一味追求财富。表面是为了追求幸福,因为他把幸福和财富简单地等同了。可能小时候受了很多这样的教育,不仅老百姓说"有钱能使鬼推磨",司马迁都说:"天下熙熙皆为利来,天下攘攘皆为利往。"《史记》里有一章《货殖列传》,是专门写做买卖的人,做了上面这样一个总结和概括。于是中国人就误以为幸福就等于财富,我有一万倍的财富就有一万倍的幸福。所以过劳死成为今天中国人死亡的一个主因。

其实财富和幸福的关系是很复杂的。我们经常用一个硬币的两面来形容,一面是"钱不是万能的",另一面是"没有钱是万万不能的"。作为发展中的国家,虽然我们全国的GDP总量是世界前几位,一旦算人均,基本都在一百名外。谈到钱多钱少,我跟大家一样有切身体会:没有钱不行,没有钱上不了学,没有钱看不了病。

我们不能只局限于中国,世界其他发达国家很早就遇到财富和幸福的关系问题。先来看看,美国人对这个问题的研究,经历了一个什么样的道路。美国有一个叫亚当斯的,写了一本书叫《富足的社会》,1953年出版。此时正是美国人幸福感超高的时代,经过二战的洗礼,世界风景只有美国这里独好。因为二战之后,除珍珠港以外,只有美国本土没有遭到任何的打击,而且发了一大笔军火财。作者在书里介绍:我们美国人已经达到了人类

有史以来生活的最顶点，哪家都有电视看，哪家都有冰箱用，哪家都有一套房子住，哪家都至少有一个孩子在上大学，哪家都是想吃鸡就吃鸡，还有比这更好的生活吗？这不就叫幸福了吗？还能好到哪里去呢？随着时间的延续，人们发现他预料得太早。美国人的经济发展从20世纪50年代以后是蒸蒸日上，到现在五六十年过去了，美国人的经济发展比当时翻了几番，比如说现在平均每个美国人的工资是中国人的14倍，每个美国人的平均财富是中国人的50倍，每个美国家庭平均有三辆轿车。（大家知道美国在环保上为什么一直落后于欧洲国家，因为美国就是"安在车轮上"的一个国家，每个家庭平均有三辆汽车，四辆五辆的有的是，中学的停车场老早就满员，中学生都开着轿车去上学。）这种生活水平，美国人现在的幸福感超高了吧？又预料错了。美国的物质是越来越发达，但美国人的幸福感从80年代以后直线下降，和国家的经济是不相般配的。2008年，美国人自己做了幸福感调查，一共调查了97个国家，美国排第16位。联合国做的这次调查，美国排在第15位。中国的排名一般都比人均财富的排名好得多，中国人幸福感超高，一般都是50名左右。这次英国人调查了全世界178个国家和地区，美国排在第150位。美国的幸福感排名忽高忽低，变化很悬殊。美国人很纳闷：为什么这样？我们美国是世界唯一超级大国呀！苏联没解体之前，美国人也瞧不起苏联，苏联第一个人造卫星上天的时候，美国人也纳闷，因为苏联在重工业、在军事上比较强大，但那是一个连电视机、冰箱都造不出来的国家，怎么把人造卫星给送上天了？所以美国开始成立NASA。美国人纳闷：我们这么富有，世界第一，我们出什么问题了？于是美国人开始研究幸福的问题。

我这里从侧面给大家介绍两个研究成果，来看一下到底幸福和财富之间有什么样的秘密。美国民间一个中产阶级的网站搞了个活动——谁出一个问题让大家讨论一个月还没有结论，这个人就赢了，我们就用他的名字命名聊天室，并且赠送他一张到中国旅游的支票。（那时是80年代后期，到中国旅游刚刚开始时髦。）于是大家纷纷出题：先有鸡先有蛋……很快都被淘汰了。有个叫马丁的人出了一道题："有钱人是否生活得更幸福"。（这个活动规则

是：大家都参与这个问题的讨论，但是没有答案能够获得大家一致的赞同，比如说能获得 50% 以上的点击率，那么出题的人就输了。）于是讨论按期进行，好多网友都参加这个问题的讨论，20 多天之后，结论大致分三类：第一类结论人数最多（大约占 72%）——这问题还用讨论吗？有钱人肯定生活得更幸福，有钱能使鬼推磨，美国老百姓也是这么认为的；还有一个意见占24%——我是中产，没有大钱，所以我不能瞎说，也不知道有钱人到底生活得是否更幸福；还有 4% 的人说有钱人生活绝对不幸福，因为钱一多，人就变成魔鬼，现在我是中产，沦落了，年轻时候也曾有过大钱，或者说虽然我一直中产，但某某朋友特有钱，所以我告诉你们我的看法。没有任何人的观点能够说服大家获得 50% 以上的点击率，当讨论进行到第 27 天，马丁就要赢的时候，突然杀进一位程咬金，化名叫史蒂芬·罗赛蒂，这个人留下一段文字之后，两天之内点击率攀升到 53%。马丁输了，这个人赢了。

这个人留下一段什么样的话，获得美国中产阶级的认可呢？我给大家读一下。

一些我们觉得微不足道的小事，在富人那里就会觉得奇大无比：早餐的鸡蛋无法下咽，因为煮得不够嫩；丝绸衬衫无法穿出去，因为上面有一道几乎看不见的褶皱；袜子没烘暖就拿来了；早报消毒后竟然没有熨平——他们感到人人都在和他们作对。在服务最周全的豪华酒店也会弄出一肚子气来：因为酒没有冰到恰恰合乎他们的口感；抬一抬手指，侍者没在 30 秒内就站到他们身边；回到家泡个热水澡、独自待一会儿，却发现女佣正在用脸颊测试水的温度；把女佣撵走，一只脚刚踏进水里，管家手捧香槟进来问晚上的计划以准备合适的衣服……他疲惫地摆摆手，示意管家出去，手还没有放下，墙壁上的电话响了，情人说她考虑再三，还是决定要把孩子生下来。人们说有钱人过得更幸福，可是 50 多年来我还没有发现一个幸福的富人或贵族。假如你们发现了一个幸福的富人，那一定是因为他的钱还不够多，或者说他还不是一个真正的有钱人！

就这段话，53% 的点击率，马丁输了！结果让美国人很吃惊：这个人拒绝透露真实姓名，拒绝以自己的名字命名聊天室，拒绝到中国旅游的支票。

这是何许人也？美国人好奇了，从"50多年来"我们可以猜到，这要么是一个老头，要么是一个久经沧桑的老太太。由于20世纪80年代末美国还可以进行"人肉搜索"，所以美国黑客把此人搜出来了——前伊朗国王巴列维的王妃。美国有部大片《逃离德黑兰》就是写伊朗革命的。伊朗王室被伊朗人民推翻了，原因有宗教问题，而其中有个很重要的原因就是伊朗王室挥金如土。伊朗国王被推翻后，整个家族包括这老太太，到美国定居、安度晚年去了。作为伊朗的王室贵族，可以说是世界上最有钱的人，她在这个问题上是有发言权的。所以中产阶级搞的讨论，以这个老太太的亲身所见，写了一段随笔说服了大家：有钱人生活得并不幸福。

这只是美国老百姓搞的一个活动。学术界的研究，给大家介绍一本书——《从富裕社会中解放出来》（我读博士，这是一本必读的书目之一），美国的马尔库塞写的。书的题目是不是很奇怪：美国人为什么不幸福啊？美国人民需要从哪里解放？我们中国政府改革开放几十年，就在解放中国人，从贫穷中解放中国人，我们的核心是"脱贫"，我们往往以为脱贫了，幸福就来了。这就如同瞎子摸象：摸到耳朵了，大象就是扇子；摸到大腿了，大象就是柱子。我们把复杂的问题简单化了。美国的这个经验告诉我们，穷固然没有幸福，富了也不一定就有幸福。所以学者说为什么很多美国人没有幸福感，他需要"解放"，因为他太有钱了，太富有了。为什么有钱了、富有了会缺少幸福感？原因很多。比如说有人性的弱点，不仅是美国人，欧洲人也一样。人性有什么弱点？人性不知足。我们会说美国人怎么能没幸福感呢？工资是我们的14倍，财富是我们的50倍，不用说人家人均三辆轿车，我家有两辆就幸福了！但是到了美国，你的标准就会变了。

"人性不知足"的原因是所有的思想经典包括宗教都揭示过的，揭示这个原因最淋漓尽致的应该是中国传统的道家。道家讲"知足者富"，就是说如果你不知足，你有一个亿、有一万个亿也没有幸福感。我们天台的一个景点——琼台仙谷，有个摩崖石刻，四个字中间共用一个口——"唯吾知足"，这是道家的精髓。为什么道士在这里修炼可以成仙？因为道士在这里想的就是"我很幸福"，很知足。"不知足"是人性中很明显的一个弱点，所有的宗

教或者经典或者学派，如果没有揭示它的话，很难称为深刻。儒家同样也谈到过这一点，比如"四书"中《大学》里有两句话："人莫知其子之恶，莫知其苗之硕。"就是说人们都看不到自己儿子身上的弱点。"莫知其苗之硕"就是虽然我家地里的苗长得好，但看老张家那苗多绿，看老李家的苗多壮。人们不知道"人性不知足"，往往就归罪于我没有幸福感是因为钱不够，追求起来，一生都没有幸福感，因为这个东西永远没有尽头。有一天你发现到尽头了，都要退休了，没有意思了，健康都没有了；或者有一天发现癌症晚期了，想回头已经来不及了。

人性的不知足总认为别人比自己过得好，我举身边的一个例子。比如说"丁克家庭"——double income no kid，双收入无子女家庭。像我就是个丁克家庭，没有小孩。我在读这个专业之前就非常苦恼，因为所有的亲戚、朋友、同学都认为我俩非常有钱，他们的逻辑推理很简单：我家的钱一半甚至一多半都花在孩子身上了，你俩没有孩子，就富得流油。其实我是一直感觉捉襟见肘的。比如说我出国留学，每年还得申请公费，公费下来了我就可以省钱，不用自己出钱了。那个指标很少，全国那么多高校才 2000 多个名额。可是我算一算，要二三十万。如果我有钱，我就不在乎这点了，我的经济一直是非常紧张的。我以前非常生气：凭什么你们老说我有钱？我没钱！我会跟人说得面红耳赤。后来博士修这个专业后我明白了一些道理，他们肯定认为我有钱，因为他那个逻辑推理就是这样子的。所以后来亲戚找我要借两万块钱，我就说你不用借两万了，送你三千，不用还了。因为我知道他根本就没想还我，他认为我很有钱嘛。我们总认为谁谁比我有钱，谁谁谁比我幸福，我开宝来，人家开帕萨特就比我幸福吗？不是这个样子的。我们总认为比我们钱多的人才会幸福，其实他们心中还有更高的追求，而这个东西是没法满足的。这是我说的一点，人性的弱点——不知足。

中国说"富不过三代"，西方人的调查研究也证明一样的结果。西方人证明：富过一代都很难，一般就 20 年而已。富人懂得不去无休无止地积累。像苏州人的工资并不是特别高，但是苏州人的家庭汽车拥有率是全国第三。苏州人很讲究生活的享受，不去特别积攒财富。历史上，苏州总是住着富人，

像四大园林之一的"留园",主人姓刘,买到这座园子的时候,发誓要给子子孙孙留下去,就改名字为"留园",结果没超过三代就败了,卖掉了。所以这是全世界通行的一个规律。太多的财富留给下一代到底是一个什么样的结果?西方人知道,坏处大于好处,所以他们讲究捐款,而且讲究裸捐,一分不剩,全部捐出去。像比尔·盖茨、巴菲特就许诺死之前一分钱都不留给儿女,全部捐给全世界的穷人。2010年,他们两个来到中国,想鼓动中国的有钱人也像他们一样,答应死之前把钱全捐出去,效果不理想。因为我们中国已经很多年没有有钱人了。我们刚刚开始有钱,还不懂得钱是把双刃剑,我们就觉得我这么辛苦赚来的钱,它是我的幸福,也是我儿女的幸福、孙子的幸福,我怎么能给捐出去呢?

不过有一些人已经开始醒悟了。像古玩专家马未都,有一次接受记者采访的时候说得很好:"我这么多价值连城的宝贝,必须捐给国家,因为我的孩子年龄太小了,没有经历和阅历,再好的老师上理论课也没有用。"我记得他谈到过,为什么美国选总统,不论性别、不论种族、不论学历,但年龄必须是35岁以上,为什么英国选法官必须40周岁以上,差一天都不行,因为阅历非常重要!所以孩子这么年轻,给他这么多钱,是把他们给害了。还有一个是牛根生,也提出来把他50个亿的蒙牛原始股全部捐给国家。我听到这个消息后一点都不吃惊,因为几年前我到呼和浩特的时候,去参观过蒙牛工厂,印象非常好,到处都贴着牛根生选的话语条幅。我感觉到他已经不是一个草根商人了,而是一个读过很多书、思考过很多问题的企业老总,一个现代的资本家。比如他有两句话:"80%的痛苦和财富有关,80%的幸福和财富无关"。其实我现在讲的就是他说的第一句话,这也是他把50个亿捐出去的根本原因。他说:"以前,三个孩子天一黑就得回家,现在24个小时都可以无忧无虑地走在呼和浩特大街小巷。为啥以前天黑就得回家?怕绑架。现在没人绑你们了,因为你爸也没钱了。以前总犯愁,哥们儿老借钱,你能都借吗?你能都不借吗?你说没钱谁信呀?你爸牛根生!现在好了,没人找你借了,因为你爸也没钱了。我把他们真的彻底解放了,还给他们本来应该有的自由了。"这是真正的父爱!我想这话是发自肺腑的。

关于"80%的痛苦和财富有关",所有的现代化初级阶段的国家都不会感觉得到的，因为这是历史发展的阶段决定的。关于我们这个发展阶段，世界上有一种概括叫"瑙鲁现象"。中国是后来出现的，"瑙鲁现象"比我们要早半个世纪。瑙鲁是太平洋的一个小国，在澳大利亚和夏威夷之间的小岛上，21平方公里，全国人口13000人，是全世界最小的共和国，全国渔民靠打鱼摸虾生活，穷得要命。20世纪60年代末，美国一批专家去考察之后，发布了一条惊人的消息，瑙鲁人从此富起来了。就是说这个岛国由于在太平洋中间，鸟儿在万里迁徙的时候都在那里歇一歇，一歇息就拉鸟粪，千万年、亿万年之后，鸟粪经过化学转变，变成在今天工业上非常值钱的一种东西叫磷酸盐，价值连城。而瑙鲁地面上十几米厚的，都是这种东西，一夜之间，瑙鲁就富起来了。很多专家呼吁中国放慢速度。放慢速度——大家不高兴呀：慢什么慢呀？现在我还嫌水平低呢！大家想，一列火车如果转弯特别急的话，肯定会出事情的。所以结果是，十年之后的瑙鲁，70%以上的成年人是高血脂、糖尿病、高血压、肥胖症，丧失了劳动能力。因为以前穷，每天就忙一件事：吃饭。现在有钱了，还忙一件事，还是吃，所以就吃多了、吃坏了。"瑙鲁现象"被西方人用来形容的一个词就是"暴发户"，英语有好多这样的词：upstart 和 new-rich。

其实关于财富跟幸福的关系，西方人已经研究了几十年，道理很简单，那就是对一个国家一个地区来说，人均GDP在1万以下，两者基本正相关，1万以下，比如说十大幸福感城市，每一年基本都是北京、上海然后再包括浙江和广东的五个地区，台州上榜一次，宁波、杭州几乎年年都有的，因为我们是人均GDP1万以下。人均GDP1万以上，幸福感和财富一点关系都没有了，往往人均1万2的幸福感比两万三万的还要高。我们大学现在处在1万以下，所以感觉两者正相关。其实也不绝对的，温州从来没上过榜。对于个人来说，就看你的心智能力了。有比尔·盖茨那个能力，钱越多越好，但是我们一般人都可能犯那个公共性错误，我们了解这样的道理后就懂得，为啥儒家说最高明的是"中庸"，不要大起大落，不要大富大贵，不要大红大紫，这种波折是经不起的。佛家说"平常心是道"，用老百姓讲的话就是"平

平淡淡才是真”，都是这个道理。

我讲的是：幸福不在于财富的无穷积累，那么幸福到底在哪里？很多学科在探讨，比如心理学探讨幸福问题的首席专家是哈佛大学的泰勒·本·沙哈尔。各个大学在网上都发布了视频公开课，哈佛大学发布了两门，有一门就是他讲的幸福课（大家可以到网上去看，下面都有汉语翻译），有几十节课。因为在哈佛大学，他的课的选修率第一次超过经济学。以前哈佛大学所有的学生梦寐以求的是发财，现在哈佛大学梦寐以求的是幸福。因为大家都感到不幸福了，所以心理问题在发达国家也很严重了。

我是学伦理学的，我喜欢从我的角度跟大家介绍一下幸福在哪里。伦理学往往从人性入手。关于人性，儒家说“人之初，性本善”，法家说“人之初，性本恶”。我自己的研究，从老百姓这个角度，从世俗社会来说，人性是告子说的——“食色性也！”这句话出现在《孟子》这本书中。孟子批判告子：“人之性，狗性牛性乎？”如果像你说的，人性是食色的话，人和狗、牛有什么区别呢？不应该呀。这句话在《孟子》这本书中出现是做反面教材的。但是我认为，在中国的现实生活中，深入人心的就是这句话。

比如我们拿“食”来说。大家看“美”这个象形字怎么来的？羊大为美。所以跟吃有关，和花、草没有关系，大羊的滋味才是美。因为我们的传统文化源于中国北方的黄河流域。西安、咸阳那边，在唐朝是以吃羊肉为主，所以最美的事情就是吃大羊的羊肉，今天我们形容女孩的美都说“秀色可餐”。中国人对吃的爱好在世界上是有名的，是由传统带来的。两千多年前有先秦食谱，我将它翻译成现代语：那个时候是诸侯王才可以吃的，现在我们每个老百姓都可以了。西方人到中国吃完美食之后，怎么评价中国人呢？这是在中国待了54年的传教士史密斯，回美国后写的一本书《中国人的人性》。当时美国的总统罗斯福说：“想了解中国人吗？看看这本书吧。”当年鲁迅也说：“麻木的中国人！”我们想知道西方人怎么看待我们的，就看看这本书吧。

他说我们中国人就由两部分构成：胃和钱包。一切民族普遍具有与生俱来的好奇心，我们没有。这里是不是有点种族歧视的味道呢？我们看看

1922 年爱因斯坦访华，回国之后接受记者采访："他们对我的招待虽然很热情，但我认为有悖于伦常道德。"他的妻子说："他们招待我吃的一顿饭，够我吃一年的了。"大家可以想想，我们上海人会怎么接待世界头号的大科学家，这种热情是什么样子的。我们看一下，比尔·盖茨当年宴请中国主席，四道菜；英国女王请中国领导人，四道菜；美国总统宴请俄国总统吃饭，是美国白宫普通的国宴菜：四道菜。当然不是每顿都这样。大家想想，在我们中国，哪怕村长请村长也不能吃这个呀！

西方人人均几万，但是重点不是放在吃上。有人说：不对呀，我们中小学、大学引进的"与校长共进晚餐"就是向美国人、欧洲人学的呀。比如 2011 年，成都搞了一个"与校长共进晚餐"活动。我们看一看原版的欧美和校长共进晚餐是怎么回事：美国麻省理工学院，"共进晚餐"活动每个人都有机会，在食堂吃，随便报名。原版的"与校长共进晚餐"的重点不是吃，是交流！到中国后变成吃了，主题全部变化了。西方人认为我们太好吃了，忽略了所有民族与生俱来的、只有中国人没有的——curiosity，就是好奇心或者求知欲。亚里士多德在《形而上学》这本书中开篇第一句话就是"All men by nature desire to know"（所有的人生来都想知道），说全世界人都有这个，生来就是这个东西，只有中国人没有。其实中国小孩子是有的，有一首歌《童年》："没有人能告诉我，为什么太阳总下到山的那一边……没有人告诉我，天底下有没有住着神仙……"大人都说小孩子傻，长大了就不问为什么了。长大了、成熟了，按照西方人来说，当你成熟了，没有 curiosity 之后，你也就没有幸福了。

西方人说我们中国古代没有哲学，因为中国古人没有问这个问题：世界是怎么来的。像博士学位这个词 Ph.D——Doctor of philosoph 这个原始问题（哲学问题）分解出了物理学、化学、天文学、数学。中国人为什么不问这个问题？这个世界怎么来的和你有关系吗？我们很早说解放奴隶，然后自给自足了，有时间你耕耕地、缮缮房、挑点水、劈劈柴吧，世界是怎么来的当吃还是当喝？问这个问题没有用呀！西方认为我们中国人过于重视追求人的下层需求：安全、生存。生存就是吃喝。对于人的上层需求，尤其是求知审美

的需求，中国文化给忽略了。求知、审美就是第五层次的需要。由于我们不同的传统，导致了不同的历史和不同的文化。

大家知道古希腊是奴隶制国家，奴隶主吃饱喝足就琢磨这个世界是怎么来的。而我们是封建小农社会，自给自足，我们没有时间去考虑这些用不着的事情。这些问题对世界其实很有用。比如说二战，当日本宣布投降的时候，中国人很纳闷：靠我们中国的实力是不可能让日本投降的。最终我们发现是美国的两颗原子弹打败了日本。原子弹怎么来的？就是从100多年前这个问题来：太阳为什么这么经烧？当时欧美科学家发现太阳既不是烧煤，也不是烧木头，它已经烧了几十亿年了。可是按照中国的文化来说，太阳烧什么，和你有关系吗？结果有关系了，研究这个问题就研究出核能、研究出原子弹了，把日本给打败了。所以大家看西方的科学跟有用是没有关系的（到最后还是有大用的）。我们往往注重实用，谈什么都说"有用""没用"。像佛教到中国，必须有用化：许个愿，你得给我实现了，我才还愿，否则我不会去的。而西方宗教信仰是讲无条件的。

这就是今天我们传统文化的一个继承，这个毛病比其他任何国家都要严重。丁肇中作为诺贝尔奖获得者（大物理学家，研究寻找暗物质）曾到中国南航做讲座，讲座结束之后，回答学生提问。两三个问题之后，丁先生拍案而起。学生问："丁先生，由您牵头，花这么多钱，全世界大科学家云集美国，您认为您能找到那个暗物质吗？"丁肇中：诺贝尔奖授给了三个美国科学家，他们发现宇宙在膨胀，膨胀肯定有暗物质，因为按照引力来说不应该是膨胀的，所以在寻找暗物质。第二个问题是："这个研究花这么多钱到底会有多少经济效益？"丁肇中鼻子都气歪了：中国人为什么在自然科学上没有突破，研究成果得不到诺贝尔奖？什么都跟"有用""没用"挂钩！科学和"有用"没关系的，都是为了满足好奇心，你越想"有用"越搞不出来。人是鼠目寸光的，所以他讲："100年前的X光、电子发明，当时获诺贝尔奖的时候什么用也没有，现在什么能离开X光，什么能离开电子？"他了解西方的科学精神，比如哥白尼的"日心说"。哥白尼不是科学家，是教会看仓库的保管员，业余爱好观天文，结果名垂青史了。所以西方自然科学的进步都不

是我为了什么——我要做爱国的科学家，我要有所发现有所创造——而是喜欢，喜欢，就做出名堂来了。他自己获得了幸福，又有事业的成功。像俄罗斯的一位大数学家，是院士。2006 年，美国的《Science》杂志列举当年十大科学发现，他的发现排在第一位——解答了 100 多年前的庞加莱猜想。按照科学院的约定：100 万美金的奖金。但是科学院很犹豫，给不给他 100 万美金呢？不给吧，他解决了问题；给吧，他没有发表在任何刊物上，就是随便挂到网上给大家看。很多人说，你不用犹豫了，不要纠结了，人家根本没时间去领你的奖金，没时间去花钱。他每天邀游在数学王国，幸福无比。乔布斯 2005 年在斯坦福大学毕业典礼上演讲的时候（这时候他已经做过癌症治疗手术了，我想他已经知道自己没有几年了），讲他人生的三段经历（这个网上都有的，因为时间关系，不详细介绍了），最后，他送给年轻学子两句话："什么是人生之幸福？ stay hungry，stay foolish"。网上翻译得很不好：虚怀若谷等等。不是的，是"保持饥饿，保持愚蠢"。为什么要"保持饥饿"？如果你吃饱了喝足了，你就想睡觉。所以饿点没什么不好的，不要吃得太好了。然后"保持愚蠢"，如果你很成熟了，"人的脑子里就是胃和钱包"，就是钱了，所以"愚蠢"点更好。问个为什么、研究为什么、解答为什么，你的幸福就来了。

我给大家介绍一下，从伦理学角度讲，幸福来源于哪里：幸福来源于你吃饱喝足。你不愁吃不愁喝就行，多少房子，多少存款，不一定带来幸福。带来幸福的东西应该是"爱好"，大到学问、学术、一些问题。人们都说"人活七十古来稀"，而中国一些古代大学者都活得很长。孔子一生颠沛流离，还活了 73 年，因为人家很幸福，一直琢磨着"有教无类"，或者是修订《诗经》，或者是听音乐、弹琴……按照中国古人智慧来说，什么叫幸福？就是"人生四大喜"：洞房花烛夜，金榜题名时，久旱逢甘雨，他乡遇故知。没结婚，洞房花烛夜一辈子都没有，这不白活了？但是他们死之前说：我这一生活得特幸福。"久旱逢甘雨"，现在是两个月不下雨，三个月也没关系，北京已经 90 多天没下雨了，哪都有粮食，拿钱买去。"他乡遇故知"也没什么意义了，我的老乡，在台州学院好几十户，谁见谁都不掉眼泪了。"金榜题名时"还

喜什么呀，浙江 70% 高考生拿到了通知书，除非北大、清华的，基本上没啥激动的了。"洞房花烛夜"，你能天天洞房花烛夜么？中国古代的皇帝，生卒年详细的 290 多位，活到 69 岁以上的只有 12 位，为啥呀？累的。

所以我们说，你只靠传统的人生四大喜，人生就没有幸福感了，没有这种高峰体验了。真正的高峰体验来源于哪里？来源于你对某个事物的爱好。一个是小时候的培养，再一个要看你天生喜欢什么。你喜欢就去做，把它做好，这就是人生的一种幸福。2009 年去世的几位大学者，我给大家介绍一下。季羡林这个大哲学家，98 岁；任继愈，中国国家图书馆馆长，也是大哲学家，93 岁；周辅成，是我们伦理学界的第一把交椅，98 岁；钱学森，98 岁；贝时璋，生物学家，105 岁。真正的学者就是喜欢钻研、搞学问的，基本都健康长寿，而且还是幸福感超强的。2012 年去世的，周汝昌，红学家，研究《红楼梦》，90 多岁；南怀瑾，95 岁。香港的饶宗颐，生于 1917 年，现在还健在。余秋雨说："香港有饶宗颐，就不再算文化沙漠了。"季羡林生之前说："我只佩服一个人，就是饶宗颐。"周有光，今年已经 108 岁了。

幸福到底来源于哪里？答案网上都有，我是抛砖引玉，给大家截取了一个片断。总之，最终的一个结论就是萧伯纳说的一句话："幸福的人是活在爱好中的人。"如果没有爱好的话，有多少钱也没有幸福，如果有爱好的话，即使每天上上网，抽根烟，下下棋，也可能是很幸福的。所以幸福的人应该是有爱好的人。今天就讲到这里，耽误大家时间了，谢谢。

（以上内容根据 2014 年 1 月 25 日的讲座录音整理，略有删改。）

幸福在哪里

陈益民　（天台县委宣传部副部长、天台县文联党组书记）

各位朋友，上午好！

今天是农历七月初七，传说中的牛郎织女鹊桥相会之期。感谢大家来到这里，和我共同分享这一段时光。

我今天主要谈谈自己对人生的一些感悟。以我的年龄、我的资历，来谈论人生这一沉重的话题，似乎并不恰当。我只是希望，通过我的讲述，能给大家带来一些思考和启迪。

人生就像一趟旅行。不同的人在不同的背景、不同的时间、不同的地点出发，一路上不知道会遇见谁、看到怎样的风景、发生怎样的故事、又以何种方式结束"旅行"。

所以，不同的人对人生有不同的认识。同一个人，在不同时期，对人生也会有不同的体悟。不仅如此，即使同一个人，在同一时期，对人生的认识也不会是单一的，而往往会处于一种复杂的矛盾之中。

孔子说自己，"吾十有五而志于学，三十而立，四十而不惑，五十而知天命，六十而耳顺，七十而从心所欲而不逾矩"。他是孔夫子、孔圣人，我们是凡夫俗子，比不了。但一个人来到世上走一遭也不容易，纵活百年，也不过三万来日，自当珍惜，尽可能少留些遗憾。所以，每个人都需要在各个阶

段对人生进行自我的审视和思考。

下面，我分五个方面，谈谈自己对人生的一些想法。欢迎大家批评指正。

一、珍视生命

中国人最忌讳谈论死亡。我们经常听到身边的同事或朋友讲，自己几岁至几岁干什么，几岁到几岁又干什么。看到世界，甚至身边发生的灾难，可能会同情、惋惜，乃至感伤，但很少有人会思考：这种事情会不会发生在自己身上？如果发生了，又会怎样？

以前，我也如此。按照世界卫生组织的报告，中国人均寿命已达到76岁。所以，总以为生命对于自己来说还很漫长，而对之缺乏应有的警醒和尊重。

我对生命的重新认识，经历了很长的一个过程。

记得2008年的一天，我的一位同事来到我的办公室，给我提了一个问题："陈主任，古人说'四十不惑'，你今年四十了吧？不知你有何感想？"

也许这就是天台山文化吧。天台有很多文人，就喜欢思考。

我在天台山顶峰的华顶林场工作了七年，又在当时当地最大的企业和报社待过几年，之后担任人大办公室的秘书、副主任、主任，长达十五年。

这个时候发生了一件事。根据县里的统一安排，我去殡仪馆参加一位企业家的追悼会。我对这个人熟悉，只有五十几岁，平时身体很好；据说从感到身体不适，入院治疗，到去世，也就短短数月时间，留下了常人几辈子都难以奢望的资产。

我并非没有经历过这种场合，甚至可以说习以为常，有些麻木了。但这次不一样，站在那里，我突然问了自己一个问题：如果今天，或者五年后、十年后，乃至二十年后，你离开这个世界，会有什么遗憾？

回来后，我通过百度查找了一个资料。根据国家统计局提供的数据显示，近几年，中国每年非正常死亡的人数超过了300万。几个大的单项，这里简单罗列一下：

自杀死亡：28.7万

药物不良反应死亡：20万

医疗事故死亡：20 万

患结核病死亡：13 万

道路交通事故死亡：10 万

装修污染死亡：11.1 万

工伤事故死亡：13 万

大学生非正常死亡：3000

中学小学学生非正常死亡：1.6 万

各类刑事案件死亡：7 万

过劳死：60 万

大气污染死亡：38.5 万

经由不安全注射传播而患肝炎和艾滋病死亡：39 万

5 岁以下儿童死亡：100 万

…………

还有一个资料提供的数据，就更加令人触目惊心了。说我们国家每年有800 多万人非正常死亡，其中 80% 为责任事故所致。

这些数字还是仅就死亡而言，那些大大小小的事故，使人致残致伤的，就难以计数了。

你可能会说，我的运气难道会这么差？灾难就一定会降临到自己身上吗？我要说，谁能保证你一生好运、无灾无难、安享天年？！退一步而言，即使灾难没有降临到你身上，也有可能降临到你的亲人或朋友身上，从而也改变你的人生。

事实上，只要我们静下心来，睁开眼睛看看外面的世界，包括我们身边的人和事，就会发现，每天不知有多少意料之外的事情发生。一个人，一个家庭，尤其是一个家族，每个人一生能平平安安、健健康康活着，实属不易。

老子《道德经》里有一句话："天地不仁，以万物为刍狗。"意思就是说，世间万物在天地面前，不过刍狗而已。刍狗是什么？古代祭祀时用草扎成的猎狗形祭品，用后即予舍弃或烧毁。

老子告诫我们，天地是无情的，世界是残酷的，它不以人的意志为转移。

人在这个自然界中，是渺小的、脆弱的，随时可能出现各种各样的意外。

那么，我们应该以一种怎样的态度来对待自己的生命呢？

去年，我看了一本苹果手机创始人乔布斯的自传。乔布斯说自己三十几岁得病、死里逃生后，每天早晨起床后，都会对镜自问，如果今天自己离开这个世界，会有什么遗憾？然后拟定一个目标，努力逐一去实施，今天能完成的事绝不拖到明天。

我不知道自己的引述是否准确，也不知道故事本身的真实性如何，但我宁愿相信它是真的！任何一位成功人士，其成功原因固然是多方面的，但其中肯定有一条是共性：成就非常功业之人，必有常人所不及之处。否则，纵一时风光，也很难久远。

这个故事，至少可以给我们以下一些启迪：

一是要有忧患意识。生命苦短，人生无常，今日难知明日事。一个人，一个家庭，一个团队，乃至一个国家，如果没有一种忧患意识，都会很危险。所以，人生需要保持一份清醒，多想想自己可能会遇到的各种不利的情形。有了这样的心理准备，当厄运甚至悲剧来临的时候，才可能坦然面对，而不至于惊慌失措。同时，也可以增强自己的一些防范意识，避免因为自身的无知和疏忽，人为地给自己或他人带来灾难。

二是人生要学会规划。规划不在大小，重在是否可行。大而无当的规划，不但毫无意义，更可能害人。当然，规划不可能一成不变，也不可能都实现。它的主要意义在于：一方面可以为我们的人生之旅指明前行的方向，另一方面，可以通过规划的实施，充实自己的人生。

三是人贵于行。最近，去台湾访问，我在万佛寺和法藏法师也谈到这个话题，有一点共识：就是一个人的境界，不在于你想了多少、说了多少，而在于做了什么。一个人妄念多了，烦恼与失落也多。想通了就去践行，人生的遗憾就会减少。

什么是遗憾？我觉得遗憾就是自己所渴望实现，而又力所能及的事，因为自己的懈怠或者麻木而错过了，最终无法弥补带来的失落，或者说悔恨。

大家都赤条条来到这个世上，最后，谁能说自己的一生没什么遗憾，你

的功德就圆满了！

一个人生命中最重要的东西是什么？

我认为就是生机。

当今社会蔓延着浮躁、功利和麻木之风，它侵蚀着每一个人的灵魂。尤其是年轻人，往往被这些东西，尤其是功利蒙住了双眼、禁锢了思想、堵塞了心胸、失去了自我。

在这个世界上，有许多比名利更宝贵的东西，我们却没有及时地去珍惜它，反而忽视它，甚至抛弃它，直至失去才悔之晚矣：比如健康、平安、自由；比如亲情、友情、爱情；比如日月山川、花草鸟虫……

我有一位朋友，和我年龄相仿，三十出头便当上了镇长，后来又当书记、局长，没想到四十岁不到得了癌症。有一次，他来找我，对我说："想来想去，生这种病只能怪自己，是以前长期沉湎于各种应酬惹的祸。现在这样倒好，功名利禄不放下也得放下，反倒轻松了，人生不过是一场感官的盛筵。"

来此讲座之前，我专门就人生这一话题，去请教了我的老领导王继祖先生。他当过老师，跑过营销，担任过县委组织部部长、副书记，市纪委常务副书记，从人大常委会主任的岗位下来后，现任慈善总会的会长，可谓阅历丰富、德高望重。他给我的答案，三句话、九个字：保平安、求健康、行善事。

这九个字看似平淡无奇，但我坚信，这是一位长者、智者阅尽沧桑后的肺腑之言。

老子也说："知足不辱，知止不殆，可以长久"，"祸莫大于不知足，咎莫大于欲得。故知足之足，常足矣。"

所以，我们都应保持一颗平常心，既能从长计议，又踏踏实实过好每一天。如果两者只能择其一的话，我选择后者。这就是我对待生命的态度。

二、命运之神

谈论人生，"命运"两个字回避不了。我不相信算命，但相信命运的存在。如何客观、理性、智慧地认识和对待命运之神，对一个人至关重要。

何为命运？这个话题不大好阐述。我们不妨从一篇文章和一个人谈起。

北宋有个状元宰相，叫吕蒙正，他在一千多年前写了一篇文章，题目是《命运赋》，又名《破窑赋》，不知大家有没有读过？

吕蒙正这个人不简单，河南洛阳人，宋太宗（公元 977 年）时的状元；一生为官清廉，敢于直言，曾三度拜相，是历史上很有影响的一代名相。

有一个关于他的故事。曾有人献古镜与吕蒙正，说能照二百里。他笑着推辞道："我的脸还不如一个盆子大，用'能照二百里'的镜子干什么用呢？"

吕蒙正的《命运赋》流传了 1000 多年，他在文中举了一个自己的例子说：

昔时也，余在洛阳。日投僧院，夜宿寒窑。布衣不能遮其体，淡粥不能充其饥。上人憎，下人厌，皆言余之贱也。余曰：非吾贱也，乃时也、运也、命也。余及第登科，官至极品，位列三公。有挞百僚之杖，有斩鄙吝之剑。出则壮士执鞭，入则佳人捧袂。思衣则有绫罗锦缎，思食则有山珍海味。上人宠，下人拥，人皆仰慕，皆言余之贵也！余曰：非吾贵也，乃时也、运也、命也。盖人生在世，富贵不可捧，贫贱不可欺，此乃天地循环，终而复始者也。

我在想，如果我们把人生比作一场麻将，决定最后输赢的因素很多：牌运、场地、时间、体力、牌技、心态、对手以及财力，等等。

命运就如牌运，既很难捉摸，又非常重要。但其他各方面因素，同样也不可或缺，并相互关联和影响。

从前，我在桐柏宫读到过一本书，叫《了凡四训》，具体细节记不清了，但其中一段话记忆犹新。书上说，命运这东西实际上亦有亦无，它只能管得住常人、俗人，但管不住超凡之人。因为命运之神亦非万能，还要看你本人配合不配合。

我非常赞同他的这一观点。就如打麻将，即使我们一时牌运不济，且改变不了，但完全可以从选择对手、调整心态、提高牌技、控制时间、增强体力等方面着手改变。人生不也如此吗？！

有的人可能认为自己笨，只能认命。我倒觉得也并非如此。

苏东坡被贬，蛰居多年后曾写过一首《洗儿诗》：

人皆养子望聪明，我被聪明误一生。

惟愿孩儿愚且鲁，无灾无难到公卿。

我对命运的认识是：一个人一生不会总是厄运，也不会总是好运，只是好运、厄运的迟早而已。好运属于有准备的人。也许你的好运就在不经意的瞬间，也许伴随着厄运出现，也许就在你人生最后的一段旅途之中……我们不仅要正视命运，更重要的是，学会如何去把握命运。

做人要拿得起放得下。没有拿得起，何言放得下？所以人生需要努力！尤其是年轻人，要有奋进的激情。对于年轻人来说，失败和磨难是宝贵财富，跌倒了还有许多爬起来的机会。

踏实做人做事，不要屈从于一时之得失，也不要心存侥幸。弘一法师说：人生最不幸处，是偶一失言，而祸不及。偶一失谋，而事幸成。偶一恣行，而获小利。后乃视为故常，而恬不为意。则莫大之患，自此生矣。而且轻易所得的东西，一是不懂得珍惜；二是容易得而复失；三是若得非所适，最后可能变成烫手山芋。有得必有失，有失必有得，正所谓"祸兮福之所倚，福兮祸之所伏"。

天下之事，岂非都是同样的道理？缺少过程的结果，有时看上去很美好，但就像大棚蔬菜和养殖的动物一样，缺乏味道，甚至是有害的。

不管命运如何，都要学会享受奋斗过程的乐趣。就以登山为例，有人凭借汽车、拖拉机或者摩托车上山，而你只能步行上山。别人可能比你早一步到达目的地，但也有可能身不由己，甚至出车祸。你尽管慢一点，但如果你是一个有心人，一个有着乐观、平和的心态的人，知道领略风景，懂得积累经验，收获未必比前者少。

成也好、败也好，得也好、失也好，重要的是努力培养一种高贵的修为。古往今来，真正成为达官贵人，拥有超常权力、财富和声望，并善始善终者，毕竟凤毛麟角，多数人只能平平常常度过一生。

我总觉得，一个人的一生，可以平凡，但不该安于现状；可以清贫，但不该甘于平庸。没有权力、财富和声望不要紧，要紧的是如何做一个有精气

神的人、有道德修为的人。这是每一个人都可以努力为之的。

几年前，我曾经看过戏曲频道对越剧表演艺术家袁雪芬的一个采访。在谈到自己的母亲时，她说："我的母亲是一位没有知识的'文化人'。尽管家里很穷，子女都读不起书，但母亲的言传身教对自己的一生产生了深远的影响。"

有些人可能认为自己没有多少知识，各方面条件也不好，没法和别人比境界。不是这样的。

我在文艺部门工作，也是一位文艺爱好者。一般人认为，从文学艺的，修养境界会高一些。但你看看文艺界，甚至高等学府发生的那些五花八门、乱七八糟的糗事，就明白了，不是职业好境界就高。当官也好、经商也好、做学问也好、打工务农也好，难说修养谁高谁低，人格就更不用说了。主要看你的出发点是什么，做了些什么事。

再举个例子。美国第十六任总统林肯，上任后叫朋友给他推荐一位助手。这位朋友给他带了一个人来，林肯一见就回绝了，理由是对这个人的那张脸不满意。朋友惊愕，说脸是天生的，怎么能以貌取人呢？林肯说："一个人在四十岁之前，可以对自己的脸不负责任，可是四十岁之后，这张脸是自己的，后天的修养全写在上面。"这话非常有道理。

我们可以想见，被推荐的这个人，一定也是一个有身份、有知识、有能力的"成功"人士。再来看看我们农村和山里的一些年纪很大的老爷爷、老太太，没什么知识，家里很穷，脸上写满沧桑，但宁静、自然、平和的言行和举止，近之使人如沐春风！你能说他们没有文化、没有修养吗？

三、何谓成功

处于如今这个时代的人，谁不渴望成功？但怎样才算成功呢？

按照世俗的眼光，一个人成功与否的评判标准，不外是权力、财富和名声。也只能是这三个标准。你说一个人既无权，也无钱，又没有名气，进不了人们的视野，何谈"成功"呢？

天下之大，熙熙攘攘，皆为名来，皆为利往。古来如此，如今尤甚。在

一个一切都功利化的年代，只要是一个人，一个正常的人，都难以消除名利之心。这也可以说是个人乃至社会进步的一种动力。

我也不例外。在担任"小秘"时，心里想着，有一天能当到副主任就好了。三四年后，心想事成，又动起了当主任的念想。如愿以偿当上主任，没多少时间，又不满足了。

幸亏工作的不如意，和对人生的反思，使我在几年前做出了今天的选择。我经常跟人说，自己在人大十五年，最大的收获就是，不再羡慕谁拥有多大的权力，也不再羡慕谁拥有多少的财富。当官的好处，大家都看得见，但背后的无奈、束缚和痛苦，一般人体会不到。

很多人不理解，我为什么会选择现在这个岗位。其实我内心很清楚，能够成为工作的、生活的、时间的主人，岂是金钱和地位换得来的呢?!

在当今社会从政，可以说是最简单的。一个人如果这个也干不了，还有什么事你干得了呢? 还想在社会上混饭吃? 但，当官，要说难，还真难。

一个人要在仕途发展，想干出些名堂，必须具备相当的素质。除了胆魄大、体魄强、善应酬外，还要有思维清晰、能说会道、统筹兼顾等本领。关键还要赢得领导的赏识。

此外，大家都知道，当官的风险也越来越大，若手脚不净，什么时候"进去"也不知道。

老板也不容易。一位年长的企业家告诉我，当地和他一样、改革开放后第一批办企业的人中，只有他至今立稳脚跟。其他则死亡的死亡，企业倒闭的倒闭，坐牢的坐牢，无一幸存。他说这话时，颇有兔死狐悲之感。

以上，我之所以用很大一个篇幅，讲述自己对这个社会，以及权力和金钱的认识，只是希望促进大家对"成功"两个字的一些思考，跳出"成功即是拥有权力、金钱和名声"的思维定势。可能有些话说的有点过，令一些人感到刺耳，但我绝无鄙视之意。

对一个人来说，能拥有权力、财富或名声，哪怕是暂时拥有，无疑可以称得上"成功"，或者说是成功过。但除此之外，对于大多数的普通人来说，有没有成功? 成功又意味着什么呢?

经过这些年的思考，我对"个人成功"的理解是：

就一时一事来说，实现既定目标就是成功；就一个人的一生来说，找到适合自己的生存环境，可谓成功。

何谓一时一事的成功？这个大家都能理解，举几个例子：我要拿枪打下树上的一只鸟——枪响鸟落，说明成功了；枪响鸟遁，说明失败了。若鸟没打中，却打死了树下的一只兔子，这叫运气，不能算成功。因为你运气好，打中的是兔子，如果运气差，以这样的枪法，可能就打死人了。

我原来的一位部下对我说，如果自己能比身边资历相当的同僚领先一步得到升迁，这就是成功。他甚至觉得，成功是建立在别人的痛苦之上的。后一点我不敢苟同。

一个男孩子，或一个女孩子，如果能追求到自己心仪的另一半，恭喜你！说明你找对象成功了。当然，以后怎么样，就是另一回事了。

这里，主要还是谈谈，为什么说对一个人一生来讲，能找到适合自己生存的环境，就可谓成功的问题。

我是森林保护专业毕业的，书读得不好，但懂得一些基本的树木知识。世上各种花草树木，对生长环境适应性各异。比如，对土壤的要求，有的适合酸性，有的适合碱性，有的则适合中性。除了土质，它们对海拔、湿度、阳光、温度的要求也不同。也正因为如此，不同的地方会有不同植物分布，构成了植物世界的丰富多彩。

如果我们把一株树，种在不适应它生长的环境里，它就会产生变异，甚至生病。成语"南橘北枳"讲的就是这个道理。

动物也是如此。龙，就该居于深海，若困于浅滩，如何呼风唤雨？虎狮，就该傲啸山林，虎落平阳遭犬欺。你是兔子，能找到安全的、长满青草的土墩，就是成功了。当然，生命是平等的，我无意贬低兔子，如果是金丝兔，价值也未必亚于老虎、狮子。我也经常把自己比成兔子，缺乏狼性、虎性，斗不过人家，有份铁饭碗就不错啦！

植物如此，动物如此，人又何尝不是如此呢？

古人说："百人百性"、"泰山易移，本性难改"。每个人的性格、禀赋，

以及各方面的条件都不一样。这就需要我们去认识自我、认识社会，努力找到适合自身生存发展的环境。只有这样，才能更好地发挥自身优势，实现自身价值。

认识自我和认识社会，这个说起来简单，但是要做到，也很不容易，唯一的途径就是历练。

白居易有一句诗："试玉要烧三日满，辨才需待七年期。"只有经过长期的、艰辛的锤炼，我们才有可能真正认识自我、认识社会。否则，浑浑噩噩一辈子，到头来，我们可能连自己是骡是马都还不清楚。

一个人，一般年轻的时候都充满梦想和激情；但随着时光的流逝，在和现实的磨合碰撞中，它会慢慢地萎缩，甚至消失，让自己成为一个认命的人、安于现状的人。这是人生的一大痛苦。

成功人士之所以成功，我觉得很重要的一点，就是他的梦想和激情，就如一柄好的长剑，不但不会随着时光的流逝而渐渐失去光芒；相反，它会变得愈来愈锋利和坚韧。

任何一个人，不管你的出身多么卑贱、处境多么艰难、年龄多么大，只要你还拥有自由和体魄，就有自身价值所在；只是或许没有发现它，或者放错了位置。一把宝剑再好，你不把它放在火里，而是长期浸泡在水里，不也会要生锈吗？

此外，尽管每一个人都有自己的个性，但每一个人也都或多或少具有一定的可塑性，也就是所谓的潜能。如果你能够通过不断的历练和思考，把它挖掘出来，并加以发挥，就像赤城霞一样形成自身鲜明的特色，相信这个功夫不会白费。

当然，在努力的过程中，我们也需要讲技巧和方法。有些看似难以实现的目标，如果我们能够换种思维、换种方法，也许结果就不一样。好比我们需搬动一块巨石，靠蛮力不行，能不能使用杠杆原理呢？可能就会起到四两拨千斤的效果。

人既怕高估自己，更怕看低自己。前者容易使人栽跟斗，后者容易使人变窝囊。一般跟斗不可怕，一辈子窝囊就一辈子难受。

要学会客观地认识事物。以天台山文化为例，它确实了不起。但有人因此得出了"世界文化看中国，中国文化看天台"的结论，就不免夜郎自大了。

最后谈一点，就是尽量不要被世俗所左右。美国有一个临终关怀者，他通过大量的观察和调研发现，绝大多数临终者，都把自己年轻时往往屈从于世俗眼光，在一些关键时刻做出迎合世俗而非来自内心真实的选择，作为自己一生的最大遗憾。

人在很多时候，只能做个被选择者；很多时候，又会面临多种选择。我们所要做的就是，努力做一个可以自主选择的人，然后做出正确的选择。选择，往往比拼搏更重要。

四、烦恼即菩提

佛经里有一句话，叫"持智慧剑，破烦恼贼"。意思是，烦恼就像贼一样，防不胜防。相信在座的各位，对此一定也有同感。

一个人的一生，总是会被各种各样的烦恼所困扰。来自社会的、家庭的、事业的、情感的，方方面面，甚至还有很多的无名之恼。

我儿子刚升上高中、军训时，腿部严重受伤，在人民医院住院治疗。有一次，我听见一群医生在聊天。一个说，医院中百分之九十的医生活在郁闷之中。我正想：医生是治病救人的，应该保持良好的心态，即使心情一时不好，也能及时调整过来才是——只听另一个医生又接口道：我看百分九十还是保守估计呢！

你说，把一个病人交给这样一群医生去治疗，病人除了忍受病痛折磨，不增添烦恼才怪了。

事实上，不仅医院的医生如此，当今社会普遍存在这种现象。经商有经商的苦衷，教师有教师的郁闷，老百姓有老百姓的无奈，就是当官有权的，也有他的难处。

烦恼即菩提。这里，"菩提"指的就是智慧。烦恼破除不了，才是烦恼；它若被你化解，就不是烦恼了，转而化为你的人生智慧。

人要有事可为，无事则生非。今年五月初，我陪赵宗彪和王寒夫妇上华

顶看云锦杜鹃，途中谈及此事。宗彪拿出手机、翻开备忘录，里面储存着一句话："不是闲人闲不住，闲人不是等闲人。"他说，这是在外地某寺院参观时看到的，觉得很有道理，就输入手机、存储了下来。

不少人也和我讲，整天上班忙忙碌碌，但又不知道在忙些什么，烦死了。我说，对常人而言，有一份稳定的工作是幸福的。你不要把工作仅仅看成是工作，也要当作生活的一部分来看。忙碌的生活固然令人心烦，但是无为度日需要的是一种境界。贪欲焚身心，无事生是非，无所事事就会出事！

我一直主张人最好要有所追求。没有什么追求，至少也要培养一两种健康的爱好。或登山，或垂钓，或读书，或品茶，或种草，或做饭……皆无不可，而且要全身心地投入。这是缓解压力、消除烦恼的良药。

我非常敬佩市中级人民法院卢益民副院长。四十岁以后，开悟了，繁忙的工作之余，研究寒山子，尝试着也以诗的形式，对寒山子的每一首诗进行自我的解读。节假日，他常挂着一根拐杖，带着一把柴刀，浪迹于老家天台的山山水水、村村落落之间，朋友送他雅号"卢霞客"。几年下来，非但工作和爱好相得益彰，学问功力日增，更重要的是精神状态越来越好。值得我们学习！

交几个亦师亦友的知己。大家有没有发现：抑郁症患者多行为怪异、不喜欢与人交流。而自称"朋友遍天下"，忙于各种交际的，大多也不靠谱。

古人说："物以类聚，人以群分"，"近朱者赤，近墨者黑"。天台也有句老话："石头碰着石头堆，讨饭碰着讨饭胚。"如果我们要了解一个人的品性，光看他（她）在你面前的表现还不行，更应该认真、深入地了解一下他（她）的朋友圈，这是最好的镜子和参照物。

小孩子也一样。有的家长总抱怨自己的孩子贪玩，不喜欢读书。我总坚持一个观念：判断一个孩子有没有出息，看他与哪些人打交道，比看他的学习成绩好坏更直接、更有效。

人活在世上，离不开朋友。《红楼梦》里林黛玉说，"万两黄金容易得，人间知己最难求"。朋友不在多，如果人生中能交到三五个亦师亦友、可以贴心说说话的朋友，这是你的幸运。烦恼来了，交流交流，一起散散步，喝

喝酒，也许就烟消云散、豁然开朗了。

培养把工作和生活分开的能力、习惯。很多人都感到，自己工作、生活的压力很大。要善于控制自己的情绪。烦恼具有发酵、传染之功能，不分场合流露自己的烦恼，是一种幼稚的表现。

我们可以把工作的喜悦带回家，与家人和朋友分享，但不要把烦恼带回家。也可以把生活的喜悦带到工作中来，创造一种愉悦的气氛，但不要把烦恼带到工作中去。

烦恼多是心魔所致，要学会有效处理事务。以前我在办公室工作时，每天需要处理大量大大小小的事情；我就在手边放一张纸，把别人反映的、自己想到的，都一一记在上面；除了一些需及时办的事情外，其他的进行分类后，都先放一放。结果发现，在这些事情中，至少四分之一是根本办不了的，还有四分之一，过两天就会有更好的处理办法。

不要事事追求完美，也不要对别人太挑剔。有些人主观性太强，或自尊心太强，听不得别人的意见。有些人自我感觉太好，总以为别人不如自己，对别人做的事怎么看都不顺眼。有些人事无巨细，大事小事都追求完美，容不得瑕疵。这不是自寻烦恼吗？事实上，现实之中，很多事情是可为可不为，可这样可那样，对错也并无统一标准的。要知道，地球离开谁都一样转。

五、幸福在哪里

人生的意义何在？这是个亘古的话题，恐怕也不会有一个标准的答案。但是，无论如何，对于常人的生命个体而言，追求其自我幸福，永远会是题中之义。

那么，幸福又在哪里呢？

幸福在真实之中。这个世界是真实的，这个社会是真实的，每个人作为生命个体，也真实地存在于这个世界和社会之中。只有敢于面对现实、面对自我的人，才可能找到幸福。你说一个脱离社会、逃避现实、整天生活在自我设计的思想和行为空间里的人，会幸福吗？

刚才，我之所以用了整整四个章节，来论述自己对生命、命运、成功和烦恼的认识，是因为我觉得，在追求幸福的路上，这一切都是必须面对和厘清的客观存在。

　　还有一点非常重要，就是你如何去认识这个社会。社会就好比大海中航行的一艘巨轮，或在铁轨上奔驰的列车；我们作为乘客，既改变不了它的轨迹，也不能逃遁。你怎么办？逃避和消极的态度，只能使自我处于被动，甚至陷入困境。

　　当今社会，信仰缺失，道德滑坡，浮躁势利，存在这样那样的问题。我不是社会学家，对这些现象产生的根源及解决办法，没有深入剖析和研究。

　　但尽管问题很多，凭我的认知，觉得社会还是在进步的。从物质上讲，这是毋庸置疑的。不要说和改革开放前相比，就吃穿住行而言，我们江浙一带，和我到过的英、日一些国家比较，也未必见得逊色。从民主法治来讲，我在人大工作了十五年，也有深刻的体会，总体感觉在艰难中推进。就个人而言，生存和发展空间更是今非昔比。只要你真正有能力和水平，敢于吃苦、拼搏，不愁没有施展才华的地方。

　　所以，我们不能仅仅看到这个社会存在的问题，也要看到其进步之处。至少很少有人愿意回到二十年、三十年之前的岁月。

　　"以佛修心，以道养身，以儒治世。"这是我们国家文人志士，自古以来崇尚的一种处世哲学。

　　社会是一个整体，作为个体，我们都有责任、有义务使它变得更加美好和谐，这既是对社会负责，也是对自己负责。当然，我们也要服从自己心灵的呼唤，努力找到适合自我生存的空间，做个真实的自我。

　　脱离现实的幸福是不存在的。现实是客观存在的，我们无法改变，但并不应该无所作为。就像一副牌，同样的牌，怎么组合、如何出牌，掌握在自己手中。

　　幸福在希冀之中。希冀是大是小、是远是近、是多是少、是雅是俗，都并不重要。希冀应该是真实而不是虚妄的。虚妄的念头，比如整天想着天上

掉大饼，地上捡黄金等，最后只能贻笑大方。希冀应该是善良而不是罪恶的。损人利己的欲望要不得。希冀应该是美好而不是丑陋的。美好的希冀，不但可以净化自己的心灵，也能给人以温暖。丑陋的欲望，即使埋藏在心底，也无益身心。

1987 年，我十八岁，从林校毕业，分配到华顶林场工作，住在寺院的一个小阁楼里。

当时的华顶，不像今天一样交通便利，来回一趟很不容易，也没有任何的娱乐设施。特别是到了冬天，冰天雪地，滴水成冰。交通中断了，蔬菜运不上来，每餐只能吃咸菜、炒饭。我在那里待了七年。这种清苦是当今一般人所无法体会的。

但是，现在回头去看，我反而觉得那是自己人生中非常美好的一段时光。

为什么？年轻，充满梦想。

特别是刚上山的几年。因为我喜欢写字，觉得把我安排到华顶，简直就是天意！整天可以捣鼓自己喜欢的东西，盼望也相信，总有一天自己能够出山，所以最苦也没觉得苦啊！

到后来几年，麻烦就来啦。因为不断地碰壁后，对自己渐渐失去了信心，心底也越来越空虚。最后，到了晚上不敢迈出住所的地步，一切都变得那么可怕！当初信心满满的时候，根本就没有这样的感觉。

这是我的切身体会。所以，我总觉得，一个人可以没有其他任何东西，唯不可没有希冀。它既是人生前行的灯塔和动力，也是幸福的种子和源泉。

幸福在爱心之中。大爱之人，内心充满阳光；自私之人，心底必定晦黯。幸福就在你爱心流露的一思一念、一言一行之中。

人心就是一面镜子。你以怎样的态度看待社会和他人，社会和他人也往往给以怎样的回报。

我以前最看不惯、也看不起的一种领导，就是太在乎别人对自己的议论和评价。事实上，问问自己的内心最清楚了，你若是真有能力、处事公正、真情待人的领导，有几个人会说你不好？只有不自信、不真诚的领导，才会

如此在乎下属的评价。何况，即使有人说你不好，也是很正常的事，用得着大惊小怪吗？所以，古人就说了："君子坦荡荡，小人长戚戚。"

我得出一个经验，非常有效，不信你们可以试试。就是你想别人说你好，自己先学会谦虚，然后人前人后多说别人的好话。你想别人对你热情，自己先放下架子，主动热情地上前打招呼。真做到这两点，还怕别人不讲你好，碰到你不热情吗？同样，我们要感受社会和他人对自己的爱心，也先得把自己的心捂热。只要我们自己不斤斤计较、在太在意回报，去奉献爱心，那么，对提高自己的幸福指数真的很有效。

我有一位同学的妻子，不知什么原因，以前睡眠质量很差，近几天碰到他老公，说她现在变了，因为开始信佛，天天想着积德做好事，不但心情越来越好，失眠症也不治而愈了。

我主张，为人处世，阴阳要分明。有些人喜欢做老好人，四面生光，不得罪任何人，还美其名曰中庸之道。这种想法和作为，既算不得好人之所为，也是对传统儒家思想的极大误解和歪曲。

所以有人问我，什么叫阴阳协调？简单地可以这样说：就是阴阳分明，而又不执于一端。你看，成语里"不阴不阳""不上不下""不三不四""不黑不白"等，带两个"不"字的，基本上都是贬义的。

幸福在劳动之中，只有劳动才会有收获。收获可以是精神的，也可以是物质的，它不在多少，更多在于劳动的过程、体验之中。人生如果没有收获，没有积累，心底怎么能踏实呢？

人是需要有其价值体现的。儿子上高中了，我对他说，一定要努力学习，争取均衡发展；做不到，想办法，在一两门功课上重点突破；还不行，可以在兴趣爱好上培养一技之长；都不行，是否想想如何和老师、同学搞好关系；实在不行，那就带个女朋友回家吧！人不能一无所长、一无所得啊！

你说，一个人如果整天只会胡思乱想，或混混沌沌、四肢不勤、游手好闲，没有价值体现，能获得幸福吗？即使一时开心，又岂能久长？

有一天早上六点半左右，我送孩子上学归来途中，看见一家卖牛杂的早点铺里面坐满了人，充满着欢声笑语。我进去找个位置坐下来，从他们

的穿着和交流中，发现多是扫大街的环卫工人和黄包车夫。他们放口吃、大声讲、爽朗笑，无拘无束。这个情景，一直印在我的脑海里，并深深感染着我。

幸福开心也许本来就是这么简单！

今天我就讲到这里，谢谢大家。

（以上内容根据 2014 年 8 月 2 日的讲座录音整理，略有删改。）

现代女性的择偶倾向及成功策略

郅玉玲　（浙江理工大学法政学院社会工作系主任、教授）

　　很高兴来到美丽的台州和大家一起分享"现代女性的择偶倾向及成功策略"这个话题。告子曰："食，色，性也。"还有句话："内无怨女，外无旷夫。"意思就是：男大当婚、女大当嫁本来就是社会的一个规律。进入 21 世纪，我们发现这方面好像出了问题，所以电视上的各种相亲节目非常火爆，像杭州每年也会在黄龙洞、万松书院等地方举行相亲大会。有的年轻人就跟我说："非常奇怪，我们难道失去了个人恋爱、结婚的能力？"

　　最近，电视屏幕出现了各种各样有关恋爱的电视剧，比如《爱情公寓》《来自星星的你》（有一个魅力十足的都教授），还有《大丈夫》《陶之恋》，等等，都是讲恋爱、婚姻的。到底什么是爱情？作为社会文化现象的爱情，一般是指异性之间的情感沟通乃至性爱交流关系。（大家注意，这里爱情是指男女两性之间，有的听众朋友会问："同性之间会不会有爱情？"我的讲座探讨是不涉及同性恋的。）这里有英国诗人布莱克的《爱情之诗》，大家看一下他是怎样描述爱情的：

　　　切莫告诉你的爱情

　　　爱情是永远不可以告诉的

因为她像微风一样

不做声不做气地吹着

我曾经把我的爱情告诉而又告诉

我把一切都披肝沥胆地告诉爱人了

打着寒战，竖头发地告诉

然而她终于离我去了，她离我去了

不多时一个过客来了，不做声不做气地

只微叹一声，便把她带去了

　　布莱克在诗里认为爱情是不可说的，如果一个人到处嚷嚷和谁相爱，这个不应该是爱情，爱情是只可意会不可言传的。作家张小娴，也写了一首诗《世界上最遥远的距离》：

世界上最遥远的距离

不是生与死的距离

而是我就站在你面前

你却不知道我爱你

世界上最遥远的距离

不是我站在你面前

你却不知道我爱你

而是爱到痴迷

却不能说我爱你

世界上最遥远的距离

不是我不能说我爱你

而是想你痛彻心脾

却只能深埋心底

世界上最遥远的距离

不是我不能说我想你

而是彼此相爱

却不能够在一起

世界上最遥远的距离

不是彼此相爱

却不能够在一起

而是明知道真爱无敌

却装作毫不在意

世界上最遥远的距离

不是树与树的距离

而是同根生长的树枝

却无法在风中相依

世界上最遥远的距离

不是树枝无法相依

而是相互瞭望的星星

却没有交汇的轨迹

世界上最遥远的距离

不是星星没有交汇的轨迹

而是纵然轨迹交汇

却在转瞬间无处寻觅

　　她写的爱情确实像风一样，来无影去无踪，但是感觉到应该是有处可寻的。她还说："世界上最遥远的距离，不是瞬间便无处寻觅，而是尚未相遇便注定无法相聚。"这就是说爱情是需要有缘分的，没有缘分就没办法相聚。最后写："世界上最遥远的距离，是鱼与飞鸟的距离，一个翱翔天际，一个却深潜海底。"让我们感觉爱情确实是遥不可及。她还说："世界上最遥远的距离，不是我就站在你面前你却不知道我爱你，而是爱到痴迷，却不能说我爱你。"张小娴写了爱的几重境界：第一个就是相爱，第二个是相爱却不能爱，第三个就是没有缘分。我们都知道有一位女作家叫琼瑶，她写了很多爱情剧

本，也捧红了很多女演员：比如《窗外》中的林青霞，《在水一方》的刘雪华，《一帘幽梦》中的陈德容，《婉君》中的俞小凡，还有《苍天有泪》中的蒋勤勤，另外《还珠格格》中的小燕子赵薇，更是大红大紫……她们都因为主演琼瑶的爱情剧而成名为女明星，爱情确实是太有魅力了。

　　伟大的革命导师恩格斯曾经讲过："爱情是人类最伟大的进步。"就是说人类的婚姻进入一夫一妻制，大概是道德要求保持忠贞专一的性生活的时候，爱情就产生了。爱情的产生和发展是与婚姻家庭的产生和发展相联系的。恩格斯的这个论断是说爱情不能是三角恋也不能有小三，更不能有婚外情，爱情应该是与忠贞联系在一起的。"爱情"这个词最初来源于性欲或性交，在拉丁文中叫"厄洛斯"（EROS），是指性欲或性交，而不是大家认为的纯粹的精神上的东西。据说是希腊神话中有一个手拿弓箭赤身裸体的小爱神就叫厄洛斯，罗马神话中将厄洛斯称为丘比特，意思就是欲求。爱情观念的最初产生大致可以追溯到古希腊罗马时代，当时的神话常常谈起爱情，并有了代表爱情的女神阿芙洛狄忒和小爱神厄洛斯。希腊人将爱情主要看作是肉体的吸引、性欲的感受和恋情，但是他们在肉体的吸引当中还包含某种高尚的精神，具有一种朴素的美和诗意，希腊人认为爱情是灵与肉的结合，一方面是性欲，另一方面有感情的存在。列宁是这样讲的："爱情有三个要素：首先，性欲是爱情的前提，如果说男女两性之间没有性、没有性的欲望，肯定不会产生爱情；第二个，理想是爱情的思想基础，就是说两人要有共同的理想；最后，责任是爱情的社会内容。"

　　讲到这里，我要问大家："人生最大的风险是什么？"有些人说是投资失败，有些人说是找不到好职业，还有的人说是身体不好，我说是婚姻。人生最大的风险是婚姻，就是你要娶或嫁的那个人的选择，嫁得好或娶得好，即使事业干得差生活也不会差，至少幸福；嫁得不好或娶得不好，即使事业干得好也是白干，赚再多钱也无幸福可言。婚姻不好其实也很难干好事业，这就是中国人说的"家和万事兴"。好莱坞的老牌影帝道格拉斯，据说去年这个时候正在闹离婚，和第二任妻子——泽塔琼斯展开了离婚大战，最后没有离婚。为什么说是离婚大战呢？因为这个老牌影帝的财产是非常丰厚的，第

二任妻子比他小好多岁，因为是第二次结婚，道格拉斯就留了一手，和女方签了一个协议：如果女方在婚姻中出轨的话，是拿不到道格拉斯一分钱的。而泽塔琼斯也不是省油的灯，她也留了一手，当时在婚姻协议中就写：如果是道格拉斯出轨的话，至少要分他一半财产。去年他们的离婚大战是因为道格拉斯出轨，妻子就要求分给她一半财产，最后协商的结果是没有离婚。他那个婚姻中最后起了保卫作用的是财产，其实婚姻是和财产联系在一起的。

婚姻是什么？婚姻是社会对男女结合成夫妻的一种制度性的安排。这个制度在中国就是一男一女要结婚就要去民政局领结婚证，只要领了结婚证就是合法夫妻。在西方是要进教堂，比如像美国，一男一女进了教堂有牧师给他们证婚就算是合法夫妻。有些观众可能会问："如果在中国没有摆喜酒没有发喜糖，只是领了结婚证，算不算结婚？"这已经是合法婚姻，会受到法律的保护。反过来，有些人没有领证只是摆了喜酒发了喜糖，然后一男一女住在一起，向周围的人宣告我们结婚了，这只是一种事实婚姻。事实婚姻在很大程度上是不受法律保护的。记得一份报纸报道：有一对男女在结婚 6 年后要离婚，到法院起诉，法院就说把你们的结婚证拿出来，他们一听："我们从来没有领过结婚证，只是摆了喜酒。"法院就说："你们其实并没有结婚。"这就是典型的法盲，婚姻就是要去领证。缔结婚姻的关系是这样几个流程：结识（包括自己认识、别人介绍、婚介市场）—恋爱—结婚。中国的传统有订婚仪式，再举办婚礼，摆婚宴散发喜糖，这是获得社会习俗的承认；而婚姻登记是获得法律保护。所以要想获得法律的保护，就一定要去民政部门领结婚证，而不是只通过世俗的承认，最后进入家庭。

两个股神——巴菲特和查理·芒格，也非常看重婚姻的重要性，在对年轻学子前途方面提忠告的时候，多次强调过婚姻的重要性。2013 年 8 月，中国红娘网等机构联合发布了《2013 年职场婚恋观深度调查调研报告》，对于"您比较看重恋爱对象的哪些条件"这个问题，女性的前四位选择依次是：经济收入、人品性格、工作能力和籍贯，而男性的前四位要求则依次是：外貌长相、人品性格、工作性质及籍贯。这说明中国人择偶的时候是女重财男重貌。进入 21 世纪的青年，仍然很"传统"，男性比较看重女性的排在第一

位的还是外貌，女性看重男性排在第一位的还是经济收入。排在第二位的就是大家都认为人品要好。女的看男的还要求有能力，有能力的男孩子可能在20多岁的时候还没有成就，但是他有潜力，是潜力股，所以女孩子应该是比较看重男孩的工作能力，而男性对女性的要求排在第三位的是工作性质，这可能跟中国的家庭分工有关系，大部分人认为男的是在外面闯，女的要多顾家，所以择偶的时候很多男孩就说：女的最好是比较顾家的这种职业，比如像公务员、老师、医生，等等。至于做导游还有做市场营销的，看调查数据是不太受男性欢迎的，因为这些工作性质是要经常出差往外跑，不太顾家的。最后就是男女两性都比较看重的籍贯，中国人说"一方水土养一方人"，最后结婚过日子，还是要能够吃在一起、玩在一起，如果两个人饮食习惯有很大的差别，那结婚住在一起也比较麻烦。但是对于很多上过大学或者当过兵的人来说，这可能不太成问题，因为大学四年或部队几年都吃大锅饭，什么口味的都吃过，所以籍贯排在了第四位，而不是前几名。

　　接下来介绍几个择偶理论。第一个叫同类匹配，第二个叫资源交换，第三个叫择偶梯度。同类匹配就是说人们倾向于和自己具有类似特征的人结婚，组建家庭。类似的特征包括的内容很多，比如说年龄、受教育程度、家庭背景、种族、地域甚至外貌吸引力、智商，等等，这个就是为什么中国人说门当户对，讲的就是同类匹配。据说现代人择偶，男女的年龄差距，有的可以接受到10岁，我觉得10岁大了一点，因为人的寿命，一般的规律是能够活到80岁的女性的可能性大，如果一个20岁的女孩嫁一个30岁的男孩（因为30岁就不太青涩了，也开始有初步的事业了，很有吸引力），那么有没有想过你到70岁的时候，他有没有可能是80岁，或者说当你80岁的时候他有没有可能90岁，所以晚年可能就比较孤独，因为这是生理学的特征年龄。第二个就是受教育程度。为什么说受教育程度要相当，因为现代人都讲过日子要能谈得来，所以现代社会那种小芳类型就越来越少。《小芳》是李春波的一首歌，讲一个下乡知青，爱上了农村姑娘小芳。那是过去的五六十年代的那批人。但是现代，如果他是很成功的一个男人，即使妻子是一个家庭主妇，也往往非常能干，这个其实也是匹配。我曾经看过一个名作家写的一篇

传记，说他当时是很努力在做事业，但是妻子是个文盲，当他写作的时候会到一个地方把自己封闭起来，写好了之后，就回到家里和妻子分享。我想，这个是过去的一代，现在是越来越少了，因为谈得来是现代人婚姻的一个重要的方面。还有一个就是家庭背景。家庭背景也很重要，因为不同的家庭会教出不同的孩子。人生活的第一个场所就是自己的家庭，学习观摩的对象就是自己的父亲和母亲，所以出生在不同的家庭的人可能价值观是不一样的。还有一个就是种族。现在 21 世纪，很多人出国留学了，会找一个异国的伴侣，结婚几年之后就发现沟通不好，两个人对很多东西的理解都是不一样的，所以有些就离异了。其实跨国婚姻成功的不是很多，就是种族在背后起了作用，还有饮食习惯，如果两个人没有共同的饮食习惯，过日子也很难。还有地域、外貌吸引力、智商等都是同类匹配。钱学森和他的太太蒋英，走过了70 年的婚姻，很不容易，他们其实就是同类匹配类型，因为他们的父亲上一代是世交，蒋英小的时候经常到钱学森家里，关系很好，非常自然就成为夫妻。

第二个叫资源交换，交换的是吸引力、社会地位、个人特质和周围人的尊重。一对已经离异的夫妻，据说是一个典型的资源交换。妻子是一个雄心勃勃的女人，年轻的时候就说希望通过婚姻改变自己的命运，所以她的人生轨迹就是靠这个展开的，现在他们已经离异了，妻子也得到了她想要的财产，这是典型的资源交换。

还有一个叫择偶梯度，就是择偶行为中产生了择偶标准的性别差异，一般男性普遍倾向于选择比自己年龄小的、学历也低的、职业声望和收入也不如自己的女性为偶，而女性也倾向于选择比自己年龄大的学历高于自己、职业声望和收入也比自己高的男性为偶。社会上说大龄没有结婚的女孩子是剩女，其实从择偶的梯度来讲，这些女孩子都是非常优秀的，她们想找比自己更好的男孩，找不到，最后就成为剩女。比如说学历，有人说女孩子如果读了博士就嫁不出去了，所以我也会和我的学生说："你们如果要去读博士，最好先把男朋友找好。"即使找了，后来也还是挺麻烦的，因为你学历太高了，最后没有人敢娶你了。我周围也有些同学、同事出于好心愿意做红

娘："能不能给我们这边的一个女孩介绍一个男朋友啊？"我问："什么样的女孩？"说是牛津大学的硕士，毕业回来在一家外资银行任部门经理，我一听就说这种女孩子一般来说很难找对象了，她太强了，要找一个比她强的很难很难。所以现代剩女的产生很大程度是因为择偶梯度。就是因为择偶梯度的存在造成了这样一个问题：处于社会底端的男性和处于社会高端的女性择偶比较难。这两年炒得沸沸扬扬的跨国新娘，一些男性已经到越南去找老婆了。越南是一个女多男少的国家，而且经济发展水平不如中国，所以有些条件很差的男性就去找一个跨国新娘带回家。但是有问题：一个是跨国新娘入中国籍有难度；第二个因为没有户口，又加上有些人没有多少职业技能，所以就业比较难。所以条件很差的男性找了一个跨国新娘，最后他的家庭可能就会进入赤贫。还有处于社会高端的女性择偶比较难，我刚才也讲过了，因为女孩子太强了。另外从年龄上来说（根据一组统计学的数据），一般男孩子到了 34 岁才会有紧迫感，而女性到了 29 岁就会恐慌恨嫁。因为男性和女性的生理发育还有社会性发育是不一样的，女孩子发育比男孩子要早，不管是心理方面还是社会方面，所以女孩子可能到了 29 岁就担心自己嫁不出去，而很多同龄的男孩无所谓，到了 34 岁才会有这种担心。另外还有个统计数据说剩男中，低薪的占比比较高。就是说剩男中一般是收入比较低的，而剩女中高薪人数比例最高。所以社会底端的男性择偶难，社会高端的女性择偶也难。

讲一下现代婚恋观的几个畸变。第一个是情欲过度张扬，道德责任感趋于淡漠。比如有些人说我爱谁就是谁，不管对方有没有家庭，这就是一种畸变。第二个是社会责任感和家庭责任感淡化或丧失，忠诚度降低。比如说婚外恋，最后搞得家里鸡犬不宁，很大程度就是因为家庭责任感淡化。对婚姻来讲爱情是起点，提供支撑力，责任伴随整个过程，提供稳定的保障，所以正确的爱情观，是有这样的流程：恋情—友情—亲情。进入家庭五六年之后，别人问你对你的太太或对你的先生还有什么感觉，你可能已经没有什么感觉了，但是其实是有亲情的，就像人的两只手，两个人成了左手和右手，缺一不可，此时已经没有狂热的恋情了。爱情、婚姻关系出现混乱，主要是这样

几种混乱现象：第三者、包二奶、婚外恋情人，还有敢爱敢恨。这些都是爱情婚姻的混乱，择偶的误区，女性也容易陷入这些误区，比如说男主外女主内、男人强女人弱、男人大女人小，还有嫁郎嫁郎穿衣吃饭，都是一些误区。据说有一对老夫妻感情一直不好，过去因为孩子小拖着没有离婚，直到有一天孩子长大成人了他们才分手，办完离婚手续后他们吃了最后一餐饭，点了一只鸡，老头子一如既往地把他认为最好的鸡腿夹给了老太太，老太太第一次大发脾气："知道吗，我这辈子最讨厌的就是吃鸡腿。"老头惊讶地说："我这辈子最喜欢的就是吃鸡腿。"他们婚姻为什么出了问题，就是彼此没有真正了解对方，也就是沟通不畅，表达爱的方式因为南辕北辙成为分手的理由。跟大家分享一首诗，冰心翻译的，非常切题、非常美：

当你老了，头发花白，睡意沉沉
倦坐在炉边，取下这本书来
慢慢读着，追梦当年的眼神
那柔美的神采与深幽的晕影
多少人爱过你青春的片影
爱过你的美貌，以虚伪或是真情
唯独一人爱你那朝圣者的心
爱你衰戚的脸上岁月的留痕
在炉栅边，你弯下了腰
低语着，带着浅浅的伤感
爱情是怎样逝去，又怎样步上群山
怎样在繁星之间遮住了脸

下面讲一下择偶策略，主要有这样几个：第一个要先了解四种婚恋性格；第二个是要有共同的价值观；第三个是倡导匹配婚姻和梯度婚姻；第四个就是随缘也是一种很好的生活态度。先了解四种婚恋性格，就是说从恋爱、婚姻的角度来讲人是有四种性格的，不同的人有不同的性格，比如说红色婚恋、

黄色婚恋、绿色婚恋和蓝色婚恋，这借鉴了乐嘉做的分类。红色性格的人是快乐的带动者，他们做事情的动机很大程度是为了快乐，他们积极乐观，天赋魅力超凡，随性而又善于交际，典型代表就是《西游记》中的猪八戒，非常爱热闹而且爱耍小聪明。黄色性格的是有力的指挥者，这类人深层次的驱动力是做事情要实现一个目标，他们一般都具有前瞻性和领导能力，通常都有很强的责任感、决策力、自信心。黄色性格的人是不爱出风头的，但骨子里是非常愿意做领导的，而且对认为自己能做的事情很有把握，典型代表就是《红楼梦》里机关算尽、出尽风头的王熙凤，她做事情都有一个很好的谋划，而且还有很强的领导能力。蓝色性格是最佳的执行者，他们善于与别人建立持久深入的关系，具有非常可贵的品质，就是对朋友非常忠诚、非常诚挚，并且在思想上深层次地关心朋友，这种人不是做领导的，他们愿意做执行者而且注重友谊，据说典型人物就是《三国演义》中聪明反被聪明误的周瑜，还有天才诸葛亮，他们有谋略，不肯带兵打仗，愿意做参谋。绿色性格是和平的促进者，他们的核心是对和谐与稳定的追求，缺少锋芒与棱角，比较宽容透明，通常都非常友善，适应环境的能力很强，他们是很好的倾听者，典型代表就是《水浒传》中功成身退、唯一没去打方腊的入云龙公孙胜，他也是梁山的第一明白人。你碰到一个绿色性格的人说我们一起到哪里去吃饭吧，他会说好的，你说我们一块儿做什么吧，他也说好的，什么都是好的，一点儿主意都没有。绿色性格的人是非常热爱和平的，他很害怕和别人产生摩擦、产生矛盾。

　　下面介绍几种性格的人。有一个女孩子，开朗大方，开心的时候通常是哈哈大笑，长大择偶时挑花了眼，她不知道该挑谁——这就是红色性格，快乐，也没什么目标。第二个是一个工作狂朋友，他爱女朋友，也会用自己习以为常的对待工作的方式对待女朋友，他可能会把一万元的红包作为礼物送给女友，认为工作这么努力并把最珍贵的东西给对方是对爱情最好的表达，这是典型的黄色性格。还有一位女性，觉得男人要比她强大，赚钱比她多，当男人能够教她很多东西的时候，她很容易对他有爱慕感——这女孩是蓝色性格，很有谋略，要找一个能教她东西的人。还有一位男士，人际关系超级

好，大家认为他非常平稳，他的择偶标准并不是非常高，一旦年龄到了，有一些压力的时候，差不多就会结婚——这是典型的绿色性格。所以最后会成为剩男剩女的，可能一个是红色性格，还有一个是蓝色性格，而黄色性格和绿色性格的人一般不会剩下，尤其是绿色性格的，觉得差不多就行了，本来就没有过高的目标、过远的追求。有一位女性有选择男朋友的十条标准，如果他俩经历过一段非常长久、激烈的情感再分开，女孩就很容易停留在过去，新谈一个就会跟以前的进行对比——这个女孩也是一个蓝色性格，她很有谋略，所以最后也有可能成为剩女。

共同的价值观是指追求的人生和生活目标一致，对事物的看法基本一致。怎么理解价值观，我以 L、M、S、F 和 E 这几人为例讲一讲，大家听完后按自己的喜欢排列一下顺序，这个可以测出你的价值观。有个男人叫 M，他要和未婚妻 F 去相会，其间要乘船过河，这时他碰到一个女孩 L，就说："我现在要到河对岸去和我的未婚妻相会，你有船，能不能帮我渡过去？" L 看了 M 一眼说："我感觉你是个非常有魅力的男孩，这样吧，你不要和你的未婚妻相会了，我来做你的女朋友吧。" M 就说："这样啊，那我就不搭你的船了。"可他还是想去和 F 相会，这时他看到了另一艘船，驾船的女子叫 S，就对 S 说："我能不能搭你的船过去和我的未婚妻相会？" S 就说："好的，但是有个条件：你要陪我一个晚上。" M 想：反正第一个女孩子说做我女朋友我已经拒绝了，这个人又这么说，那我就陪她一个晚上吧。后来 S 就送 M 过了河，M 和未婚妻 F 相会了。未婚妻就问他："你怎么过来的？" M 开始还支支吾吾，后来良心实在过不去，就把他遇到的这两个女孩的事情讲给了 F 听，F 一听勃然大怒："你背叛了我，我要和你分手！"他俩就分手了。过了一段时间，M 又碰到了一个女孩 E，女孩对他表示爱慕，M 对她毫无隐瞒，就原原本本地讲述了他的几段故事，就是和 L、S 和 F 的故事，他说："我都告诉你了我的过去，你是什么态度？" E 说："这都是你的过去，那时候我不认识你，我不在乎。"现在请大家思考三分钟：这五个人，你最喜欢哪一个，最不喜欢哪一个。其实这五个人代表了人生的五样东西：E 指的是一个人的事业（enterprise），M 是金钱（money），L 是爱情（love），S 是性（sex），F

现代女性的择偶倾向及成功策略

是家庭（family）。据说这个测试还是比较准的，国外有一个女歌星，已经反复结婚、离婚好几次了，有人就拿这个去给她测试，结果她所选排在第一位的是 S，后来人家就告诉她这五样东西是什么，她开始不承认，后来想了想说是的，这其实是她内心对人生的看法。还有一个男歌手，在一个不景气的剧团里工作，很多人都跳槽了，但是因为这个剧团对他的要求比较低、比较松，他就可以到外面赚好多钱，所以他一直在这个剧团里工作，后来人家给他做这个测试，结果他最看重的是金钱。所以说价值观看上去是很空的东西，但其实是体现在了生活中的方方面面，每个人的第一追求是不一样的。像浪漫才子徐志摩，如果让他做这个测试的话，他首选的八成就是爱情（love）。就是说因为每个人追求不同，所以最后做的选择也就不一样。体现到择偶方面，就是一个女孩子和一个男孩子要终身相伴，两个人的价值观最好是一致的，如果价值观差别太大，生活在一起可能会挺麻烦的。还有一个价值观的小测试，也可以测一个人的行为取向（他是一个什么样的人），这个一般是对男人做的测试：一间房子失火了，你要出去，手机、钱包、香烟还有钥匙这几样东西，只能带一样，你选什么？带不同东西的人，其实对人生的看法是不一样的。带走手机的，比较看重友情；带走钱包，就是追求金钱；带走钥匙，是非常有家庭责任感的人；带走香烟，意味着他很容易对什么事情上瘾，做事情完全凭个人兴趣。

第三个就是倡导匹配婚姻、梯度婚姻。我不倡导资源交换，资源交换是非常功利性的，实际上你成家结婚最后还是想相守一辈子的。有人说霍启刚和跳水明星郭晶晶的婚姻，还有英国威廉王子和凯特王妃的婚姻，是不匹配的。其实从某种程度上说是匹配的。霍启刚是富家公子，在美国读的书，他爸爸对他要求很严格，提供的生活费并不多，他是靠奖学金读完的，而郭晶晶能拿跳水冠军就说明她的毅力是很顽强的，这就是说他们的品格还是很匹配的。据说凯特王妃当时嫁给威廉王子的时候，各种各样的信息，包括英国的报纸的报道，说是灰姑娘嫁入了豪门。还有人搜集了凯特的成长史，看看她和王子匹配不匹配，后来发现这个女孩子确实不简单，是一个很有能耐的女孩。我们知道英国是一个社会阶层划分非常严格的国家，等级很严，等级

与人的出生家庭有很大程度上的关系。据说凯特是出生在英国的一个中产阶级家庭，父母是做印刷图册生意的，因为做得比较早所以积累了很多家庭财富，但在英国是属于富而不贵的家庭。她的父母因为做生意比较忙就不怎么管她，她小的时候性格非常像男孩子，家里人当时根本就没想这个女孩子未来会是什么样，就随着她。在这种情况下，她很大程度是靠自己的兴趣来做事情的，据说在 15 岁那年她看了一本《王子和公主》的故事书，就立下了宏大的志向："我要成为王妃，我要嫁给威廉王子。"家里人都觉得非常可笑："你又不是贵族。"因为英国人喜欢贵族通婚，而凯特没有一点儿贵族血统。家里人都感觉她异想天开："你想怎么做贵族呢？"她说："我去看一看这些王子的成长史吧。"这个女孩很有心计，就去了解王子的生活习惯以及在哪里读书。后来就跟家里人说："王子一般是在英国一所非常有名的大学读书，我要成为王妃，最好的途径就是也到这所大学做学生，成为王子的同班同学。"家人就说："那可以的，那现在你要取得很好的成绩。"她就开始发奋努力，在这之前她的学习成绩不是特别好，最后中学会考成绩很好，同时因为她的家庭条件非常优越，就给她提供了足够的资金让她进入这所私立大学。据说她进入这所私立大学的时候，看到了 1000 个和她有同样想法的女孩。她就和王子成了同学，陪王子一起做作业、一起上课、一起去图书馆。当然，她也需要有自己的独门技艺，她的独门技艺就是小时候学的乐器，她因此成为了学校乐团的一员，经常上舞台弹钢琴，这个时候王子坐在下面，觉得这个女孩子和别的女孩子不一样，她就这样痴情地陪伴了王子好几年。当然，在这期间，王子也不断地传出绯闻，因为有很多女孩子讨好王子，还有些女影星围在他身边，但凯特始终毫不动摇，一直陪着王子，最后终于嫁入了皇宫。所以有的人说从她的毅力来说她绝对不是灰姑娘，她的意志很顽强，从她 15 岁那年想要成为王妃最后到 28 岁，她整整奋斗了 13 年。而且她为了成为王妃能够和王子匹配，必须去提高自己的综合素质。所以他们应该不是资源交换，而是一种匹配。匹配不一定就说是金钱的匹配、地位的匹配，其实人的性格能力的匹配也是一种匹配。

还有就是倡导梯度婚姻，尤其中国人，受儒家传统文化的影响，不管

到世界各地，都会感觉自己还是华人，有一颗不一样的华人的心，还是喜欢男的比女的稍微强一点。所以现代社会确实非常困惑，出现了很多所谓的剩女，有的人甚至到了40岁才结婚，可能是现代社会女性的地位在提高，经济地位也在提高，自己谋生已经不成为问题了，所以能够成为剩女的人很少是因为年龄到了就随便去找一个人嫁了，她会坚持到最后。所以我们说随缘是一种很好的生活态度。有一年，我在美国图书馆看《赖斯传》，讲的是赖斯的成长史，包括了她的家庭教育、生活还有志向。因为我研究婚姻家庭，比较关心的就是她为什么一辈子没结婚，看了这本书才恍然大悟，简单地给大家说一下。

赖斯是一个黑人，她出生的时候美国的种族歧视是非常严重的，如果坐公交车，黑人只能坐最后一排，有很多公共场所黑人是不能进入的。但是赖斯的家庭其实是一个非常好的家庭，父母都受过高等教育，爸爸是一所大学的校长。她小的时候，爸爸就带她到过很多地方，据说还去了华盛顿的白宫，告诉她："现在黑人是不能进入这里的，我希望以后你长大了，能够进入白宫。"这也是父母对她的期望，非常高。父母对的她要求也很严格，她五岁开始学钢琴，学了好多年。当时父母觉得老是弹钢琴很枯燥，想调剂一下，就问她："在学钢琴之余，你想做什么？"她说："花样滑冰吧。"学花样滑冰要在早上四点半起床去练，她学了一段时间后就不想继续练了，父母说："既然选择了就要坚持练下去。"所以当她长大成人的时候，除了文化课挺棒之外，还有两样特长：花样滑冰和钢琴。她进大学学的是艺术，修钢琴课。据说有一次，她来到别的教室里去旁听，当时是美国前国务卿奥尔布赖特的爸爸在讲苏联的历史，赖斯听了之后觉得很有兴趣，就转学了，不再主修钢琴了。这中间还有一段插曲，就是她参加了一次演奏会，发现有一个才六岁的小朋友钢琴弹得比她好，就觉得自己在这方面没有天分，迷茫的时候又听了她觉得很有意思的苏联史，她后来就专修苏联史，本科、硕士、博士一气读完。之后到麻省理工大学去教书。

关于她的情感史，那本书里只披露了一段。说赖斯因为会花样滑冰，对运动很感兴趣，曾经想嫁给一个棒球运动员。有一天两人相约一起去教堂结

婚，走在路上，赖斯看到一处风景觉得非常有趣，就吟诵了一首英文诗，结果棒球明星听了之后毫无反应："你说了什么？"赖斯一下子就说："我不跟你结婚了。"因为她觉得和棒球明星结了婚，他不能理解自己，就是文化不匹配。她也是一个绝对的完美主义者，所以最后一辈子没结婚。因为她和老布什的关系比较好，后来老布什的儿子小布什做总统的时候，她一直辅佐小布什。小布什知识储备其实是不足的，碰到事情的时候就喜欢和几个助手开很多会议，而赖斯知识储备是很丰富的，是他很得力的一个助手。赖斯就是因为太优秀了，所以最后没有结婚。

中国作协主席铁凝是到了50岁才结婚的。她在成为剩女的漫漫长路中也很郁闷，有一年她去给冰心拜年，冰心就问到她的个人问题，她说自己还没有对象，冰心就告诉她要随缘。到了50岁，她和华生结婚了。华生是中国一所华侨大学的副校长，早年是中国社科院的一个学者，在美国待了好多年又回国了，之后就在华侨大学任职。铁凝在50岁的时候和他喜结良缘也是一种随缘。所以我说其实婚姻也是三分天注定的，有的人既然已经错过了，只能慢慢去等，急是急不来的。

什么样的男人女人适合做夫妻？一共有十点。第一个就是彼此是谈得来的朋友。如果两个人没有话说，那么可能离夫妻的缘分就很远了。有的人结婚之后就很奇怪，夫妻二人做同一件事情很有默契，妻子说一句话，丈夫可能会说我刚刚想说的就是这句话。第二个就是有共同的人生价值观。刚才给大家讲了一个故事还做了一个测试，这其中都可以看出人的价值观。第三个就是彼此能充分了解、信任，信任到什么程度呢，比如说一个男人出去了，他把手机放在家里就相信：我的太太肯定不会看我的手机，不会去窥探我的隐私。太太也应该有这个想法，彼此信任。现代人的很多秘密都在手机里，如果夫妻双方不信任，可能就会去查对方的手机，看看对方的通话记录，查对方的一些什么东西。第四个就是遇事容易沟通，有什么想法会互相交流。第五个就是有奉献牺牲精神，为了对方可能会做出牺牲，比如说时间的牺牲、金钱的牺牲、精力的牺牲。第六个就是彼此能做到宽容大度，不斤斤计较，不会抓住小事不放。我在研究婚姻家庭的过程中看很多离婚的案例，感觉有

些人一点小事就要吵，说生活习惯不好，刷牙的时候牙刷总是很脏，牙膏都是乱挤，这其实都是不宽容。第七个就是志趣要基本相投。比如说一个人喜欢看球赛，另一个就对球赛烦得不得了，最后在世界杯期间可能会争吵。第八个就是彼此能够坚定地支持对方。对方要做什么事情地时候，你要坚定地支持他，认为他的选择自有他的选择道理。第九个就是彼此接受对方的家庭。其实你和一个人结婚，很大程度是和他的父母、他的七大姑八大姨、他的兄弟姐妹、亲戚连在一起，要能够接受，如果不能接受的话，多多少少会有问题。我碰到这样一个案例，有一对夫妻和丈母娘住在一个小区，丈母娘疼女儿，每天都要到女儿家里去做家务活儿。有一天早上五六点钟的时候我碰到这个丈母娘，她正拎着一筐菜，我问："你干什么去？"她说："我要去女儿家，我给他们买了菜。"我当时就做了判断，她的女儿可能要离婚了，果然，没过一年就离婚了。因为男方不能接受丈母娘管得太多。第十个是有基本的物质经济基础。当然不是像那个 80 后女孩说的："宁可坐在宝马车上哭，也不愿坐在自行车上笑。"基本的物质基础也是要有的，也不是非要有好房好车，可以双方一起按揭买房子，按揭买房子也会有共同的追求。但是现在的新《婚姻法》，又出了很多问题。所以如果双方要准备做夫妻，可能要考虑很多情况。前几天我碰到一个妈妈，她很着急，因为女儿 10 月 1 号就要结婚了，她给女儿买了房子，要到明年 1 月份才能办产权证，她的想法就是将房子鉴定为婚前财产。这也是上一辈人的想法，如果是她的女儿，我给的建议是："如果想白头偕老的话，如果房子是全款付清的，你就应该全款还给母亲，然后夫妻二人共同奋斗来还这套房子，这样你们才会有共同的奋斗目标，要不然后面会出很多的事情。"今天就讲到这里，这里有一首舒婷的诗——《致橡树》，说的就是我们倡导的匹配婚姻：

我如果爱你——
绝不像攀援的凌霄花
借你的高枝炫耀自己；
我如果爱你——

绝不学痴情的鸟儿

为绿荫重复单调的歌曲；

也不止像泉源，

常年送来清凉的慰藉；

也不止像险峰，

增加你的高度，衬托你的威仪。

甚至日光。

甚至春雨。

不，这些都还不够！

我必须是你近旁的一株木棉，

作为树的形象和你站在一起。

根，紧握在地下，

叶，相触在云里。

每一阵风过

我们都互相致意，

但没有人

听懂我们的言语。

你有你的铜枝铁干

像刀、像剑，

也像戟；

我有我红硕的花朵，

像沉重的叹息，

又像英勇的火炬。

我们分担寒潮、风雷、霹雳；

我们共享雾霭、流岚、虹霓。

仿佛永远分离，

却又终身相依。

这才是伟大的爱情，

坚贞就在这里：

爱——

不仅爱你伟岸的身躯，

也爱你坚持的位置，足下的土地。

这个其实就是一种匹配，你要想嫁高树，首先自己要做木棉，这是从女性的角度来讲。如果是小草的话，可能离橡树差距还是挺大的。

我今天就讲到这里，谢谢大家！

（以上内容根据 2014 年 9 月 27 日的讲座录音整理，略有删改。）

史海漫步

"礼义之邦"还是"礼仪之邦"?

王能宪　（中国艺术研究院常务副院长）

非常高兴来到我们台州，感谢郑局长，感谢台州市图书馆邀请，使我有机会来到这里，和各位有这样一个学习和交流的机会。刚刚主持人说让我"指点迷津"，不敢这样说，我只是在这里谈谈我的一孔之见、一家之言。我今天要讲的题目，实际上就是大家常用的一个成语，我们说中国是"文明古国，礼仪之邦"，现在很多人写成"礼义之邦"，那么究竟是"礼仪之邦"还是"礼义之邦"？虽只一字之差，但是境界之高下，真可以说是天壤之别。

所以，今天实际上就谈一个字，这个是不是小题大做呢？我个人认为：这一字之差，关系重大，我们很有必要加以考据和辨义。

最近这两年，习近平总书记对如何继承、弘扬我们中华民族的优秀传统文化，有多次的讲话。香港对这个事情有评论，送给习总书记一个雅号叫作"红色新儒家"，很有意思。大家知道"新儒家"是"五四"以来的一个学派，习总书记对如何继承、弘扬我们中华民族的优秀传统文化，至少有几次非常重要的讲话。我记得第一次是在考察曲阜孔庙的时候讲的；第二次是去年的"8·19"中央宣传思想工作会议，讲的内容挺多的；再有一次就是出访法国，在巴黎联合国教科文总部，讲到世界文明交流互鉴问题时，也讲到中国传统文化；还有就是最近一次，中央政治局集体学习，谈社会主义核心价值观这

241

个问题的时候，也讲到了传统方面的问题。就我个人的理解，觉得习主席讲得非常深刻，讲得很到位。我作为一名从事传统文化研究的文化工作者、学者，是很受教育很受鼓舞的，没有想到总书记讲得这么透、这么深刻、这么系统。这些年来，我对这些传统文化的问题也写过一些文章、做过一些演讲：在咱们浙江人文大讲堂，我讲了"如何看待国学热"；在浙江"人民大讲堂"讲了"如何看待国学热"；在温州大学，在上海、在长春一些大学，我也讲过"继承、弘扬中华民族优秀传统文化，是关系到我们国家民族前途、命运的战略问题"。这些都是从宏观的角度、从战略的角度去谈如何继承、弘扬传统文化。今天，我是就这么一个字、一个成语、一个点，来谈我们应该怎样去看待我们的传统——"礼仪之邦"这个问题。

我怎么会注意到这样一个问题？比较早的时候，我就发现很多人弄错了，把"礼义之邦"写成"礼仪之邦"，错到什么程度呢？可以不夸张地说，是几乎举国上下都错了。从一些报纸杂志、广播电视到学者的文章著作，几乎都用错了，都把"礼义之邦"的"义"加一个单人了。我们到百度上查一查，输入"礼义之邦"，它有一行粗体字提醒你："你要找的是不是'礼仪之邦'？"它以为我们弄错了。到"360"你输入"礼义之邦"，也同样是这样提醒你。百度上输入"礼义之邦"，你注意到下面大概有70万个解说项，其中大部分还是"礼仪之邦"；而你输入"礼仪之邦"的话，600多万条解说项——这是我以前的统计数据，现在也许比这个还要多了。

学者的著作，我这里只举两个例子。这是中华书局出版的一本书，作者是清华大学的教授，在他的前言，开宗明义："中华是礼仪之邦，中华传统是礼乐文化。"这曾经作为一种常识，印入每一位华人的心田。这句话后面都讲得很好，但是一上来就是"中华是礼仪之邦"，我认为这种表述是错的。还有一位鼎鼎大名的余秋雨先生，现在也是我们中国艺术研究院的客座研究员，我们还专门给他弄了一个"秋雨书院"，去年揭幕了。刚好今年3月12号，在云南西南联大讲坛有一个演讲，题目叫作《中华文明的三个优点》，其中有一点就说"中华是礼仪之邦"。他说在元代的时候，外国传教士对中国评价最高的是"礼仪之邦"，而且他在这个演讲中还举了一个例子来说明这一

点：这个传教士在中国的乡村生活时，有一户人家丢了一头牛，结果全村的人出动去帮他找这头牛——这位外国传教士说："这个中国是礼仪之邦。"各位，这是"礼仪"吗？一头牛丢了，大家帮他找是"礼仪"吗？还是"礼义"啊！这不是"礼仪"，是"礼义之邦"！（理由一会儿会讲。）

因此后来，我就把这个问题写成了一篇文章，大概两年前，"中华炎黄研究会"在澳大利亚的墨尔本举行了一个"21世纪世界华人论坛"，我参加了，就在这个会上，我作了个报告。北京师范大学教授、中华炎黄研究会会长许嘉璐先生，是一个搞古汉语研究、训诂学方面很权威的学者，他听了我这个报告之后，跟我提出了一个非常重要的问题，他认为我这个考据是很有道理的，是站得住脚的。后来《光明日报》的记者马上就跟我说："你能不能把你的论文改成一篇通俗的文章，在《光明日报》发表一下？"后来我就改成这样一个题目：《岂止一字之差——"礼义之邦"考辨》，把论文浓缩了一下，算是一个普及版吧，就在《光明日报》2012年12月17日（就是国际会议结束大概一个星期后）发表了。发表了以后，中国艺术研究院的一位学者刘梦溪先生看到了，说我这篇文章写得非常好，而且还告诉我说，牟钟鉴先生（也是一位很有名的学者）也很赞赏。后来我这篇文章又全文在我们中国艺术研究院的《文艺研究》2013年第二期发表了。大家如果有兴趣的话，咱们图书馆肯定有，可以找来看一看。今天的讲座，因为时间关系，我可能有些方面讲得不太具体，不可能展得太开。还有艺术研究院的一位画家，也是一位学者范曾，看了我这篇文章以后就专门给我写了一封信，说"大众在读，十分赞同……"他还说："我希望中国文摘期刊广以转载，辞典辞书更应更正之。"

王蒙先生，文化部的老部长，可以说是我尊敬的老领导，我跟他比较熟，有一次，他开新书发布会，也请我去，我就把这篇文章送给他一份。他一看，眼睛一亮："我也是这样看的呀！"他还说："我在很多场合也强调这个问题，不是'礼仪之邦'是'礼义之邦'。"

果然，我发现他写文章、在很多地方做演讲，也提到中国是"礼义之邦"而不是"礼仪之邦"。他说："我只不过没有像你这么系统地对这个问题

进行了研究。"

下面，我就这个问题来考据一番，看看究竟是"礼义之邦"还是"礼仪之邦"。我觉得虽然只是一字之差，但是含义相差很远。这两者格局之大小相差万里，境界之高下何止天渊。如果任其这样下去，不仅谬误流传，还将影响对中华民族及其传统文化的认识和评价，所以我认为这不是小题大做。

我前面说了"一字之差事关重大"，我们先来看看"礼"。"礼"和"义"，都是我们儒家思想的非常重要的概念，我们说"国之四维，礼义廉耻。""礼"和"义"居前两位。我们说"三纲五常，仁义礼智信。""五常"也包含了"礼"和"义"。

"六艺"是中国古代学校的六门课程："礼、乐、射、御、书、数"，就讲到"礼"。"礼"是礼制，"乐"是音乐，"射"就是武功，"御"就是驾车（古人跟我们今天一样，都要去学个本领，也要学会驾车打仗），"书"是写字、书法，"数"就是数学。还有"八德"，所谓的"八德"："孝、悌、忠、信、礼、义、廉、耻"，这些都包含了"礼"和"义"。我们知道，东汉时期的许慎，是我们历史上一位非常有名的研究汉字的学者，他有一本书叫《说文解字》，是中国古代最早的字典，他解释这个"礼"："履也，所以事神而致福也，从示，从豊，豊亦声。"大家知道，形声字有意符和声符两部分组成，意符是决定这个字的意义范畴的，声符是决定这个字的读音的。所谓"秀才识字读半边"，很多字都是可以行得通的。"从示"是表示这个"礼"与祭祀有关，"豊亦声"是说这个"豊"既有意符的内涵，同时又决定了它的读音。因为这个"豊"是存祭品的一个器物，所以它跟祭祀有关，它也跟这个字的内容有关，所以亦声。段玉裁是清代的一位学者，他的《〈说文解字〉注》也是一部很有名的书，说："履，足所依也。"穿鞋子嘛，足之所依。"引申之，凡所依，皆曰履。此假借之法"。他认为《说文解字》的解释："礼者，履也"是假借之法，因为鞋子是脚所依赖的一个东西。再引申一下，凡事要有所依赖的，都叫"礼"，这是假借。汉字有所谓"六书"，就是六种造字法，"假借"是其中的一种。《释名》是一部古代比较早的字典，它说："礼，体也，得事体也。""礼"跟事体有关系，《礼记·曲礼上》说："礼者所以定亲疏，决嫌疑，别同异，

明是非也。"说这个"礼"是很重要的一件事情。《论语》这部书里，谈到"礼"的地方就多达74处，是杨伯峻先生的《论语译注》后面附的《论语辞典》统计的一个数据。

"礼"在儒家思想里，在典籍当中，通常有三层含义：第一，是社会层面，这是"礼"的基本含义，就是指"礼节、礼仪"；第二，是政治层面，是"治国平天下"的含义，"礼法"，周公治礼卓越，是出于治理天下、治理国家的需要；最后一个层面就是道德层面，是人的修养和立身的含义，这个就是"礼义"。有这么三个层面的含义，社会层面、政治层面和道德层面，就是礼仪、礼法、礼义。

我们先讲社会层面。（古书上的一些用法，古人的一些解释。）

《礼记》说："君臣上下，父子兄弟，非礼不定。"《左传》说："夫礼，天之经也，地之义也，民之行也。"又说："名位不同，礼亦异数。"董仲舒，汉代的一个大儒，他说："礼者，继天地，体阴阳，而慎至容，序尊卑、贵贱、大小之位，而差外内、远近、新故之级者也。"礼的作用，是区分尊卑、贵贱、大小，区分内外、远近、新故的层次级别。郭沫若《十批判书》认为："礼之起于祀神，故其字后来从示。"就我刚才说的形声字的意符，起于祭神（祭鬼神），其后扩展而为对人、对社会，更其后扩展而为吉、凶、军、宾、嘉等各种仪制，就是古代所谓的"五礼"：家里办喜事叫"吉礼"；家里走了老人，葬礼叫"凶礼"；打仗之前要举行"军礼"；来了宾客有"宾礼"，有好事、有什么庆典，都有一套礼仪和制度，这是社会层面，也就是礼节层面的。

第二个，政治层面。《礼记》说："礼者，君之大柄也。所以治政安君也。"礼是治理社会的一个根本。拿我们今天的话说叫"抓手"，"君之大柄"，国君管理天下的非常重要的一个抓手，所以"治政安君也"。又说："夫礼，先王以承天之道，以治人之情，故失之者死，得之者生。"这是强调礼的重要性。《左传》说："礼之可以为国也，久矣。"意思是：用"礼"来管理、治理国家的话，这个国家就能够长治久安。你如果老是要去打仗、要去侵占别人的领土、资源，你这个国家就安定不了。孔子说："为国以礼。"治理国家靠礼乐制度，礼乐制度在某种程度上包含了法制的思想。荀子说："礼者，治辨

之极也，强国之本也，威行之道也，功名之总也，王公由之所以得天下也，不由所以陨社稷也。"

当政者能够以礼治国，就可以得天下，反之，这个"天下"就可能损失掉。又说："人无礼则不生，事无礼则不成，国家无礼则不宁。"这是荀子《议兵》和《大略》里的话。

第三个层面，道德层面。孔子说："不学礼，无以立也。"又说："兴于诗，立于礼，成于乐"，"非礼勿视，非礼勿听，非礼勿言，非礼勿动"。荀子说："礼者，养也。"礼就是修养。又说："礼者，人道之极也。"是做人的最高境界，这是《荀子·理论篇》里的话。《礼记》上说："礼尚往来，往而不来非礼也，来而不往亦非礼也。"这些都是大家很熟悉的话。

我把古人古书对"礼"的解释，简单地梳理了一下。下面我们来看看"义"。四书之一《中庸》说："义者，宜也。""义"就是中庸之道，处理问题不偏不倚、恰到好处就是"义"。这是"义"的含义。刚才提到过的《释名》，应该说是解释词语的最早的一部词典(最早的一部字典是许慎的《说文解字》，最早的一部词典就是《释名》)。《释名·释言语》中说："义，宜也。"跟《中庸》的解释是一样的，它后面又引申了一下："制裁事物，使合宜也。"处理问题恰到好处就是义。韩愈的文章《原道》里说："行而宜之之谓义。"处理问题、做事情恰到好处就是义。《原道》原文是这样的："博爱之谓仁，行而宜之之谓义，由是而之焉之谓道，足乎己无待于外之谓德。"他把"仁义道德"都用概括的语言准确地加以解释。我认为他解释得非常好。什么叫作仁? 博爱之谓仁。就是你对所有的人，对大自然的一草一木，都有一颗爱心，就叫仁。也就是孔老夫子说的"仁者爱人"。(你看西方所谓"博爱、平等、自由"这些概念，我们古人早就说过了，是不是啊?)"行而宜之之谓义"，就是说你用博爱之心去做任何的事情，做得也恰到好处，就叫作义。"由是而之焉之谓道"，你沿着这样的路往前走，"之"是往前走，"由是"，按这样的一个思想和行为往前走，这个就叫"道"。无所遵行、无视礼义、胡作非为、为所欲为，不叫"道"；遵循"礼"和"义"就叫"道"。"足乎己无待于外之谓德"，什么意思呢? 就是自己的修养、自己的品德已经非常地充足、非常地

丰富，不需要别人来提醒你，"足乎己无待于外"，就叫作"德"。

　　老子《道德经》，前面讲"道"后面讲"德"，五千年来，是我们非常重要的一个经历。这是对义的解释，有这个解释就引申出很多跟"义"相关的词汇来了，像仁义、道义、礼义、正义、忠义、情义、义士、义学、义理、义师、义田、义务……古书当中关于这个"义"的用法还是非常多的。《孟子》有 108 处讲到"义"，也是根据杨伯峻先生的《孟子译注》后面所附的《孟子词典》的统计。《孟子》讲"义"是讲得很充分的（《论语》，孔子讲"礼"讲得很充分），最有名的两段话，我们大家都很熟悉了，《告子上》："鱼，我所欲也，熊掌，亦我所欲也，二者不可得兼，舍鱼而取熊掌者也；生，亦我所欲也，义，亦我所欲也，二者不可得兼，舍生而取义者也。"前面作了一个铺垫、打了一个比方，说鱼是我所想要的，熊掌我也想要，这两者不可能同时拥有，这个时候怎么办呢？舍鱼而取熊掌者也，当然熊掌比鱼要更好吃，可能更值钱。这是大家都知道的、很简单的道理。下面是他要讲的话了：如果说生命（自己的生命很珍贵，对不对）和道义这两者不能得兼的话，这个时候应该怎么办？"舍生而取义者也。"孟子的境界非常之高，这就是古人所谓的风骨气节——为了道义，命都可以不要。这样的义士，这样的民族英雄，在我们中国历史上有很多很多：屈原、文天祥、岳飞等等。这里有一个小问题，大家要注意一下：这个"得兼"很多人把它弄错了，弄成"兼得"。"兼得"是一个现代汉语的词汇，这里的"得兼"中"得"的意思是"能够"，就是这两者不能够兼而有之，这种情况下怎么办。还有《孟子·梁惠王上》中的一段文字。王曰："叟，不远千里而来，亦将有以利吾国乎？"孟子去见梁惠王，梁惠王说：你这老头，那么老远跑来，一定能够使我这个国家得到什么利益吗？孟子说："王何必曰利，亦有仁义而已矣。"他说：大王啊，你为什么一张口就讲利呢，我们应该讲仁和义啊。朱熹在注释这段话的时候，在讲"亦有仁义而已矣"的内涵时说："仁者，心之德，爱之理；义者，心之制，事之宜。"解释"义"是"心之制，事之宜"，就是自己的内心有节制，处理问题、处理事情非常合宜。这是朱熹对"义"的解释。《孟子·万章》说："夫义，路也；礼，门也。惟君子能由是路，出入是门也。"孟子善于作比喻，"义"

好比就是一条路,礼就是一道门,只有君子(道德修养高尚的人)才能够由"义"这条路走到"礼"这个门里面去。《孟子·离娄上》又说:"仁,人之安宅也;义,人之正路也。"又是打比方,说"仁"就是人在这里安居乐业的一个"房子","义"就是一条正路、正途。《论语》谈到"义"的也不少,我们大家比较熟悉的有:"君子喻于义,小人喻于利","不义而富且贵,于我如浮云","见义不为无勇也","义以为质,礼以行之,孙以出之,信以诚之"。

《荀子》里有段话很有意思,讲什么是人,跟大自然的万事万物比较,人有什么特点:"水火有气而无生(水来了,火着起来了,气势很大,但是它没有生命),草木有生而无知(白居易不是说'离离原上草,一岁一枯荣'嘛,春天,万物萌发,夏天,枝繁叶茂,秋天,开始凋零,但它有生命,到了来年又长出来了;可是它没有智慧、没有思维),禽有知而无义(我们看那些牛、马等从娘肚子生下来,一旦长成,接着跟自己的母亲交配,这是因为它们是禽兽,不懂得道义),人有气有生有知亦且有义,故最为天下贵也(人不仅仅有气、有生命力、有智慧,还有道义,所以人最为天下贵,世间万事万物,人是最高贵的)。

我们再来看"仪"。刚才提到的一位清代学者段玉裁,代表性著作就是《〈说文解字〉注》,他认为:"义"是"仪"的古文,就是说"仪"是后起字。(其实古书当中这种情况蛮多的,"然后"的"然",本义就是点燃,就是着火,后来被用作虚词了,于是后人又给它加了个"火"字旁。)"仪",加了个单立人,是后起字,是因为随着社会的发展,文字也要发展,它要表达新的含义。我们来看《〈说文解字〉注》:"古者威仪字作义,今仁义字用之;仪者,度也,今威仪字用之;谊者,人所宜也。今情谊字用之。"

加个单立人就是风度、仪表,就表达这样一个意思。就是随着社会的发展,这个汉字要表达一些新的内容,后人往往给它加一个偏旁来解决,这个叫"后起字",也叫"今字",而前面那个字叫"古字",这是古今字的关系。《说文解字》解释这个"义",是"己之威仪也。从我、从羊"。现在我们把它简化了,繁体字是上面一个羊下面一个我。从东汉时期,实际上"义、仪"这两个字有分工了,甚至更早就有了,后面我还会讲到。就是说这个

加了单立人的"仪",是"义"的后起字。它的含义非常清楚,也是很单一的,就是表达仪容、风度这样一个含义,也就是具体的礼节和仪式,比如说揖让、鞠躬、穿衣服的讲究、讲话的辞令等等,这些涉及风度、仪容的时候,才用这个"仪"。就说这两个字,还是古今字的关系。古书当中有使用"仪"的例子,《左传》:"太子叔见赵简子,简子问揖让之礼,对曰是仪也,非礼也。"可见"礼""仪"分得很清楚。《诗经》:"仪刑文王,万邦作孚","令仪令色,小心翼翼"。《荀子》:"上者,下之仪也。"国家领导人应该是老百姓的楷模和表率,《国语·周语》:"所以宣布哲人之令德,示民轨仪也。"国君、领导人是干什么的?就是把哲人的政治理想和高尚品德宣示给老百姓。"示民轨仪也",这个在《玉台新咏·孔雀东南飞》里有表述:"十六知礼仪",到十六岁,爸爸妈妈就要教他(她)跟社会、跟人接触怎么样讲究礼节。所以古书当中凡是出现"仪"或者跟仪相连的词组,它都跟礼节和仪容有关系。比如说仪仗、仪表、仪容、仪范、仪态、仪式、礼仪、威仪、令仪、司仪、贺仪、谢仪等等。

下面讲一下"礼义"。"礼义"连起来作为一个词组,丰富了其单个词原有的含义,它不是一个简单的累加,这就如同"礼乐",作为一个词组,远远超出了"六艺"(六艺当中的礼、乐、射、御、书、数,各自作为一个词,是某一种古代学校的课程,也是六门技艺)。"礼乐"作为一个词组以后,远远超出了单个词的"礼"和"乐"代表的是某一种技艺、某一种技能、它表示的就是礼乐制度、礼乐精神和含义。那么"礼义"所表示的含义,就有"礼义廉耻""礼义教化""以礼治国"这样一些丰富的内涵。这两个字组合在一起,在先秦的典籍当中开始广泛使用了。《诗经·关雎》有一篇序:"故变风发乎情,止乎礼义。发乎情,民之性也。止乎礼义,先王之泽也。"这个"关关雎鸠,在河之洲"是一首很有名的谈恋爱的诗:晚上想到自己心上人,睡不着觉。我们后来经常用的一句话,说男女之间的情感是存在的,但是不能胡来,就是"发乎情,止乎礼义"。《诗经·卫风·氓》的序:"礼义消亡,淫风大行。"《礼记》:"凡人之所以为人者,是礼义也。"就是人跟其他物类(动物也好、植物也好)的区别在哪里?就是"礼义"二

字。这跟荀子的话是一个意思。荀子说："隆礼贵义者，其国治。"礼贤下士的、讲仁义道德的国家，一定能够治理好。又说："虽王公士大夫之子孙也，不能属于礼仪，则归之庶人。虽庶人之子孙也，积文学、正身行，能属于礼义，则归之于卿相、士大夫。"了不起啊，你看我们古人把这个道理讲得非常非常明白。那些官家、富商子弟，教育不好，今后就是一个纨绔子弟；反过来，普通农家子弟，老百姓家里的孩子，只要好好学习、好好读书，你就会考上大学、出国留学，今后你就可以成为上等人。这种思想，古人讲得这么明白。没有知识、没有文化，你今后就只是一个普通老百姓。"庶人"就是平民百姓。好好读书，品行端正，有了文化、有了知识，这种"礼"就是卿相、士大夫。我们的古人，事实上是很讲平等的。虽然这个社会有等级之分（实际上这是一种客观的存在，任何社会任何时代乃至于自然界不可能没有等级的）在先秦的时候，"礼义"连作一词使用，就很频繁了，后面也还有不少。《战国策》："秦，虎狼之国也，无礼义之心。"太史公司马迁的《史记》自序："夫不通礼义之旨，至于君不君，臣不臣，父不父，子不子。"《汉书·礼乐志》："至文帝时，贾谊以为汉承秦之败俗，废礼义捐廉耻。"朱熹《朱子家训》："诗书不可不读，礼义不可不知。子孙不可不教，童仆不可不恤。"顾炎武《日知录》："礼义，治人之大法，廉耻，立人之大节。"顾炎武在这个后面接着说什么叫国耻，他说："士大夫之无耻是为国耻。"我刚刚前面提到的，领导人就是为老百姓做表率的，如果这些高高在上的领导人都不知羞耻了的话，这就是一个国家的耻辱。

所以概括来说，"礼义"就是儒家的思想，"礼义"精神就是儒家的精神，充分地表达了儒家治理国家、治理社会以及人伦关系的理念。"礼义"的内涵非常丰富、博大，几乎涵盖了儒家关于人伦、天道、政治、社会、文教、风俗很多方面的基本精神。

那么"礼仪"呢？"礼"和"仪"这两个字组合成一个词组，也是很早就有了，它所表达的内容就是一些具体的礼节、礼貌或者礼仪活动、礼仪形式。在先秦的典籍当中，比如《周礼》说："凡国之大事，治其礼仪，以佐宗伯。"这里讲的是社会的等级、尊卑、长幼。《礼记》："礼仪三百，威仪三千。"《史记》：

"至秦有天下，悉内六国礼仪，采择其善。"《汉书·礼乐志》："汉兴，拨乱反正，日不暇给。犹命叔孙通制礼仪，以正君臣之位。"《旧唐书》记载文成公主和亲到西藏（吐蕃），那边看到文成公主和送她去合婚的这些大臣的礼仪和服饰，非常羡慕，觉得自己这个民族跟大唐的文礼相比，自愧不好，"叹大国服饰礼仪之美，俯仰有愧沮之色"。

下面我们来看看"礼义之邦"在古籍当中的几种用法。第一种就是称中华、中土（中原、中州）为"礼义之邦"，实际上就是称中国为"礼义之邦"。据我的考据，最早出现"礼义之邦"这个词语，是在《晋书》，唐代宰相房玄龄编的一部史书，有这样的记载："西戎荒俗，非礼义之邦。羁縻之道，服而赦之，示以中国之威，导以王化之法，勿极武穷兵，过深残掠。"这是当时前秦的将军吕光要去征讨西域，从长安出发，君主苻坚亲自把吕光送到建章宫，临行之前对他一番嘱托，说：你去征讨西域，要把我们前秦（中原）的这种礼义之邦的精神风气带过去；到那边去，你要注意不要太残暴地去伤害人民。《资治通鉴》："是以先王之政，叛则讨之，服则怀之，处之四裔，不使乱礼义之邦而已。"就是讲怎么处理好中国和四裔（四裔就是我们周边的一些少数民族小国）的关系：如果他们要反抗，那么我们去征讨他们；如果他们臣服于我们，那我们就怀以这个德政。所以我们和四裔相处，就是不能乱了我们这个"礼义之邦"，我们作为中原一个大国，是"礼义之邦"，是来教化、感化四裔的，这是第一种情况。

第二种情况就是称齐鲁这样一些文明开化的地方为"礼义之邦"。"鲁号为礼义之邦"是宋代学者吕祖谦的《东莱别集》当中的一句话，说鲁国这个地方号为"礼义之邦"。这个也是宋人熊禾的话："天地判而人文兴，河洛乃图书之府，孔孟生而师道立，邹鲁为礼义之邦。"邹是孟子的家乡，鲁是孔子的家乡，这都是礼义之邦。清代一部小说《侠义风月传》当中，有这样的话："山东乃人物之地，礼义之邦，多生异人，莫若往彼一游，或有所遇。"我是第一次来台州，昨天郑局长跟我普及了一下台州的历史，我到椒江纪念碑那个地方看了看，又在我们市民广场、图书馆转了一圈，很有感触。我觉得我们台州这个地方非常有文化，广场上一派祥和景象：有在那里纳凉

的，有一家老少在游玩的，有唱歌的、跳舞的，有划船的，还有绕着走路的；图书馆里，亲子课堂，妈妈带着孩子在读书或者做手工，老外义务地用英语在讲课；还有 24 小时市民书房，很多人在那里静静地读书——这个很多大城市都做不到。所以，今天郑局长要我写几个字，我就留了八个字：古郡新城，文明祥和。这是我初次来台州的一个印象。虽然是一个新城，却给我很好的印象，这是一个文明的、有文化的城市，这就是"礼义之邦"。

第三种情况，就是除了称齐鲁、邹鲁这样一些具有悠久历史、文明发达的地方之外，还称其他一些文化繁盛、民风淳厚的地方为"礼义之邦"。明代宋濂的《文宪集》里面有这样一段话："婺为礼义之邦，士君子世惇诗书，心存忠信。往往勇于自治而不暇责人，稍有寸善扬之唯恐不亟，况休文尝为民上者欤。古所谓居其邦不非其大夫者，独吾婺之为然欤。"这个婺源是江西的婺源，也是一个非常有文化的地方，不仅风光很美，而且出了很多人才。王阳明是绍兴人，《王阳明集》有这样的话："柳虽非中土，至其地者率多贤士，是以习与化移，而衣冠文物，蔚然为礼义之邦。"广西柳州虽然是比较偏远的蛮荒之地，但是由于有很多贤士到了那个地方，把文化带过去了，所以"习与化移，蔚然为礼义之邦"。我前几年到海南看五公祠（苏东坡也曾经被贬到这个蛮荒之地去），由于从唐代开始，这里就经常是一个被贬官员发配的地方，这些被贬的官员在那里做文教、办学校，使得那个地方的文明风气就慢慢养成了，当地的人就建了个五公祠来纪念。我后来专门写了一篇文章《海南有座五公祠》来讲这件事。

第四种情况，也有称"礼义之国""礼义之朝""礼义之乡"的（"邦"和"国"是一个概念，说"礼义之邦"，也可以说"礼义之国"，或者"礼义之朝""礼义之乡"）。刚刚说《晋书》里面出现了"礼义之邦"，而《汉书》里面就出现"礼义之国"了。《新唐书》是"礼义之朝"，南朝的昭明太子萧统编的一部书叫《文选》，挺有文学性的，其中有一篇文章《答苏武书》，说苏武出使匈奴十几年了，"身出礼义之乡，而入无知之俗，违弃君亲之恩，长为蛮夷之域，伤已"，为苏武感到不平、感到惋惜。

这就是古籍当中"礼义之国""礼义之朝""礼义之乡"这样一个表述的

方式。

另外还有第五种情况,就是称邻国为"礼义之邦"。元代程文海的《雪楼集》里边有一篇文章说:"东南海滨之国高句丽,古称诗书礼义之邦,奉佛尤谨。"高句丽就是现在的朝鲜,跟中国的关系比较复杂(包括越南),实际上很长时间是归属中国的,是中国的一部分,后来又成为中国藩属国,要定期来中国进贡、述职。所以说,"东南海滨之国高句丽,古称诗书礼义之邦"——实际上,还是受我们国家文化的影响。包括日本,甚至范围更大一些的东南亚,都是汉族文化圈,都是我们儒家文化对他们产生深刻的影响。我专门写过一篇文章《汉字与汉字文化圈》讨论这个问题。大家有兴趣的话可以去网上搜,应该搜得到。

最后总结一下,有这么几点。

第一点:"礼义"是中华民族优秀传统文化中的一个内涵极为丰富、使用非常广泛的重要概念,也是中华民族精神特质和文化品格的重要方面。"礼义之邦"就是包含了这些内容的一个常用词汇,它的内涵和外延,从历史到今天没有什么变化,也不应该有什么变化。

第二点:"礼仪"是"礼"的表现形式或具体仪式,它的含义也是明确而单一的,不像"礼义"的内涵这么丰富。我认为,"礼仪"包含在"礼义"当中,所以"礼义"的概念远远大于"礼仪"的概念。如果仅仅说我们中国是"礼仪之邦"的话,就等于说"中国人只会打拱作揖",这个"礼仪"的概念、内涵很单一。

第三点:在历代文献当中,"礼义之邦"的用例非常多,很常见;而"礼仪之邦",我查阅了很多书籍,没有查到一例。所以说,我们今天滥用"礼仪之邦"是毫无根据和不合逻辑的,没有道理的,是一个严重的错误。古书当中没有一处表述为"礼仪之邦"的。

第四点:"仪"和"义"虽然有通假字和古今字的关联,但是当它们的含义有了明确的分工之后,也就是前面提到的段玉裁所谓的"仁义字"与"威仪字"之分,随着社会的发展,这个文字的内涵有了明确的分工,它们的含义范畴是非常清晰,从来不混淆的。

第五点：语言学上有所谓"积非成是"现象，就是：你错我错大家都错，那么最后将错就错。这种情况在语言学上是存在的。比如说我举一个例子，就是"辣手"这个词，意思是这个事情不好办，这件事情很难处理，我们说感到很辣手。实际上不是"辣手"是"棘手"，是"荆棘"的"棘"。你想想，把荆棘抓在手里是什么感觉？不好受的是不是？因为"荆棘"的"棘"和"辣椒"的"辣"字形相近，可能一开始有人错用成了"辣"，"棘手"就成了"辣手"，以至于现在这个辣手就成了一个合法的词汇，这叫作"积非成是"。再举一个例子，我们在很多公共场所注意到在出去的地方，有的写两个字，有的是三个字，"出口"是对的，"出口处"，就画蛇添足了。告诉你这个地方是一个出去的口子就行了，结果你说"出口处"，用现代汉语翻译一下就是：出去的口子的口子，成何体统？！这个"处"是多余的。但是现在类似的错误比比皆是啊，电影院这些公共场所经常可以看到。

但是我觉得，现在大家都用"礼仪之邦"，都用错了，也就将错就错，就用"礼仪之邦"算了。这是不行的。我们要想办法把它纠正过来，恢复"礼义之邦"。尽管很难，非常难。

所以综上所述，可以断言，"礼仪之邦"的滥用是完全错误的，应当废止。为了维护汉语的纯洁性，为了继承、弘扬中华民族的优秀传统文化，让"礼义之邦"魂兮归来！

我就讲到这里，谢谢！

（以上内容根据 2014 年 7 月 19 日的讲座录音整理，略有删改。）

清代官场与师爷文化

鲍永军 （历史学博士、浙江大学历史系副教授）

　　各位台州的朋友，很荣幸能够到这里来作讲座。今天，我讲的题目是《清代官场与师爷文化》。在清朝的政治舞台上，活跃着一个特殊的群体，民间叫作"师爷"，这是清朝特有的现象，其他朝代都没有。我先介绍清代官场的特征以及出现师爷这个特殊职业群体的原因。师爷不是官，但办的却是政府公务；他是老百姓，却也是官场中人。

　　今天的讲座主要有五个方面的内容。首先是清代官场中的官僚政治制度是怎样的；在这个特殊的政治体制下产生了一个特殊的群体就是师爷，师爷是民间称呼，官方叫"幕友"，从事的行业叫幕业；幕业有一些职业特征；还要专门讲讲绍兴师爷，绍兴师爷在清代名扬天下，人数特别多，地位特别重要；最后是这些师爷的行业活动，他们有自己的职业道德规范，如何做师爷的方法，有些师爷经过自己的实践经验总结出一整套的官场学。下面就从这五个方面来介绍清代官场以及官场上特殊的师爷文化。

　　首先，我们来了解清代的官场特征。"官"是怎么来的呢？原始社会没有官，华夏大地从夏朝开始，建立了国家，推选一批人来治理国家——这些人就是官。所以，从夏朝开始一直到现在，政府官员按照一定的制度来管理

社会。清朝是我国封建社会最后一个朝代，对历朝历代的经验、教训都进行了总结，各项制度可以说是集大成、最完善的。我们知道，从秦始皇统一中国以来，建立了一整套的中央集权制度，到了清代，这种政治制度空前强化。权力结构呈金字塔形，皇帝掌握大权，在最顶端，下面是中央官员，一直到省、府、州、县地方官员，统治底层的老百姓。少数的官僚阶层统治整个社会，高度集权。从清朝中期，也就是乾隆后期开始，嘉庆、道光、咸丰等等，一代不如一代，政治腐败，导致了清朝的灭亡。但是，有一点值得注意，清朝作为一个少数民族统治的国家，满洲人在整个社会人口中的比例很小，却能够统治中国长达268年，就是因为它有特殊的政治体制。

这是故宫（展示图片），清代的最高权力中心，明、清两代叫紫禁城，两个王朝24位皇帝在这里登基，是皇权的中心。这里是故宫的太和殿，这是皇帝宝座。故宫的三大殿中每个殿都有一个皇帝的宝座，根据不同的需要，皇帝在不同地方上朝。清代政治体制的最顶端是皇帝，中国皇帝有自己的特色，一个是皇帝的世袭制（一般是终身制），再有就是享有最高的权力。对皇帝的称呼，要叫"天子"，或者叫"君父""君主"等等，还有其他一些称呼。据说纪晓岚曾经私下里叫乾隆皇帝为"老头子"，乾隆听到后非常生气：竟敢叫我"老头子"！给个理由先！说得好免罪，说不出严惩。那纪晓岚也绝非等闲之辈，是《四库全书》的总纂官，博学多才，他灵机一动，说：为什么称皇上为"老头子"呢？您是万岁，那当然是"老"了；"头"，您是万民之首，可称为"头"；您是天之骄子，自然是"子"。"老头子"是一个最高的尊称，天下只有您才配称啊！乾隆听了哈哈大笑，称赞他机智灵活。所以说，在这样一套集权体制下，皇帝的权力是最大的。古代社会都希望有个明君，万一皇帝昏庸无道，就直接影响到整个统治机构的正常运行。

当然，如果我们把皇帝作为一种"职业"来看的话，这还是个"高危职业"呢！比如说，他们的寿命短。据统计，中国古代大概有400多位皇帝，活过90岁的一个也没有；80岁及以上的只有5位：梁武帝、武则天、忽必烈、康熙、乾隆；70多岁的只有10位；60多岁的也不过38位；50多岁的62位；然后是30~39岁的，62位；另外剩下的，都不到30岁。皇帝平均寿命不到30岁，

远远低于正常人，死亡率高于全国平均水平。那皇帝为什么短命？一个是政治斗争，死于非命。另外呢，皇帝生活奢靡，纵欲过度，后宫三千；还有，有些皇帝胡乱吃药，比如明朝的万历、嘉靖，炼丹吃药以求长生不老，其实吃的都是毒品，这往往使皇帝身体受损，造成短命。

我们再看清朝皇室的世系图，太祖、太宗、世祖一直到最后的宣统，都是世袭制。我们所谓的师爷，就是从顺治入关，清朝开始统治关内才出现的。入关以后的皇帝，第一个是顺治，第二个是康熙。康熙做了60年皇帝，在中国历史上是比较长的。接下来是雍正、乾隆，乾隆活到80多岁，他的偶像是做了60年皇帝的爷爷康熙，说我不能超过爷爷，就把皇位传给儿子嘉庆，自己做了几年太上皇。嘉庆下面是道光，从道光开始，西方列强入侵，一代不如一代。咸丰的儿子同治，慈禧太后所生；同治、光绪、宣统皆无后。光绪是咸丰的侄子、慈禧的外甥。最后一个皇帝溥仪，后来被改造成共和国公民了。当然，我们知道，清朝后期，从同治、光绪到宣统，长达47年的时间，实际统治者是慈禧太后。

清朝最高统治者是皇帝，下设几个权力机构，比如内阁、南书房、军机处。我们看清代的军机处，军机处是皇帝的秘书处，没有决策权，听皇帝的指示来办事。中央有六部（从唐代开始就是三省六部制），吏、户、礼、兵、刑、工六部，是中央政府机构。其实，这六部在我们现在都可以找到对应部门，户部就是财政部，掌财政、管经济的；吏部负责官员的任免，所以呢，当官者对吏部官员奉若神明；礼部掌管典礼、科举考试，比较清苦；工部管工程建设、水利建设，从事者都是商人或者是工匠，地位低贱；刑部，管司法的；兵部管军事，领兵打仗，平常军队的驻防训练。以上是中央官。地方的官僚制度是这样的：清代的最高地方官是总督，总督有的管一个省，有的管两个省，最多的管三个省。比如福建、浙江合在一起设一个总督，属于闽浙总督管辖。总督是地方大员，管理地方的行政、司法还有军政、财政等。总督下面设巡抚，比如浙江巡抚，相当于浙江省长，下面有几个相当于副省长的机构。比如说布政使，简称藩司，管财政、收赋税，是最重要的部门。另外一个是按察使，管司法的。另外，学政相当于教育厅长，主管一省的教育

和科举考试。省下设道，道员俗称观察使，这是朝廷设立的一个派出机构，掌管监察府、州、县。道下面设府，府相当于现在的市。比如台州设一个台州知府，知府下面设各个县。州和县有点区别，一般州比县的级别高一点，相当于县级市。清代常设的县是 1358 个，府 845 个，州 124 个，省 18 个。这是清代的地方机构。

清朝官员的等级，分成 18 级，18 级以内的叫流内，18 级以外叫未入流。这 18 级官怎么分呢？就是从正一品、从一品，一直到正九品、从九品。最高的文官就是太师、太傅、太保、殿阁大学士，有这些称号的都是正一品官员。再比如说知府，只有两个地方是正四品的，就是顺天府尹、奉天府尹。顺天就是河北，是京城所在地，相当于现在北京市，而奉天就是清朝入关之前的首都沈阳，等级高一点；一般知府是从四品。再下面是小的官，比如说知县，七品芝麻官；比知县还小的官还有不少，从七品，正八品。最小的官，从九品，比如说国子监祭酒，即国家图书馆馆长就是从九品。另外一些连从九品都不是，比如典史。典史就是县里管监狱的官，属于未入流的官。我们在影视剧里看到的大批的衙役或者差役，这些人是官吗？他们不是官，身份也是老百姓，相当于现在的临时工，在政府部门当差。

再看清代官员的俸禄，也就是工资。正一品官一年 180 两，知府一年 45 两俸禄，九品只有 33 两。地方官还有一份养廉银，顾名思义，为了保持官员廉洁而给予的经济补偿，有了这份钱就没必要贪污了。这种补偿数量比较大，是正俸的二三十倍。此外，清朝官员还有种种的陋规，即国家承认的灰色收入，是合法的。比如说耗羡，地方政府要征收赋税，赋税有的收粮食，有的收银两。银两上交后，要将碎银熔铸成一个个大的银锭，这个过程中有点损耗。粮食的运输过程中也会有损耗，所以征收时要多征收一点。多征收多少呢？由地方官说了算。清朝有这样一句话，"三年清知府，十万雪花银"，知府很"清廉"，没有贪污腐败，合法收入中包括政府的俸禄和这种合理的灰色收入，加起来有"十万雪花银"。

清代的一两白银，折合成今天的人民币，大概是 150~220 元左右，确实是不少的。另外清朝还有捐官制度，就是花钱可以买官。当然，买的都不是

高级别的官，从郎中到道员这一级都可以花钱买。清朝在顺治、康熙、雍正，尤其是雍正时期，整顿吏治，对吏治要求很严，那个时候贪污腐败现象比较少。但到乾隆时期，国家政权比较稳定，经济发达，是清代社会发展的最高峰，但从中期以后，贪污腐败现象就非常严重了。比如，乾隆有一个宠爱的大臣叫和珅，从档案来看，此人其实很有才华，多才多艺，精通满语、蒙古语和藏语，那些少数民族使臣来觐见，他都能当场翻译，所以受到乾隆重用。和珅掌握大权以后就腐败了，没法确切统计他到底贪了多少，他的财产多种多样，总计大概有白银 10 亿两，相当于清政府 20 年收入的一半。他的两个家仆被抄的家产竟然也多达 700 多万两，可想而知其主子是多大的一个贪官。但是乾隆始终护着他，还把自己的公主嫁给和珅的儿子。后来嘉庆帝上台了，等老爹一去世，就拿和珅开刀，把他的家产统统没收，所以当时有一句话叫作"和珅跌倒，嘉庆吃饱"。也有这样一种说法：乾隆难道不知道和珅是个大贪官吗？他之所以这么做，就是要等自己死后给儿子一个大红包，这个红包就是和珅的家产。再看乾隆一朝因贪污被惩办的官员，级别也很高：亲王、贝勒、尚书，六部的尚书有 5 个，地方总督 9 个、巡抚 17 个（巡抚相当于现在的正省部级了），巡抚之上还有这么多人，而且越到后期，大案要案越层出不穷，贪污的数量惊人，动不动就数百万两，而且都是群体性的、集团性的贪污，这就预示着这个朝代要崩溃了。

　　以上说的都是清代的官僚体制，他们是掌握中国政治管理权的群体。然后再看看清代师爷。清代地方政府有这么多机构，这些机构的主要官员一般都聘有师爷，当时师爷的总数大概有一两万人。师爷是官员私人招聘的助手，官方称之为幕友，民间为什么叫"师爷"呢？因为对知县、知府，衙门里称他们为"老爷"，老爷请来的老师或者他的助手，当然也是"老爷"，所以叫"师老爷"，俗称"师爷"。师爷和一般的秘书不一样，秘书和领导之间是上下级关系，都属于政府公务员编制，而清代师爷是地方长官私人掏腰包聘请的助手，帮助处理公务，地位相当于他的朋友。师爷地位高，不是地方官的下级。宾客对师爷，甚至是要有跪拜仪式的。所以，师爷假如和主官不和，或者处理事情意见不一，师爷可以随时走人；官员当然也可以炒师爷的鱿鱼，所以

师爷的职业是很不稳定的。

为什么以前历朝历代没有这样一个群体呢？主要是因为清朝特殊的政治制度。地方长官大权独揽，从总督、巡抚开始到知县，所有的大小事务由一个人决断。聘请师爷最多的是知县，一个县衙门，官很少，所有的事情都要知县一个人来处理。衙门里面的差役、书吏，这些都不是政府编制的，并且往往是当地人担任，外来的官员不好控制。所以，外来知县上任以后，要招聘亲信来做事。清代的地方长官大权独揽，政府要求长官是全能的，什么都会干，什么都懂，但实际上他们普遍缺乏这种行政能力和素质。当时的官员绝大多数都是从科举考试来的，科举考试考的是四书五经、八股文章、诗词歌赋，考出来以后就去做知县了。一上任，马上有人打官司了，可新官不懂打官司，也不知道怎么收税。朝廷也不管，不给配副手，他们被迫要去请专门精通法律、精通会计、精通钱粮的师爷来辅佐自己。要请多少人，自己看着办，实在忙不过来，可以多请几个，不舍得花钱就少请几个。这些地方官为了能够保住官位，能处理政务，能够保证社会正常运行，需要师爷来帮助自己处理日常事务。

电视连续剧《绍兴师爷》的主题曲中，对师爷的描述是比较精准的。师爷的身份，是布衣，没有考取进士、举人的知识分子，或者是考取了没有做官，为了谋生都去帮助官员处理政务。师爷不是官，但是有学问，官员有求于他，他在幕后为官员提供帮助。有些师爷是很有骨气、很有节操的。师爷种类有这么几种：一种叫刑名，就是处理司法事务的师爷；钱谷师爷，征收赋税的；书契，就是处理政府公文，撰写政府公文档案；发号，就是文件的收发；征比，就是催交赋税的；另外一些就是写奏折的，总督有资格给皇帝上奏折；还有一些是总督、巡抚等地方官请来给自己写书的，编书、编家谱、编方志一类的。最重要的职位是处理司法事务的刑名师爷，绍兴师爷主要就是从事这种最重要的职业，就是打官司。清代有一句话叫"官断十条路"，一个案子怎么判，有十种甚至更多的判法。只要你符合规章制度都是可以的，法律的弹性很大，这就给师爷操纵这个案子提供了空间。案子怎么判？师爷要精通法律，文笔要非常老练。举个例子，有个案子里明明是嫌犯用刀杀人，

这个师爷在诉状里改成甩刀杀人。用刀是故意的，甩刀就成了误伤，可以减轻处罚。再比如有个状子里写："暴徒从大门而入"，师爷给"大"字加了一点，变成"暴徒从犬门而入"，前者是抢劫罪，后者只是偷窃罪，从狗洞里爬进来是偷窃，破门而入那是抢劫罪。所以师爷的文字功夫，关系到案件的判断。

师爷审案，不能坐在大堂上，也不能站在官员旁边，因为师爷是老百姓，没有资格出现在大堂上审案，只能躲在屏风后面听。师爷判案主要依据案卷记录，有些师爷就非常精明，光凭案卷就可以断案。比如有这样一个案子，有个妇女说在四月廿七号的三更天，发现有人潜入她房间，将她丈夫杀害了，从衣着看，认定凶手就是她儿子，儿子也认罪，一审判儿子死刑。这个案子似乎毫无问题，师爷仔细琢磨，却发现了疑窦。因为四月廿七号农历是月末了，当时没有点灯、没有月光，黑咕隆咚地怎么能够看清凶手穿什么衣服。再审问这个妇女，果然承认凶手是她的奸夫，再嫁祸给儿子。这样，丈夫被杀了，儿子也被处斩了，她就可以跟着奸夫过日子了。儿子孝顺母亲，不愿母亲被处死，所以甘愿认罪。师爷没有侦查，只从案卷文字中推测，就破了这个案子。

如果师爷要代总督、巡抚给皇帝上奏折，那措辞就更重要了。传说有这么一件事：曾国藩镇压太平军，一开始屡战屡败，让师爷写个奏折，向朝廷请罪，自称"屡战屡败"，请求处分；师爷给改成"屡败屡战"，结果朝廷说屡败屡战精神可嘉，不但没有处分，还给他奖赏。同样是一个奏折，用词非常关键。再比如说，清代前期，食盐按区域划分销售，北方的盐不能运到南方，南方的盐不能运到北方，只能在规定区域内买卖。有个师爷代官员上奏光绪皇帝，说"列国纷争，尚且移民移粟；大清一统，何分江南江北"？光绪皇帝看后觉得有道理，就废除了这个不合理的规定。

有些师爷一不小心也会犯大错，比如湖广总督李克年被光绪皇帝革职，继任的总督叫李汉章，继续聘请了李克年的师爷。这个师爷为李汉章写奏折，最后署名的时候，因为以前写惯了，误写成湖广总督李克年奏上。光绪皇帝看后大怒，李克年不是被撤职了吗？怎么还上奏？！为此李汉章受到处分。另外一个笔误是，光绪的时候，有个道台发布公文，把奉天府尹写成了奉天

知府(我前边讲过了,奉天是正四品的,沈阳是满洲发祥地,比一般知府高一个品级。这个道台将府尹称为知府,就明显错了)。奉天府尹拿到这个公文以后,就有把柄在手了,最后道台贿赂了他 2 万两白银,才把这个事情摆平。再比如说,李鸿章曾想讨好慈禧太后,制作了一批徽墨,写上"万寿无疆",准备作为慈禧的生日礼物。他的师爷提醒他,墨在使用中,磨着磨着,"疆"字先没有了,就变成"万寿无"了,千万不可送,免得弄巧成拙。

我们再来了解一下清代幕友的来源。做幕友的,一般都是知识分子。知识分子包括童生、秀才、举人、进士,举人、进士就有资格做官了。清代很多名人都做过师爷,比如《聊斋志异》的作者蒲松龄,还有曹雪芹、林则徐、李鸿章等人。

到了清末的洋务运动,张之洞对师爷制度做了些变革,将刑名师爷变成了司法科长,体制外的这些师爷又变成体制内的,变成政府公务员了,这样师爷就不存在了。司法学堂、法政学堂专门培养司法人才,进入政府的公务员体制,私人性质的师爷就消失了。

清代,与幕友相对立的是讼师。讼师相当于今天的律师,律师和法官是对着干的,官员、幕友都对讼师恨之入骨。讼师鼓动大家打官司,他好赚钱;官司越多,官员越忙,幕友也跟着忙,而且审错了还要负责任,所以朝廷、官员以及师爷,竭力打压讼师。讼师这个职业逐渐变成非法职业,只能暗地里从事。

这是衙门里面的一个匾额,上书"天理、国法、人情",写的是审理司法案件时的三个原则。最高的是"天理",其次是"国法",国家法律制度,最后考虑到"人情"。师爷对国家的法律要非常精通,审案时具体的判罪标准,怎么判,必须经过专门的学习。刑名师爷和处理钱粮事务的钱谷师爷,要经过三五年专门的学习才能完成。只有少数人才能做刑名师爷和钱谷师爷。

我们再看绍兴师爷,清代有句话叫"无徽不成镇(明清徽商遍布天下),无湘不成军,无绍不成衙"。说明绍兴师爷很多。绍兴八个县,县县出师爷,当然最多的是山阴和会稽。绍兴师爷大多担任最重要的,工资、待遇最高的刑名和钱谷师爷。据说在乾隆年间,官场上有三通行:绍兴师爷、绍兴话、

绍兴酒，从中央到地方各个衙门里面都有绍兴人从事政务。因为绍兴师爷很有名，绍兴府的人往往被统称为"绍兴师爷"。那么这个地方为什么出这么多师爷？这跟当地的经济文化条件有关系。一方面是绍兴地狭人稠，知识分子多，科举很发达；但科举名额有限，不是人人都能考取举人、进士，人人都能当官。很多人落榜后，要谋生，只能去做师爷。绍兴人做师爷还有各种关系可以利用，比如亲戚关系、同乡关系、师徒关系；而且绍兴人在外面做官的也很多，一般请同乡来当师爷。到清朝雍正元年，专门下了诏书："六部经承（即书吏）不许专用绍兴人"。可见在朝廷六部里那些当差的很多都是绍兴人，连雍正皇帝都觉得绍兴人太多了。关于绍兴师爷的形象呢，以前有这么一说，描述"绍兴"二字："拗七拗八，一枝刀笔，一张利嘴；到处认同乡，东也戤半个月，西也戤半个月。一言以蔽之曰：八面玲珑剔透。"这是对绍兴师爷形象比较准确的概括。做师爷也不容易，要八面玲珑、了解官场规则，并且要有刀笔工夫，才能做好一个师爷。师爷里面人品正直、才能突出的叫"名幕"，名幕往往会有很多人来聘请。官员们审案，审错要被处罚，一些疑难案件处理得好，则能得到上司的赏识；为了自己的前途，他们自然设法聘请名幕。

至于官场学，有不少师爷总结自己的从政经验，写成著作，供大家参考。最有名的就是汪辉祖，浙江萧山人。他写自传年谱，把自己做师爷的经历写得清清楚楚。他后来也做过知县，有过一些经验，怎么当师爷，怎么做官，都写成著作。这些著作流传广泛，清朝官员几乎人手一册，上任之前先读一读。他的著作直到现在还在不断以"官场学""官场经"之类的名义出版。汪辉祖很有骨气，他父亲也做过官，正直、廉洁。汪辉祖断案，如果意见不被官员采用，他就宁可辞职。他判的案子上级要层层审批，知县、知府、巡抚，有些案子上面的官员屡次反驳他都不改判，最后上级官员没有办法，只能听从他的意见。另外，他心地善良，为人仁慈，审判囚犯的时候，从来不严刑拷打，而是做思想教育，动之以情、晓之以理，说得嫌疑犯痛哭流涕，被感化了，老实交代，一些疑难案件都被他妥善解决了。他做知县时为民请命，清政府禁止买卖私盐，结果他贴了个告示说十斤以下免去处罚，可以买

卖，实际上是公开违背朝廷命令，风险很大。他这样处处为老百姓着想，死后列入《清史稿·循吏传》。他非常廉洁，人家有求于他，请他赴宴、喝酒，他从来不去。曾经有朋友把他推荐给一个官员，称赞他有节操、很廉洁。汪辉祖很不高兴，朋友不理解。汪辉祖说，假如你要给姑娘做媒，称赞这个姑娘一点都不淫荡，她会高兴吗？在他看来，廉洁是最起码的底线，说他廉洁简直就是一种侮辱。朋友听了，赶紧道歉。

有一次，一个人命案件发生在 90 里外的高山上，结果他亲自去勘察，翻山越岭，冒着生命危险通过悬崖峭壁，查明是地保勾结地痞诬陷好人，当地人从此无此类案件。他办案注重实效。有母亲状告儿子不孝，一般也就是将儿子拉出去打个三十大板就完事了；但汪辉祖觉得这样做，儿子会记恨母亲告发，从此更加不孝顺。他想了个办法，事先和这位母亲商量好，当堂故意很愤怒，要将儿子活活打死，然后让母亲不断求情，最后说，看在母亲面上，免打。儿子恐惧之中，看母亲苦苦哀求，最后竟然免打，良心发现，从此孝顺母亲。

清朝有些官员审案，还用道德感化的方法。比如有个案子，两兄弟在父亲去世以后争遗产，打官司打到县衙门。这个知县不问案情，说："你们俩既然是兄弟，先互相叫哥哥、弟弟五十次声再说。"结果两人叫了二十次声不到，手足之情被激发，痛哭流涕，两人和解。另外一个案子也是两兄弟，父亲去世，来打遗产官司。这个官员知道两兄弟各有两个儿子，于是说，在打官司之前，为了防止你们去世之后儿子争夺遗产，先把各自的两个儿子卖掉一个，或者送掉一个。两兄弟大惊，认识到自己行为之可耻，重归于好。官员用道德感化的方式解决官司，起到了良好的效果。

汪辉祖不仅做师爷、做官很成功，还留下了一些有关做师爷、做官的著作。汪辉祖的书讲两个问题，一个是怎么做师爷，讲了几个原则；一是进这个行业要谨慎，没有这个才能，千万不要进这个行业。另外，要加强自己的道德修养，对主人要忠心，要爱护百姓。师爷虽不是官，但是处理的都是老百姓的事情，要廉洁，不谋不义之财，不可贪污、敲诈；自己要节俭，家人也要节俭；另外就是合则留、不合则去，你的意见若不被官员采用、不受重视，

不如早点离去；要为老百姓着想，尽快地把案子处理好。

另外，汪还提到，绍兴师爷有四大原则："救生不救死"，已经去世的或者被害的，不可能复活，要尽可能给这些活着的嫌疑犯免去死罪；"救官不救民"，官员如果被处罚了，牵扯的面比较广；"救大不救小"，大官、小官打官司，那么救大官，因为大官牵涉的人更多。"救旧不救新"，新任官和离任的官员发生矛盾，那么要照顾离任官员的利益，因为新官尚有挽回余地。

汪告诫道，"勿使家人有居官之乐"，为官者不能让家里人感到你做官以后，他们能够充分利用你的权力，过得很有地位、很快乐。"莫用三爷（少爷、姑爷、舅爷），废职亡家。"不是说这些人一定没有才能，就是有才也不能用，因为他们是你的亲戚，其他人肯定会有所顾忌，千万不能用。另外，不要有不良嗜好，因为"上有所好，下必甚焉"，很容易被人家利用。他还一再强调要爱惜百姓，为民谋利。他还提到，在官场上不要和上司走得太近，成为他的亲信，很可能会受到牵连。所以，要尊敬上司，但也不能走得太近，成为他的私人、要人，受他太多的恩惠，这样很难坚持自己的原则。另外，他强调，制度是人制定的，即使很完善，也得靠人执行。（我们现在也存在这样一些不良现象，为了追求领导的重用，为领导私人服务，而不是为老百姓服务，这样就很危险了。）所以，如何掌握权力、如何用好权力，是要重视的课题。另外，不要一直想着往上爬，这样才能进退自如。汪辉祖就是如此，他快 60 岁才做了一个知县，年纪大了，做了四五年就不想做了。要做一个好官，精力不济的话，容易出问题。

另外，他还强调地方官不要用土特产送礼，因为送礼送习惯了，会给当地老百姓带来负担。他还讲求"清勤慈惠"，清就是清廉，光清廉不行，还得勤政，对老百姓要仁慈，要为民谋福利。还有一点，古代官员都很相信因果报应，这是迷信思想，但在古代，这些迷信思想客观上促进了一些官员的廉洁。这些官员都不是靠外在因素逼迫不敢贪，他们相信因果报应。佛教、道教都讲：善有善报、恶有恶报。比如有本书叫《太上感应篇》，汪辉祖小时候看过这本书，从此每天早上起来看一遍。这本书讲的是，天上有各种各样的神仙在监视每个人的一举一动，包括你的想法，上天都一清二楚，然后

根据你的表现来决定你的寿命，决定你的祸福。有时候善没有善报，坏人过得很好，这种有违报应的现象如何解释？古人认为不是不报，时候未到；有现世报，有来世报。你现在做好人了，即使本人没有得到好的报应，你的子孙也会收到好报，你的来世会过得很好。你现在为什么穷困潦倒，生活这么痛苦，是因为你前世作孽了，这时候你要忍受，下一世你会好的。所以，因果报应的学说，对古代司法官员的影响非常大，他们都害怕判人死刑。汪辉祖也同样如此，他三十多年的司法生涯中，只判过6个人死刑。即便这样，到晚年了还耿耿于怀，做梦都碰到阎王审问他，所以他一直很恐惧，害怕自己判错了。他所有的官司尽可能地为被告人减轻罪行，千方百计找理由，要判处死刑的尽可能免除死刑。所以，对司法工作人员来说，因果报应思想的影响是非常重大的。

汪辉祖的这些著作，在清代印刷发行量很大，几乎是官员人手一册，做官之前都要看看。直到现在，还有一定的借鉴意义。古代的这些清官，他们的官场学，有合理的成份。古代清官为什么能做到清廉，很多不是因为外在的约束，不是怕法律的惩罚，而是内在的自省。他们觉得贪污腐败是很可耻的行为，主要靠个人的修养自觉抵制贪污腐败，而不是靠外在的让你不敢贪、不能贪。他觉得腐败可耻，会威胁到自己的子孙。有的学者说汪辉祖的著作影响很大，假如乾隆皇帝要办一个知县培训班，汪辉祖就是最好的教员。古代官员上任之前没有任何培训，汪辉祖的著作可以给他们做很实在的理论指导。近代学者对汪辉祖的评价也很高，比如胡适称赞他是一个很了不起的人。"以古为鉴，可知兴替；以人为鉴，可明得失。"汪辉祖著作的精华，对当代人也具有借鉴作用。

（以上内容根据2014年3月15日的讲座内容整理，略有删改。）

宋江的行政江湖

高　飞　（台州学院教授）

感谢社联、图书馆的盛情相邀。今天我讲的题目是"宋江的行政江湖"。之所以选择这个题目，原因有三：一是《水浒传》家喻户晓，雅俗共赏。真所谓"一千个人有一千个哈姆雷特"，名著之所以能成为名著，就是因为它具有无限的可读性，能在它的身上折射出各种各样的"我"来。我知道在座的来自四面八方，对《水浒传》肯定有自己的独特感受，对《水浒传》作出个人化的解读，或许会给大家带来一些小小的喜悦。二是《水浒传》中的宋江实在是适应环境、改变环境、创造环境的绝顶高手，对他的剖析，无疑能给当代国人尤其是公务员们以裨益。三是个人的经历所致。我是小学四年级时接触《水浒传》的，从此迷上了它，而对宋江的感受也经历了从痛恨到理解再到钦佩的过程。这个变化的历程恰恰反映了本人的成长经历。讲讲自己的这些体悟，也许可以给年轻的朋友们一些帮助。

需要说明的是：解读的过程，并非全是我个人的创新，更多的是我平时阅读的积累，如我受人民大学赵玉平先生的《梁山政治》影响就甚深。因此，本次讲座只能是一次读书报告，算不上研究，也谈不上学术。再有，既属个人解读，望各位明察，大家见仁见智。

一、宋江自身条件与行政环境分析

第一，宋江的自身条件叫先天不足、后天失调。从自身条件而论，宋江是相当薄弱的。论家境：他本身是一名小公务员，薪水微薄；其父宋太公，据说有些积蓄，但断不至于富到哪里去，最多是中产阶层。这与卢俊义、柴进等人相比，差别不可以道里计。也正因为此点，曾有人问：宋江这么乐善好施，钱从哪里来的？莫非他是贪官？这是题外话，但他的家境一般却是事实。论长相：（同志们请别小看长相，在古代，长相确是影响一个官员升迁的重要因素），显然，宋江的"颜值"是很低的，个矮、肤黑，人称"黑三郎"是也。如果长相好，他的小老婆阎婆惜也不会跟别人跑了。论地位：宋江的职级是押司，也就是相当于椒江区办公室副主任或司法局副局长的角色，那样的角色，在梁山众兄弟中，是一抓一大把。而且宋江也没有什么后台，与官二代更扯不上半毛钱关系。论武功：那就更不在话下了，反正他每次单独出去与人争斗，都被人捆得像粽子似的。

第二，"老大"的猜忌。宋江是晁盖的救命恩人，在宋江未上山前，晁盖对宋江那是相当地感激，不但大把送银子，而且还为宋江出动大军，与江州守军大打了一仗，把宋江请上山来的。在上山前，晁盖多次声称，只要宋江上山，定把头把交椅相赠。感激是真的，要把交椅相赠那肯定是假的。所以宋江上山之后，晁盖和宋江就演了一出对手戏，先是晁盖假惺惺地让位，以表示一个"信"字，而宋江却坚决推辞，甘愿做二把手，以表示一个"义"字，于是双方皆大欢喜。但在晁盖的心里，总觉得芒刺在背，因为即使宋江如何不济，比起晁盖这个小村长出身的家伙，那还是有两把刷子的。这就是老大的心思：感激你，但绝不能让你动我的权力。很不幸，这恐怕也是世界上绝大多数老大的心思。

第三，林立的帮派。梁山是一个大杂烩，是帮派的联合体，也可叫作"独联体"，来源、身份极端复杂。单从大的论，有王伦系统、晁盖系统、二龙山系统、被迫上山系统等。而被迫上山成员的成分就更加驳杂了。帮派是利益的共同体，大家各怀鬼胎，各打算盘，如何整合就成了一个大难题。

第四，寥落的亲信团队。上山之时，宋江身边管用的"自己人"可称得

上是寥寥可数。一个抓鱼的，张顺；一个心眼不多，李逵；一个跑腿的，戴宗。这些人都不堪大用，只有一个花荣，还算是文武全才，值得一提。这么少的自己人，这么弱的团队，如何能应付得了梁山这个大世界？

由此可见，宋江面临的行政环境是极端险恶的，那么，他又是如何适应与改变这个环境的呢？

二、宋江如何"适应"与"改变"环境

要想看清宋江的"适应"与"改变"之道，得从宋江的别名去寻找，即"送"（宋的谐音）、"公""明"，这就是宋江的三大绝技。

（一）"送"，取得群众基础。"送"是宋江的第一绝技，也是他取得江湖地位的最重要法宝。只不过，他的"送"非常巧妙，非常人所能及。概括起来，有如下特点：

送得及时。宋江人称"及时雨"，盖因此得名。宋江的送东西不是雨露均洒，而是在你需要的时候，他才出手，所谓雪中送炭是也。这既使自己的资源利用最大化，又使被帮助的人感激终生。你看：武松困顿了，宋江来了；晁盖有难了，宋江来了。这是宋江最大的特点。而反观我们当代的某些管理，就有问题了，雪中送炭的少，锦上添花者众，从而导致被送者安之若素，而没有受到帮助者心存怨愤。

送得合适。宋江送东西是很恰如其分的。李逵贫困，他送钱；晁盖需要情报，他送消息；王英渴望女人，他送大美女（扈三娘）。反正是你最需要什么，他就送什么。正所谓"宝剑赠英雄，红粉送佳人"是也。

送得到位。细读过《水浒传》的人会发现，宋江出手助人的例子并不多，为什么送出这么大的效果？其中一个理由就是，他不送则已，一送就送得到位。你看：他送王英，送的是一个大美女；送晁盖，那可是事关生死的大情报。如果与柴进相比，高下立判。柴进是什么都送，送得又不痛不痒，结果反而弄出个不痛快来。如林冲原来是想投在柴进门下的，结果却碰到了一个烂人，洪教头。这家伙也在柴进府上吃香喝辣，一番争斗，林冲寻求安稳而不可得，只好另谋高就了。所以，柴进的绰号叫小旋风，大概是因为送得不

够到位，导致朋友来得快、去得也快！

送得出其不意。我先说一个段子：宋江投奔花荣时，途径二龙山，闹了一番误会，后相谈甚欢，结果同时被逮的还有一个，清风寨知寨刘高的老婆。本来王英要把她就地"正法"，当压寨夫人的，宋江为拍刘高马屁，提议王英放掉她，并承诺以后送一个更好的女人给他。王英本不情愿，但义字当头，只能答应，当然没有把宋江的承诺放在心上。后宋江三打祝家庄，林冲逮住了扈三娘，宋江下令把扈三娘送到他父亲家里养起来。兄弟们都以为宋江要监守自盗了。回山后，宋江张灯结彩，大摆筵席，热热闹闹办喜事。大家都去赴宴，心想今晚的新郎必属宋江无疑，没想到宋江宣布："王英兄弟何在，今晚你是新郎。"王英当时的感觉是什么？感激之情当然是没齿难忘。王英遂成了宋江的铁杆粉丝。中国有一个词，叫惊喜，就是先给你一惊，后又给你一喜，这比狂喜、大喜高了不止一个层次，惊喜是最高层次的喜。你看，宋江把"送"演绎成送出惊喜来了。

送得公平。宋江的送还有一个特点，那就是公平，即让人觉得心服口服。这一点，我将在"公平"这一节里讲，这里不再展开。送得公平是很难的，我们看到，现在中国有很多群体事件，就是对"公平"二字把握得不好而触发的。

正是有了这个"送"，宋江拥有了广泛的群众基础和社会声望。你看，一当宋江报出了名号，对方往往"纳头便拜"，大叫"有眼不识泰山"，于是，宋江便遇难呈祥，逢凶化吉。这正是"江湖上流传着哥的传说"，它也为宋江适应与改变环境奠定了深厚的社会基础。

（二）公，即公正。公生威，这是宋江树立威望的道德基础。时间关系我只给大家讲一个故事。花荣为什么评不上"五虎将"。大家都知道，花荣是宋江最看重的亲信。想当年，宋江落难，不去梁山泊，反而跑去找花荣，可见花荣跟他是很要好的；花荣武功是高的，特别是一支弓箭使得出神入化，人称"小李广"；花荣的功劳也很大。但就是这样一个人，后来一百零八将要"评职称"了，评五个"特级教师"叫"五虎将"，花荣同志却落榜了，为什么？当然是宋江基于公正而牺牲了他。宋江不能选他的理由有三条：

第一条，花荣的出身有问题。"五虎将"是梁山泊的最高荣誉，是每个

武人的终极梦想，谁都想当，怎么办？那必须要挑合适的人。这样的人，首先必须要有地位。评选上的"五虎将"是哪几个呢？第一个叫大刀关胜。关胜的祖宗就是关羽，关羽是我国武将当中神一般的存在，是唯一走向"国际化"的中国将军，所以他的嫡系子孙关胜，在梁山泊，就算是纸糊的，哪怕是假的，也必须给他放在第一位。因为梁山以武立国，立了关胜，方算系出同门。老二，豹子头林冲。林冲本身就是"国防大学教授"——八十万禁军教头，在梁山泊里学历绝对最高；同时，林冲战功显赫，又代表一方势力，本着五湖四海的宗旨，不选林冲不足以服人心。老三叫双鞭呼延灼，身居高位，而且他的祖宗就是北宋开国将领呼延赞，梁山泊只有把他放上去，才表明梁山兄弟跟一般的土匪是不一样的。老四，霹雳火秦明，"省军区司令"，在一百零八个人当中，军衔最高，没有话说。老五，双枪将董平，他是"大台州军分区司令"，"大校"军衔，在梁山群雄中也算级别相当高的了，而且打仗特别勇猛，是梁山第一猛人，不把他评上，没有道理。而反观花荣，问题就来了。他上山前的官名叫什么？叫知寨。知寨是个什么官呢？当时北宋兵制，一个叫禁军，一个叫厢军。禁军就是中央军，即现在的集团军。厢军就是地方兵，相当于现在的民兵预备役部队。赵匡胤害怕自己的政权被当年他这样的"军区司令"搞掉，所以"强干弱枝"，把禁军实力搞得很强，厢军则搞得老弱病残。花荣同志就是厢军里面的一个知寨，而且还是个副的，仅相当于椒江区人民武装部副部长的角色，副科级别。如果宋江把花荣放上去了，梁山泊天下就会乱了：武松就会不服，他是"公安局局长"兼"刑警大队大队长"，现在一般兼常委的呀。鲁智深还当过禁军的提辖，虽然是中低级官员，但他系出名门，比花荣的官位自高了不少。评上花荣，这帮人怎么办？还不得把忠义堂给拆喽？！所以，花荣评不得。

第二条，他的武功不对。大家有没有看见五虎将里面使的兵器，全部是有名的十八般兵器，关胜刀，林冲矛，秦明狼牙棒，呼延灼是鞭，董平是枪。花荣使的则是弓箭。弓箭是什么？弓箭不属于十八般兵器，属于辅助兵器，武人心中瞧不上的。如果把花荣放上去，马上就有问题，为什么？因为梁山泊里这样的奇门兵器多了。有个没羽箭张清，专门扔石子的，他也很厉害

呀！鼓上蚤时迁说，我小偷技术也很高的啊！这个皇甫端讲，我医术很高的！可见，如果把花荣放上去，梁山就乱套了。

第三个原因，是花荣的群众基础有问题。我们中国怎么打仗的？双方先集合部队，大家排列成阵，再搞一阵子口号，非常热闹；再由双方闪出一员战将，语言调戏一顿，再打作一团，最好战上三百回合；再由一方把对方斩（劈、捅）于马下。这个过程越长越好，越热闹越好！大家感觉越刺激，当事人就越拉风！这就告诉我们，过程很重要。比如我们现在的先进事迹报告会，报告的不就是过程吗？足球为什么是世界第一运动？就因为它老踢不进去。乒乓球为啥越搞越没人理？就是太快了。咱们再来看花荣的武功，凡是他一上阵，对方还没发言呢，喉头上已多了一支箭，大家刚想喊加油——然后，就没有然后了。结果虽然是同样的结果，但过程却不一样，大家总觉得这样胜之不武，是旁门左道。于是对花荣的尊敬就会少了几分。显然，这样的人是不会有群众基础的。

正基于上述三个原因，宋江绝不会把花荣提名为五虎将。而正是因为如此，宋江在众兄弟中树立了公正无私的形象。其余如他把弟弟宋清安排在偏将群之末，对李逵犯错误的处理等，这里就不一一叙述了。就这样，在猛人成堆、帮派盛行的梁山泊，宋江凭一把"公正"的利斧，树立了自己的威望。

（三）明。即明事理。宋江如果没有"明"，只有"送"和"公"，是当不了政治家的，当然也管不了一百零八将。宋江管理的关键还是着落在"明"字上。他的"明"表现在四个方面：

其一叫进退有据，即根据自己的实力决定自己的进退。他初上梁山，晁盖假惺惺地要把头把交椅相送，而宋江却坚决拒绝。为什么，因为当时他的实力不济，接不得。于是，宋江有很长一段时间的重点工作就是积蓄实力。梁山一旦有事，宋江总说："哥哥是山寨之主，万金之躯，不能轻移，有事情小弟去。"然后这个小弟就带了大队兵马去打仗了。结果，宋江与众兄弟在战斗中结下了友谊，同时，新上山的兄弟自然就成了宋江的铁杆粉丝，他的力量也就越来越强。后来晁盖发现不对，人都跑到宋江这边去了。那怎么办？马上自己带队出征，但是他发现连吴用都不跟他走了，结果一箭被史文

恭射中喉头。晁盖的遗嘱怎么讲来着？说能把史文恭杀掉的人就是山寨之主。宋江杀得了吗？实际上晁盖的遗嘱就是不让宋江上台。很遗憾，来不及了。后来卢俊义把史文恭逮住杀掉了。宋江装模作样请卢俊义坐到高脚椅上，然后纳头便拜，说要立卢俊义为山寨之主。卢俊义是想接的，但他除了一个会陪他玩的燕青之外，没有别人，于是只好推辞。大家一致推举宋江，宋江当然要假意拒绝。双方几推几拒，把戏做足了，于是皆大欢喜，宋江就如愿坐上了头把交椅。这就叫没人的时候退，有人的时候进，非常高明。

其二，确立梁山的奋斗目标。我们知道，晁盖是毫无奋斗目标的，整天想着的是大碗喝酒，大块吃肉，得过且过。而宋江则不同，一上位就确立了奋斗目标，即招安，努力让梁山泊走"混合所有制"道路，成为"体制内"组织。有人认为这是宋江把梁山泊引向邪路的重要标志。错！实际上，宋江的决策是基于对当时形势审时度势的结果。

从知识分子参与角度看，历史上凡是农民起义成功者，往往与众多知识分子参与有关，如刘邦有郦食其、张良等。但自从隋唐以降，科举大兴，知识分子均做起了"朝为田舍郎，暮登天子堂"的梦。知识精英几被朝廷搜罗一空，留在草莽者极少。以梁山泊为例，梁山众兄弟中没有一个在科举中胜出过，最大的知识分子吴用也只不过是小学代课老师而已。没有知识分子参与的农民起义，后果是什么？就是其兴也勃焉，其亡也忽焉。

从梁山的成员构成来看，梁山群雄的上山动机并不纯洁、目标不一。有得过且过者，如鲁智深、阮小二等；有暂作栖身之所者，如卢俊义、李应等辈；有身在水泊、心在朝廷者，如关胜等。即使像林冲、武松等，也只不过是对奸臣有刻骨之恨，但却没有裂土封王的志向与打算。因此，表面上梁山英才济济，实际上却危机四伏。它的强大，只是虚弱的强大。

从当时的群众基础来看，当时的契丹、女真等族，虎视眈眈，民族矛盾异常尖锐。当时的民心是齐抵外侮，而不是推翻朝廷。所以，如果梁山要自举义旗，绝不会得到民众响应，反而免不了受千夫所指。得民心者得天下，是千古不易之理。

正是基于上述理由，"招安"是当时保护梁山泊众兄弟安全的唯一出路。

这也是宋江做得最对得起众兄弟的大义之举。我们看到，跟梁山泊一起起事的有王庆、田虎、方腊等辈，其最后结局无不是被满门抄斩。而梁山兄弟虽然也死的死，伤的伤，但至少有相当一部分人得到善终，这就足证宋江的深谋远虑。义有"大义"与"小义"之分，宋江的义，谋的是整体之义，绝不是那种狭隘的圈子之义。当得上是"呼保义"三字。但遗憾的是，宋江因此蒙上了千古骂名，这真是奇冤一件。

其三，建立纵向组织。晁盖时期的梁山，实际上没有自己的组织。什么叫"聚义厅"？即五湖四海皆兄弟也，强调的是个体的横向组合，即大秤分金，小秤分银，大块吃肉，大碗喝酒，实际上就是一群乌合之众。但宋江一上台就不一样了，他把聚义厅改为忠义堂，以忠统义，"忠"强调纵向关系，要下级服从上级；"义"强调横向关系，即兄弟之间要讲团结。两者一结合，梁山团伙就变成了一个组织化的纪律部队。后来，宋江还大刀阔斧地按纵向结构构建梁山的组织体系，进行权力组合，这就是大家熟悉的梁山泊英雄排座次了。此外，他还启用裴宣制定梁山的各种制度。至此，梁山的组织改造完成，它为梁山成为让人闻风丧胆的武装集团奠定了组织基础。

其四，建立核心团队。政权需要人去运行，宋江为了实现自己的目标，当然要建立自己的核心团队。值得注意的是，宋江对自己亲信的安插非常巧妙，即贬其名而实其权。即在名号上，让花荣、宋清等亲信受受委屈，而在实权安排上，则让他们掌握中枢。如花荣，评不上"五虎将"很委屈，但在实际职位上，却安排为后寨头领。梁山分为水寨、前寨和后寨。后寨是精锐所聚，关胜、林冲等在实际上都要听花荣调遣。这真叫作，在名分上得一个"公"字，在权力安排上得一个"明"字。（时间关系，不再赘述。）

就这样，宋江凭"送""公""明"三大绝招，就适应了梁山的行政江湖，并在不动声色之间创造了新的环境，真正算得上是适应和改造行政江湖的绝顶高手。他的许多手法，尽管在现在看来，有让人觉得不够正大光明的地方，我们当理性地加以批判与接受。但从另一角度看，在封建时代，又何来正大光明的政治呢？

（以上内容根据 2014 年 9 月 13 日的讲座录音整理，略有删改。）

岁月并不如烟

——民间文书的社会记忆

袁　逸　（浙江省图书馆学会秘书长）

　　这个讲堂我来过几次，但是图书馆约我来讲这个题目，我真的很惭愧。我不是收藏家，收藏只算是个人爱好。《纸证如山》是我七八年前一个讲座的题目，后来想了想，还是改成现在这个题目。其实，不管有钱没钱，不管收藏的是哪个门类，做收藏其实是一种生活态度。所以我结合这些，以民间文书、社会记忆为主，讲一点自己的体会。

　　就收藏这件事来说，现在这个时期可以说是历史上最好的时期，也可以说是历史上最坏的时期。为什么说是"最坏"？大家都知道，假货实在太多，防不胜防，所谓很资深的专家都可能上当受骗。但是我为什么又说现在是历史上"最好"的时期呢？恰恰是因为网络时代提供了前所未有的收藏便利。比如我收藏某一个门类，根本不知道哪些地方有我喜欢的东西，这东西可能就在几十公里之外的地方，也可能在几百公里外的一个地方有人收藏着。网络时代，全世界的东西都可以通过网络呈现在你面前。你可以按照自己的兴趣爱好、专题，很快地把你喜欢的东西汇集到身边。所以我觉得当前是搞收藏前所未有的大好时机。

今天要讲的主题就是：以社会文书为主，谈跟社会记忆有关的收藏。城市化进程这么快，以前你熟悉的东西，很快就要消失了。所以我觉得这一代人有责任或者有义务，把我们曾经生活过的这些印迹尽可能地留下来。有时候，"留下来"这种事情是很简单的，不一定要花多少钱。我觉得甚至可以完全不花钱而又很有意思。因为现在我们的物质生活基本上不太成问题，但是我们的精神生活普遍面临着一些问题，而收藏可以让自己精神充实。特别是年纪大的人，一进入到某一个年龄段，怀旧是一种幸福的事情。所以主要想讲这方面的东西，往事并非如烟，岁月像历史长河一样流过去了，但是我们可以做一些自己力所能及的努力，把这些往事勾留下来，而且这些事我觉得会是蛮幸福的。

举个例子，天津有一个84岁的老太太名叫杨文慧。她开始也是没事情干，看到自己周边开始大量地拆迁，她开始穿街走巷收集门牌，收了一千多块门牌号。所以说，收藏这件事她一分钱都没花。收藏不是一定要花钱才能干的事情，而且也不一定是追风的。我今天讲的主题其实大致就是跟我们的生活记忆有关的，几乎可以一分钱不花的，每个人都可以做的。

姓季的一对上海夫妇，他们五十年如一日，从1957年7月开始记流水账。今天买菜，小白菜2斤3分钱，买油条几根。或许每个人都曾记过流水账，但是记一个月、两个月不稀罕，一年两年已经难了，他记了50年。于是这50年他一户人家生活的案例，成了整个时代的缩影。比如说他的同事结婚，大家要送份礼，怎么送？他就记上7月8号某某结婚，出2块钱。这就是一种历史记忆。当时的民情风俗都在这里面。所以上海博物馆收藏了他们夫妻的流水账。在座的没一个人能做到的，50年如一日，上面一笔一笔地记。这成了区域的历史，也是国家的历史，社会的记忆。全中国很少能找出这种东西。

有一组老照片，一位老先生整整拍了62年。1907年他在英国伦敦拍下第一张照片。他肯定出生在一个有钱人家，那个时候到英国去的人很少。这种照片我们现在能看到的还是不少的，难得在哪里？难得在这位先生每年至少拍一张。他有意识地每年拍一张标准照，没停过。62张照片后来出了一

本书《一站一坐一生》，记录了一个普通中国人，从晚清走到民国，走到新中国，甚至走到了"文化大革命"。在座的各位，家中都有老照片，老照片真的对你的家庭、孩子，对这个社会很有意义。但是老照片一定要有相关的背景，要说明时间、地点、人物。这种照片汇集起来才会很有意思。所以我觉得我们讲的这些东西，都会对整个大历史起到很重要的补充作用；而且这种补充作用，对于一般老百姓来说，因为它的生动、草根性，所以我们觉得更有亲切感，更愿意接受。

下面我重点讲个人证件的收藏。最近查了一下，网上关于个人证件的种类，归纳了大概有 80 种。我觉得假如这样算的话，在中国，一个人的一生80 个证件还不够。所以我大致给它分了三类：一个是身份证明。你是什么人？在人生的某一个阶段扮演什么角色？第二是你拥有的某种东西证明。比如说拥有的某一种资格、资历、财产、荣誉等等。第三跟拥有证明很接近的就是权利证明。

简单讲，身份证明是你一路走来的身份状况。一开始上幼儿园，就有某一个证明了，所以像学生证、工作证、身份证等等，全是你的证明，包括死亡证、党团证、结婚证、离婚证、下岗证，等等。这些对两类人是有用的。第一对你自己、你的家人，你的这些证件全是很有用的。第二，对这一类证件的收藏者。我特别想跟大家讲一下，就是旧货市场淘来的个人证件，很便宜，但是我很受触动，把它收下来了。

第二类是拥有证明。你拥有某种学历、某种学位，等等。简单举个例子，孩子假如有奖状的话，以前都是贴在墙上，搬家的时候一般就丢弃了。以前一进家门，看到的第一个东西，往往是大镜框子里面大大小小的照片，这些照片我觉得无比温暖。第二个是一大堆奖状，大人的、小孩的，荣誉满满。

第三类个人证明就是你的权利证明，允许你从事某一项事情的。这是1934 年仙居颁发的持枪证。仙居是山区，那时候应该是打猎的枪。民国廿三年（1934）发的持枪证 402 号，拿这种枪的人不少。我不知道仙居现在有没有这种东西，这是对区县历史的有力的证明。

选民证大家应该都有，我这里有两张选民证，一个是我从摊上收来的，

1954年应该是建国后的第一次选举。

据说暂住证马上要退出历史舞台了。暂住证除了见证改革开放以来我们国家一段大的局势以外，还见证了个人走南闯北在哪里停留的一段历史。暂住证对在座的人来说，可能意义不大，但是对亲历者来说，暂住证是一件很重要的东西，应该好好收藏。

2000年浙江移动公司给我发了一个手机持有证。我根本不记得曾经有过这么一个东西，是哪个年份的、手机号码是多少。当时手机号码只有7位数——9049708这么一个号码，至少证明中国的移动市场发展在这个时段是这么个样子；第二证明我个人在这个时段曾经拥有了这么一个手机。

这是上世纪50年代，江西的一本手工业许可证，就是营业执照，染衣服的。我是宁波人，小时候宁波也见过挑着担子每天穿街走巷染衣服的。以前人家孩子多，衣服穿旧了，新的又买不起，怎么办呢？穿旧的衣服，花几毛钱，让这种挑着担子的手艺人染一染，看上去又像一件新衣服。现在没这行当了，那时却不少。

我特别想跟大家讲的是，中国历史上个人身份认证的演变。这是我六七年前甚至两三年前讲座没有的内容。这些年接触多了以后，我忽然想到，应该跟大家讲一下这方面的东西，其他地方没见到有系统讲解涉及身份认证演变的内容的。对某个人身份的认定，到底在如何演变？以前在电视、电影上看到缉拿某个朝廷要犯，有个图像画出来。我们来看一下雍正八年（1730年）的一个户部执照，财政部发的一个凭证。这份执照上面就有身份认定，"身中"——中等身材。他花钱买文凭，买了一个国子监监生。户部（中央财政部）给他发了一个执照，收的钱用以补贴国库、地方财政的不足。当时的身份认证很简单，就是身材高矮。

我顺便讲一下中国的荣誉制度。现在流行官二代、富二代的说法，中国历史上也有这种情况，但古代总体上鼓励子孙后代要自己奋斗来光宗耀祖。如原来是农村的泥腿子，没有"国家干部"身份，现在变成了国子监的毕业生，有文凭了，这是一件无比光荣的事情。要把你前面三代曾祖父、祖父、父亲的名字列出来，以示光宗耀祖。古代都是这样的，后辈为前辈争光。我

们看一下光绪年间的身份认证，就有进一步的变化了，也是户部执照，也是买文凭，是安徽婺源人。这里出现了身份认证：江元超，年32岁，身中，面白，无须。某一个人身份三项必要条件：身高，面色，有没有胡须。

再顺便讲一下中国历代的画押制度。公文上面画押，就是"领导批示""长官批示"。我查了一下资料，这个画押制度，从宋代开始一直延续到20世纪40年代。解放战争时期，国民党指挥部里的相关文件，主管长官还是在画押，就是用这个东西。解放后变成画个圈、批示"同意"之类的东西。这个朱笔画押，鲜艳醒目，挂在房间里多好看。朱笔画押也是核实的意思。

进入晚清，身份认证又进了一步。这是一个科举的准考证，那个时候没"高考"，叫科举考试，初级的叫作文童，就是考秀才用的身份证。认证项目多了"面形"，就是看你是什么脸型：国字脸、圆脸、方脸、长脸，等等。就是说，在光绪朝的时候，又增加了一个规范的细节，不光是看你脸色白不白、黑不黑了，还看你脸型。同时大家注意，备注项特别注明："其五官有疵疾者须另行注出"，很重要，也更个性化。比如这个人嘴巴是歪的等。很明显，越来越起到身份鉴别作用了。从雍正年间开始，只关注身材高矮，到晚清，已经发展到这个状况了。

紧接着，我们看看民国的身份认证。这是良民证，抗战时期的。良民证上面主要有体格、容貌、特征。这张更有意思，"左箕""右斗"，什么意思？左手有三个"箕"，右手有两个"斗"。因为那个时候没有用照片认定身份，怎么认定你是谁？手伸出来，这里是不是两个"斗"，这里是不是三个"箕"。另外还有年龄、身高等要素凑在一起，综合鉴别。这是国民身份证，国民政府第一次发放的全国性身份证，已经相当规范了。这张身份证是江西一个农村里的，跟前面良民证差不多。大家看一下，贴照片的位置已经空出来，但是大量的农村身份证没照片，只剪一小方宣纸，在宣纸上面按一个手印再把宣纸贴上去。现在身份证的特征已经有了。其次，左、右手上，"斗"跟"箕"的鉴别，比前面良民证还详细，十个手指都要填上。这是没有照片条件下身份的认定。1946年，条件好的地方，如宁波鄞县，就有照片了。有了照片，指纹这个地方就是空白的。

下面一个主题，讲讲婚姻制度，主要讲讲结婚证。中国的婚姻制度历史上大致经历了三个阶段：契约婚姻、宣告婚姻、登记婚姻。

契约婚姻的特点是立婚书。以前可能个别也有，但是未形成制度。唐代开始明文规定，两家你情我愿，不光是嘴巴说，一定要订立文书，就是白纸黑字定下来。所谓的明媒正娶，立了婚书类似有宣告的意思，让大家都知道。古代最早的婚姻制度，简单地讲起来，是以儒家规范为依据的。《周礼》上，男二十，女十五为结婚年龄。汉代，由于战争频繁，有个硬性规定，到了某些年纪不结婚要罚款的。唐代的时候，男十五，女十三以上。

这是清代的一个排八字的婚帖，属于婚书范围。这个婚帖制作年份是同治八年（1869 年），可以看出，他们两个 13 岁，立婚帖了，不一定过房，但至少订婚了。古代的婚书、婚帖都很简单，红红的一张纸，随便撕一张来写，写得也很不规范。这是礼单，决定了我们家儿子娶你家女儿的条件，要送多少礼，有什么排场、规格。

宣告婚姻主要集中在民国时期。徐志摩今天离婚了，上报纸登一张告示，明天结婚了，再登一张。进入到民国，已经有登记婚姻了，但是国家没有硬性的规定。《中华人民共和国婚姻法》颁布后，要登记了。

改革开放以后，婚书逐渐规范了，但是规范也有不好的地方。以前的婚书五花八门，收藏起来感觉很好。现在的婚书，一模一样的。这是 1938 年的一个结婚证书，丝绸的，手工画上去的，很漂亮。

我们看一下离婚证明书。这是 1954 年的离婚证：双方感情不和，自愿离婚，无子女。还有处理情况：男方家困难，女方自愿不带财产。中国古代很早就出现休妻制度，敦煌遗书里面就发现了唐代的休书。但是休妻制度有一个特殊规定，为了保护妇女权益，"三不去"，就是这三种情况下，你不能把我休掉：一是男方家庭公公、公婆死了，一起守孝守了三年后；二是先贫贱后富贵，原来夫妻俩一起办厂创业的，现在发达了以后，不准离；三是有所娶无所归，也就是老婆的娘家一定得有人接收续养，若娘家没人了，生存无法保证就不能休。

我看了唐代的放妻书，觉得真感动。大唐盛世，人很开明，两个人合不

来分手，也是好聚好散，洒脱温情。这个婚书大致的意思是夫妻之间渐生隔阂，各自厌烦，不如散了。从今后愿娘子你收拾心情，精心妆扮，姿容焕发，重新再找一个条件更好的。我们互相之间再不要怨恨，一别两宽，各生欢喜。

最后给大家讲讲命妇制度。这些我们现在用的不多，但整理、利用古代文献时会有用，如家谱中经常提到的"某宜人""某孺人"，你得知道究竟是怎么回事。老公当朝廷命官，妻子就享受相应的荣誉称号。唐代开始就有，清代更规范了：一品、二品称夫人，三品淑人，四品恭人，五品宜人，六品安人，七品以下都是孺人。

最后一个节妇制度，也是跟婚姻制度有关的。丈夫死了，遗孀守寡，很早就有的。但是我重点讲一下清代，特别提一下跟慈禧有关的事。清代节妇特别多，慈禧就是寡妇，所以她对寡妇很同情。同治六年（1867 年）开始，"节妇"的标准越来越放宽了。什么样的人可以成节妇呢？第一是 30 岁之前老公死掉了，一直守到 50 岁，守 20 年以上，你就可以成节妇。第二是虽然没到 50 岁，但是你 40 岁生病，提前死掉了，也算节妇。或者更宽一点，守寡 6 年以上死掉的都算。就像评职称一样，年份慢慢量化了，符合这几个条件里面其中一个，就算节妇。这是徽州的贞节牌坊，因为古代男的有很多荣誉，女的却没有；女的唯一可以争取到的荣誉，就是以青春甚至生命为代价，作出巨大牺牲，守寡做节妇。

最后讲一下跟收藏有关的。要有一点必要的延伸，就像我讲，老照片一定要把具体的时间、地点全部记下来，要不然会有损信息量的。

简单就讲这么一点。搞收藏永远不晚，有钱没钱没关系，喜欢，有心，从现在开始；星星点点收起来，别人看不上眼的，说不定以后会很惊艳，体现独特的价值。所以贵在持之以恒。

（以上内容根据 2013 年 9 月 7 日的讲座录音整理，略有删改。）

岁月并不如烟——民间文书的社会记忆

投资理财

草根理财之道

吴常凯　（国际金融理财师、台州市农行财富中心理财顾问）

很高兴在周末这么美好的时光里，和大家一起分享个人理财方面的知识。首先做个自我介绍，我叫吴常凯，目前是台州农行财富中心的理财顾问，2006 年参加金融理财师培训，取得金融理财师资格；2008 年又参加国际金融理财师培训，取得国际金融理财师资格。

今天的讲座为什么叫《草根理财之道》呢？我在参加这个国际金融理财师培训的时候，我们的老师说，美国的华尔街聚集了全世界最聪明的人，数量甚至超过了美国的航空航天局。从某种角度来说，全世界的财富都聚集在美国的华尔街。作为一个国际金融理财师，跟美国华尔街这些全世界顶级的金融大师相比，我只能算是一个"草根"。作为普通老百姓，即使你有上百万、上千万的资产，和美国华尔街的"金融大鳄"来比，也只能算是"草根"。

理财知识，说复杂也很复杂，说简单其实也简单。为什么呢？你看上一轮金融危机是怎么引发的。上一轮金融危机就是美国的次级债引发的。说得简单一点就是，美国华尔街这些金融大师，把美国的一些不良贷款或者说是次级贷款（所谓次级贷款，在银行来说就是向一些实力或者说资信不好的人发放的贷款）通过包装，卖向了全世界，全世界各个国家的银行都买了美国的次级债；美国次级债危机发生的时候，冰岛这些国家的银行都倒闭了。说

明美国的金融大师"忽悠"了全世界。个人理财，说简单也很简单。为什么呢？你看，民间就流传着一些简单朴实的理财术语，比如说"不要把鸡蛋放在一个篮子里"。站在金融理财的角度，实际上说的是什么？说的是资产配置，就是说你不要把资产都放在某一个地方，这样会加大你的风险。曾经有一个金融理财大师，就是因为研究金融资产配置的模型，获得了诺贝尔经济学奖。

首先，我来介绍人生青年时期的理财规划。首先来看青年时期的收入支出的特点。每一个人，从出生到离开这个世界，都有支出；但是一个人并不是一出生就有收入，在很长的一段时间内都没有收入；那么在这段是靠谁呀？靠父母。一般来说，我们国家规定，16 岁以前，企业是不能雇佣你工作的，如果企业雇佣你，就算是雇佣童工了，违法的。在国外，一般来说，很多父母把孩子培养到 18 岁以后就不管他了，由他自食其力。一个人从出生到离开这个世界，都有支出，而且支出是在不停地增加，平稳地增加，然后到一定时期会下滑；收入，开始是没有的，但是一增加起来也很快，你看收入的曲线斜率是很大的。以我们国家普通的工薪阶层来说，大学毕业参加工作的时候收入比较低，但是收入的增长水平却是很快的。现金流的特点是什么呢？收入低于支出，则现金流为负。青年阶段资产负债的特点是什么呢？是资产增加。为什么呢？你看，青年时期要买房子、车子，是大额资产、固定资产；同时负债也增加，为什么呢？一般来说，参加工作以后，我们要买车子、要买房子，如果家庭条件不是很好的，都得贷款。刚才说了，收入低于支出，相应的存款很少——这是青年时期的特点。

针对青年时期的这个收入、支出和现金流的特点，我给青年时期的理财建议是什么呢？一个是开源节流，要想办法去做些兼职、增加收入，这就是开源。节流是什么呢？学生时代是靠父母的时代，我们花钱都直接向父母伸手要，大手大脚的，周末要去 K 歌、去喝酒。在完全靠自己的时候，节流并不是要去减少必要的开支，而是像这种不是很必要的开支——什么 K 歌呀、酒吧喝酒呀——这些活动就要相应地减少了。适当融资，这个是我要重点讲的。什么叫适当融资呢？融资其实用老百姓的话来说，就是借贷。比如说现在要买房子了，假如你的父母、亲戚、朋友都是有钱人，你的人缘也比

较好，向他们借钱来买房子是最好不过了。但如果在亲友间借不到怎么办？借不到就要向银行贷款了。我刚参加工作的时候，不是做金融业务的，是做软件开发的，计算机软件开发方面的，当时我周边的人，包括我本人，实际上金融理财方面的观念、知识都是非常淡薄的。曾经我有一个同事，他比我早工作8年，家庭条件也不算好，是农村出身的，在2002年、2003年的时候，台州的房子并不贵，我记得很清楚，2003年我有个同事买房子，和平家园一套120平方米的房子，才26万块钱。但是我电脑部的这个同事就一直没买房子，在他的观念里，我们当时的收入很低，当时100多平方米的房子26万块钱，按照我们当时的收入，减除开销，贷几十万的款，我们要用将近20年的时间才能还清。他比我工作早8年，到我买房子的时候，他还没买房子。我是2005年买房子的，他是2006年才买房子，等我买房子的时候，像和平家园一套120平方米的房子已经涨到五六十万了，他买房子的时候就已经涨到80多万了。所以说，在青年时期，我们有工作能力，工作又稳定，收入又相对来说不停增加的情况下，要适当地融资，也就是说要借贷。

第三个，针对青年理财的这个建议，投资自我就是最大的投资。青年时期投资理财怎么理呀？收入又低、支出又多，资金还有缺口。我这里也举一个我身边的例子。大家知道，作为普通老百姓，跟银行打交道时，接触最多的人是柜员，但是你要知道，柜员在我们银行是什么人呢？是银行最辛苦的一线人员。很多年纪轻轻、长得很漂亮的小姑娘进了银行，一直在银行工作，到老了如果还在柜台上，就很被动了。大家去银行存钱取钱，她要微笑是吧？不光要微笑，态度要好，动作还要快。大家最关心的是"快"、等的时间短一点。年轻的时候，小姑娘笑得很灿烂，动作也快；但是老了以后，笑得也不好看了，动作也慢了，大家都对她不满意了。现在银行，每个月、每个季度都对服务有检查，服务不好就要扣工资。当时我在台州农行的一个同事，就是这么一个情况：她当时是一个小姑娘，进入银行几年，一直在柜台工作。我是2006年参加金融理财师培训的，我当时去参加这个金融理财师培训是一个机遇。当时，我在电脑部工作了很长时间，我跟领导说，我想转到业务部门去；这时候，刚好农业银行总行有这个金融理财师培训的机

会，我们领导说，这次去参加培训，如果我能够一次性地把证考到手，那以后有机会的话，就把我调到业务部门。我这个同事她是柜员，每个星期她只有一天休息时间，基本上每天都离不开的，所以派一个柜员去参加金融理财师培训几乎是不可能的。我这个同事，她就利用周末的时间，自己花钱去杭州参加了金融理财师培训，取得了金融理财师资格；然后2009年银行理财业务大发展的那个阶段，因为她有理财师资格，就把她从柜员里提升为客户经理。我们刚才说，柜员是普通老百姓在银行打交道最多的。但是在银行，认识人最少的人是谁呀？其实也是柜员。为什么？因为人和人要熟悉，是需要沟通的，只是一面之缘的话，过去了就过去了；特别是，柜员的工作是操作性的，一笔业务办过去了，也许客户对你一点印象都没有。银行，大家都知道，最大的任务是什么？拉存款。每次要拉存款的时候，任务完成不了的也是柜员。因为他们认识的人最少，所以拉不到存款。当时我这个同事从柜员提拔出来当客户经理，做理财经理，每天面对的是大客户要买理财产品，这时候她把客户接到理财室里跟客户洽谈，问客户的资产负债情况、家庭情况，通过一聊，是不是就认识了？所以实际上，在银行工作，客户经理和理财经理认识的人是最多的。我这个同事当了理财经理以后，做得非常好，当时有一款产品，杭州分行的营业中心卖得还没有她多。她现在已经提拔到嘉兴分行担任副总了。

接下来，介绍中年时期的理财规划。我们首先来看，中年时期的收支曲线图：随着个人工作时间越来越长、职务越来越高、收入也越来越高，这时候我们的收入大于支出了。收入开始是迅速地增加，越来越高，但到一定的程度，又会下降。如果说在国有单位工作的人就能明白，不管官当到多大，50岁必须退二线。作为普通老百姓来说，也是这样，50多岁以后，人老体衰了，从事体力活动的能力也越来越下降了，收入也越来越低了。但是支出下降并不快，为什么？因为人的生活是有惯性的。原来过很穷的生活，这时候一下子生活水平提高了，很好；而从高水平的生活一下子要过渡到很低的生活水平，就不容易了。中国古代有句话叫作"由俭入奢易，由奢入俭难"。

我们来看一下中年时期的现金流的特点。中年时期，因为收入高于支

出，大额支出少了，青年时期要买房子、车子，这些大额支出都已经过去了。到中年时期，一方面收入越来越多了，积累的财富也越来越多了，但是这时候需要大额支出的反而不多了，最多换车吧，或者说换房子，也不像青年时期那么迫切了。中年时期是资产继续增加，现金、工资收入都是流动资产，负债减少，甚至负债变成零了，存款很多，这个就是中年时期的资产负债特点。

我对中年时期的理财建议，一个是保值增值很重要，第二是要加强投资理财，做好财富配置。我在银行工作，经常遇到一些很尴尬的事情。有时候，别人介绍客户给我，说："这个是吴常凯，他是国际金融理财师。"这个朋友直接问你能够给他多高的收益。普通老百姓往往把投资收入等同于理财了。其实，站在人生或者家庭的角度，理财最好是做好资产配置。曾经有一个经济学家说过一句话，大致是：一个人理财成功，80%靠的不是某一方面投资的成功，而是靠资产配置。第三要做好保险规划，为家庭提供保障。

中年时期投资理财有三原则，第一，资金安全是第一原则，为什么这样说呢？我举一个例子，我曾经有一个农业银行的同事，他工作了很多年，积累了几十万的财富，他从来不买我们银行的理财产品，也从来不买基金股票，那他的钱一般都投到哪里去了呢？台州人一般都应该知道的，都是被借贷、放出去了，一分利、两分利，他的钱都是通过民间借贷放出去了，高的时候甚至有三分利。当时我就问他，不担心资金安全吗？万一人家还不了你了，怎么办？他说"没事"，钱都是通过亲戚、朋友介绍的，开企业的人借去的。那我就再问他了：你的钱借给他，他给你两分利甚至三分利，他要去做什么才能有那么高的收入来支付你的这个利息呢？20%、30%的投资会有多高的风险呢？后来很不幸，我同事借出的钱，前几年是很好，一年两分利、三分利都有；但是有一年，他这个钱收不回来了，企业倒闭了，在这种情况下，连本金都收不回来了。连本金都收不回来的投资，还算成功吗？是一个很失败的投资。所以，巴菲特讲投资原则的时候说，第一是资金安全，第二是资金安全，第三还是资金安全。

第二就是风险与收益匹配的原则。刚才说了我的这个同事，他的钱借贷

出去，开始一年有一分、两分甚至三分的收益，收益是很高；但是我这同事太注重什么了？太注重收益了，他把收益看作高于一切，其他的都不想了，导致他后来血本无归。大家都知道，作为投资理财，风险与收益是匹配的，所谓高收益必然有什么？高风险。低风险必然是什么？低收益。如果说有什么东西是风险又低收益又很高的，那肯定所有的资金都会涌向这个地方，但这是不大可能的。

第三就是财富配置"三三制"原则。什么叫"三三制"原则呢？财富配置，很多国际金融理财师或者说国际金融大师，把它搞得非常复杂，动不动搞出一些很复杂的产品。但是站在普通老百姓的角度，我觉得，一个家庭的理财配置，简单说，就是"三三制"原则。怎么"三三制"原则呢？高风险的要配一点，中等风险的要配一点，低风险的也要配一点。如果你只注重安全，所有的钱都放低风险，必然你的收益就很低，为什么？比如说把钱存在银行，安全不安全？肯定安全，但是活期存款很低。那么有的人把钱都投去买股票、期货，收益高不高？非常高，但是风险也很大，有时候期货一爆仓也是血本无归。所以我认为，一个家庭的资产配置，高、中、低风险的产品，都要配置。房地产算不算高风险的？房地产本来是消费型的东西，问题是在中国，房地产变成了一个"投资品"，很多家庭有一套、两套甚至三套房产。为什么会出现这种情况呢？在这一轮经济危机中，全世界，就中国的经济表现是最好的；但是中国的股市是什么？是全世界最差的。一方面，经济危机，国外像欧美国家，经济是一塌糊涂；但是即使人家的股市跌，也没有跌到中国这么惨，中国的股市从6000点一下跌到1600多点了，这种情况下老百姓的钱没出路。还有通货膨胀，钱放在手上越来越不值钱，投资到股市去要亏——10个人炒股，8个人亏，1个人持平，1个人赚钱。前十年中国房地产一直在涨，所有的老百姓只要有钱，只要能贷到款，都去买房子。所以，在中国，房地产变成了什么？从消费品变成了投资品。但是我要告诉大家的是，任何投资品总有泡沫破裂的时候。我这里讲一个荷兰郁金香的故事。中世纪时期，欧洲的富翁都喜欢攀比。当时荷兰有一个富翁弄到一株郁金香放在家里，其他荷兰的高阶层人士到他家一看，说这个郁金香很好，都想买。一个东西，需求的人多、供给又少，它的价格就会涨起来。当时郁金香价格

在这些富翁的炒作下疯涨，涨到最后是什么情况呢？一株郁金香的花茎，居然比一头公牛的价格还要贵。一个东西，价格在不停涨的时候，就必然有人不停地去追，不停地去接手，在不停的倒手过程中，价格就不停地涨上去。在这种情况下，所有的人都相信：只要我买到这个东西，总会有人来接手，不愁卖不出去。突然有一天，这个花卖不出去了，价格就开始暴跌，很多炒郁金香的人血本无归。荷兰郁金香泡沫破裂的事情，造成一个很大的影响。大家都知道，荷兰以前是海上强国，海上实力是非常厉害的，从荷兰郁金香破灭起，荷兰就走向了衰落。

日本房地产在 20 世纪七八十年代的时候，就非常像中国目前的这种情况，是世界最大的贸易顺差国。当时日本的房地产比美国纽约、英国伦敦都要贵，日本的主妇们，有钱就炒房地产。日本的房地产破灭以后，日本的经济萧条了十几年，到现在一直没恢复过来。中国的房地产有没有泡沫？毫无疑问，肯定有。中国目前的房地产泡沫很厉害，北京一套 100 多平米方的商品房价格，在美国可以买一个别墅。但是中国房地产泡沫什么时候会破灭？谁也说不清楚。也许国家通过调控，慢慢会把泡沫挤压掉。慢慢挤压是好事，如果说中国的房地产泡沫突然破灭，那么中国的经济也有可能像荷兰、日本一样。

我们来看一下个人投资理财常见的一些错误。一个是过度融资，以借贷用于投资。这一点，可能一般老百姓不会这么做，但是也有例子。2007 年的时候，我在开发区农行曾经遇到这么一个情况。这个人是台州的一个公务员，工作其实非常好，因为 2006 年、2007 年的时候，股市飞涨，买基金一天都有 4%~5% 的收益。他看到人家炒股都赚钱，就把自己的房子拿去抵押贷款，买股票；刚好他买了股票进去没多久，股市开始跌了。问题是这个人没有经验，他贷款来买股票，只贷了三个月。你说假如拿一笔资金去投资，投资标的先不说，股票有涨有跌，跌下去有时候，总有一天也还能涨回来的；这个东西就算被套住了，拿着它也许还会涨回来。中国的股市从 2007 年的6000 多点跌到 1600 多点，目前涨回来也才涨到 2000 多点，那么我想问大家，有没有哪支股票目前比 2007 年的 6000 点时，股价还要高的？不光有，还很多，特别去年一些创业板的股票涨得很快。我们不说创业板，因为创业

板是后几年才上的，就说一些 2006 年、2007 年以前的老股票，尽管股市从 6000 点跌到 1600 点，现在才涨回到 2000 多点，但是很多的股票已经远远高于 6000 点时了。我刚才说这个同事没经验，既然拿贷款去买股票，他就想着只能赚；万一亏了怎么办，怎么还贷款？他不幸就遇到了这种情况。他买股票跌了，贷款又到期了，要是把股票卖了直接还贷款，又亏得太厉害了，他又舍不得。这时候，他就跑到银行找我们，他非常希望从我们的嘴巴里得到股市什么时候能涨的信息。后来他很失望地说，想结束他的生命、想跳楼自杀了！开发区农行的那个女同事，很好，开导他，跟他说：这个投资目前是失败的，但是你的工作很好，家庭也很好，目前只不过是现阶段遇到的一个坎坷，不要想不开。

第二个是很多人喜欢抄底。前段时间中国大妈去炒黄金，越抄越低。春节时，跟我的一个亲戚聊天的时候，这个亲戚抄了中石油的"底"，而且他抄错了，不停地补仓，他想摊低成本。我在这里给大家一个建议，就是：千万不要抄"底"！为什么呢？美国华尔街有一句名言，抄底的难度比接从天上落下的一把刀还难。为什么这么说呢？虽然这个东西在不停地跌，在跌的过程中买进去，它刚好是最低的，涨了我就赚钱了。但是大家要知道做投资最讲究的是什么？其实做投资就是做概率。你做任何投资，你要想办法，赢的概率要比亏的概率大，才去做。就说黄金从 1900 多美元一盎司，往下落到 1600 多美元一盎司的时候，你觉得最低了，买进去；没想到，它现在又落到 1200 多美元一盎司。在下滑的过程中，不管任何一点投进去，都是错的。一个东西在涨的时候去买是为什么？任何一点买进去都是对的，只有最高点那一点是错的。

第三是羊群效应，喜欢跟风。2006 年、2007 年股市飞涨的时候，很多人晚上排队去买基金；现在股市跌那么低了，股票资产很便宜，但是没人买。实际上，做投资，说得简单一点，就像老百姓做生意，买得低、卖得高就能赚钱，买得高、卖得低就肯定亏钱。但是因为羊群效应，跟风的习惯，老百姓往往做成了什么？买高卖低。所以做投资一定要养成逆向思维的习惯。就是当你看到别人都在做的时候，千万不要去做，做任何事情，赚钱的人总是

少数。如果你跟着大众的行为去做，自己也肯定是充当那个大多数——大多数就是亏钱的人。

中年时期理财规划里，很重要的是保险。在台湾、日本，假如我家里有个女儿，要嫁给你的儿子当媳妇，家长首先看的是什么？中国人喜欢看你家里有没有房子、车子，但是在台湾、日本这些国家，人家不看这个，人家看保险，看你儿子买了多少张保险，有几张保险单。为什么？作为保险的受益人，一旦这个家庭的男主人逝世了，那么她的女儿不会因此而过苦日子。中国人恰恰相反，对保险很抵制，包括在银行工作的人，包括我自己很多的同事，一说到保险就很反感，为什么呢？主要是中国的保险在初期发展阶段，太片面追求利润了。大部分卖保险的人不是保险公司的员工，而是保险公司在外面雇的一些人，然后给这些人分红。这种情况下，卖保险的人最追求的是收入。那哪种保险收入高呢？就是一些大额的寿险、分红险。实际上买保险该怎么买呢？国际上有一个著名的买保险法则叫"倒香槟酒法则"。倒香槟酒很有意思，把杯子叠起来，倒酒的时候首先上面得满，上面的倒满了以后才会落到下面的杯子里。保险，在一个家庭来说又是一个"负担"，我买了保险，当然不希望家庭出事，不出事而每年要交那么多的保险费，不就是一个负担?！买保险的时候，首先要考虑的是保障。买保险不是投资，你说投资的话，有很多投资品，包括银行的理财产品，都比保险产品的收益要高。买保险首先要考虑的是什么？是保障。要考虑的是对家庭的保障高、费用又低，那首先买什么？买意外险。比如一个三口之家，家庭的男主人工作、收入稳定，是主要的家庭收入来源；女的是家庭主妇，你说首先应该给谁买保险？男主人。很多时候恰恰相反，包括我本人刚结婚生小孩以后，很多卖保险的人跑到家里来（也不知道他怎么知道我们家生了一个小孩，也不知道他从哪里搞到了我的联系方式和我家的地址），天天跑到我家里游说：给孩子买一份保险吧。实际上男主人是家庭的主要收入来源者，他一旦发生事故，家庭的状况就一落千丈了，因为没有收入来源了。中国人很忌讳买保险，特别一说到保险的时候，对"死亡"一词就很忌讳。买保险就是以防万一，买保险首先是要买意外险。意外险只是一种统一的说法，各个保

险公司叫的名称也不一样。我大体了解了一下，比如说一个 30 多岁的中年人，去买 100 万保额的保险，交五年，一年只要交 2800 多块钱，连续交五年，就保障你 30 年。一年 2000 多块钱，对于一个工薪阶层的家庭来说，其实这个费用也不算大吧，但问题是能给你 30 年的保障呀！就是说这 30 年内，万一这个人出事，给 100 万的保额赔偿。所以买保险首先是要买意外险。既然一个家庭要买保险，首先费用要考虑，特别是年轻的时候，如果每年保费交很多，对家庭是一个负担。意外险保死亡、保重大伤。随着家庭的财产收入增多，可以买一些人寿险，包括分红险。

家庭里有了小孩，还要考虑教育保险。并不是说我们不买这个保险的话，小孩以后就读不起书，但如果你打算给你的小孩更好的教育资源，比如说将来想让他出国，就是说要有大的发展，教育上有大的开支的情况下，中年时期做教育保险的规划是有必要的。

第五就是重大疾病险。作为一个家庭来说，中年时期收入高。家庭财富也越来越多，要为我们的父母买一些重大疾病险。因为人老就多病，万一父母发生什么重大疾病了，提前给父母买一些重大疾病险，可以为将来减轻压力。

中年时期还要考虑到自己将来养老的问题。中国一般的工薪阶层都有社保、养老保险了。我想问大家，对中国的社保放心不放心啊？更具体地问，就是我们现在每年都从我们的工资里交养老保险，到 60 岁的时候，国家一定能给我们发养老工资吗？如果中国经济一直保持这么高速的发展，那肯定是没问题，万一我们国家要遇到风险了怎么办？像 2008 年金融危机，欧洲很多国家原本福利很好，但是一旦国家遇到风险的时候，怎么办？还是照样领救济金去了。所以我认为养老保险也不一定非常可靠。

我认为每个人要做好终身理财，就是说除了国家的社保养老以外，趁着年轻、还有这个能力，收入还在增加的时候，我们也要提前为自己做养老规划。一个人从出生到 18 岁左右，是没有收入的，没有收入这时候，他的这个收入的缺口由父母来补。我们老了，出现资金缺口的时候，由谁来补呀？由我们的儿子、孙子来补——这是中国传统的代际赡养，所谓养儿防老。假如以后我们老了，不想靠子女，不想给他们增加负担，怎么办？那就趁着现在还

有能力增加收入，财富还有积余的时候，做一些养老规划。

接下去进入老年时期的理财规划。老年时候收入迅速下降，由于个人支出的惯性作用，支出虽然也下降，但是要慢于收入下降，这时候很容易出现资金缺口。如果社保理想的状态下，国家能够给我们发养老工资的情况下，可能不会出现危机，但是一般的情况下会出现资金缺口。一些收入好的工薪阶层，老了以后状况就不一样了，有积蓄、有固定资产，流动资金也多，在这种情况下，老年时期理财的原则是：风险适度原则。人老了，不能够再像年轻人那样去追求高风险、高收益。这些钱都是保命钱，辛辛苦苦工作几十年，积累了一笔钱，是用来养老的，用这笔资金去理财的时候，不要追求太高的收益，风险适度就行了，最好是中、低风险的理财产品。

第二是财产传承的原则。有的人年轻的时候很成功，积累了一大笔的资产，还要考虑这个财产怎么传承给下一代。

第三个就是流动性原则。老了，说不定什么时候就生病了，一生病就要花钱，这个钱不要做五年期甚至十年期定期存款，因为要用钱的时候拿不出来，拿出来了都等同活期了。老年人理财就一定要讲究流动性，就是说这个东西又要有收入、要用的时候又能拿出来。

老年时期的保险规划有这么几点比较重要。一个是用保险来规避中国人"富不过三代"的问题。父母很成功，积累了一大笔的财富，由于子女不孝，家庭就迅速衰落了。为了防止家庭出现"败家子"，怎么办？就用保险。比如说给儿子、孙子买一个保险，这个保险是分期的，到时候分期付给他——我在世时他没有，等我去世了以后，保险公司每年分期把这个钱给儿孙。

第三个就是要用保险规避遗产税的问题。中国目前还没有征收遗产税，但是前段时间传得很厉害，说中国要开征遗产税。一旦遗产税开征，我们辛辛苦苦一辈子积累了很多财富，到时候老了、国家收去了一大半，那划不划算？大家都知道，你买了保险，保险公司给付你的保险补偿，是不征税的。那么，假如生前有一大笔财产，我就把这个财产的很大一部分，给下一代买保险，保险公司到一定的时期，通过保险收益补偿给我的后代，那这个东西就不征税，可以规避遗产税。

　　还有一个就是用保险来规避追债的问题。做生意的人，做得好当然好，万一遇到危机，破产，不管你积累了多少的财富，有多少的房子，人家来追债的时候，就要拍卖你的房子、车子。但是如果你在之前把这些财富买了保险，你的后代作为这个保险的受益人，保险公司补偿给你后代的这个钱，追债人没有权利去拿这个钱。

　　我这里讲几个中国著名的遗产争夺的事情。一个是陈逸飞遗产争夺战。这个是陈逸飞的遗孀宋美英，她的小儿子陈天。陈逸飞是中国著名的画家，2005 年去世了，他在上海、南京、北京有九处房产，有三处保留了他画作的地方，还有十几项股权投资，总共有将近上亿的资产。他去世了以后，据宋美英讲，他曾经和他的前妻的大儿子有一个协议，就是说遗产是宋美英和她小儿子继承 70%，30% 是给他大儿子和他的前妻。可是 2005 年 11 月份的时候，陈逸飞的大儿子突然提出，要跟宋美英平分遗产，宋美英没办法，只好向法院提起诉讼。可是陈逸飞的大儿子有美国的国籍，他在美国也提出了遗产诉讼，美国当地的法院把陈逸飞遗产的临时管理权判给了陈逸飞的大儿子陈凛，就是说，财产还没分割，临时管理权判给了陈凛。这样的话，就导致宋美英和她小儿子尽管守着一大笔巨额财富，由于他们两个没有经济收入来源，当时生活非常拮据。她在上海中级人民法院提起诉讼的时候，代理律师就曾经向法官提出建议说，在遗产还没分配之前动用一部分遗产，先解决一下他们生活拮据的问题。所以，老年人在生前做好财富分配是非常重要的事情。

　　再来说一下古龙的遗产争夺。古龙是台湾著名的武侠小说家。据他的一个朋友讲，古龙生前写了多少著作数不清楚，生前有多少红颜知己也搞不清楚。古龙去世以后，他的大儿子、他的一个私生子郑小龙，还有他的妹妹，都参加了遗产争夺。因为古龙的大儿子和古龙生前脱离了父子关系，古龙的妹妹就质疑他没有这个继承权。古龙的私生子郑小龙的身份也受到质疑，所以就提出要把古龙的棺材打开去做 DNA 鉴定。本来，中国人都讲"入土为安"，可古龙死后都不得安宁了。生前生得明明白白不容易，死后死得安宁也很难。所以老年时期做好遗产规划是非常重要的。

大家知道沈殿霞是谁吗？香港的著名演员"肥肥"，她的遗产规划就做得非常成功。她在香港娱乐圈打拼了将近40年，积累了大量的财富。据说她在香港、新加坡、加拿大都有不动产、银行户头，还有她的投资、金银首饰，总计将近有一亿。她去世的时候，女儿郑欣宜才20岁，还很年轻。沈殿霞担心女儿很年轻，涉世不深，万一自己去世以后、遗产被人家骗了怎么办？本来有那么多的财产，到时候女儿还要过穷日子，怎么办？所以沈殿霞去世之前，把她的资产做了信托规划，规定她去世以后，女儿对她的这些资产的任何重大运作，都要经过受托人的审批和协助才可以完成。沈殿霞为她女儿所选的第一信托人是谁呢？就是她的前夫郑少秋，当然还有她的其他一些好朋友，包括她的妹妹。所以，她去世以后，就没有发生遗产争夺战，而且处理得非常成功。香港媒体开玩笑就说：沈殿霞大块头，有大智慧呀！

　　今天我们讲人生三个阶段的理财规划，讲的都是一些规划性的东西、总体的大道理，主要介绍了青年、中年和老年不同时期的收入和支出的特点，分别给出了一些理财规划、建议，希望今天这个讲座对大家有所帮助，谢谢大家。

　　　　（以上内容根据2014年2月15日的讲座录音整理，略有删改。）

方寸之间　精彩无限

——谈谈银行信用卡

徐宏波　（招商银行信用卡中心行销推广部总经理）

　　大家早上好！非常荣幸来到这里，跟大家一起分享关于信用卡的一些知识。首先申明一点：我在这个行业干了十几年，自己认为实务经验还是比较全面的，我此前主要在招商银行从事信用卡产品包括渠道管理的工作；但是可能在理论层面还是比较浅薄一些，所以在跟大家分享的过程当中，如果你们有什么疑问，可以随时举手，我们可以交流。当然我讲完以后，也有时间专门跟大家做一些互动；或许我不能够在现场给大家一个相对完美的答案，但是如果我解决不了的问题，会带回去进一步地研究，有机会再反馈给大家。

　　今天我分享的主题是"方寸之间　精彩无限"。在开始讲课之前，向大家提个问题：什么叫作信用卡？其实每个朋友手上都有信用卡，但是要说什么叫信用卡，很多人就不清楚了。没关系，等下我会讲到信用卡的定义。我们先看一下现在信用卡普及的情况。刚才主持人也介绍了：根据中国银联2012年提供的整个产业的白皮书数据显示，目前整个国内信用卡累计发行量3.3亿张，大概每四个中国人就有一个人持有信用卡——这个普及率还是比较高的，毕竟信用卡的持有者主要还是集中在城市；中国的农村人口比较

多，农民这个群体，目前还不是各家银行信用卡主要的发展对象。有个数据跟大家分享一下（其实我看到这个数据的时候也吃惊了），就是整个信用卡的刷卡消费已经占到整个中国社会消费品零售总额近 50% 的份额——这个数据是惊人的。2012 年社会消费品零售总额，中国大概是 20 万亿，整个信用卡已经占到了 48.26%，应该说普及率非常高。那这么一个普及率高的卡片，它到底是什么呢？人们为什么要持有它呢？这里我跟大家分享一下信用卡的标准定义——信用卡是可以向客户提供小额消费信贷的支付工具。它的核心点就两个：第一个，它是一个消费信贷的产品；第二个，它是一个支付工具或者是支付手段。人们之所以会去持有一张信用卡的核心原因，就是这两个。

大家知道，作为支付手段来讲，在过去很长一段时间，我们主要是依赖现金；后期有了借记卡，我们把钱存在借记卡上，也可以用来消费。在目前这样一个发展趋势来讲，中国整个银行卡的发展主要是以信用卡的快速发展为代表，信用卡的刷卡交易在迅速地替代借记卡和现金，所以它占整个消费总额的比例也快速地上升。现在大家对信用卡可能都比较熟悉了，我跟大家分享一个常识：今天你的朋友口袋里有一堆卡，可能既有借记卡也有信用卡，信用卡跟借记卡的区别在哪儿呢？是四个核心的差异。第一个叫作"免担保申请"。当然借记卡也是不需要担保的，我讲这个免担保主要区别于早期中国的一些银行发行的另外一种卡片叫作"准贷记卡"。那时候办这种卡片，是需要有担保的，或者是缴纳保证金，或者是有担保人。信用卡是免担保申办的，如果有的卡片办下来需要有担保的话，肯定不是真正意义上的信用卡。第二个可以"预借现金"。一定要可以预借现金，借记卡是做不到的，借记卡是你卡上存有多少钱，你才能够取多少钱，但是信用卡都会提供预借现金的额度。第三个很重要：信用卡一般或者是绝大多数都要提供"积分奖励计划"。这个大家应该比较熟悉，刷卡就有积分。积分可以干什么呢？可以兑换礼品、可以抵消费，等等，它是一种奖励的计划；借记卡一般都不会有，可能某些银行对它的高端客户会提供一些积分奖励计划，但是这不是普遍的现象。这是信用卡跟借记卡一个很大的区别。最后一个是信用卡的本质，它一定是小额消费信贷的一个产品，也就是你可以"先消费后还款"，

只要你符合跟银行签订的约定，银行会提供给客人免息期，在这一段时间内，你借钱消费，银行是不收利息的。所以基本上来讲，如果一个卡片具备了这四个特征，我们就可以判断这是一张标准意义上的信用卡。归根结底，信用卡是消费信贷的一个产品。

第二个，它是一种支付手段，这是最本质的。（这个地方我不多讲了，是一些卡片上的常识，我觉得跟大家现实生活的意义也不大，所以不做太多的分享，如果等一下提问的时候涉及这些问题，我可以跟大家互动一下。）从目前国内的产品来讲，大概有这样一种分法：第一种叫作"银联单币信用卡"；第二种是"双币信用卡"。我记得招商银行在刚刚推出信用卡的时候，打出的广告是"一卡在手，全球通用"。那个时候主要是用"双币卡"这个产品，境外消费，回来以后，用人民币还款。在过去的一段时间，好多银行推出了新的一种产品，我们招行推出的叫"全币种信用卡"，也就是说，如果你选择这一款产品，境外消费，还款指定的是人民币。原来的"双币卡"还要收货币转让费，"全币种信用卡"这个产品是做了一个转让费减免。很多经常出国或者即将出国的朋友，还是希望你们来办这个产品。目前，在我的印象当中，建设银行推出的这个服务，不是以卡片来承载这个功能的，好像只要你有"双币卡"，打电话过去申请，它是作为一种服务来提供的：约定好以后所有你的境外消费用建行的双币卡来刷，都是用人民币来还款，同时减免你的货币转换费。对持卡人来讲，这是一种便利，也是一种优惠。一般来讲，持卡人到商家去购物，要刷卡，这个时候要通过收单（也就是 POS）去向银行授权这个卡能不能用；授权成功以后，作为持卡人来讲，就完成了这个交易；然后相应商品的价格交付的金额，在后台通过收单卡、通过清算组织（在国内主要是银联）、通过发卡银行，再进行信息的账务的交互，最后体现在持卡人的账单上面——大概是这样一个流程。

信用卡的发展我不想多讲，它起源于美国，诞生的背景，大概来讲，首先是为了支付的便利。美国跟中国有很大的区别，居民在购买（包括交易）的过程当中，是大量使用支票。中国因为各种原因，目前不提供个人支票，美国在早期是个支票的社会或者叫作现金的社会。信用卡是这样的一个诞生

的背景：可能最早是因为在有些州，一些富人去餐厅吃饭的时候，结果没有带钱也没有带支票，他比较尴尬——因为买不了单，这个时候有一些富人就考虑了，他们在当地就跟商家去洽谈，说只要我圈定的这些客户到你这里吃饭，你可以签单，然后我能保证让他们在什么时候把钱给打过来。其实大家可以看到，信用卡最早称为 Dinner's Card，第一个英文单词就是正餐的意思，因为它起源于吃饭消费的一个需要。早期的信用卡只能是用于支付，要很快把这个款项还上，没有所谓"消费信贷"的功能。大概在 20 世纪 70 年代的时候，美国的美洲银行基于信用卡的支付功能、结算功能开发了所谓的"消费信贷"功能，也就是说，你用这个卡消费以后，不用很快地还款，如果在你跟我约定的时间之内还上，就免收利息。美洲银行开发出最重要的一个功能就是"消费信贷"的功能，从这个时候开始，标准的信用卡算是诞生了，具备两大功能：一个是支付手段，第二个是消费信贷。

其实中国信用卡发行比较早，追溯来看，中国银行在 1985 年在珠海发行了第一张信用卡，但是从 1985 年一直到 2002 年，长达 17 年的时间当中，整个信用卡产业的发展非常缓慢。当时在国内一系列的专家包括银行家、金融学家，纷纷表示：在中国，信用卡肯定发展不起来，中国是借记卡时代就可以了。这里我要分享一个观点给大家：在欧美，是先有信用卡后有借记卡，在中国，是先有借记卡后有信用卡。在座的各位，如果你拥有银行卡的话，你一定是首先拥有过一张借记卡，过了很多年后，你才拥有一张信用卡。这是中国跟欧美地区信用卡发展历史的一个最关键的区别。为什么说这十几年信用卡发展不起来呢？当时各类专家归结为两个原因。第一个：中国人传统上就是量入为出、高储蓄，不愿意提前消费，这个是我们中华民族优秀传统，是不可变更的，而信用卡是先消费后还款。第二个：因为信用卡是无担保的一个小额信贷的产品，是贷款，实际上是向银行借钱，但是考虑到中国整个的征信体系包括中国人与人之间的这种诚信体系，相对来讲没有西方国家那样健全或者是稳定，所以从银行的角度来讲，认为发信用卡出去风险也比较大——你给他一个额度，他刷完就不还款了，怎么办？当时也没有相应的政策跟法律的环境。所以基于这两点，很多专家都发表了自己的观点：在中国，信用

卡很难发展起来，做借记卡就可以了。甚至在 2000 年左右，在我们银行内部，曾经有一次大的争论，我记得当时在我们内部的刊物上，发表了两派意见。其中一派意见是（我们银行当时的借记卡应该是做得比较好也是比较早的，叫"招商银行一卡通"，已经发展得不错了）：做好借记卡就行了，不要考虑信用卡。也是基于我讲的两个主要原因，很少有人赞同信用卡的发展。

　　但是为什么经过十几年以后，到了 2002 年，这个产业开始迅速地发展起来？前面两个命题是怎么攻破的呢？我觉得首先是第一个命题，就中国人到底愿不愿意提前消费，我自己也做了一些分析，我谈一下自己的观点（不一定代表理论上的观点）。我认为在当时做这个判断的时候，面对的群体不一样，他们确实拥有太多中华民族所谓的传统的优良习惯，量入为出、比较节俭，但是我们现在看到的客户已经完全不是这样。像我们的父辈肯定很节约，因为他们都是从饥饿年代走过来的，在他们内心深处，始终恐惧是不是还会重新经历困难时代，所以他们把钱都攒起来，这是人性，这是他们的心理。甚至还有其他的考虑，如养老、养小孩，等等。因此他们根本就不会花那么多钱去享受消费的快乐。到了 60 后、70 后，大概 70 后这个族群，我们看到基本上还保持着这样一个传统。但是到 80 后、90 后完全就是两样了，他们接受的很多在消费方面的理念已经跟 70 后以前的人完全不一样，他们是幸福的一代。因为他们吃着肯德基、麦当劳，喝着星巴克咖啡长大，他们从来没有想到以后我会没有钱，即使我自己挣不到钱的话，还有我的父母（又都是独生子女）。所以现在你看看，某种程度来讲是银行最能挣钱的一个客户群体，实际上是 80 后、90 后，他们毕业出来就要开始买 iPhone 手机，要买更多的衣服，要网购，没有钱，信用卡提前消费，扩大消费的话还要使用分期付款的功能等等。所以环境已经发生了巨大的变化，这是第一个方面。第二个方面，在 2000 年以后，中国人民银行也致力于整个居民征信体系的建立。现在整个银行间往来的信用机构也都在归置，虽然数据量不是很大，但是银行间都已经有了，也为信用卡这个产业的发展提供了一个很好的环境。所以整个中国的信用卡业务就开始迅速发展。在业界来讲，我们会说 2003 年是中国信用卡的"元年"，真正中国信用卡业务的快速发展就是从

2003 年开始的。为什么讲 2003 年是"元年"呢？ 2002 年末的时候，中国银联也成立了联网通用，整个的受理市场环境：商务、POS 消费，基本上开始呈现一个统一、有序、快速的发展。说老实话，早期工商银行的卡只能在工商银行的商户刷卡，招商银行的卡只能在招商银行的商户刷卡，还是不方便，现在来讲已经很方便了。

这里我也分享一个数字。从受理环境的角度来讲，截至 2012 年末，全国大概已经有 480 万的商家可以接受银行卡的消费，大概 POS 机的装机台数是达到了八万亿台，当然还不够多，但是相比于 2003 年的时候，已经呈现一个快速增长的趋势——增加了近 20 倍。我记得 2002 年刚发卡的时候，全国的 POS 装机台数也就是 20 万台；从产品介质来讲，目前来讲主流的还是磁条卡。根据人民银行规定：大概是从明年开始，各家银行发行的无论是借记卡还是信用卡，都要进入到芯片卡的时代。客观来讲，银行对这件事情也很纠结，因为，发行芯片卡的话，意味着成本提升了：磁条卡，一张的制作成本大概是一块钱左右，但是一张芯片卡大概是十块钱以上。大家也深有体会，以前你到一个银行去办借记卡的话，都是免费办理的，现在你到一些银行去办芯片借记卡的时候，一般都要收工本费，十块钱左右，其实就是一定程度上去弥补它的成本。从专业的角度来讲，芯片卡主要体现在安全性比较高，它的存储信息的加密性、安全性远高于磁条卡。因为在信用卡业务当中有个业务叫作"伪冒"。什么叫伪冒，我举一个现实的例子（说专业了可能大家听不懂）：像我们的持卡人只要去个新马泰消费的，回来以后 95% 都会接到银行的电话——请你换一张卡片，因为在新马泰，伪卡集团非常猖獗，一不小心，你去一个商家消费，没有盯紧的话，他拿你的卡去买单，可能在收银处就做一个侧录——把你磁条上存储的相关信息都复制出来，制成一个伪造的卡片，然后他就拿到其他地方去消费，伪冒得非常专业。他也不会马上消费，会过一段时间，因为他知道银行一般都有一些监控体系，像这种跨区、跨国消费的卡片，基本上在银行体系会专门做监控。如果我们的卡被直接换掉了，他隔半年再刷卡的情况也都是有的。要去侧录并伪造芯片卡的难度非常大，成本也很大，所以说换芯片卡的主要目的是为了持卡人的安全。这个

伪卡集团有多猖獗？给大家举一个例子。不记得是哪一年了，在东南亚印尼（好像是巴厘岛）发生了一次海啸，死了很多人，很多都是欧美的游客。海水一退，很多伪冒公司就雇了人，从死人的口袋里把钱包拿出来，掏走银行卡，去制作伪卡，非常地残忍。芯片卡是为了大家的安全，但是关于芯片卡跟磁条卡，在国际上的观点又有不一样。美国人推进芯片卡的进程非常慢，甚至一度不愿意去推进这个事情，认为作为信用卡产业来讲，是有伪冒的这种损失，但是随着科技的发达，通过系统的介入，可以降低风险。比如说我刚才跟大家讲的，我们银行都有检测系统，会基于客户的交易行为做出应对。假如说这位女士她平常刷卡交易只是在台州做一些日常的消费——超市购物、吃饭，系统会设逻辑，哪一天突然发现这个女士的卡片在美国或者是在东南亚有一笔珠宝类型商户的交易，系统马上会跳转——银行认为这是有风险的交易，会马上打电话给持卡人。有的时候，这笔交易也不会过卡，会让你打电话回来核对；也有的时候，小金额会过，但是也会因为地点变化打电话给你本人，问这是不是您的交易——如果是，就按您的意愿交易，不是，马上把这个卡片做一定的管制。也就是通过科技信息的力量，形成一套监控的体系来控制风险，降低银行跟持卡人的损失。美国人走的是这条路，认为不用换芯片卡，就能把风险控制到一定的水准。这里我多讲两句，但是总体来讲，在中国，我们很快就要向芯片卡来进行转移。

这是一些信用卡的基本知识，接下来分享信用卡是如何影响我们生活的。我觉得信用卡是一个非常有价值的产品，刚才实证已经表明了很多人要去申请信用卡。信用卡主要在哪方面为客户创造了价值呢？其实主要就三个方面。前两个方面是基于产品的本质而言。第一个：支付需求。我认为每个居民都有消费需求，买衣服、吃喝玩乐，要消费，你就要支付。作为支付的选择来讲，借记卡、信用卡相比现金而言有它的优势——方便、安全。其实，你带一大堆现金去消费，心里也不踏实，卡总比现金安全。所以说，因为要支付是一个刚性需求，所以大家愿意办，要么就办个借记卡，要么办个信用卡。信用卡有个好处，它是一种消费信贷：先消费、后还款。消费的时候不必要有钱，银行在约定的时间之内提供给你一个贷款（实际上在我们内部来

讲，就是个贷款）。"消费信贷"是现在中国的一个特色，很多银行基于信用卡这个产品，还打造了更多的消费信贷的服务，而不光是基本的消费。比如说，现在很多银行都可以信用卡网上购物，像苹果的官网，是我们唯一一家合作商，买不是那种套餐机的 iPhone 手机，我们可以给客户提供免息分期付款服务。如果大家有兴趣，可以到苹果的官网上去看，反正你一次性购买也是六千，分成十二期付也是六千（期数高的可能要收手续费）。很多银行还打造了购买汽车的时候基于信用卡的分期付款过程。像我自己买的车，就是用建行的信用卡，不是说我们行没有，因为我觉得建行的车型不错，但这个车型当时没跟我们行合作，所以我是用建行卡来付首付，然后信用卡每个月扣款，我月供三年。比如说早期很多银行（现在少一些了），到国美、苏宁去购买家电，都可以分期付款。打造出正常的信用卡本质的消费信贷功能，又变了很多产品出来，都能够满足客户的需要。我们接触到很多要办信用卡的客户，其实就是冲着有一定的消费信贷功能来办的，这是第二个。第三个也很重要，叫作"增值优惠的体系"。通常来讲，信用卡会比借记卡有更多的增值体系。比如说基于信用卡都会开发出很多特约的商户，客户持卡到这些商户消费，会享受优惠。信用卡的消费交易都会有积分的奖励，借记卡肯定是没有的。借记卡消费，没有银行提供的积分奖的计划，即使暂时提供了，未来也一定会取消的。所以说，客人为什么要来办信用卡，从本质的角度来讲，就是这三个原因，满足了他这三个方面的核心需求。当然可能还会有一些其他的需求，但这三点是最本质最核心的，而且有的需求可能来讲还是比较刚性的。比如说你要享受全国那么多特约商户的优惠，你可能真的只能办张信用卡，办其他的卡片就享受不到。要分期去购买一个产品，借记卡根本做不到，其他方式也没有，所以你选择信用卡。

这是我今天跟大家分享的一个最重要的概念——满足了广大客户的支付需求、消费信贷需求以及增值服务需求。在这里多讲一句，中国居民使用消费信贷的水平还非常地低。2011 年，全球知名的咨询公司——波士顿咨询公司（官网上的报告也都在，大家如果有兴趣可以去看一看，蛮有意思的），当时对中国的消费信贷发展做了调研和判断：相对于国际水平，中国

人的消费信贷的需求发展，还有一个很大的空间。他们衡量的标准就是一个地区消费信贷的总金额占 GDP 的比例。比如香港，当时大概已经占到了 40%，但中国的市场只占到 15%，这里面还包括房贷，包括基于信用卡的消费信贷。所以从这个角度来讲，中国居民的消费信贷的需求还会有一个快速的发展。就像往前推 20 年，可能贷款买房这个事离我们还很远，大家都没感觉，有钱了才去买房；到现在，贷款买房是一件再平常不过的事情，贷款买房就是消费信贷，叫住房消费信贷；后来又普及到贷款买车，现在叫贷款消费。就是这个概念，这里我就不多讲了。

作为支付需求的一些优势，很多持卡人都关心怎么记收利息。这个事情我想用我的方式跟大家简单地分析一下。假如我临时要周转一下现金，向我们台州分行零售部梁总借钱，借一万块钱（以前朋友之间借钱也有，或者是确实急用），一般都是直接借给你。很多人会从中要点利息，就是我们都知道存在着民间借贷，是要支付成本，要付利息的，对这种事情，很多人都很容易理解。假设这个逻辑是成立的，我们来看信用卡是什么逻辑。银行跟持卡人有一个约定，你只要在我们约定的期限之内把钱还给我，一分钱利息都不收；如果你没有跟我达成这个约定，或者你违反了这个约定，就要从你向我借钱那天起，我要记收利息。就是这个逻辑。银行的约定是什么呢？最严格的约定是什么？全额还款。在一定的时间全额还款，就一分利息不收。还有人是到期了还款 10%，好，卡还让你用，10% 的部分不收利息，但是未还的 90% 部分，要从你开始借的那天来计算利息。当然，可能你借的时间点不一样，因为有的是 5 号消费，有的是 10 号消费，那就是哪天消费了，就从哪天算起。我不知道我这样讲是不是通俗一点。假设消费日是 5 号，客户的账单日（账单日就是出账单的日期，就是银行把账单打出来寄给你）是 10 号，一般还款日是账单以后的 18 天（有的会长一点），那就会约定 28 号你必须还。如果这个客户在 28 号把这笔消费还掉了，假设里面还有其他的消费，银行也是一分钱利息不收。对于客人来讲就是：你向银行免息借了 22 天的钱。假设消费了两千块钱，实际上是银行借钱给你，如果 28 号到了，你一分钱不还，就相当于你违反了跟我的约定，卡片也不

让用了，还要开始计利息，要从 5 号开始计算，不是从 28 号开始计算。如果你还了 10%，卡片还可以用，但是 2000 元乘以 90% 的钱叫未还清部分，这 1800 元就从 5 号开始计算利息。当然一分钱不还的情况下，还要交滞纳金，成本比较高。目前信用卡的循环利息是这样规定的：18.25，日息的话是万分之五，比某些民间借贷要低一些，但是也不算低。

关于循环利息，我再讲几句。大家可能有很多家人、亲朋好友、孩子都持有信用卡，我作为一个银行从业者，还是提醒大家要谨慎使用信用卡。在我们自己的行业里有一句话：一次循环就一次未还清，未还清要交利息了，叫作"一生循环"。这个说的夸张了一点。但是很多时候很多人，特别是年轻人，对自己财务的判断永远是过于乐观的，他觉得我一两个月就可以还清，即使加一点利息，相对总金额来讲，也不是特别多；但是到下个月，大量的钱还得花，该请女朋友吃饭还得请、该送礼品还得送——不然就分手了，可能女朋友说还想买个苹果手机，这时怎么办？你还得分期给她买。你看，钱又用了、还不了款了，你还要继续加利息，很难自拔。当然，我说的这个叫"一生循环"，是夸张了，但是一般来讲，一旦一个正常的客人掉进"循环"以后，他可能要花好几年时间才能从里面跳出来。所以正常情况下，我跟我的同事、包括我的朋友说：谨慎使用信用卡的循环功能，合理地判断跟预期自己的财务状况。我不知道这样讲收息的规则大家是不是能理解，如果有什么疑问，等一下我们再互动。

消费信贷"预借现金"，一般预借现金的人基本上都是财务应急。因为中国的信用卡有不一样的：消费，银行是提供利息期的；但是预借现金，银行是不提供利息期的。也就是说，一个客户用信用卡去取现金的话，只要一取，马上就要计收利息。这个很多客人是不太了解的，我也实事求是地说，这跟别的地区不一样，像台湾，预借现金业提供免息期，跟消费一样的，你只要在指定时间内还款就不收利息。为什么大陆不提供免息期呢？我判断的逻辑是这样的：毕竟同样是资金的流转，交易刷卡，POS 交易跟现金的风险是不一样的，对银行来讲，现金不指定和约束用途，今天你在 ATM 用信用卡透支，取现五千块钱，银行不知道你这个钱拿去干什么了。在银行来讲，控制贷款

风险有一个很重要的标准是"贷款用途"。如果一个企业贷款是用于正常的资金流转、原材料采购、生产、卖货，资金回笼就可以还债；如果他去搞房地产、去炒楼，这个风险是不一样的。个人也一样的，贷款用途（就是现金拿出来）不知道你去干什么；但是刷卡交易，从系统后端（因为我们都是通过 POS 来实现的，POS 根据商户的不同是有编码的）对这个商户的类型是可以判断的，他的风险相对可控。所以，因为预借现金的风险高，成本就要高，因此不提供免息期。这里我讲一个区别，预借现金基于这个逻辑，至少是我们银行的卡片，不是全球所有的 ATM 都可以取出现金来的（虽然叫"全球通用"），是从风险的角度考虑的。比如说拉斯维加斯那个赌场周边的部分 ATM 机，澳门赌场里面的 ATM 机，我们银行是封掉了（有些银行是可以取现金的），不让取现金，因为那个地方取现金，风险太高了！这是业务的一些尝试，我们招行的一些做法，预支现金跟消费还是有区别的。

分期付款我就不多讲了，表现形式很多，有汽车分期、店面商品分期、网购的分期等等。现在很多银行包括我们银行，也推出了"现金分期"，直接用于你的一些临时性大额资金的周转。你可以打电话到银行：我要一笔现金，分期偿还。银行经过资质的审批，你也确定一定的手续费，银行把钱打到你的借记卡上面。信用卡这里每月出账单，也提供你资金的融通。

增值服务不多讲了，就是几个方面，使客户享受的优惠更多。第二个是刷卡有积分，这是很重要的，虽然这个积分很不值钱。我跟大家简单说一下，为什么说"不值钱"，是中国的商业模式所决定的：信用卡这个业务怎么赚的收入，模型就是这样的。欧美的模型是年费，第二个是刷卡手续费。刷卡手续费怎么来的呢？简单来说，今天一个客人去一个商家刷一百块钱消费，这个商家最后收不到一百块钱，是 99 块钱，一块钱拿出来要分。怎么分呢？发卡银行分 70%——如果是建设银行，基于这笔交易，假设它是按 1% 的汇率，就是一块钱分七毛钱给建行，10% 就是一毛钱给收单银行（给装 POS 的这家银行），或者是商家开户的银行，现在在中国叫"收单账户网"。还有两毛钱给谁呢？在中国，叫"银联"，它拿走两毛钱。假设是按这个逻辑，银行为什么能给积分发卡？因为刷卡交易有收入，我从收入当中拿出一部分

回馈给客户，这就是积分计划的逻辑跟原理。但是中国是先有借记卡后有贷记卡，就影响到跟商家的定价，跟商家签的手续费没有那么高，现在已经降得很低了。我举个例子：中美之间的差距。美国市场，发卡银行在一笔交易当中，保证得到 1.5% 的收入，一百块拿走一块五；中国现在不到千分之三。所以说老实话，我认为中国的积分很不值钱。你到美国办张信用卡，人家的积分比较值钱。全球最高的收单费率（就是手续费率）是韩国，大概达到 2.2，但还是会有积分奖励计划。我也很负责任地告诉你们，无论是哪家银行，它的积分在我的心目当中都叫"鸡肋"，"食之无味，弃之可惜"。再有，增加安全上的价值。还有一个价值我觉得很关键，这个还显现不出来，其实信用卡的普及对整个国内的诚信体系的完善跟建立，起到了非常重要的作用。一个人合理地使用自己的信用卡，可以在银行积累很好的信用，在社会上积累很好的信用。比如说持卡很多年，你的记录一直非常良好，你如果到一些银行去贷款，对你的审批标准或者是给你的贷款额度，或者给你的定价，会有信用记录。但是这个价值现在恐怕还没有显现出来，再过三到五年，这是完全有可能的。当然更多的增值服务因不同的银行而异，现在银行在信用卡的增值服务上面做了很多的工作，比如说像我们推出过"非常美国"，持卡人拿我们的卡到美国（其实中国人到美国很大一部分原因要购物），到奥特莱斯疯狂地购物，在那边我们可以给客户优惠。我们都做到国外去了。包括你到携程网上看，很多银行都跟携程网合作，只要你用卡片购买旅游套餐形成"立减多少钱""优惠多少钱"，我觉得这些对持卡人都挺优惠的。最近我们银行也在做这种"非常香港"的活动，好像 1820 元一个人，包机票包酒店等等。每家银行都有不同的这种网点。

大家关心的问题很多，有的东西我在开始的时候可能有提到过，这里就不多展开了。申请信用卡很简单，一般就是拿着相关材料去银行申请，银行审批通过以后，邮寄卡片给您，您开卡就可以使用了。通常来讲，银行对持卡人有固定的信用额度，就是你收到卡片后有个记卡单，上面都会写有你的固定信用额度是多少。人民银行的规定是金图卡 5 万，现在没有新的政策出来，大家也是在等一些东西，实际上一些银行高端的产品都已

经超过 5 万了。你要看，现行的办法是，上面就写了"5 万"。但这个也相对固定，比如说给你的卡片是 20 万的额度，其实在我们内部，给你加 15 万，这都叫固定。还有一个，我们很多客户平常其实用不到这么多消费的额度，但也可能会有临时性的需求，比如出国购物，我们提供一个"申请临时"服务，你可以打电话到我们的服务热线（每家银行都有），我们银行还可以在互联网上去"申请临时"的，用于临时性的一些消费。这里我不多讲，就强调一下。

有几个日子要记清楚：一个叫"账单日"（你是信用卡持卡人，无论是哪个银行的，都会有个日子叫"账单日"），"账单日"，顾名思义就是银行给你出账单的那一天；还有一个叫作"最后还款日"，因为账单有个邮寄的过程（当然现在也有以电子邮件的方式给你迅速送到的账单），也就是说你收到账单以后给你一定的时间，你可以安排资金来还款，只要在这个时间之内全部还款，银行都不会收任何的费用。通常这个时间是多久呢？"账单日"到"最后还款日"，各家银行稍有区别，但是差别不大，大概是 18 到 20 天。当然还有一个日子是"消费日"，你看银行是这么宣传的：免息期最长 18 或者是 20 到 50 天，这是怎么算出来的呢？比如说这个月 5 号银行出账单了，假设你是 4 号做的一笔交易，消费了两千块钱，如果系统清算快的话，5 号就体现在你的账单里了，你这笔交易、这笔消费，是当月的 5 号的账单日加 20 天，25 号就要还了，所以你就享受 20 天，很多人也都会算。如果你这笔消费是 5 号交易的，它进不了这一期的账单，就要到下个月，体现在下个月 5 号的账单里，这个月 5 号到下个月 5 号是 30 天，加上下个月 5 号到 25 号，就是 50 天。所以银行的宣传就是最短 20 天、最长 50 天。千万要记得，"预借现金"是没有免息期的，我再强调一下。

定价，目前我叫"规定的利率"。银行有业务管理办法：透支利率，日利万分之五，折换成年息 18.25。我觉得只要大家按我的逻辑去理解，怎么收利息你就能算得很清楚。取现的一些手续费，各家银行不大一样，一般来讲，普遍的标准是 1%。对于"预借现金"来讲，作为一个持卡人，大概要面临两个费用，第一个费用是取现的手续费（当然很多银行推出了优惠政策，在自己银行

的 ATM 上面取款是不收手续费的）；另外一个费用是马上就要计收利息。

再讲一个可能大家比较关心的问题——还款。我们做的对持卡人的调研显示：持卡人对怎么样还款是比较敏感、比较关心的。我认为如果你跟这家银行本来往来比较紧密，银行一般都提供用你的借记卡关联信用卡还款，只要你的信用卡绑定借记卡，到"最后还款日"，你也不用参与，就看你借记卡里的钱够不够，不够的话，银行里会有短信提醒你，这是我认为比较方便的一个服务。第二个，现在是互联网的世界，很多家银行都跟一些主要的第三方支付公司（像支付宝）合作，通过支付宝来还款。第三个，就是跨行也可以还款。但是有的时候，可能今天你要还建行的信用卡，还是可以还的，但是要缴手续费；到工行去也是可以还的，但是可能有一些成本；跨行ATM 也可以还。其实还是蛮方便的。再有一个，我不知道台州有没有一些第三方线下公司，在一些便利店有没有那种"拉卡拉"设备，交水电费、信用卡还款都是可以的。我认为还款还是比较方便的：一个就是你办信用卡的这家银行，借记卡可以还，柜面也可以还，ATM 包括跨行都可以还。滞纳金 5% 还是比较高的，我不多讲了。

好，我想我要讲述的内容就这些，跟大家很快讲了一遍，当然还有一些内容我没有涉及，那我再补充讲一个内容。从标准的定义来讲，信用卡的产品种类大概分成三个类型。第一个叫作"本卡"（我们内部叫"Bank Card"），就是自己品牌的卡片，如果是建设银行的卡片，卡上面写有"建设银行"；第二种产品叫作"联名卡"，就是发卡机构和盈利性商业组织合作发行的信用卡叫"联名信用卡"，英文叫 Co-Branded Card；还有一种很重要的卡种，一段时间在中国发展得还比较迅猛，大类叫"认同卡"，英文叫作Affinity Card。我做过调查，现在很多银行发一些卡通形象的卡片，有招商银行的 Hello Kitty 卡、哆啦 A 梦机器猫卡、Tom and Jerry 卡、蜡笔小新卡、樱桃小丸子卡，建设银行还发行芭比娃娃卡，兴业银行发行的机器猫卡，建设银行还发行过欧冠卡片，也可能叫"联名卡"或者叫"主题信用卡"，这些所有的卡片都叫"认同卡"。它的概念就是说：这个人为什么要去拥有，强调的是从精神的层面去奖励持卡人、吸引持卡人，功能上跟银行的"本

卡"是基本一致的，但是就是有人喜欢。像我们的 Hello Kitty 卡，推出来是国内首张，我们打造了一个概念叫"粉丝信用卡"。这个产品当时是我去谈的，比我们预估的效果还要好，很多国内的明星都持有我们的卡片。像那个唱《快乐老家》的歌星陈明，是我们公司的客户，她平时不办信用卡，我们一推出 Hello Kitty，她非常喜欢 Hello Kitty，就冲到我们的网点说要办一张。我们银行还发行了一个产品，也是另外一种分支叫"壹基金信用卡"。这个卡片要求是：办了以后，每个月捐 1 块钱，或者捐 11 块钱，或者捐 111 块钱，不捐也行。这个产品也是我去谈的，也因为谈这个产品，我有幸跟李连杰先生面对面坐着谈了一次。他是一个很有力量的人（当时我一个人去的，他狠狠地拍了我的肩膀，我当时差点没跪了下去）。他说，这个项目很有意义，"慈善认同信用卡"。但是我告诉大家，其实我做这个产品，也是比较紧跟欧美的，在中国确确实实这种"认同卡"，特别慈善类的卡片，发行的市场很窄，但是在欧美，这种产品发行的强度是比较高的。主要是因为我们还在奔小康的社会当中，我们的广大民众更多的还是关心物质方面的需求，在精神方面的认同或者价值观这方面的追求，相对少很多。像美国，一个环保组织就能发行一个认同信用卡，它的产品构造是这样的：只要你持有这种信用卡，每个持卡人消费多少就会收取一部分，因为银行有收入，银行会把它拿出来给合作机构放到基金会里面，推动这个基金会事业的发展。所以产品类型就是，银行自有品牌的卡片、联名卡、认同卡。联名卡通常来讲会打造一些优惠，我不知道台州有没有跟百货公司合作的联名信用卡，有的话，那你持有这个卡片肯定可以享受一定的会员待遇，肯定是这样一个逻辑，就是把商家的价值优惠加在信用卡上面。

好，这里我再补充一点，从产品类型来讲，有本卡、联名卡还有认同卡。当然从级别来讲，还有一个完善的级，有普卡、金卡、白金卡，或者内部叫白菜白金卡、经典白金卡。通俗地讲，"白菜"其实就是给个卡面，服务比较少。还有无限卡。现在，我们招行，还有工行，独有的能发行的叫作"美国运通黑金卡"，这是按级别的。

（以上内容根据 2013 年 10 月 26 日的讲座录音整理，略有删改。）

黄金投资

——影响黄金价格因素分析

杨文俊　（国内首批金融理财师、黄金投资分析师）

各位朋友，大家上午好！今天是星期六，我们一起来回顾一下本周的新闻关键词。这段时间比较多的关键词是什么？"钱荒"。跟我今天要讲的主题黄金有什么关联呢？钱紧张了，大家应该买黄金。

目前，各个银行的理财产品收益率都提高了。如果你有钱的话，你可以去买理财产品，所以"钱荒"肯定是跟黄金没有关系的。如果经济不好的话，黄金的避险需求就出来了。最近有一个新闻，美国首超中国，成为 FDI 最轻的国家。FDI 是什么？它指的是对外直接投资。假设你是一个有钱的德国人，你说你准备去投美国还是中国呢？十多年来，中国吸引外资都是排在第一的，现在怎么样了？美国赶超上了中国。这说明什么？说明全世界都认同美国的经济复苏了。这跟黄金有什么相关呢？肯定是有关系的，因为经济转好了。钱都是会往收益率高的地方走的，这些肯定都是跟黄金相关的。

从 3 月 27 日开始到 4 月 2 日，美国、菲律宾联合军演。大家也知道，盛世收藏，战时黄金——若是发生战争了，黄金肯定飙升。这和军事演习有什么关系呢？实际上这个背后，也都是美国的动作。这个礼拜看 A 股的

也都知道了，6月，从2300点跌破上市，去年11月最低到1849点。这里面当然有很多深层次的原因，特别是美国股市。我们中国的A股的话，当时是四大投行全部看空黄金，目前怎么样？破了1000点。大的投行的观点，对黄金走势的影响有多少大？

4月份开始，中国大妈大抢黄金，最后怎么样？不知道我们中国大妈的实物购买力能不能顶住股市下跌的势头。刚才主持人已经介绍过我了，我叫杨文俊，在建行工作，平时主要从事理财。

我关注市场这个方面或许比大家久一点，所以今天跟大家一起交流一下有关黄金的话题，主要内容有三块：一个是前期黄金行情回顾；第二个是黄金到底还值不值得投资；那么什么时候可以考虑。在座的大家有兴趣的人可以一起讨论一下黄金。大家看，2001年以来，黄金走了11年的牛市，2001年是255美元一盎司。2011年11月时是多少？从255到1920，涨了11年。所以这个市场，得到了很多人的关注，涨幅很大。黄金毕竟是美元之价，全球联动的，我们可以一起去看一下，美元和人民币是怎么算的？假设说国际金价是1200美元1盎司（1美元等于多少人民币？到目前为止是6.17多，按每天的实时汇率，国际金价是全球联动，实时变动的，那31.1035克，美元怎么换算成人民币呢？），1200美元1盎司乘以6.17除以31.1035，那么就差不多是238元人民币1克。报价说美元，2002年，88元1克，到2011年是327.63元1克。可能有人要问我了，你是不是搞错了？你们银行最高卖到400多元1克。这个是年均价。当年的平均价格曾达到398元1克，又加上实物金的费用56元，所以最高的时候，是410多元1克。

2008年全球经济金融危机开始，美国量化政策宽松，到目前已经进行了三轮：QE1，QE2，QE3。美国大把地撒钱，我们中国也一样，那全世界钱花得最多的是谁？是我们中国，M2广义货币目前非常大，然后朝鲜、中东的恐怖事件，一发生的话怎么样？黄金就会飙升了。还有欧债危机，我们经常在网络上、报纸上看到金融危机的影响：提升黄金的价格。实质上，关注黄金的话，黄金跟美元值是反向的，美元跌、黄金就涨，美元上黄金就下。熊市是怎么一个情况呢？大家看美元指数，从120到

70 多，美元是走了 10 年熊市。美元指数的话，大家也可以直接在网上看到，它主要是对一揽子六个货币，这么一个汇率的比价，也就相当于美国的股票。道琼斯指数的这么一个反应，综合值；牛市走了以后，大家都关注这个市场。进入这个市场以后，2013 年发生了什么事情？黄金大跌，特别是到昨天为止。

4 月 12 日开始，两天跌了 200 美元，端午节以后，加起来跌幅也将近 200 美元，所以杀伤力很大。所以，很多套牢的朋友给我打电话，问我接下去还会怎么样。4 月 19 日大跌，可能跟踪黄金的朋友，在网上也都能够看到，核心因素就是美联储 QE3 政策前景的预期改变了。QE3 是什么？是定量的宽松发钱：市场上钱多，那么一定会通胀，黄金肯定也会往上的；然后跟预期比，和其他的数据反映来比，接下去几个月以后，半年、一年以后，整个的政策会怎么变？目前，这个价格是美联储的 QE 政策前景改变、伯南克要 Q 还是不 Q 的问题，到现在，这个预期就更加清晰了。

第二个主要因素是 ETF 基金大幅度减仓，然后美国股市从 6000 多点一路涨到 15000 以上，这样下去会怎么样？很多机构都会转向看重美元，措施是什么？ 4 月 13 日的时候，塞浦路斯（这个国家是一个避税国家，很多俄罗斯资金都在那边），当时说塞浦路斯要抛售黄金了，实际上塞浦路斯本身持有的黄金是不多的，问题是大家怕，比如西班牙、葡萄牙这些国家会不会跟着也这么干？央行一抛黄金，即使个人投资有很多钱的话，也是扛不住的。所以说，这个导火索是这么出来的。过去大量的投行也是，抛售巨量黄金，这个老头是谁呢？大家都应该知道，是索罗斯。

4 月 12 日，两天跌了 200 美元。然后我们看看具体是怎么操作的。就好像你开个户一样的，首先高盛这个机构它对黄金的预测，准确率非常高。在 4 月 10 日，高盛就吹响了冲锋号，因为也有客户跟着它去做的。高盛一吹响冲锋号，我们不知道它背后有没有内幕，像投资银行美林，也是一个很厉害的角色。美林在短期支撑位 1540，放了 100 吨，然后再在 1520，砸下 300 吨，这个 K 线是 15 分钟线。然后购位的话，他们很多都是看自做指标的，这个线扑掉了，然后很多就怎么样，高频交易是什么，简单来说，很

多是肉眼看不到的，就是靠计算机自动控制的。这个抛盘就出来了，止损盘，你可以去度假，然后你的电脑可以下指令，黄金跌破 1520，你跌破多少，我这个多少就扔出去了，所以这个跟出来的量非常大。包括上海黄金交易所遇到这种大的资金的时候，都会调高黄金的保证金，投金市场上黄金实物上，很厉害的，甚至给你清仓。所以目前大家也有可能看到，CME，它的保证金提高到 25%，这是非常高的，便于你止损。长按下引线就是这么砸出来的，所以操作商 4 月 12 日、13 日是这么干出来的。接下去就发生了什么事情？4 月中下旬，中国大妈、印度大妈，包括日本大妈，可以说是疯抢黄金。网络上也有各种各样的评论："中国大妈战胜华尔街"。从 12 日开始，我就一直接到很多电话，问要不要进，因为他们的成本，大概都是在 1380 到 1470，大妈们进去大部分都是在 1380 到 1470。6 月 29 日，也是大跌 5 个点，什么原因呢？伯南克这个老头子就说了那么几句话：可能在年末开始缩减宽松规模，然后在明年年中的某个时间终结 QE——核心的话就这么一句。黄金市场就跌了多少？5 个多百分点。要命的是，这里面是一个什么样的逻辑呢？以前美联储，多位官员说法不一，各个地方的连锁银行行长，这个连锁的和那个连锁的是不一样的，它是保就业，它是防通胀，然后鸽派、鹰派打架的。这次伯南克一说就很清楚了，以前让我们雾里看花的一些观点，现在就搞得很清楚了。美联储已经认可了，美国经济走在复苏的道路之上。然后从今年开始，年末以前，就会缩减宽松规模，在明年年中的一个时点，就会终结 QE——所以这个讲话一出来，大家一琢磨，抛黄金吧！就干掉了 5 个多百分点。后来"路透"他们也都有个调查，很多机构就说，估计在 9 月份的美联储会议上，会实施这个东西；在年底以前，会试点——再接下来，6 月 26 日，又有了一次大跌。这个是昨天中央银行一篇文章，1000 万美元已经干掉了，到 1180，不过昨天有一个反弹，到 1230 美元 1 盎司。什么原因？因为美国公布的数据都比较亮丽，确认了美国的复苏道路，包括各大投行看空。黄金消费大国印度，它有一个黄金进口的限制，所以黄金马上大跌。

　　昨天晚上反弹还是有一点力度，一个空头回股。包括美联储的威廉姆斯

（美联储也有不同的官员在发表讲话），说大家不要讲我们美联储的那个讲话，稍微说一句话，在黄金市场，这个股票市场都影响特别大。

还有一个制度的因素，昨天晚上，收盘是1230。2013年黄金牛市是终结了吗？大部分都是这么认为的，其实错了。熊市开始了吗？开始了多长时间？是刚开始还是已经走到差不多的一个位置？

接下去第二个部分，我们讨论一下，黄金牛市结束了，接下去我们要怎么看。黄金还值不值得我们去投资？这个是在座的很多朋友都关心的一个问题。一个市场、一个产品，你去投资，你首先要搞清楚它是什么。黄金到底是什么？黄金是商品、戒指、项链，还有高端的工业用途。黄金是货币吗？一直以来是硬通货，到目前，信用社会不一样了。黄金是衍生品，大家关注的也都知道，期货市场，有价格引导功能，都是期货价格影响市盘价格，所以黄金无论是作为商品、货币，还是衍生品，都具有商品的货币属性。

我们现在要关注的是黄金的货币属性，因为影响黄金价格的，主要是它的投资、避险需求这方面因素，特别是它的货币属性。不要认为中国大妈和印度大妈多买一点项链、戒指就能够怎么样。一个产品，一个市场，我们要不要投资？你为什么要进去？大家为什么要买黄金？首先它是商品，我们要考虑它的供求关系。黄金可以保值，大家都说黄金抵抗通胀，特别是目前，整个货币比较泛滥的情况下，买黄金是为了抵抗通胀。特别是我们中国，传统观念比较常见，老人都想给自己孩子留点黄金。这一块应该说大大地支撑了金价走高。一个国家里面，特别是中东，两派打起来了，如果我被推翻掉了，这个纸币还认不认账？就像国民党当时退到台湾去了，金圆券成了废纸了是吧？所以说这个信用风险不用说了，你打起仗来，黄金就飚上去了。金融危机，还有石油、粮食危机，还有投资投机，都有风险，所以说黄金就像这个汽车的安全垫。反正是，对黄金必须有个基本的了解。

中国人还有这么个传统。黄金作为商品的话，都是由市场供需决定的。全世界已知的黄金，如果把它熔炼在一起，就这么形成一个立方体的话，放在香港的大街上，就六层楼那么高。如果将这个立方体放在上海东方明珠的边上，长、宽、高各20米的立方体，黄金比重是多少？19.32，大家算

黄金投资——影响黄金价格因素分析

一下，20 米乘 20 米乘 20 米，乘以比重 19.32，黄金重量是多少？15.45 万吨，全球存量黄金是这么多。所以说，整个地球上的黄金熔炼在一起，就这么一个六层楼的立方体，它具有稀缺性。现在，网上各种各样的笑话很多，比如：那个时候，10 块人民币，够一大家人花了；后来的 10 元人民币只够两个人花；再后来，100 元可以够一家四个人花；现在 100 元，还不够一个人花——所以说，上边印着几个人，就够几个人花——这是开玩笑的。这个就是通胀。有点年纪的朋友都知道，像我读高中的时候，"万元户"很吃香的，很有钱。那现在万元户还吃香吗？你抛掉一套房子就是几百万，如果你在 1990 年有 1 万元，但现在没有变成 60 万元的话，那肯定是别人的资产增加速度比你快，你只是被增长。这么多年里面，我们创造了很多新的财富，所以主要是比增长速度。我们为什么说，1 万元要变成 60 万元才能赶得上？我们看看数字，1990 年"万元户"吃香的时候，全中国 M2 广义货币——我们排除其他一些因素，就说大家口袋里的现金，加上银行存款，1.53 万亿，1998 年是 10 万亿，2003 年是 29 万亿，2007 年是 40 万亿，2011 年是 85 万亿，大家看，到后面就是四年翻一番，你原来的 10 万块钱，变成 20 万，20 万变成 40 万——你没有变的话，钱的增长还是我快，对吧。现在是多少？104 万亿。所以，这意味着什么？街上都是钱，大家口袋里拿出来的现金，加上我们银行里面的存款，104 万亿——所以，钱还值钱吗？

现在有钱人都不张扬了，都低着头：我没钱！不像以前万元户，很自豪。30 块钱，在 1979 年可以买 230 斤大米，在 2010 年可以买 10 斤大米。你拿着 30 块钱，这 30 年，购买力是严重下降的。如果你拿着 1 克黄金，30 年前能够买多少大米？我们看一下独生子女人数：1.4 亿。爷爷奶奶、外公外婆走了，都留给他一套房；爸爸妈妈走了，也留给他一套房：三套了。他找一个对象，对方也有三套房，他们自己再买一套新的房，都有六七套房了对吧？所以说以后会怎么样？很多人手里都有那么好几套房子，但他们付不起水电费、物业费、房产税、遗产税怎么办？所以说，给自家小孩子留点东西，搞点黄金是不是合理？不要全部放在房产上。

无论怎样，黄金仍然是一种无可超越的支付形式，在极端情况下，没有人会要纸币，但是黄金永远有人要。大家还记得不，当时金融危机了，很多韩国人都捐出自己所持的黄金，帮助国家度过难关。因为到这个时候，只有黄金是好用的。我想让大家思考的，是这么一个问题：热钱炒高了一个国家的房地产。目前股市是没炒上去，资金一撤走的话，一地鸡毛。对于金融危机，很多朋友跟我聊，股市跌得不成样子了，收藏市场炒上去都会跌得不成样子。香港 1997 年房地产跌了 50%，9 年以后，你去香港旅游，这个小区还没有回到那个时候的水平。

大家可以去网上看一看，钱可以在一夜之间不值钱，而黄金永远是黄金。在朝鲜，政府明着抢钱，一个晚上一宣布，明天可以 100 比 1，给我汇过去，最高你一个家庭还是能换 10 万。朝鲜当年就是这么干的。2010 年初，委内瑞拉对美元贬值 50%。全世界最牛的是津巴布韦。全世界最大额的钞票在哪里？津巴布韦。前一段时间，这个钱还可以买 1 栋房子，过几个月，这个钱只够喝 1 杯咖啡了，这就是津巴布韦，通胀率达到了 2200000%。2012 年，伊朗的国家货币里亚尔，1 周贬值 40%，今年以来贬值 75%。

我们再来看一个小故事。2012 年 9 月份，一个日本人用 26 万日元（那个时候日元兑美元是 78：1，日元升值很厉害，那个时候黄金是多少？黄金价格 1700），买了 1 盎司的黄金，我们再看它现在怎么样？这个 1 盎司黄金拿在这个日本人手中，会怎么样？日元兑美元已经贬值了，102：1，上段时间贬到 103 多，我估计接下去，肯定是要继续贬的。现在，黄金是多少？昨晚上是 1230 对吧，目前的话，这个 13.26 万日元，还能够买到 1 盎司黄金。我想让大家思考的问题是，假如这个日本人用日元换成黄金的话，这个黄金没有下跌这么多，那他是不是就将日元贬值的风险就锁定掉了？当时，日元的汇率比较好，78 元就可以换 1 美元，现在要 102 日元才能够换 1 美元，就像那个日元贬值风险锁定掉了。我主要想让大家思考的是，人民币会不会出现这种走势？特别是我们台州，跨国企业那么多。出现日元这种走势的概率，人民币也一样有。这么多年一直升值，目前 K 线这个位置，会不会发生像日本一样的变化？然后你需不需要把人民币直接兑换成美元，或者说换成黄金？当然这里面，黄金接下去还会下跌多少幅度，是要考虑的一个因素。

黄金投资——影响黄金价格因素分析

黄金才是好用的。钓鱼岛事件，接下去肯定还会持续，背后鼓捣的，不仅仅是日本，还有美国。朝鲜这段时间被我们中国"敲"了一下，老实了一点，上段时间那么猖狂。

这几天，菲律宾跟美国还在那边军演，目前不是说政治、战争的问题，主要还是想在经济上搞垮你。你欧洲的资金、日本的资金，不要放在中国了，那里有风险，你给我到我美国来——目标就是这么一个，在经济上摧垮你。还有以色列、伊朗，仿佛永远是搞不完的。很多石油都是从那里运出来的，一"干"起来就不得了！

我们看看，2008年，标普、道琼斯、纳斯达克、日经、上证指数都掉了那么多，跌幅最小的是什么？黄金。大众商品、农产品、石油、金属都掉了那么多，百分之五六十，黄金是多少？跌幅是比较小的一个。人口老龄化，不仅仅是中国，全世界都有老龄化的问题，老龄化是怎么影响黄金的？包括欧债危机，很多就是由这么一个债务事情出现的，它的路径是怎么样的？老龄化了，整个国家的劳动人口收入就少于支出了，发生债务危机以后，国家印钞票，然后债务货币化，又"干"起来了——这个不是战争，是那个货币战、贸易战"干"起来了，冲突就出来了。对黄金的影响路径是这么样一个情况。我们说，鸡蛋不要放在一个篮子里，投资资产配置的话，需要股票、基金、债券、信托、黄金各方面都配些。我想这句话大家应该记一下：投资股票是投资于未来的增长；投资黄金是规避未来的风险。现在社会是信用社会，你觉得大家都讲信用，都不会违约的话，黄金是没用的，根本不需要去买黄金。因为黄金是不产生利息的，你还要付保管费，如果你觉得这个世界有风险的话，那是需要考虑黄金的。这两句话，我觉得大家是可以好好体会的。

不仅仅我们银行，所有大的银行都有很多品种的黄金。我再跟大家说，这个实物黄金价格是怎么样出来的。很多人跟我讨论，说你经常给我讲美元、盎司，我还要在脑袋瓜里面转一转，折合人民币多少；然后到了你们那个柜台，又跟我说，今天实物黄金多少钱1克，跟你说的又不一样，到底是怎么一回事啊？

黄金是国际联动的，假设国际金价在1200的时候，我们刚才算过了，

1200乘以那个汇率、除以1盎司31.1035克，换成人民币，大概是238元1克实物黄金。我们建行，各大银行，委托黄金生产商生产出来，还有那个加工费、运费、保险费，等等，这个费用，是1克也要加上15~16元，就这么出来的。实物黄金，大家记住，价格是每天变动的，昨天晚上国际市场是多少，今天价是多少。我们在大的柜台上发布了今天我们卖多少钱/克，（国际金价加上这个费用）。

为什么买黄金，因为每个人考虑的角度不一样，你是将它当成商品？还是保值？还是传承？还是避险？还是投资投机？送礼？如果你觉得金融理财有风险的话，就有必要持有黄金，它值得投资。那什么价格可以去入手？现在是不是可以出手？刚才也看过了，反正炒股票的人都很清楚。村子里说，100元1只猴子，我收购了；我再提到200元、300元，猴子都抓光了；然后我再说，500元1个猴子卖给我；再然后我到城里面去了，我让助手说，我300元卖给你，等我老板回来，你再500元卖给他——这就像股票一样的，10元炒到20元，炒到30元，炒到50元，然后再上市拍给你——每一个市场都是这样，有很多投机炒作的因素。2001年开始十年黄金牛市，到2013年，一下子就下跌了这么多；4月，两根大阴线；这两个礼拜，又干掉了将近200美元。很多人就会搞蒙掉了，好好的一个市场，怎么就变成这个样子呢？我说很正常，你去看看，涨了十年、跌了五年，再涨十年，再跌，再涨，那接下去会怎么样？所以，量子基金的创始人罗杰斯，很牛的一个家伙，就说了：回调很正常。我们还是要搞清楚，黄金是什么？商品，金融。所以说，黄金的价格，不是你实物满盘，中国大妈、印度大妈所能够顶得住的，主要的还是金融属性，到最后是政治层面，美国要"干掉"你。现在不是说航空母舰开过来，跟你真枪实弹地干，而是货币战争。大家也都在网上看到了，谁控制了石油，谁就控制了国家；谁控制了粮食，谁就控制了人民；谁控制了货币，谁就控制了世界。世界上最牛的是谁？美国老大哥一呼，跟从的人很多，对吧？美国，各方面数据都显示它确实是在复苏，往好里走，QE3，收缩政策，还差一件事情，就是将全世界的资金往美国移。美元指数，刚才说了，熊了三年，接下去会不会牛多少年呢？

非常有可能，确实会这样，大家去跟踪一下。我们说，影响黄金走势的因素很多，首先你必须跟随美国，因为国际金价由美元标价，而美元受到美国经济形势的影响。

美国是全球的规则的制定者和主导者，全世界的精英都为它服务，这个我们必须承认。全世界石油和黄金都是以美元为标价。存在的事情总是合理的、总是有理由的，包括德国、英国那些发达国家，为什么都认可美元呢？大家想不通的时候，这么想好了：存在的总是合理的，总是有理由的。当年，欧洲搞欧元区，跟美元分一杯羹——现在欧元区要复苏，我估计起码还要好几年。为什么要买黄金呢？因为市场对黄金的需求，因为对这个社会信用体系、这个纸币体系不信任。如果大家都讲信任的话，这个黄金，就戴戴项链，没什么大用途的。

今天，如果大家觉得有风险或者有不信任的事件，就会去考虑黄金。第一个，我们说了关注美联储，你要关注它各方面的数字，因为美联储主要是关注两大指标，一个是通胀，一个是就业率。就业率所对应的就是非农和那个失业率的情况。CPI是指消费者信心指数。全世界炒黄金的时候，美联储有一个会议，伯南克讲话。这老头子那时候一讲话（我们北京时间是凌晨3点半），我估计"黄金达人"都守在电脑上看的。所以，炒晚盘黄金的话，都是在晚上进行。

7月底、9月18日，两个时间点，看一下黄金ETF，就是全球最大的ETF——SPDR，大家可以在网上搜一下。它的影响力很大的，一般来说，它加仓，就是利好黄金；它减仓，就是看空黄金。因为很多外国的大的投资者，都是买这个ETF，然后利用它来加、减仓的。它就是一个风向标，很多人以它作为一个参考。SPDR ETF的话，在年初是多少？哪位朋友知道？1350吨。现在是多少？我看了一下，今天早上没有变动，昨天也没有变动，前天减了16吨。年初是1350吨。那么现在是多少？969。6个月，这个全世界最大的黄金ETF，从1350减到956，就说明它还是不看好黄金，对吧？大家看，它对金价持仓是同向的。然后还要看看央行的储备、油价、通胀怎么样，因为油价上去了，通胀上去了，对黄金是提升的，是正向的。然后看

看，巴菲特，他前段时间也在讲，"我不会去投资黄金"；索罗斯，他对黄金上市的避险功能很重视，前几年，就是靠黄金避险，才把价格提升上去的；罗杰斯，"回调很正常"，看空。高盛，这段时间，一直在下调，看空。

我们看一下影响黄金价格的因素都有哪一些。黄金是商品的话，它一定受到供给和需求的影响。我们看一下黄金的生产成本。2011 年，标准银行有一个统计，全世界前十大黄金生产商，世界第一、第二大黄金公司，它的成本是 800~960；今年 4 月份高盛：统计了 25 个黄金公司的总生产成本曲线，它得出的结论是 1150。所以为什么目前，1150 的时候，大家说，接下去要跌到黄金的生产成本了——这里肯定是有一个支撑，对吧？美国、德国、意大利、法国、荷兰，它们的黄金储备在外汇储备里面占的比重都很高，70%；而我们中国、印度、日本、瑞士比重很低，4%。中国特别低，1.7%。假设说我们中国、印度、日本、瑞士，提高一个百分点的话，1 年黄金产量的很大一个比例就消耗掉了。你想个人消费的话，我们刚才也看到那个 PPT 上，全球黄金存量，全世界每个人平均是 30 克；如果按它的持有量去计算，只有 20 多克。由于印度人特别偏好黄金，目前家庭平均持有 10 克。我们中国是多少？4 克多一点，5 克不到。假设说中国人和印度人，每个人多持有 1 克黄金的话，就消耗掉 1 年的黄金产量了。

刚才说了，美元的微加世道法，对黄金的影响是致命的，它们是反向的。不过昨天晚上美联储的那个威廉姆斯说，就是 QE3，美元加速也不会那么快。美元，是大家一定要关注的，包括货币政策，特别是 QE3 的幅度，股市的因素，道琼斯还会不会继续走高。就这个礼拜，七大国行看空黄金。对金价的预期，大家看一下，这里面他们有的说是年均价，有的说是时点，就像我一开始拉出来给大家看的人民币的标价也一样，年均价，有的是时点。高盛，它预测今年年底不到 1300，明年看到 1050；然后又说，如果金价跌下来了，那生产商会将黄金生产量降下来；降下来的话，那黄金价格又会上去；然后高盛说，1200 的时候，可能是一个金价的波动区域。大家看他们的预测也不要拿一句话、两句话来看，要将整个拿过来看。包括德银、汇丰、瑞银、大摩、法兴、瑞士兴，等等，现在基本上都是看空。包括 6 月 18 号，花旗银行

说，可能下破 1260，然后过两天就出现了。18 日这么说，到了 21 日早上，我起来一看，完蛋了，就"干"到这里去了！所以他们的影响力是很大的。而我们现在都说，黄金前几年涨上来是因为 QE3 的因素。如果拿 QE3 来说的话，金价是不是在 1200 左右？有这个金融危机以后，这么多年，印了那么多货币，危机以前，这里应该是 1000 多美元，然后现在印了那么多货币，就撇除这个 QE3 的因素，是不是在 1200 附近？

跟大家聊了这么多，大家可能要说了，那杨老师你自己的观点到底是什么？你对接下去金价区间是怎么判断的？

6 月 21 日，当时黄金刚刚掉破 1300，然后我在微信上也发了一个区间预测。我说，从以前的 1500 到 1800，这个 300 美元区间下来以后的话，或者从 1200 到 1500，这个下半部分区间的概率会比较大。21 日 8 点多发的。那个时候，SPDR 的持仓还刚刚下破 1000 吨，现在是 969。然后我有一个同学，就在微信里面问我了，看到这个价格跌了这么多，他也想搭上"大巴"，是不是可以分批地买了？然后我给他回的是：涨的时候会涨过头，跌的时候会跌过头，我建议他是靠近 1200，开始到 1100 的时候，考虑分次出手。我根本也没想到，马上会下跌得这么快，隔上两天，一下子就干到 1180，搞破了 1200。后来我这个同学说想分批入手，然后我给他建议也是一样，从哪里开始，分批地、分次地考虑。我的观点，今年也是连续统一的，这个上面，300 美元区间下来，或者下面 1200 到 1500，下半部这个概率比较大。我看目前这个情况，我会下调 50 美元。我觉得接下来，非常大的一个可能性就是，去考虑 1150 这个支撑。虽然目前 1200，1000 多一点的话，是那个黄金生产成本线，然后很多人，包括亚洲的买盘也会出来，在 1100 多到 1300 多这个区间。接下去的概率比较大，涨会涨过头，跌会跌过头。跌到 1000 下面，都是非常有可能的。反正就是要看各方面的数据。美国经济到底怎么样？这段时间数据都说它好，不好的话，它就反反复复地反弹震荡。我们也可以看一下目前的市场走势，是不是跟这个有点像？黄金这么多年牛市，是不是这么一个表现？考虑黄金的话，当然也要考虑人民币接下去会怎么样。因为人民币从 8.27 到 6.27，到 6.16，接下去，还会升值多少？还会升值多长时间？

贬值会怎么样？我们虽然有3点几万亿的外储，你知道有多少是真的好用的？有多少是像当年支持香港一样，能够挺多久？

从4月份开始，我接到很多电话，问我，黄金可不可以买了？反正4月份一直到现在，我只是说，这段时间可以慢慢看，开始考虑。A股6100点跌到4000点，你可以去抄底；跌到3000点，大家再看看；跌到2000点，没人想的时候，到第三次没人说话的时候，没有人打电话了，大家可以考虑真的是可以买了。要这么一个反向思维来看，然后也要分批、分次地去考虑，金字塔形地去买。什么叫金字塔形地去买呢？上面，你觉得认可，假设说1100多，可以考虑；再往下，1100多的时候，少买一点；再跌，多买点；再跌，再多买点；就金字塔形地去入手。当然，你要考虑你的目的是什么：商品？通胀？避险？生存？还是怎么样。实物黄金跟纸黄金，这个也看你自己的用途。我们民间都说，黄金就是"小黄鱼"，备一点还是非常有必要的。我跟大家提个建议，大家不要以为我买个项链饰品就是买黄金，这个根本就不对。你到商店里去看看好了，现在实物金价格是多少，包括小雅也经常在广播里说，北京又下调了几次。6月9月，它还在340~350元；现在金价是多少？240元，加上我们银行的那个费用，15~16元，也才250多元，对吧？所以说买饰品不是投资黄金。

对于黄金期货，我不建议大家去做。一般人不要去做地下炒金。可能很多人会说，我会接到很多电话，让我去地下炒金。千万不要去干！这个事情风险很大。

今天跟大家一起交流了黄金的行情、历史，以及我们还值不值得去持有、投资黄金。按你自己后期去看这个市场，值得投资的话，那要考虑价格问题。什么时候可以开始考虑入手，分批、"金字塔"式地去切入。你需要有一种思维方式，而不是简单的技巧。乔治·索罗斯说，你不理财，财不理你。不要把所有问题都自己杠，大家可以到各大银行，跟我们的理财师沟通一下。

好，今天我讲的内容就到这里，谢谢大家。

（以上内容根据2013年6月29日的讲座内容整理，略有删改。）

文苑芳华

带着常识读《三国演义》

赵宗彪　（《台州日报》副总编辑）

《三国演义》是中国文化史上影响非常大的一本书，这本书影响了中国人600多年。

我是从小学四年级开始读《三国演义》的，那个时候作为禁书，偷偷摸摸地读，高中、大学的时候又各读了一遍。后来，2008年时，我想写《〈三国〉笑谈》，又读了一遍。加上这次讲座前的通读，不包括零星的阅读，总共有五遍了。

《三国演义》确实是一部伟大的作品，它就像一座方圆几百公里、几千公里的大山一样，每一次从不同的侧面看，都会有不同的收获。伟大的作品之所以伟大，就在于它包容的东西非常多。《三国演义》的包容性超过中国历史上任何一本书。我今天主要从文化和思想上解读它。

第一个问题，《三国演义》是底层民众集体创作的历史小说，集中呈现了历史上的权谋斗争。

《三国演义》是历史小说。我们所有的书，不管文学作品还是历史著作，都可以划分成两种创作类型：个人创作与集体创作。《史记》是司马迁一个人创作的，中国最早的诗歌总集《诗经》，以及《三国演义》，都是很多人参与创作而成的，民间故事、民歌，也都是集体创作的作品。总体来讲，集体

创作的作品，质量肯定不如个人创作水平高；但是集体创作的东西更能反映一个时代的精神风貌，还能够反映一个时代民众的愿望。

《三国演义》讲述的是汉灵帝中平元年（公元 184 年）的黄巾大起义，一直到晋朝灭掉吴国，总共 96 年的历史。书中记述的历史时代，距离我们今天已有 1700 多年，而这个故事的形成时间，是从晋朝到明末清初，跨度长达 1000 多年，基本上贯穿了中国皇权时代。所以说，如果要找一本集体创作时间这么长的作品，还真的比较难。同样属于集体创作的民间故事，其改编或增减可能跨越一两千年，但是基本上没有这么大的规模，也没有这么大的影响。

历史小说必须保持真实的历史；但又因为是小说，所以我们能从这本书里找到非常多的破绽。小说有很多自相矛盾、不能自圆其说的地方，这就是集体创作和历史小说的一个弊端。《三国演义》有 70 万字，总共写了 1300 多个人物，应当是对中国和东南亚影响最大的书。《史记》对上层社会也就是知识分子产生了很大影响。对于普通民众的影响，中国没有一本书可以同《三国演义》相比。

我们现在讲的中国的典籍，事实上不会超过 20 本。这些典籍，无论是《道德经》《论语》《史记》，或者其他作品，对底层民众的影响，都没有办法同《三国演义》相提并论。就像诸葛亮，只要一提这个名字，不管识字不识字的人，都知道他是个聪明人。一提张飞，人们就想到他的勇敢与莽撞。一讲曹操，大家都会记得他的奸诈。

当年满族人进攻中原时不懂汉文，兵法也是不懂的，他们就把《三国演义》翻译过去当成兵书。明末的张献忠、李自成，清朝的洪秀全，都是农民起义者，他们的兵书就是《三国演义》，因为没看过《孙子兵法》。毛泽东也非常喜欢《三国演义》，从小开始看。他上井冈山的时候，什么书都没有带，就告诉手下：打土豪的时候，一定要给我找一本《三国演义》来。找不到，他说很遗憾，他用兵的很多谋略都是从这里边得来的。一直到晚年，他都在看这部书。

《三国演义》在朝鲜、日本和其他亚洲国家的影响也非常深远，尤其对日本的影响最大。现在对《三国演义》的研究，能同中国相提并论的，就是

日本。日本很特别，把《三国演义》同商战联系在一起，拿《三国演义》当教材，然后分析各种谋略，如何加以借鉴，帮助经营、管理公司。这种书，我们在 20 世纪 90 年代末、21 世纪初，翻译过来特别多。朝鲜、韩国这一带，特别是韩国，对《论语》的重视，远远超过我们。亚洲国家，如越南、泰国、菲律宾等国，在我们《三国演义》电视剧一拍完之后，他们马上买去播放，很受欢迎。

《三国演义》这本书贡献是巨大的：从文学上讲，塑造了众多的人物；从创作类型上来讲，影响了中国后世几乎所有的历史长篇小说的创作，并且成为中国民间最有影响的人生教科书。

从文化思想上讲，我觉得《三国演义》就是代表了帝制时代民众的思想，也可以说是梦想或追求。如果要问这本书表达了什么主题的话，我觉得就是四个字："权力""阴谋"。

《三国演义》里边的老百姓好像都期盼明君，把刘备当成明君的代表，也盼清官、盼侠客。刘备刚开始当县尉的时候，老百姓觉得他是刘青天，还希望他是侠客，事实上这"三盼"一直贯穿在从秦始皇到溥仪皇帝的帝制时代的中国民众头脑中。也可以说，在《水浒传》里边也延续着这种"三盼"思想。所以，《三国演义》是中国民间思想、民众理想最真实的体现。

但是，影响大并不说明它是完美无缺的。因为《三国演义》的故事，形成于中国历史上思想禁锢最严厉的时代，是在秦始皇"焚书坑儒"之后，到清朝的"文字狱"之前，所以它远没有达到春秋战国时期思想家所达到的高度。再加上整理评论的人，包括毛纶、毛宗岗父子，都不是一流的大家，尽管李贽可以算是思想家，但他的那些民主思想没有得到多少体现。它的主题是古老的，千年未变，是争夺王权、帝王思想，即陈胜的呐喊"王侯将相宁有种乎？"，是刘邦的"大丈夫当如此"，是项羽的"彼可取而代也"。

三国中，所有人的目标，不是做自己的主人，而是做天下的主人。为了实现帝王梦，不择手段地运用暴力与欺骗。君臣、同事、父子、兄弟、同学之间，充满了背叛与陷阱。

三国里，百姓只是提供粮食和武力的机器，成为军阀手中的工具。没有

人道，没有怜悯，没有自主权，是沉默的大多数。

可以说，当代中国人，我们依然无法逃脱它的思想阴影。这本书，以21世纪的文明社会的标准衡量，我认为，是负面大于正面。

三国的负面影响：天命论、历史循环论、权力至上、道德至上。

归纳起来，我觉得《三国演义》对当代中国人的负面影响主要包括四个方面。

第一，宣扬天命和宿命。天命是神权时代的产物。我们看中国西汉以前的历史，比方三皇五帝，都是神话传说。大人物哪里来呢？他妈妈看到地上一个巨大的脚印，一踩上去就怀孕，所以她这儿子生下来就是天地的代言人，毫无疑问就要当领导的。这是人类处于蒙昧时期对自然的一种敬畏，因此这个东西到现在看也有一定的合理性；但是如果片面强调，把所有的结果都看成理所当然的，事实上就是奴才哲学。

确实，相信天命也是我们文化中一个影响深远的传统。我们看《三国演义》，一开头就是种种意象：洛阳地震了，海水泛滥了，各种童谣出现了……所以，所谓"天命"，完全是强权意志的一个体现。比方说，《三国演义》里刘备到新野当县令的时候，才半年就出现一首童谣说"刘皇叔，丰衣足"。一个领导人来半年，哪能带来这么大的改变？肯定是刘备的人叫手下编出来、传出去的，这个他完全可以控制。皇权时代，包括现在，任何讲天意的，我们都可以肯定它是谎言。强调"天命"，本质上就是愚民政策。我们读《三国演义》，要警惕这点。

第二，宣扬历史循环论。《三国演义》第一首诗就是："滚滚长江东逝水……"接下来就是："天下大势，分久必合，合久必分。"这样的历史循环论，不但是幼稚的，也是荒谬的，因为中国历史上并非合久了必须分、分久了必须合。

根据复旦大学葛剑雄教授的研究，中国历史，事实上分裂和分制的时间要大大超过统一的时间。当然，这个"统一"要看我们怎么算。如果按照疆土最大作为标准（就是以元朝的疆土作为标准的话），统一的时间只有81年，那么占历史的比例怎么算呢？严格地讲，中国历史上的大一统是从秦始皇开

始的（就是公元前 221 年），到辛亥革命（1911 年）为止。那么，元朝疆域最大的这 81 年，只占这段历史的 4% 的时间。如果基本以恢复前代的疆界（即维持中原地区，汉人为中心的黄河流域及淮河以北，有时候包括长江以南，比方说西汉、东汉也都算统一，北宋、南宋也算统一）为标准，这样算起来也只有 950 年，占公元前 221 年到 1911 年间总年数的 45%。如果我们把历史再放宽一点，从有确切纪年的历史起算（我们现在最早的确凿纪元是公元前 841 年，就是西周的共和元年），那么前面讲到的那 81 年只占 3%，那后边的 950 年只占 35%。

确实，我们看历史，包括看《三国演义》，如果以一个当代人的眼光，每次看下来都是一部伤心史。从秦始皇到清朝结束，每一次改朝换代，几乎没有从思想上、政治社会结构上，对民主政治、对老百姓的生活带来多少改进，都是低水平的重复。那么历史上所有的努力都为谁服务呢？都为一个人服务——皇帝。所有有能力的人，都要去当皇帝。当皇帝有什么好处呢？这个当然不言而喻。2014 年 10 月，我循着《史记》作者司马迁描述的历史，在黄河流域探访了十多天，发现唯一留存的西汉以前的东西就是皇帝的陵墓，别的东西几乎荡然无存。

为什么会出现这样的情形呢？以汉代皇帝为例，每个皇帝一继位，马上就开始造皇陵，造皇陵的开支占全国税收的 1/3。汉武帝在位 54 年，修墓修了 53 年，全国财富的 1/3 填充到他的墓里。汉朝末年，有支农民起义军叫赤眉军，曾经把汉武帝的墓陵的地宫门打开了，十几万士兵天天去搬东西，搬了二十几天，都没有搬出一半东西来。后来政府军打败赤眉军，又把墓封回去了。过了 300 多年，到西晋的时候，汉武帝的皇陵再次被盗，里边的东西才被搬光。所以对老百姓来讲，所有的能力、智力、权谋，都用在巩固皇帝的权力和如何让皇帝得到更好的享受上。

《三国演义》第三个负面因素是，宣扬权力至上。我们看《三国演义》，全书充满对权力的崇拜，这几乎是所有人奋斗的动力。当然，不是所有人（特别是知识分子），都是这样的权力崇拜者。司马徽不想当官，还有诸葛亮的几个朋友——崔州平、石广元，被诸葛亮、刘备邀请当官，他们没有兴趣。

这是另类了。但是，大部分知识分子和有能力的武将，无一不为权力奋斗、为皇权奋斗，所以全书呈现给我们的是一个充满阴谋、欺骗、杀戮和陷阱的黑暗世界。

现在，为什么中国人的官本位思想如此强大，我觉得可以从《三国演义》里面找到答案。我们看到魏国和汉献帝之间有一个禅让，但是历史上禅让的机会是比较少的，大部分权位更迭都是用鲜血和暴力来实现的。按照已经去世了的台湾历史学家柏杨的统计，我们中国从周王朝开国（就是公元前1132年），一直到2000年，总共有3132年；这3000多年里，没有战争的时间是214年。中国是全世界兵法最多的国家，兵法最发达。我们还为此很自豪。兵法多，说明人民遭受的苦难多。经常爆发战争，经常打仗，兵法才会特别发达。

第四个负面影响，是宣传道德至上。《三国演义》昭示的思想，就是以为目标正义就可以不择手段。事实上任何一个社会形态或者任何一个大的集团，最好的办事方法就是按规矩来，按现在讲就是依法办事。如果按照"道德"来办，或者道德至上，必然形成整个社会的虚伪。因为每个人道德的底线不一样，有的高一点，有的低一点，为了树典型，道德的底线只能越拔越高——对大部分人来说，做不到。做不到怎么办？说谎。有一些人为了得到自己的好处，为了得到社会的承认，为了得到别的实际的利益，就作假，所以肯定会造成这个世界的虚伪。

高唱道德的社会，必定虚伪。从历史上看，英国唱道德高调最厉害之时，刚好是黄色文学作品最泛滥的时候；明朝的皇帝，是汉族皇帝里素质最差的，但刚好明朝是历朝历代中（除了元、清两个朝代，清朝后面也是很讲道德）口头上最讲道德的。"黄书"《金瓶梅》就是在明朝出现的，并且明朝的士大夫是最没有节操的。宋朝结束的时候，几万人跳河自杀，特别是读书人，不愿意投降。明朝就很少有这种情形。所以有人讲，元朝入主中原以后，中国的知识精英也就灭亡了。

所以，任何一个国家、团体，不能因为目标正义就可以不择手段。事实上，目标正义和实现目标的手段正义，都同样重要。如果一个目标要以牺牲

公平正义为代价来实现，那么我们可以肯定地说，这个目标是反公平正义的。比方说，我们以牺牲 1% 的人的利益来获取 99% 的人的利益，这样的结果，表面看起来很美满，但这 99% 里还可以再拿出 1% 来"牺牲"的。这样持续下去，唯一能幸免于被牺牲的，只有永远控制局面的人。整个国家、整个团体一直在内斗当中，只有一个人是合理的，下边的人永远不会团结。

《三国演义》宣扬道德至上，但并不能自圆其说。它很难让人相信，拥有"道德"的蜀国是代表胜利的，反而是"仁君"的代表刘备，他建立的蜀国第一个走向灭亡。刘备的对头是曹操和司马氏，是他们灭掉蜀国、吴国，最后统一了全国——这恰恰是"道德至上"的反证。事实上，《三国演义》这一本书尽管是宣扬道德的，但是种种做法刚好是反道德的。王允叫女子貂蝉去当间谍，是不道德的；周瑜骗同学蒋干，叫他传递假情报，从道德上讲也是讲不通的；还有刘安杀妻给刘备吃，不但不道德，也有损刘备形象。

《三国演义》中，有个细节：诸葛亮在七擒孟获之后，胜利班师，要渡过泸水回成都了；大军准备经过泸水的时候，阴风怒号，风浪很大。当地土人说，这是因为战争死了很多人，冤魂都在捣乱。有什么办法消除呢？献上四十九颗人头——就是说要以四十九个活人来祭祀，才能把冤魂平息下来。诸葛亮说："我来打仗就是为了少死人，既然仗打完了，我不能因为这个事情去杀无辜的人。"他后来想了个变通的办法，就是杀了很多牛羊，然后用肉和面粉做了四十九个人头去祭鬼神。《三国演义》这个地方最使我感动。别的人，都是为了权力不择手段，充满了血腥和欺骗。

《三国演义》里的价值观，同社会主义核心价值观的绝大部分是背道而驰的。我们读所有的名著，包括《三国演义》，要带着常识去读。我们的常识是什么呢？人是自由的、平等的，人与人之间的交往都要公正，整个社会的管理也应该是遵循法治的。《三国演义》里边有没有这些？没有！当然不仅仅《三国演义》，三国的这个时代，所有的皇权时代，人肯定是不平等的，老百姓是不自由的。某一个小团体内，利益相同的时候是公正的；利益不相同的时候，照样会互相陷害，照样会兵戈相交。法治是有的，但这个"法"不是适用于所有人的，"法"是个工具，统治除了皇帝之外的人。

第二个问题：三国演义是皇权时代民众的帝王梦。

全书标榜刘备的至仁至德，诸葛亮的忠贞廉洁，关羽的义薄云天，将他们三人变成了仁君、清官、侠客的代表。

我们有文字记载的历史，经历了三个阶段的演变：第一个是神权，第二个是皇权，第三个是人权。大致在秦始皇统一中国以前，中国是神权时代，所有的领导人都是以神的代言人的身份来到人间，领导人是"生"出来的。秦始皇到溥仪皇帝，两千多年，是皇权时代，就是由皇帝说了算（当然也还有神权的遗迹在，老是说第一代皇帝出生，是因为他的妈妈受孕于龙之类。这其中的领导人，是"打"出来的。1911 年辛亥革命以后，中国历史开始进入人权时代。按道理，领导人是选出来的。

当然，任何社会的演变都是有一个过程的，社会的演变基本上也是三个方面的：器物、制度和文化。其中，最难改变的是文化方面。

可以说，《三国演义》就是古代中国民众的"中国梦"。当然，这个"梦"最后是没有实现的。它体现了下层民众"盼明君""盼清官""盼侠客"的"三盼"梦想。但每一个君王，如果有能力、有条件都成为了暴君；中国二十五史，《廉吏传》《清官传》是不多的；除了在金庸小说里有侠客，社会上也看不到真实的侠客。所以《三国演义》讲的古代"中国梦"，基本上是一个白日梦。但是尽管是白日梦，《三国演义》确实把这个梦想讲得很美满。

诸葛亮这个人物，是知识分子的权力梦，野心家的贤相梦，老百姓的清官梦，文盲的智慧梦。他当然是《三国演义》里面的第一号人物。全书总共一百二十回，直接或者间接写他，就超过了一半以上。以诸葛亮为中心，前面的三十回是序曲，第三十四回到三十七回，就是他出场的"热身"。从刘备三顾怎么找到他，直到诸葛亮死，是一百零五回。所以一写到他死以后，无论是听书的人还是写书的人，都没心思了。至少记录说书、话本的知识分子没有心思写了，后来就草草结束了。后来到第一百一十九回，连姜维也死了（姜维应当是诸葛亮的接班人或是代言人）。所以严格讲，就是从第三十四回开始一直到第一百一十九回，都是写诸葛亮的，诸葛亮是许多白日梦的结合体。

以前听书的、看戏的人，基本上不识字，觉得诸葛亮就是智慧的化身，一想到诸葛亮，马上就会想到锦囊妙计，事实上还是不可能的。

看看诸葛亮的简历，他是一个没有背景的、既不是官二代也不是富二代的"农村知识青年"，比较好学，一直想出人头地，在当地的知识分子里比较有影响，所以包括司马徽在内，还有崔州平、颖州的石广元、汝南的孟公威、颖川的徐元直这几个"同学"，都认为诸葛亮的水平比较高。他们几个在一起谈理想的时候，诸葛亮志向很高，他说：你们几个当当"省长""州长"差不多了。同学们说：你有什么志向呢？他笑而不答。但是从他自比管仲、乐毅看，他志向是非常高的，就是要当一个王国的"二号人物"。

管仲是谁呢？是春秋时候一个伟大的思想家、政治家、军事家，法家的早期代表人物，是齐国（当时中国大地上最强大的诸侯国之一）的"二号人物"宰相。乐毅是战国时候燕国的一个军事家，当时燕国被齐国打得快要灭亡的时候，把他请来当元帅。后来他联合了赵国、魏国等，组成五国联军，把齐国侵占的土地全部夺了回来。

龙在中国历史上是天子的象征。诸葛亮自号"卧龙"，说明他志向是远大的；而且以管仲、乐毅两个人作为奋斗目标，说穿了，他的志向就是要当国家的"二把手"。所以，他要等刘备，完全不是偶然。因为当时的情况下，他完全可以就近投靠刘表，或者投靠远一点的"中央政府"的曹操，或者到已经割据江南的军阀孙权这里。但他不去，为什么不去？因为刘表是老贵族，那里都是世家子弟（公司里边老员工非常多的活，你去是没有地位的）。到了曹操那里更不用说，全国人才都集中在汉献帝和曹操的周围。孙权那里也是一样的，他从爸爸和哥哥那里接了班之后，人才已经非常多了，诸葛亮到那里可能排名第二十号都轮不到。所以他就一直在等，反正没得当就没得当，有得当，我就要当"二号"。

刘备三顾草庐之后，诸葛亮马上就出来了。当然他要装腔作势一下，说我不能奉命，我是比较淡泊名利的，就在这里种种田、读读书好了——事实上他老早就想去了。他在家里与刘备讲"三分天下"的时候，马上把四川的地图拿出来，五十四州的地图都画好了，说明他一直就是等机会、想出

带着常识读《三国演义》

335

去。所以后来就有人总结出了个"孔明心态"，说的就是知识分子既想当官又自命清高、装腔作势的扭捏情态。刘备最会演戏了，马上哭起来："哎呀，你如果不出来的话，天下老百姓都要死了，你就救救命吧！""好吧，好吧，我就出来。"诸葛亮所有的努力就是想当官，除了皇帝，最大的"官"就是宰相了。当然当"二号"更好，"二号"风险小，中国的知识分子都愿意当"二号"。

纵观诸葛亮的一生，可以讲，是非常完美地实现了人生梦想：当上"二号人物"一直到死，地位从来没有动摇过。所以他一直成为中国知识分子心中的偶像。中国知识分子的学问用来干什么？当然是"货与帝王家"。诸葛亮就是"卖给帝王家"的成功典型，他代表了中国知识分子的白日梦。第一方面：有一个高人来请他；第二：白手起家，并且位极人臣。他能够当到宰相，不容易，更不容易的是功高盖世、万古流芳。中国文化里，人生最成功的境界就是实现"三立"：立德、立功、立言。这"三立"，诸葛亮都有了。立德，受《三国演义》的影响，人们一直认为诸葛亮是忠臣的代表，特别是《出师表》的"鞠躬尽瘁，死而后已"，到现在都还激励着有志者为了理想奋斗不止。立功，是帮助刘备实现了"三分"。立言，他的《出师表》，写给儿子的书信，都成为我们现在无论是文学还是传统文化教育的典范。所以，以传统标准而言，他是一个非常成功的人。

那么，诸葛亮是不是忠于国家呢？不是。当时，"中央政权"是以汉献帝为代表的大汉政府。曹操率领的是"中央军"，是执行汉献帝消灭各地军阀命令的，并非流民草寇。刘备和孙权，都是闹独立的军阀。作为一个忠君爱国的知识分子，何去何从，本来非常清楚。但诸葛亮的作为，刚好相反。为什么？为了实现他心中当"二号"大官的梦想。他也确实为蜀国做了些事情，老实说，这些事情都是他当官的副产品。

关羽则代表了流民的白日梦、野心家的"打手"梦、普通民众的侠客梦。应当讲，三国人物对后代的影响，关羽是仅次于诸葛亮的，并且受到官府和民间共同的追捧。关羽死的时候，地位没有这么高，在汉代被封侯，是汉寿亭侯，大概相当于现在的科级待遇，寿亭是个乡一级单位。侯爷有省

一级的、市一级的和县一级的，他是乡一级的，地位并不高。但是他死后，历代的皇朝，特别是从宋朝开始，一直给他封神、封帝，封得最高。原来我们中国每一个县，肯定有两个东西，一个是大成殿（就是孔庙），另一个就是关公庙，或者叫关帝庙。以前演戏，扮演关羽的，不是谁都能有资格；关羽出堂的时候，会有种种仪式，给他特别崇高的地位。这就形成了民间的关帝崇拜。

从《三国演义》看，关羽是河东解良人（现在山西临猗一带），文化也不高，但小时候熟读《春秋》（所以我们现在看到关羽的像，都是拿着一本书）。他是一个武将，后来因为跟着刘备"干革命"，结为异姓兄弟。他第一次出场，就和黄巾军碰上了，把他们的一个将领陈远志杀掉，后来杀了华雄、颜良，斩了文丑，还有过五关斩六将。

表面看，关羽是一个武将，但他代表了流民的白日梦。这个白日梦是什么呢？就是虽然一无所有，但是凭着自己的武功，能够取得功名，享受人间荣华富贵；更不容易的是，又能够流芳后世。同时，他又代表着野心家的"打手"梦。有野心、想当皇帝的人，需要关羽这样的人：我不需要你对国家效忠，你对我效忠就够了。你看，曹操丞相对关羽多好，关羽还是要跑回来跟刘备。

关羽还代表着普通民众的侠客梦。普通民众没有权、没有钱，自己有劫难的时候，希望最好有个侠客，像关羽一样，非常讲义气地帮自己一把。刚好关羽具备这种特质。如果完全忠于刘备，就不能在华容道上把曹操放掉，但是他哥们儿义气来了，因为他这个人是知恩图报的。他对曹操说：以前你对我好，我都已经斩颜良、诛文丑，人情都还掉了。曹操说：你过五关斩六将的时候，杀了我这么多人，我都没有讲你一句不好，你自己想想看？关公想：这个情我要还，就放了曹操一马。为什么中国下层民众这种人情的东西特别多？就是说人情变成一种"负担"，讲重一点，就是一种"要挟"。好像我送给你一瓶矿泉水，你必须以后要送还给我；我帮了你什么事情，现在肯定不讲，到我要办事的时候找你，你不帮我，你就是忘恩负义。就用这个办法，来建立一个更好的生活圈。

关羽的性格，是很多底层民众所喜欢的。如果用两个字来形容关羽的性

格，就是："任性"。他当一个将军的时候任性，当了一个地方大员的时候也任性。很多人觉得任性就是好，事实上说明这个人不成熟。他同诸葛亮相比，"立德、立言、立功"这三项就少了一项"立言"；因为他文化有限，没有什么文辞留下来。立功，是为蜀汉国的建立立下了汗马功劳。立德，因为《三国演义》的这种虚构，还有历代王朝一直给他封神、封帝，确实让他变成一个道德的典范。但是如果从大的方面讲，他对大汉"中央政府"是不忠的；就从蜀汉国后来的根本利益讲，他对刘备也是见义忘忠的：一个是他放了曹操，二是因为他拒绝执行联吴抗曹的国策，把荆州丢掉了，使整个蜀汉国元气大伤。

关羽的性格非常有问题。他这个人就是见不得别人比他厉害，能被他看得起的大概就只有刘备、诸葛亮、张飞，还有赵云。所以后来马超降蜀，刘备重用他的时候，关羽非常生气，他同刘备讲：我回来同马超干一仗，看看是谁厉害？后来诸葛亮写了一封信，给他戴了很多高帽子，他才罢休。后来封"五虎上将"，黄忠和他并列，他又大怒，说：我和这个老兵在一起，丢份子！事实上，是否尊重他人，是一个人最起码的修养，也是一个人人格是否成熟的重要标志。是否有宽容之心，是判断一个人人格是否高尚的关键因素。看一个人的能量大小，意志是很重要的。人的地位越高，禁忌会越多，越需要自我克制。小孩子随便在公共场所喧哗，别人不好意思讲，一个成年人、一个公众人物这么做，就是笑话了。关羽的自制力是不强的，他就像一个永远不长大的孩子，率性而为。所以如果从人才的使用上讲，他适于做一个将才，但绝对不适合做帅才。这个人做朋友很好，做上下级的话那是很令人头痛的。

刘备可以说是野心家的代表。

我们看了《三国演义》，再看《二十四史》，之后再来看刘备，就觉得有很多相似相通的地方。为什么《三国演义》的三个领导人里边，所有的民众都会选择刘备作为自己的"梦想领袖"，而不选择曹操和孙权？这是千百年来民众共同的心理选择，就是因为民众觉得刘备的身份离自己最近。

刘备是一个农民，书大概读过，文化不高，也不是官宦之家出身。曹操

起点就很高，一开始就是当首都洛阳的"政法委书记"。他20岁开始当官，并且是雷霆作风，叫下边的人做了五色大棒二十几根，晚上宵禁以后，谁还在街上走就"依法"打死谁，把一个宦官的叔叔都打死了，所以他树起了威名。孙权也是"官二代"，他的爸爸和哥哥都是南方的大军阀。老百姓觉得曹、孙二人身份地位与自己差别太远，自己做不到这样，要实现帝王梦也不可能。刚好刘备是一个农民，做做草鞋卖，28岁才开始走上仕途，也不是别人提携，也不是考上去，是自己组织民兵去讨伐黄巾军，后来"黄巾之乱"平息，部队解散，他因为有军功，安置到地方，才当了"国家干部"。后来汉献帝见到他，为了笼络他，就叫他"皇叔"。他就把这个当成"金字招牌"，一直讲自己是汉室宗族后裔。他觉得在道义上最立得住：我是正宗的皇帝后代，我当皇帝在血统上是没有任何问题的，别的人是不行的。本来他在曹操手下是被重用的，曹操青梅煮酒的时候说："天下英雄就是我们两个人。"曹操让他当了豫州牧，就好比现在的河南"省委书记"一样，当时行政、立法、司法都是统一的。但他不愿意当"三号""四号"人物，一直想当皇帝。所以后来就在赤壁，联合孙权打败了曹操的中央军。

刘备艰苦奋斗一生的目的，就是当皇帝。他从28岁开始参加"革命"，一直干到50岁，成为蜀汉的皇帝。为了这个目标，他可以哭、可以赖、可以装聋作哑。《三国演义》里，关于刘备的"本事"写得很多。桃园三结义的时候，说没有马，马上有人告诉他村外有两个大商人——张世平、苏双愿意把带的五十匹马、千斤镔铁、金银五百两送给他。天下哪里有这样的好事？我想很有可能是商人被挟持了："要命还是要钱？""当然要命"。"这些东西都留下！"还有，曹操的平叛军队南下时，诸葛亮火烧新野，让几十万老百姓跟着刘备逃命——书里就讲刘备多么仁慈，不愿意丢掉老百姓。事实上是刘备和诸葛亮毁掉了老百姓的家园、烧掉了房子，百姓没有办法，只好逃命，哪里有人喜欢跟一个闹独立的军阀颠沛流离呢？

刘备还是非常虚伪的。当误传汉献帝被杀的时候，他就策划下边的人"逼"他当皇帝。但这个时候他要"装"，说"我不愿意当"。诸葛亮非常聪明，因为他们从一开始联合的时候，目标就非常明确。诸葛亮对刘备是最了解的，

带着常识读《三国演义》

为了达到目的，诸葛亮就装病，刘备来看他，然后他告诉刘备：你以为跟你从五湖四海来"干革命"的，都是为了"信仰"、为了"主义"？不是的；他们来，就是为了混个官当。你当了皇帝我们都能够升官，你不当皇帝，我们都不愿意跟你干了。"众官皆有怨心，不久将散尽矣。"刘备说：那好吧好吧。诸葛亮棒子一敲，屏风后边百官都早在那等了，就喊："万岁！"作为一个政治家，刘备确实虚伪，他马上就讲了一句："陷孤于不义，皆卿等也。"

刘备当皇帝的野心，不是一天两天了。小时候，他家边上有棵大桑树，"高五丈，童童如车盖"，他经常在这棵树下游戏，就讲："我为天子，当以此为车盖。"还有他的两个儿子，第一个是养子叫刘封，第二个亲生儿子叫刘禅，两个名字联起来就是"封禅"——封禅的事情，只有皇帝能做，否则是要掉脑袋的。所以他是《三国演义》里面最虚伪的人，也是最成功的人。最成功是相对于曹操和孙权来说的，因为，本来他成为皇帝的概率是最小的，他之所以成功因为他有个好团队。孙权也同他一样。就他们三个人来讲，曹操最有实力、有能力当皇帝，但他就是没有当上，一直到死都没有当上。

刘备和诸葛亮建立蜀汉政权之后，并没有给他的国家带来多少好处。蜀国是三国里面最穷兵黩武的政权，在被灭掉以前，总人口是 94 万，当兵的有 10.2 万人，官吏（公务员）有 4 万人，三国之中，这个国家的老百姓负担是最重的。整个蜀国就是一个战争机器。为什么这样？就因为这一帮野心家的存在。后来邓艾带了两千的兵从鸟都飞不过的山上滚下来，一直跑到成都下边的时候，事实上蜀国还有 7 万的兵由诸葛亮的儿子带着在外边，还有姜维的部队在前线。但是整个国家都厌战了，没有人愿意打，马上就投降。蜀国后主执政以后，诸葛亮不断北伐，不断南征，大的战争有 22 起，整个蜀国人民的苦难是最深重的。

从刘备这里，我们可以看到世界上所有职业中，对老百姓残害最深的就是皇帝。皇帝就是举天下以奉一人，掌握皇权是所有野心家的梦想。但皇帝也是天下风险最高的职业。按照柏杨的统计，从公元前的黄帝时代到 1949 年，4600 多年来，中国出了 559 个皇帝或者王，有三分之一死于非命，不是被毒死就是被杀死。

我认为,《三国演义》说的,就是一个千年的帝王梦。按照鲁迅的讲法:中国人就是一盘散沙。每一颗沙都想做皇帝,不愿意团结,有大的皇帝,更有小的皇帝。古代"中国梦"都是大大小小的野心家和有野心的知识分子的帝王梦、权力梦;我们现在的"中国梦"是习总书记 2012 年 11 月 29 日提出的"中华民族的伟大复兴",就是国家富强,民族振兴,人民幸福。要实现这个当代版的"中国梦",我们读《三国演义》的时候,就要反思反省。我们透过《三国演义》作者和当年普通民众梦想的迷雾看到:帝王梦想是国家的灾难。这个梦想的实现,不但帝王本人最终得不到好处,老百姓更加得不到好处。历史上所谓"英雄辈出"的时代,肯定不是好时代,是乱世。只有在野蛮战胜文明的时代,才会出现"英雄"。

如果说,要从三国中找真心为老百姓的英雄,曹、刘、孙三人还真算不上。算得上的,是刘璋、张鲁、刘禅。刘璋为了百姓免遭战火,选择了投降。张鲁在兵败之际,不忍烧粮食、房子,认为这是国家的财产。刘禅也选择了投降,避免了生灵涂炭。

《三国演义》是一个永远讲不完的话题。

从秦始皇到清朝末代皇帝,中国国家治理的目的,都围绕如何巩固皇权、让皇帝日子过得好而进行。要实现习总书记说的"中国梦",让人民幸福,我们必须彻底清除帝王梦,真正将权力关进笼子。在当代的条件下,任何形式的皇权专制制度,都是文明的敌人。

读书的目的,是培养自己成为文明人,就要坚持独立精神、自由思想,不盲从、不迷信,做自己的主人。我们一定要带着常识读书,不被表象迷惑。

我写过一本书,叫《三国笑谈》,出版于 2009 年。书中的文章,网络上全有,新浪博客上也有,键入我的姓名即可搜索得到。希望能与朋友们交流、探讨。

谢谢大家!

（以上内容根据 2015 年 6 月 27 日的讲座录音整理,略有删改。）

带着常识读《三国演义》

漫谈"五四"文人风范

赵普光 （南京师范大学副教授、南京大学博士后）

  各位女士、先生，各位朋友，大家好，很荣幸来到台州市图书馆，和大家一块交流分享。今天的话题——"漫谈'五四'文人风范"，讲之前，稍微做一点说明。这个话题我曾经在高校还有其他一些公共图书馆讲过，最初的话题叫"民国知识分子风范"，后来在讲的过程当中，接受几个主办单位的建议，就改成——漫谈"五四"文人风范。其实知识分子这个概念，不仅仅是指读书人。基于各方面的原因，我们就定为"五四"文人风范。这里的意思就是说，我讲的基本上都是民国的知识分子的风范。

  而说到"五四"文人风范，说到民国知识分子，有一个概念我们无法绕开，这个概念我相信在座各位都非常非常熟悉，它叫"五四"。我们从上学以来，通过政治、历史这样一些课程，就知道了"五四"运动。我知道，当我说出"五四"这个概念的时候，在座各位在大脑里第一反应出来的，是一个什么样的场景或者是一些什么样的内涵。我相信大多数听众朋友首先想到的就是：1919 年 5 月 4 日，在北京发生的各大高校以及一些中等学校的学生自发的一个游行示威活动。这是自发的群体事件，从此开启了所谓的"新民主主义历程"。所以在政治史上，我们一般把"五四"运动（1919 年 5 月 4 日开始的这场学生运动）定义为新民主主义的开端。在座很多朋友应该看过前一段

时间热映的电影《建党伟业》，其中有一个非常大的篇幅就是在讲"五四运动"，讲到陈独秀、李大钊及其他一些人。在这样一种历史脉络当中，"五四运动"非常重要。其实"五四"的面孔有多种多样，我们以往所知道的那个面孔，更多的是政治化的一面。我想，今天咱们可以一起返回到那个历史现场，去看一看"五四"的多副面孔。

第一个面孔，刚才说了，就是那场学生自发的爱国运动。关于这场爱国运动，大家也很熟悉，直接的原因是：在此之前中国参与了第一次世界大战，很幸运的是，中国不战而胜，几乎没有费劲，得到了战胜国这样一个待遇。而在此之前，至少从 1840 年开始，中国的历史就是受屈辱的。我们翻看历史，从 1840 年开始，会越看越憋屈、越看越郁闷、越看越伤心，那真是一个伤心史。但是第一次世界大战，中国很幸运，是战胜国。后来进行国际新秩序的划分，要召开巴黎和会，中国属于战胜国，当然应该获得应有的权益，比如说收回德国在山东的一些主权。但是最后我们知道，巴黎和会召开的结果是，德国在山东的权益被转让给了另外一个战胜国：日本。消息传来之后，就引起了中国国内这样一个巨大的震动。

为什么如此呢？大家看过《建党伟业》就知道一些细节：当时顾维钧那些大使要参加和会，离开北京的时候，无论是知识分子还是普通民众，夹道欢送。因为大家抱以巨大的期望，又因为在这个时候有一个重要的国家（后来跟中国恩恩怨怨很多年的美国）的新任总统威尔逊，提出一个很重要的理念：国际之间要有公理存在，要保护弱小国家的权益。他的理念获得很多国家的认同，大家对巴黎和会期望值非常高。但事实证明，我们的希望越大，失望越大，最后中国没有获得应有的一些正当权益。所以，年轻的学生很激动，自发地在天安门广场聚集起来，开始游行。游行的目的地是东交民巷，是北洋政府时期重要的使馆区（外国的大使馆大多数都是在这个地段）。他们到这个地方的目的是向美国大使馆递交请愿书，计划中完全是和平的请愿。但是历史总是那么巧合（我常说历史是一个个偶然的质点连成必然的曲线），1919 年 5 月 4 日那天正好是周末，美国大使不在使馆，所以没有人接待请愿学生。我想，如果有一个正常的疏通渠道，也许历史不会是这样。请愿书

没有交成，群体的热情已经被点燃起来了。没有一个正常的释放渠道，他们这种热情、他们的怒火，就要找一个出口。按照当事人的一些回忆，这个时候，有人说到赵家楼去，于是出现了后来的结果：这群气愤的学生纷纷跑向赵家楼，火烧了赵家楼，殴打了章宗祥。这个事件开启方式是和平的，最后是以暴力方式结束的。这个事情就开始轰动，引起政府、军警的高度关注，最后也有一部分落在后面的学生被抓起来了。通过报纸的一些报道，于是在全国就轰轰烈烈掀起了一个学生的运动，后来一些工人及其他一些阶层也参与其中，这就是我们所知道的"五四"运动发生的过程。

我刚才一直在强调"五四"运动是以和平方式开始的，其实我们中国的历史，每一次社会的变革，就像鲁迅所说的："搬动一条桌子都会流血。"确实是这样。在"五四"之前，我们发现每一次社会的改革、进步都是流血换来的，要么是大家忍耐忍耐，到一定程度，就像陈胜、吴广那种状态："亡亦死，举大计亦死。"都一样是死，不如拼一把。于是爆发农民起义，然后推动社会更迭，改朝换代。但是"五四"运动（学生的群体事件）的方式是和平的游行，和平的示威，非暴力地表达自己的政治愿望、政治诉求，这在中国的传统当中是罕见的。他们为什么认同这种方式：用改良的冷静、理性、和平的方式表达一种诉求？这种方式来自哪里呢？选择这种方式，说明他们接受了此方式背后的一种理念。说到这里，我们就要说到另外一个"五四"。另外一个"五四"是发生在1915年前后的"新文化运动"。（我觉得很吊诡的是，这场文化启蒙运动发生的时间要比"五四"运动早，但是最后还是以"五四"来命名它。）这场"五四"新文化运动，给后来的"五四"学生运动埋下了种子，这些学生认同这种和平的方针理念，就是从"五四"新文化运动来的。我们为什么要从1915年开始讲"五四"新文化运动呢？（实际上在此之前，我们也有理由把梁启超的"新民"思想纳入这样一个脉络当中。）

1915年，陈独秀在上海办了《青年杂志》，后来改名为《新青年》。陈独秀是安徽人，他以及他这样一批这个时代的人，早年都是接受传统的四书五经的教育。后来陈独秀参加了科举考试，再后来，我们知道，晚清政府已经废除了科举考试，当然这是晚清政府的一个政策的改良。其实从"戊戌变

法"开始到失败,我们现在如果客观地去看的话,慈禧太后也不是那么完全的无知和愚昧,颁布的很多新政,在戊戌之后被保留了。当然,"科举""学堂"并不矛盾,也就是说"兴学堂"不一定就要"废科举"。但是那个时候大家觉得科举就是罪魁祸首。说到科举,我想到了鲁迅。大家都非常熟悉鲁迅的小说《孔乙己》,以及《狂人日记》《阿Q正传》。孙伏园曾经问过鲁迅,他自己最满意的是哪一部作品?鲁迅没有提《狂人日记》,也没有提《阿Q正传》,而说是《孔乙己》。我们都知道,《孔乙己》就是对科举制度的一种控诉。那么是不是兴学堂就一定要废科举?其实不是。比如科举是一个选官制度,学堂是一个教育体系,但是那个时候大家就认为要"兴学堂必须废除科举"。现在不是也有类似的"科举"吗——公务员考试,也没有废学堂啊!所以,当时这样一做的结果是,有相当一批从小接受传统文化教育、准备去考功名的人,前途一下子给堵死了。于是这些人往往有大致的几条路,其中比较明显的有两条:留洋、工作。而就后者而言,很多人都投入到了当时看来是"朝阳产业"的一个行当,那就是出版。出版业有报社、杂志社、书局、出版社,陈独秀就选择了创办杂志——《青年杂志》。(其实在此之前他也有一个经历,比如他曾经跟章士钊一块儿编辑近代非常重要的杂志叫《甲寅》。)《青年杂志》在陈独秀的操办下,在上海出版了,引起了非常大的反响,尤其是在一些比较激进的新派人物当中。后来又改名为《新青年》,采用白话文,实行新式标点;从内容到形式,都很"新"。

所以,在座各位,我们其实都绕不开这个"五四",我们现在说话、作文,只要一张嘴、一提笔,都是受惠于或者也有可能受制于"五四"。所以说,我们应该都是"五四之子",都是在"五四"这个文化流脉下成长起来的,"五四"对我们也确实非常重要。《新青年》杂志影响和团结了一批人,比如我们知道的胡适,他这时候在美国留学,他的《文学改良刍议》就发表在《新青年》上。大家看大屏幕,这位是陈独秀,他依靠着杂志,在中国当时的舆论界获得了巨大的反响,引起了很多人的关注,也引起了守旧派的反感甚至攻击。也就是在这个时候,有一位刚刚从欧洲留学、考察回来的国民党的元老级人物蔡元培先生,受命去重组北京大学。要重组北京大学,就需要有新的人才，于是蔡元培先生就循"思想自由，兼容并包"方针，开始在全国，包括国外，延揽人才。其中他就看到了《新青年》，注意到了陈独秀，于是陈独秀就受邀做了北京大学的文科学长（当时大学是学长制，有文科学长有理科学长，担任学长的人，学术和教育的影响力或者地位非常重要）。陈独秀就带着《新青年》杂志到了北京大学。其实在此前后，和陈独秀一块儿被蔡元培延揽进北京大学的，还有刚才提到的胡适，还有周树人、刘半农、钱玄同、朱希祖、周作人、李大钊……以陈独秀还有李大钊为首的这样一批人，围绕着北京大学，利用《新青年》，开始在全国传播、推广他们的一种新的理念。这个新的理念，我们后来总结为两条：一个是德先生——民主，Democracy；一个是赛先生——Science，科学。于是"科学"与"民主"这样一个思想开始在全国，首先是在学生那里生根发芽。我要说，还有第三点，其实更重要。对第三点当时也是宣传的，只不过后来没有做很多的讲述，就是费小姐——Freedom，自由。其实，要使"德先生""赛先生"得以保障，首先离不开 Freedom。所以这样的理念就通过《新青年》，在全国各大高校及一些重要的中学普及开来。

这里插一句，就是当时的中国传媒虽然不那么发达，但是传媒是非常自由的，尤其是像一些重要的都市，比如上海，他们的传媒几乎是跟世界同步的。国外有什么新的杂志、新的传媒的消息，就会迅速在这里出现。当时全国各个地方的重要城市，比如说咱们浙江的杭州、宁波，《新青年》这样一些杂志都会出现。所以在青年学生当中，通过《新青年》，通过以陈独秀、胡适之这批人为代表的这样一种思想的宣传启蒙，他们慢慢接受和认同了科学、民主、自由这样一种理念，所以才有了"五四"那场学生自发的运动。这个过程，我们把它叫作"启蒙运动"。

什么叫"启蒙"？"启蒙"英文叫 Enlightenment，就是使人见到光明，当然这个光明指的是思想的光明。人们通过对思想的光明的接受，变成一个理性的、自主的、依靠自己的判断做正确选择的人。首先，他有个正确的理念；第二，他能够做出理性的判断；第三，他还有做出理性判断之后的一个行为的自由。如果他做不出理性判断，当然也无法实现行为的自由。其实就

漫谈「五四」文人风范

347

是我们大家所说的"立人"，使人成为一个真正的人，理性的一个人，完整的一个人，健全的一个人，而不是盲从的、麻木的、冷漠的、偏狭的、工具化的人。那么正是这批人，他们相约 20 年不谈政治，试图来启蒙大众，重造文明。所以，从 1915 年到 1919 年，才经过几年时间，"启蒙运动"在大学生当中已经产生了巨大的效应，其成果之一就是"五四"运动的爆发。

"五四"运动后来出现了暴力结果，但是最初他们是和平请愿的，和平、理性、自由地表达诉求。但是另外一方面我们又不能不说，"五四"运动的爆发，也在某种程度上导致了"五四"新文化运动的流产，所以"五四"新文化运动没有彻底完成，就是思想启蒙运动的这种任务没有完成，也就是启蒙人性、建构人格的这样一个任务没有完成。"五四"运动爆发之后，整个社会开始激进化，他们就投入到社会的一些具体的革命、政治的运动当中，试图通过一些政治运动来建立新的社会，一揽子解决问题。当然他们之所以有这样一个结果，这个社会之所以激进化、功利化、政治化，因为"五四"新文化运动这种启蒙运动收效非常缓慢，是很难立见功效的。当然，社会的激进化，其实跟当时中国的现实有关系。

中国从晚清开始，整个社会处在一种巨大的焦虑当中，我把这种焦虑叫作"现代化焦虑"。结果，现代化焦虑一直延续到现在，只不过那个时候更严重，因为大家都要面临一个亡国灭族的危险——今天有人欺负了、明天有人来打，中国总是那么落后，老挨打，大家觉得我们马上就要亡国灭种了。其实"国家"的观念，在晚清时候才强烈起来，在此之前，我们中国人只有"天下"概念，没有"国家"概念。"国学"之所以兴盛，也是因为有了"西学"的冲击；如果没有西学，就没什么国学之谓。所以中国当时处在一种非常巨大的焦虑当中：我们落后，老被挨打！这种焦虑一直延续到 20 世纪、21 世纪，比如"大跃进"，有一个很重要的口号是——"三年赶英，五年超美。"为什么赶英超美？赶英超美本身就是一个被动的心理，就是焦虑心理，就是基于现代化焦虑。大家知道，我们现在超越日本，成为了世界第二大经济体，我们欢欣鼓舞。为什么大家特别关注这个排名？因为，用数字化来显示，与西方人相比，我们不差了！这背后还是隐含着一种焦虑的心态。包括我们生

活当中的方方面面，也是注重排名，注重名次，注重数量化，都要把它转化成数据，通过数据来证明自己的价值。其实都是一种焦虑。你干嘛和别人比？你为什么那么在乎别人？就是因为你焦虑。你焦虑，因为你不自信。我们中国人一直处在现代化焦虑当中，大家都急于改变我们中国的现状。

其实还有一种理论，是潜在的，都被我们忽略了；但是在我看来，它是非常重要的，那就是，启蒙的领悟，非革命的那种领悟。比如在晚清的时候，有一个人的理论被掩盖掉，这个人叫王照（王小航）。他跟康有为、梁启超是同时的，他跟康、梁有个对话，不赞同康有为、梁启超的做法。因为康有为、梁启超他们是希望"得君行道"，得到光绪皇帝的认可，然后致力于一系列的改造；王照觉得这不是根本解决问题的方法，当时的王照认为应该通过思想、文化、教育的方式来一点一点做工作。他们两派的对话，反映出两种知识分子的不同心态：王照说，做什么是根本，康有为说，"来不及了"。来不及了就是一种焦虑。大家都希望找到一个解决问题的方案，一下子要使中国强大。但是事实上我们会发现，中国强大了，政治经济强大了，影响力强大了，也不见得我们的文化、我们的人的行为都符合这样一个现代化的需要。有没有完成人的启蒙，这是一个很尖锐的、当然也是一个很现实的问题。

说到这里，我就插一句话：有三种资本的概念：政治资本，经济资本，文化资本。当然，我们知道，政治资本、经济资本是非常有力量的，能迅速地改变一些东西。最无力的、最常常被忽略的就是文化的力量，但是文化的力量在于"化"。"化"像溶解一样、像渗透一样，是一个逐渐起作用的过程，它看不到摸不着，春风化雨一样，是"润物细无声"的，但是又绝对存在的，而这种存在又是根本的。所以大家也都知道，那些所谓的成功者，比如商人，当他财富积累到一定程度的时候，往往这个时候才意识到：他的生命当中，他的灵魂，缺乏一种安顿。他就要找这个安顿，其实这就是他意识到文化，开始寻求文化了。如果财富积累和文化建设是同步的，甚至要早于经济，那就不需要补课。所以，文化的力量往往被人忽略，但它确实是最根本的。

我昨天坐高铁，路过很多地方，比如当车到绍兴的时候，首先想到

的是鲁迅，想到这里是鲁迅的故乡。很多人可能没去过绍兴，但知道绍兴跟鲁迅有关，这是因为，我们现在是一个商业时代，我们特别注重广告效益。其实我们知道绍兴最好的招牌就是鲁迅，这就是文化的力量。没有任何一个广告，没有任何一个其他力量能够代替文化的力量。比如夏天快来了，很多人出去旅游。我们知道中国有一个非常著名的地方叫"凤凰"，是一个非常小的县城。很多人知道凤凰，是因为沈从文的《边城》，这其实也是文化的力量。（当然我这样说就显得有点庸俗化，有点潜在的功利化。实际上，你越功利，往往越失去文化的本意，但是我也是为了讲解的方便。）所以，文化的力量是不容忽视的。

我们再来说"五四"新文化运动。"五四"新文化运动就是想通过文化的力量去改造迷信，塑造一种新的、使人称为理性的人，而不是盲目的个体。其实改造文明的任务是非常艰巨的。举个例子，前几年，佛山那个小悦悦事件，一个小孩子，从她被车撞了、碾压过去之后，那么多人经过，都没有人停下来，这不是很值得反思吗？你说鲁迅的意义已经不在了吗？时代过去了吗？我看未必。当然这个问题很复杂。所以，"五四"新文化正是开了一个非常好的头。我们知道"五四"前后，中国经济是落后的，政治状态也是四分五裂的，但是当时的文化确实非常繁荣，所以这就造成一个非常奇特的时代。政治经济的落后居然跟文化繁荣不成正比，这是非常值得我们思索的。所以就造成了这样一个特殊的"五四"时代。

这个时代在中国历史上的独特性，有点类似于马克思所评价的古希腊，是不可复制的。就是在此之前没有，在此之后也不会重现（也很难重现了），几乎是一个不可复制的时代。为什么如此？这里边有一个非常重要的原因，就是那个时代是传统与现代之间第一次的大交互。我们看中国的历史，在此之前虽然不断地接受域外的文化，但是这域外文化迅速地被中国文化所"化"掉，包括输入的佛教，也被中国文化所融化、改造，进而成为中国文化的一部分。"儒释道"，这个"释"，也成为中国文化的一部分。但是到了"五四"前后，中国第一次真正大规模地、从被动到主动地去拥抱世界。这个时候，中国文化就受到挑战了，"国学"等概念出现了。之所以有"国

学"是因为"西学"。中国文化开始受到巨大的挑战。但是这时候这一批人，他们从小接受的教育还是传统的文化，接受的就是一个国学传统的教育，但是等他到十几岁、二十几岁的时候，他们"开眼看世界"，进入新式学堂，后来又出国留洋。在此（"五四"）之前，中国的历史没有这么大规模地面向世界，在此之后，我们要不断地跟世界接轨。但是有一点，我们不得不承认的是：我们离传统会越来越远！经过那次文化的摧毁，非常让人惋惜的、巨大的、历史性的摧毁。虽然我们看似离世界越来越近，但是当你离传统越来越远的时候，你不可能离世界真的越来越近，这其实也是文化决定的。西方文化有神和人，有一个上帝，尤其基督教世界，上帝下面每个人基本都平等的，都可以平等地去分享、体会。西方有这样一个意识。而中国的文化，则强调途人皆可以成圣，每个人通过提高自己的修养，可以成圣。整个思路是不完全一样的。所以虽然我们现在好像是跟世界越来越接近了，但是离传统越来越远了。当你离传统越来越远的时候，你在接受西方文化的时候，你没有办法把西方文化"化"掉，所以你就不可能完全接受，那么就会营养不良，也可能会产生"排异"。

而"五四"运动、"五四"新文化运动前后的那一批人，文化状态恰恰是一个既有世界的眼光、同时有中国文化深刻底蕴的。在那样一个非常重要的时代，才会产生群星灿烂的大师、大家。所以说，"五四"知识分子是民国知识分子，"五四"文化人有一个非常重要的特点或者叫风范（讲到这个时候，我们才算真正进入了本次讲座的主要问题，"五四"文人的风范）：专家与通人。就是说，因为这样一种时代，造就这样一批人，这批人不仅仅是专家，更是通人。当然"专家"这个词现在已经被污名化了，"专"变成板砖的"砖"，一说专家就是"砖家"。为什么如此？可能跟专家自己有关系，怨不得别人。我们现在这个时代，不缺专家，但是缺少"通人"。通人表现在：他在很多领域都是专家，不单单通晓某一个领域。我们不说鲁迅，不说胡适，就谈我们大家都知道的，在民国有个非常重要、非常有名的才女叫林徽因，她是建筑学家，但是同时她又是中国现代文学史上重要的诗人，京派的重要代表人物，写过很多小说，当然更重要的还有她的书画。

张充和，是合肥一个大家族的小姐（她的姐姐嫁给了沈从文），也是琴棋书画无一不通的，而且在每一个领域都完全达到了专家的水准，她不是局限在某一个领域，她能把很多领域进行沟通。这个"通"首先体现在，能把这些领域融会贯通。所以我们说，这些民国的知识分子，民国的文化人，从容不迫，然后很有个性。或者说，他们很有思想，他们每说一句话都特别有思想。其实这跟这样一个"通"有关系。中国哲学就一直在于通而不在于"隔"，如果你"隔"的时候，你就是一个偏狭的人。但是民国通人能够把这些领域打通。比如说鲁迅，他不仅是我们知道的作家，他还是学者，而且他的学术是非常古的"小学"。另外他写过《中国小说史略》，他在很多领域都有精深的研究。这个"通"不仅是领域的"通"，而且是他见识的"通"、思想的"通"。当他有了见识、有了思想的时候，他做出的判断才会是理性的，他才可能坚守。一个人为什么随波逐流？就因为他没有见识。当他有了见识，确认了自己，他一定不会随波逐流。那么，他要有见识，就必须要"通"，因为"通"、因为有见识，所以他有关怀。

我再举一个人物，中国现代生物学史上的非常重要的人物，叫胡先骕，民国时期著名的生物学家，抗战结束后，中央研究院第一届院士之一。他是当年国立东南大学的教授，一生致力于植物学研究，是那时中国植物学界的顶级人物。他当然是专家，是真正的科学家了。然而，他仅仅是一个专家、科学家吗？如果你去他书房（这位先生早已不在世了），就知道他的大部分藏书不是植物、生物方面的，而是中国和西方的文学、文化典籍。所以他在中国文化史上也有重要的影响。当时胡适用白话写了很多诗，后来出版诗集叫《尝试集》，中国第一个白话诗集。然后胡先骕先生一看：这什么诗啊？就写了一万七千多字的长文章，对《尝试集》进行批评，认为《尝试集》没有任何艺术价值。我看他那篇文章，其中有一点说得非常对，那就是说胡适是"以文为诗"，作文和作诗混淆了。胡适也反驳不了，没办法反驳（当然胡适跟他还是好朋友）。他不仅写过这个，还写过中国古典文学的专门的文章，颇有见识。我们看，他对文化、文学是很感兴趣的，而且达到了专家的级别。另外，我有一次看到他的一篇文章叫《文学之标准》，不仅仅谈文学，

还有一段非常精彩的议论，谈到法国大革命和美国革命的区别在哪里。我一看，这个人绝对是非常有见识而且是有人文关怀的。法国和美国两种革命的区别在哪里？他就认为（大致意思）：法国大革命最主要是平等；而以美国为代表（包括英国）的，是自由。自由和平等不一样，法国大革命因为追求平等，可能导致多数人的暴力，由于罗伯斯庇尔时期人们对公平、平等的这个概念推动是最热衷的，所以才导致了那种恐怖；单纯强调平等就导致嫉妒。而其他国家那些革命是讲究自由，就不会容易有那种大暴力，不容易有血腥。这出自一个著名生物学家、植物学家的文章，人家对政治、历史、文化、文明，对中国历史、世界历史，有一个贯通认识，而且有一个关怀。他写这篇文章的目的，当然是在民国时期探讨中国的革命、中国的现状，提供一个鉴戒和参考。也就是说，他不仅搞专业——植物学研究，而且对当时中国的社会有见识、有担当、有责任、有关怀。我们不缺少专家，我们缺少的恰恰是像胡先骕这样的通人。

现在很多专家，根据自己的学科、根据自己的利益去做事，因为学科往往会导致利益的极端划分：我是水利专家，我就要建大坝，因为建大坝，水利专家才有用啊！但是他不考虑到环境、气候、地质，他们说那是地质学家的事情，是气象学家的事情，他只考虑水利。其他专家也只考虑到自己，所以就导致很多遗憾，甚至贻害。如果一个人不仅仅是专家，也是通人，也有判断、有责任、有担当的话，他会把自己那门学科放在国家、民族一个重要、高大的利益范围里去考量了。所以说，如果每个人、每个专家都像胡先骕这样的话，那么许多重大工程也不会是现在这个样子。在座各位有很多家长朋友，我相信很多家长都希望孩子将来学理工科，因为理工科有用，是不是？其实我觉得你们首先要把自己孩子培养成为人，首先要让他学会做人，而不是将来成为科学家、成为专家。所以我在这里要举个例子。我们知道现在大学生之间很流行一句话，就是大学毕业时说的（当然这是一句玩笑话）："谢谢你，没杀我！"这是因为前几年曾经出了好几个大学舍友之间的案件。大家有没有注意到一个问题：这些学生全是理工科的。为什么如此？他只是在专注自己的学科，而忘记了做人，所以他的精神、

思想、观念、心理就出现了问题。

接下来讲下一个话题——世间几人真名士。当我们说起"五四"知识分子、"五四"文化人的时候，首先就会觉得他们特别鲜活、特别真切，虽然他们与我们相距遥远，但又能让我们觉得他们很可爱，那就是因为他们身上有一种"名士"风范。他们不是一个模子的人，每个人都是不一样的，保留了自己独立的个性。大家都在怀念这样一些人的骨气和担当、特立独行、遗世独立等人格特质。给大家举几个例子。刘文典先生，曾经做过国立安徽大学校长，是当年北京大学和西南联大著名的教授学者，被人称为"刘疯子"，当年在日本期间师从章太炎先生。他的师傅章太炎，民国时候被人称为"章疯子"。比如说大家都熟悉一件事情：有一次他从北平回来（当年家在上海），一出车站就坐黄包车，黄包车司机问他："先生您到哪里去？"章太炎说："我也不知道我家在哪里住。"车夫就拉啊拉啊，怎么也找不到他家，然后就回到车站，后来家人跑到火车站才找到这个章疯子。还有，他字写得不好，但因为是文化名流，很多人向他求字。他喜欢的人，任何时候来都行，不喜欢的时候不写。有一个大富商，脸皮厚，天天跟着章太炎要字；章太炎没有办法，就给他写了一幅对联，上联叫作："一二三四五六七"，下联是：孝悌忠信礼义廉。富商很高兴，带回去给人看，人家一看摇摇头一笑，知道什么意思了。"一二三四五六七"，没有"八"；"孝悌忠信礼义廉"，没有"耻"，意思是"王（忘）八无耻"。这是他生活当中的趣事。其实他最让人佩服的还不仅仅是这个，比如鲁迅先生在临终之前写有一篇文章叫《关于太炎先生二三事》，文章中就说到，章太炎先生"并世无第二人"，就是当世无二。为什么没有第二个呢？鲁迅觉得，不仅是章的学问没有第二个，还有他的人格风范没有第二个。其中就举了章太炎当年拿大勋章做扇坠，在大总统府大骂袁世凯包藏祸心，没有人敢这么做。袁世凯当了临时大总统之后，要奖励一批人，章太炎先生就是其中一个重要的名流，被授予了一个大勋章。但是他根本不当回事，拿大勋章做扇坠。后来袁世凯要复辟称帝，违背共和理念，章太炎先生就闯入大总统府，当着他的面大骂他"包藏祸心"。我们知道，后来章太炎被软禁、绝食，等等。

其实他的每个弟子都是有自立、独断的个性的，刘文典也是这样。我这里讲一个刘文典的故事。国立安徽大学当年在安庆。在刘文典当校长的时候，发生了学潮，闹得很大，引起了蒋介石的关注，要求查办学生。刘文典作为校长，则更多地是从保护学生出发，于是就和蒋介石有了冲突。据说冲突很严重。蒋说刘是"学阀"，刘说蒋是"军阀"，跟他针锋相对，甚至都动粗了。所以从此之后，刘文典就不仅学问有名，做人更有名了。他依然继续当校长，依然在教书，依然受学校的礼遇、学生的欢迎，没有任何的影响。关于他的趣事很多，比如还有一次，他讲课才讲了一会儿，突然不讲了，说"下课"，下周三再来上课；当场，学生都愣了。等到那一天晚上，大家就来了，他也没让大家进教室，就坐外面，原来刘老师就在月光下面给大家讲《月赋》——这个时候，学生才知道老师的苦心。老师讲得滔滔不绝，大家听得如醉如痴。

这样的例子其实很多。熊十力老先生，是现代新儒家的三大哲，大师级的"三哲"之一，另外两哲就是梁漱溟和马一浮。熊十力当年在北京大学教印度的佛学，有个年轻的学生叫废名，后来是北京大学的一个讲师，著名文学家。废名喜欢佛学，曾经写过一本书叫《阿赖耶识论》。他向熊十力先生请教。但是他俩的观念是不一样的，熊十力曾经被佛学院批判过，很多人认为他的《新唯识论》是非佛的。后来张中行先生就讲过，说这个废名经常去熊十力家里，两个人的声音经常由小变大，吵起来了，甚至咆哮，后来就"噼里啪啦"的东西，然后就看到废名气冲冲地走了——我再也不来你熊家了；然后，再过两天，废名又去了，两个人声音又由小变大，到"噼里啪啦"，废名又走了；但是过了几天，废名又来了。这个事情看起来很好玩，其实我觉得这背后是很值得思考的。我们不觉得这两个人没有骨气没有志气，其实骨气跟志气不应该用在个人的小事上。我们发现这两个人之所以吵完后又和好，和好后又吵，这是因为："吵"是因为观念不同，但他们认的是"理"。他们都在维护自己的观点，观念不同就吵起来了。所以他们吵的原因不是个人的。这就是知识分子非常重要的特点，就是认理。这个"理"，我们可以把它换成"原则"，或者说是种"底线"，当突破了或者违反了他这个原则或者这个"理"的时候，他就不愿意做，就做不来，做得不舒服。还有就是说

明，他们对这个学问、对理的一种热衷，把它作为生命的一部分。

记得我大学的时候，曾经有一个老教授和另外一个老教授研究的方向相同，但是观念完全不同。于是两个人老抬杠，有时候会动粗。后来我了解了，觉得特别可敬可佩，没有觉得很可笑，为什么呢？因为他们真的喜欢这个学问（现在的大多数学者当然不是这样的）。正是因为有底线、有原则、有坚持，所以他们有时候会有"孩子气"。这"孩子气"，在某种程度上就是一种赤子之心，所以他的生活就比较简单。这也是"五四"文化里的一个非常重要的特点，他们能够保持自己的赤子之心，在某种程度上是一种真性情的人。所以我们就觉得他们很可爱、很可亲、很生动、很形象，不脸谱化、面具化，不是一个模子刻出来的。所以说形成这种名士风流、名士风范的原因就是，他们有一颗真性情的心，这种"真"是真诚、真实，愿意遵循内在的真实。所以我常常给自己学生讲，其实人成长的过程，在某种意义上讲就是在"非人化"的过程，就是在远离人本身的一个过程。你不要欢欣鼓舞：我成长了。其实你长大的过程不是堕落的过程吗？不是慢慢变得复杂、变得麻木、变得虚伪的一个过程吗？其实就是慢慢地远离了真人的一个过程。

提到"真人"，这个概念好像离大家太远了，我们只有看《封神榜》才知道"真人"，如"太乙真人"等等。在一定意义上，其实"真人"就是一个人通过个人的修炼，然后复归一种赤子之心的状态。就是人生下来，随着年龄的增长、社会阅历的增加，会变得虚伪，于是慢慢地，他不是"真人"了，是"假人"了。但是，当他自己的修养、自己的阅历、自己的思想境界超越这样一个层面（大多数人都停留在这一层面），看透，看破，然后又自觉地回归到最初的原点，那就叫返璞归真，就叫作保持赤子之心，与"真人"就有点接近了。我刚才所举的这些知识分子，他们一生能够保持真诚的性情，能保持赤子之心，是难得可贵的。当然，我必须告诉大家，因为在现实当中有很多羁绊，都做"真人"当然不太可能，但是至少我们内心当中，要知道有那样一个东西。其实在我们的内心当中，都有一颗"太阳"，"太阳"时刻在发光发热，向善向美向真。但是因为一个一个的现实告诉你，在这个时候，你有可能会受到伤害。社会现实就告诉你有这样一个东西，于是这个东西就

像"乌云"一样往外面扩，就把你我内心那个向善向真向美、敏感的、善良的那一颗"太阳"慢慢给掩盖住了。那个"太阳"都藏在这"乌云"当中了，当"乌云"越积越多、越积越厚，最后就把"太阳"给包裹起来了，就永远看不到一丝光芒，就彻底忘了真善美。我当然不奢望大家都达到这个澄明之境，把四周"乌云"全部消散掉，但是我们自己至少要知道，在我们内心当中有"太阳"，只不过被"乌云"遮盖了，你的太阳要适当地放光，你自己内心里首先要有自己的意识，然后才不会彻底地堕落。如果你完全被"乌云"包裹了，那你就可能会彻底堕落。

这就是"五四"文人风范的另外一个特点：名士风流，特立独行。我们一方面在追慕他们，另外又发现，身边没有那么多人注意到这样一些可爱的人，这里面有些东西其实是非常值得我们反思的。其中有一个非常重要的原因就是，空间和土壤的重要性。其实，"五四"一代人，我们现在看来都像大师，是有天赋的人，类似于天才，但是他们也不见得一开始就是天才，或者绝大多数不是的。比如说沈从文，他是个非常好的励志故事的主人公，用现在通俗的话来说是"屌丝逆袭"的故事。我们现在知道的沈从文就是北京大学教授，著名学者，新中国成立之后，他做过中国历史博物馆的研究员，曾经出版过一本非常重要的学术方面的专著《中国服饰史》。我花了好几千块钱买了一套沈从文的全集，他是中国现代文学家中一个高产作家。我们大家熟知的还有他非常重要的作品《边城》。但是大家知道吗，其实他只是小学学历（高小），后来就参军了；再后来他就离开了故乡，到长沙，去北京，到北京大学旁听，穷困潦倒。后来，沈从文写作、投稿，最终获得了文坛的认可，成为大学教授。沈从文先生从一个只读过小学的人，到成为一个大学教授、成为大作家，在现在看起来几乎是天方夜谭，其实那时候沈从文不是个案。还有梁漱溟先生，据说在20世纪50年代，他是唯一一个敢和毛泽东叫板的人。20世纪70年代，在他的批斗会上，在被轮番批斗后，他说了一句话："三军可夺帅也，匹夫不可夺志也。"然后就不吭声了。就是说，你们这批斗，都是他不认同的，他的思想不会轻易改变。梁漱溟当年和陈独秀几乎是同时进的北京大学，20多岁被聘为北京大学的教授，学历比沈从文高

一点，完成了中学的学习，被聘为北京大学教授，这个也是天方夜谭了。还有一位先生，大家肯定也不会陌生，他是当年的清华大学国学院的四大导师之一（另外三位是梁启超、王国维和赵元任），这位先生当时最年轻，在欧美待了20多年，他没有拿到一个学位，也没有论文，但被聘为清华国学院的导师——他就是陈寅恪。

看来这样例子不是一个，现在看来仿佛是天方夜谭，其实这说明了那个时候人才的产生、人才的鉴定、人才的选拔有它的一个机制。所以，这些人才是生动的、活泼的，不是标准化的。像我刚才举例子说到的刘文典，跟蒋介石冲突之后，他不是仍做了大学教授吗？说到这里，我想到另外一个地方，就是南京师范大学前身之一的金陵女子文理学院，也叫金陵女大。前两年南京大学文学院一个学生写了部戏剧，叫《蒋公的面子》，一度非常火爆，是学生自编自导自演的，就是写三个中央大学的教授（其中两个是有原型的，一位是陈中凡先生，一位是胡小石先生），有一次接到了时为中央大学校长的蒋介石的邀请函，要请他们去吃饭。然后三个教授就有一个争论：到底给不给蒋公面子。这个现在听起来也是天方夜谭：元首邀请一个大学老师吃饭，这个大学老师还要考虑去不去。陈中凡不愿意和他合作，说不去，另外一个先生原型就是胡小石（是个美食家，吃遍南京，他又是著名的书法家，很多老饭店都请他去写字），觉得去吃一吃美食也不是不可以。很有意思，就是去不去吃也有一番争论，陈中凡先生就不去。这里说到的陈中凡，他的老师是陈独秀。中国有个非常著名的"托派"叫郑超麟，我后来看郑超麟的回忆录里曾讲了一件事，就是陈独秀从南京老虎桥监狱里被保释出来、接到陈中凡家里之后，郑超麟就去拜访曾经的党首。郑超麟有一个记录，我看了之后印象特别深：陈中凡把陈独秀接过来之后，就让他住在自己的最大的主卧，自己和妻子住在一个小房间里面。郑超麟来了，在大房间里面见了陈独秀，陈独秀在那儿安坐，陈中凡垂手侍立，就是在一旁站着，毕恭毕敬。看到这一幕，和刚才《蒋公的面子》相比，让人非常佩服。蒋介石请吃饭，陈中凡不去，不给他面子；现在一个刚刚出狱的犯人，没有任何政治前途、文化前途的一个人，他垂手而侍立。这边是"倨"，那边是"恭"，这种"倨"和"恭"，不

是我们所谓的前倨后恭，他"倨"的是权贵，"恭"的是情义和真理。

所以"五四"文化人、民国知识分子、"五四"文人，给我们留下的可贵的财富可不是一个简单的"名士风"，他们的人格魅力就体现在生活当中、细节当中。比如知识分子视死如归，那是英雄，可是英雄依靠的并非一时的匹夫之勇，而是生活中的点点滴滴，有一个东西在支撑着他做出令人肃然起敬的选择，这个东西就是信念或道统，这个道统使他能够对权贵也嗤之以鼻。所以，我们现在发现，这些人（名士也好，天才也好，文人也好）之所以能够真实存在，以及大放其光芒，发挥自己的能量，留下其英名，其实有一个非常重要的原因就是，他能够在那个时空当中存在下去——就是那个地方有这些天才人物发挥的空间。

我常常说，其实真正的人和人之间隔绝是绝对的，但是沟通只是相对的。所以当我们在座各位都有普遍的经历，比如你经常面对某一个人，觉得他不可思议的时候，你会怎么样？感觉他"有病"。为什么这样说？"病人"的"病"不仅仅是机体的腐烂，"病"有时候是"非常态"的表现，所以人们常常会把非常态叫"病态"。但是你所谓的常态是从你的角度出发。如果只是作为个体的判断，倒也无所谓了。但是如果你想支配某个人的命运时，当你觉得他有"病"，当你要用自己的标准去衡量所有人，那么很多"疯子"就被你扼杀掉了。但是解决的疯子当中，就有一些可能是天才。所以说，文化人或者任何一个人，要成为一个完整的、健全的、独立的个体，也不是没有条件的，他要有自己的一定的空间。

还有两部分：一个是民国人怎么谈恋爱；一个是面对时代大变、民族的大变，文化人如何做自己的选择。因为时间关系，这两点就不再讲了。

简单来做一个回顾，然后我们就结束这个讲座。通过上述的梳理（有两个很重要没讲到），你会发现，"五四"或者民国那些文人，他们这种可爱的地方，真实的地方，特立独行只是一个表象。我们不能热衷于谈论他的表象，在表象的背后，是他有自己的精神支撑，有一个充实生命的东西，所以他才能够做出自己的选择。当他自己选择不流俗，和大多数人不同的时候，我们看的时候就觉得很特立独行——其实这只是表象，就是因为他有判断、有担当，独立、真诚，而且他那种真诚、那种判断，来自他们

身上所具有的一种文化的传统。这种文化的传统，随着后来几次重大的运动，几乎荡然无存。但是现在我们知道，任何时候，我们都应该去尊重、重视这种优良的传统。所以当我们感叹"斯文不再"的大背景下，我们也看到了"斯文"依然存在的一些具体的表现，比如说在座的各位，在周末，尤其在这么热的天儿，来到图书馆、来到报告厅，就是人文不绝、斯文不断的一个非常重要的体现。所以我是非常乐观的。今天的讲座就到这里，非常感谢大家，谢谢！

（以上内容根据 2014 年 7 月 12 日的讲座内容整理，略有删改。）

风物文谈

茶与茶文化

徐南眉 （中国农业科学院茶叶研究所研究员）

很高兴来椒江做讲座，天台、黄岩、宁海我都去过，就椒江没来过，今天是第一次来。上午我去看了椒江的市容街貌，觉得非常好，感到这是一个欣欣向上的城市，也很高兴椒江的听众都很喜欢茶。我原来是搞科研的，退休前做了一段时间的行政工作，就是中国茶叶协会的工作，同时研究茶文化，退休后就专门从事茶文化工作，到现在已经20来年了。所以在茶文化方面，自己有很多的感受，很愿意和在座的一起交流，也希望能够带给你们我20多年茶文化工作中的一些经验，使大家得到一点这方面的知识。等一下大家如果有什么问题，欢迎来跟我互动。

我今天讲的题目是"茶与茶文化"，首先简单地介绍一下：中国是茶树的原产地，全世界的茶都原产自中国，现在云南西双版纳的森林里，还有上万亩的大茶树，好多有上千年的历史，高度达到十几米到二十几米，见证了我们国家产茶历史的悠久。中国古代的劳动人民最早发现了茶、利用了茶，世界其他的国家都是或直接或间接地从中国引进了种茶、制茶、饮茶的方法，茶是中国古代劳动人民奉献给世界人民的健康饮料。世界卫生组织已经公布了，全世界十大健康饮料中，中国绿茶排一位。最初神农氏发现茶的时候，茶是药用的，后来慢慢地发展到饮用。唐朝的时候茶是煎煮喝的，到

了宋代是点茶，现代是泡的。茶从最初的药用到饮用，从煎煮饮用到现代沏茶、品茶经历了漫长的历史发展过程。在世界的东方，茶不但是饮料，还包含着丰富的精神文化内容。国家强调要提高全民的素质，宣传我们的传统文化，茶文化应该说博大精深，包含的内容太多了，下面我就一一介绍给大家。

吴觉农老先生是国家解放以后第一代农业部副部长，茶叶进出口公司的总经理。他一辈子研究茶，花了七十几年的时间，当代茶人对他非常尊敬，称他为当代的"茶圣"。古代的"茶圣"是陆羽，当时把紫笋茶推荐给皇帝，唐朝皇帝喝的就是紫笋茶，浙江长兴县建造了一个大唐紫笋茶贡茶院，我们现在到那里旅游可以看到一整套唐朝茶叶煎煮的方法。唐朝的茶不像现在的，它是一块块饼状的，是把茶叶蒸一蒸然后压成饼，跟现在的茶饼不一样，现在的茶饼我们叫它"再加工茶"，是第二次做的，而唐朝的饼是直接采茶叶来做的。这个茶饼做好了以后，吃的时候要把它敲碎并磨成粉，用筛下来的粉末煮，所以叫煮茶。到了宋代改为点茶，也一样是将饼茶敲碎，筛下粉放到一口碗里，用茶筅（一种刷子）调，调好以后就水跟粉一起喝。宋朝时，杭州余杭有个径山寺，那里的和尚一面种茶一面煮茶，日本和尚来取经的时候，学会了种茶、加工茶叶、以及喝茶的方法，引进到了日本，形成了日本现在两大类茶道之一——抹茶道。（可能在座的都知道，街上有抹茶蛋糕、抹茶冰淇淋，这个抹茶是现代做法，就是把采来的茶叶做成蒸青的绿茶，然后用球磨机磨成像面粉一样细的茶。古代是将茶饼敲碎磨成粉，现代是直接用机器做成粉。）所以现在凡是有日本人到了杭州，肯定有一些茶道流派到余杭径山去访祖。大家听了以后应该了解到：日本的茶道虽然很出名，但是起源还是在我们中国。

现在我们已经恢复了宋代的泡茶方法，去年在杭州就举行了宋代斗茶大会。点茶是宋代泡茶的方法，是把茶粉放到碗里，用茶筅调，把粉调成泡泡，泡泡越细越多，说明水平越高。这个比赛的过程我们叫它"斗茶"，现在杭州每年都会举行宋代的斗茶大会。有人说既然古代的那么有趣，干吗不好好学它，还要泡现代的茶？其实古代的茶有个最大的缺点就是香气、口感都不好。因为茶叶采来以后就拿来蒸，再用锤子敲，敲烂了以后放到模型里

压。古代没有包装的器具，没有铁罐没有袋子，就在茶饼当中穿个洞，挂到墙上，要吃的时候拿一块下来，烘一烘，敲碎，磨成粉。现代是改进方法了，直接把茶叶做成绿茶再磨成粉，水分就不会流失了。因而古代的团饼茶是不好喝的，所以到了明代，朱元璋当了皇帝以后就下令"废团"，那种茶不做了，慢慢地发展到清朝，就形成了六大茶类。

我们都知道《西游记》是讲唐僧去天竺取经的，所以中国唐朝佛教比较发达。当时日本是比较落后的，日本人就到中国来取经，韩国人也到中国来取经，日韩僧人看到中国的和尚念经时不打瞌睡，精神非常好，一了解知道是因为喝了茶，他们感到这个方法很好，就学习了。所以唐朝的时候，中国的佛教传到国外，同时把茶也带到国外了。韩国茶礼的精神是"和、静、俭、真"，日本的茶道精神是"和、敬、清、寂"，其实都是一样的，就是人和人之间要和谐，相处要互相尊重，同时泡茶的环境要非常安静，这有利于人们修身养性。

可能年轻人都知道英国的下午茶，中国最早传到英国去的茶就是安徽祁门县的红茶。英国人是像咖啡一样喝茶的，把茶泡好了以后加奶、加糖，叫奶茶。这个方法，大概 20 世纪初就开始用了。红茶的英文名字不叫 red tea，而是 black tea，black 是黑色的意思，叫黑茶，是因为干的红茶的外观是黑色的。英国人为什么喝下午茶呢？因为英国在整个地球来讲经度是最靠西的，太阳到八九点钟才下山，英国人吃晚饭的时间比较迟，所以下午四五点钟要喝点茶吃点点心垫饥，这已经形成了英国人的一种生活方式，不管是轮船码头、飞机场，还是学校、机关单位，一定要喝下午茶。英国人最早喝的就是中国的祁门红茶。当然现在产茶的国家多了，尤其是印度、斯里兰卡等国家产的红茶，从自然品质来讲比中国的质量要高。红茶好不好就看茶叶里茶多酚的成分，茶多酚含量越高转化成茶红素越多，茶叶品质就越好。中国纬度相对印度斯里兰卡要靠北一点，因而中国茶叶的茶多酚含量比它们的要少一点，所以印度、斯里兰卡的红茶是世界第一位的。同样道理，广东、福建盛产的红茶比我们江浙一带的茶要好，江浙是绿茶好，氨基酸含量高，而南方就是红茶比较好。

下面介绍一下茶树生长的环境。茶树是喜温喜湿的，中国的茶区分布在北纬 18~38 度，东经 94~122 度，一般是秦岭和淮河以南。

我国茶园总面积约有 210 万公顷，世界第一，年产茶约 135 万吨，也是世界第一，中国有六大茶类：红茶、绿茶、乌龙茶、白茶、黄茶、黑茶。这六大类是用不同的加工方法加工导致茶汤颜色不同，它们的叶子都是绿色的。

绿茶是中国最主要的茶类，又称为不发酵茶。加工主要是三个步骤：杀青→揉捻→干燥。杀青是最主要的。茶叶里有茶多酚成分，是无色的，还有一种成分叫氧化酶，平时跟茶多酚是碰不到的，但茶叶在揉的过程当中，两者就会碰到，茶多酚在氧化酶的作用下发生化学反应，变成了红颜色，叫茶红素、茶黄素。所以绿茶是不发酵的，杀青这个过程就把氧化酶破坏掉了，就保存了叶绿素的绿色。所以绿茶叫不发酵茶，在中国有商品名的有 600 多种，像浙江杭州的西湖龙井、余杭径山茶、千岛玉叶、羊岩勾青、宁海望海茶、临海蟠毫、开化龙顶等，刚才讲的紫笋茶也属于绿茶。中国是产绿茶的大国，浙江省是绿茶大省，产茶最多，而且品质非常好。以前欧美人喜欢喝红茶加咖啡，现在慢慢也了解了绿茶，由于世界卫生组织公布了绿茶是世界第一健康饮料，现在好多国家的人都开始喝绿茶。

红茶跟绿茶相反，称为发酵茶。红茶加工的过程当中，有个工序叫发酵，也就是氧化酶跟茶多酚充分地作用，把茶多酚转化为红色。我们国家大部分红茶是南方生产的，刚刚也讲了南方温度高的地方茶多酚的含量相对多一些。最有名的红茶是祁门红茶、云南的滇红，另外，现在比较出名的是福建的金骏眉，也属于红茶。还有小种红茶，烘干的时候用松柴，都产在福建，也比较有名。

乌龙茶属于半发酵茶，绿叶红边，它主要有个工序叫摇青，边缘破掉了，在氧化酶的作用下变红了，中间的一片通过杀青破坏掉氧化酶，保存了绿色。大家可能听说过铁观音，还有福建的闽南乌龙，闽北的乌龙大红袍，台湾的冻顶乌龙，广东省的乌龙凤凰单枞，台湾还有一种很有名的叫白毫乌龙，有个别名叫东方美人。现在浙江龙泉生产的金观音，临安生产的粒粒香，都属于乌龙茶。乌龙茶对原料有一定的要求，不是每个地方都能做得好。中国的

乌龙茶也是世界上独一无二的。

白茶是经过轻度发酵加工的，工序就两个：萎凋→干燥。白茶的特点是毛很多，所有的芽衣外头都是白毛。浙江的安吉白茶不是白茶，而是绿茶。白茶产品有白毫银针、白牡丹、寿眉、贡眉等，大部分产在福建。白茶的加工工序很简单，但是不容易泡，要五分钟以上才能够泡出来。

黄茶是绿茶加工的过程当中加一个闷堆环节，使茶素轻度发酵，著名的黄茶有湖南岳阳县产的君山银针，安徽省产的黄大茶及四川蒙顶黄芽，浙江平阳黄汤、莫干黄芽等。

黑茶是茶叶做成了绿茶，堆到那里发酵，叫后发酵，最有名的就是普洱茶。普洱有两个类型：一种是散普洱，还有一种就是紧压做成砖。为什么要做成砖？是因为黑茶最早大部分是边销的，也就是放牛放羊的少数民族吃的边销茶，因为放牛放羊的少数民族每天吃的牛羊肉多，牛奶羊奶也喝得多，他们体内的脂肪含量比较高，喝普通的绿茶解决不了问题，一定要很浓的像普洱茶这种都是老叶片一起加工做的，才容易消化他们的脂肪。第二个原因，少数民族放牛放羊，一跑出去半个月或一个月，需要携带方便的茶，所以做成紧压茶，就是一块块饼一样的。这种黑茶，我们这边不生产的，都是云南、四川、湖南、湖北那一带生产，那边离牧区近。

刚刚讲了六大茶类，这六大类茶可以第二次加工，最常见的有花茶。茶叶会吸收花的香气，做出来带有花香的茶叫花茶。还有紧压茶，刚刚讲的一块块压起来的。六大茶类都可以做花茶，一般是烘青绿茶来做原料，像茉莉花茶、玫瑰花茶，杭州这两年做的桂花龙井就是桂花茶。花茶是没有花干的，做好花茶要把花干筛掉，留下茶叶，因为花干既没有营养价值也不好喝，味苦。现在街上卖的一朵朵花的，不叫花茶，叫代茶饮，代替茶做饮料。花茶一定是茶叶里加花加工成的。花茶是可以美容的，在座有很多小姑娘，我建议你们喝完茶，不要倒掉茶渣，拿来擦脸，效果非常好，脸会很光滑。你看我这么大年纪没有黑斑什么的，因为我把泡后的茶叶都拿来擦脸，这个办法比什么美容方法都好，因为茶叶里有茶多酚，有抗氧化作用，能去掉你皮肤里一些脏东西，这比喝玫瑰花代茶饮要好的多。第二个是紧压茶。有砖茶、

沱茶，还有竹筒茶，各种各样的。这种是少数民族地区特有的。另外还有速溶茶、果味茶、茶饮料等，都是为不同的消费群体而制作的。另外，茶叶还可以加其他的东西，像八宝茶，茶叶里加枸杞、菊花等制成营养茶。

茶叶怎么贮存？加工好的茶一般含水量在 6% 以下，如果水分超标，茶叶就容易变质，叶绿素、氨基酸都会转化。所以茶叶加工好以后一定要放好，保存方法有很多。如果含水量高不好保存，就用干燥法保持它的干燥度；跟空气接触会氧化，就用罐子装起来；还有些茶叶会因温度高而变化，就冷藏。做好茶叶贮藏工作是茶叶工作者必须具备的技能，也是我们老百姓必须知道的，在具体保存中应尽可能减小下列五种因素对茶叶的保存影响：温度、湿度、光线（太阳光不能直射）、氧气（空气不能接触）、异味（不能跟香水等放在一起）。

茶叶当中有很多对人体有益的成分。人体需要的成分有 86 种，茶叶中就含有 28 种，根据测定，有益于人体健康的茶的营养成分主要有：氨基酸、维生素、矿物质、碳水化合物、蛋白质、脂肪，等等。

现在我重点介绍茶叶中的药效成分。世界卫生组织之所以说绿茶是第一健康饮料就是因为它的药效成分，茶叶中有生物碱（就是咖啡碱）、茶多酚、脂多糖三大类。生物碱主要就是咖啡碱，主要作用是兴奋提神、活跃思维、清醒头脑、提高工作效率……所以著名的营养学家于若木（陈云的夫人）曾经讲过："我们华人在世界各地都表现出非凡的智慧，是因为中国古代的劳动人民就有喝茶的习惯，我们的遗传因子特别好。"第二类茶多酚，刚刚也讲过，加工以后会转换为茶红素、茶黄素，它的药效功能有：降血脂、抑制动脉硬化、增强毛细管的韧性、舒张血管、降血压、降血糖、抗氧化、防衰老……茶多酚有这么多的好处，现在好多地方把它加工成保健品——茶多酚片，听说降血脂效果特别好，当然喝茶效果更好。因为我一直喝茶，所以我血脂、血糖都不高。第三个是脂多糖，这个成分含量比较少，主要效果是能增强机体的免疫功能，有抗辐射作用。脂多糖是日本最早发现的，第二次世界大战的时候，美国在日本的长崎、广岛扔了两颗原子弹，大量的日本人死了，幸存的也都免疫功能全部衰退，就是原子病，日本政府调查发现：凡是常年

喝茶的人或者是种茶的茶农，很少得这种病。研究的结果是茶叶里的脂多糖有抗辐射功能。一位叫张天福的老先生活到了105岁，是茶界的泰斗，他是评茶大师。中央电视台采访过他，他长寿的秘诀是每天100杯（小杯子）茶。他是福建的，是评乌龙茶的。

茶共有八大疗效：有益于智力开发、预防衰老、提高免疫功能、杀菌消毒、降血压预防冠心病、降脂减肥防止动脉硬化、降血糖防止糖尿病、抗癌抗突变。有个人得了鼻窦癌，到肿瘤医院做化疗，头发掉了胃口也倒了，他就大把大把吞茶粉，后来头发也不掉胃口也不倒了，效果非常明显，连肿瘤医院的院长都说是奇迹。有次我到湖州做讲座，正好有一个茶厂里的老工人跟我讲，他也是大把大把吞茶粉，化疗以后就没有副作用。这两个例子说明茶叶对抗癌抗突变有一定的效果。

科学研究证明，茶与人体健康有着密切关系。宋代著名诗人苏东坡诗云："何须魏帝一丸药，且尽卢仝七碗茶。"魏帝相信道教，要道士给他炼长生不老药，苏东坡就写了这句诗：何必要那个药啊，喝卢仝的七碗茶就够了。卢仝是唐朝一个诗人，写了一首《七碗茶歌》，讲喝了七碗茶的感受："一碗喉吻润，二碗破孤闷。三碗搜枯肠，惟有文字五千卷。四碗发轻汗，平生不平事，尽向毛孔散。五碗肌骨清，六碗通仙灵。七碗吃不得也，惟觉两腋习习清风生。蓬莱山，在何处？玉川子乘此清风欲归去。"

大意如下：第一碗喝下去喉咙滋润一下；第二碗，我个人的烦恼孤独破掉了；第三碗就想拿出五千卷文字来形容这个茶怎么好喝；第四碗排毒，汗都发出来了；第五碗身体就很轻松了；第六碗跟神仙相通了；第七碗不能喝了，因为觉得两腋下风出来了，人轻飘飘往上去了。蓬莱山在哪里啊？我（玉川子是卢仝的号）乘着这个风要到蓬莱当仙人。卢仝的《七碗茶歌》是历史上非常有名的。

下面讲一下茶寿。茶寿是一百零八岁。"茶"字上面一横两竖，以前二十的简写就是一横两竖——"廿"，下面一个"人"就是八，再下面一个"木"就是十八，二十加上八十八就是一百零八，茶寿一百零八岁就是这么来的，希望大家多喝茶，活到茶寿。

　　茶文化有什么深远的意义呢？中国产茶历史很悠久，茶文化的历史也是源远流长。我们的祖先创造的茶品和茶文化给我们提供了丰富的物质和精神财富。以茶雅志，可以陶冶个人情操；以茶敬客，和谐人际关系；茶艺文化可以促进精神文明的建设，通过学习茶文化，可以促进民族团结，提高个人修养。我国各民族的饮茶风俗丰富多彩，时间关系，给大家稍微介绍几个。

　　藏族的酥油茶。少数民族都喜欢喝砖茶，要先把砖茶打碎煮成汤，就是茶汤，倒到打茶桶里，然后加酥油、奶及其他一些东西，再来回拉动打茶桶上头的打茶棍，使茶叶和佐料充分搅匀，倒出来放到炉子上，要喝的时候，倒出浓浓的茶汁再加一点水，藏族同胞每日三餐都要喝酥油茶。2007年我到贵州，先教苗族人基本的泡茶方法，最后帮他们编了一个苗家的茶道祭祖。

　　维吾尔族喝奶茶，砖茶烧好了以后加奶，有的加盐有的加糖，维吾尔族的奶茶是待客用的。云南的德昂族和景颇族吃"腌茶"，把盐、茶叶一起腌，基诺族是吃"凉拌茶"，布朗族吃"酸茶"，其实这些都是以茶当菜。我国古代最早是把茶叶拿来当菜吃的。

　　再介绍一下云南白族的三道茶。第一道是沱茶砖茶泡起来喝，味道很苦，叫苦茶；第二道是加糖的叫甜茶；第三道是生姜、花椒、蜂蜜、核桃跟茶一起泡，有一点辣有一点麻，叫回味茶。意思是：人的一生先要下苦功夫叫苦茶，后来你拿到成果吃到甜头了叫甜茶，最后回味你的一生叫回味茶。所以一苦二甜三回味。土家族吃打油茶，就是把所有的菜，包括油豆腐、爆米花等都在锅里炒，再将茶放进去加水煮，实际上也是茶菜，土家族叫打油茶。彝族叫罐罐茶。先将陶罐放在火上烤，烤的时候把茶叶抖到罐子里，一面烤一面抖，当茶叶发出香味的时候，倒进去开水，这个叫罐罐茶。现在还把罐罐茶做成茶道表演。

　　傣族的叫竹筒茶。傣族老百姓将茶叶揉好以后，放在毛竹筒里，把它压紧，放在火上烤，烤干了以后，竹筒就放在那里，要吃的时候把它破开，里面的茶叶会跟一根棍子似的，然后敲一段下来泡起来喝。纳西族的"龙虎斗"不光是茶，他们把茶煮好以后，倒一半烧酒一半茶混在一起喝，据说是治感

冒的，普通老百姓都喝。刚刚介绍过的景颇族腌茶，就是把茶叶放在匾上，揉啊揉，再和盐腌一起放进毛竹筒里，腌起来吃叫腌茶。基诺族吃凉拌茶，把茶叶腌好以后，捣一捣，然后放一些佐料：花生、生姜、大蒜、辣椒……拌在一起来吃，叫凉拌茶。擂茶是好多民族都有的，土家族也有。擂茶要用擂钵，然后把茶叶、花生、黄豆、芝麻等放在一起里面捣成粉状，然后再加水泡着喝。它们都是有典故的，时间关系我就不多讲了。

2010 年，香港要观看少数民族茶道，我带了杭州的两个茶艺队员表演了三道茶和擂茶。我是 1995 年开始在北京、杭州、上海等一些大城市做少儿茶道培训的，现在金华也有，你们这里我不清楚，可能还没有。我是比较早做少儿茶道培训的，去过好多地方，现在好多学校的小朋友都在学少儿茶道，不是为了表演，表演是次要的，主要还是通过学习少儿茶道提高自身的素质修养，还能扩展知识面。少儿茶道有很多内容，不光是泡泡茶，比如说还有诗歌朗诵，讲茶的故事，猜茶的谜语，制作一些茶包等，对学校开展文化素质教育有非常大的好处，所以现在杭州有好多学校每年都举行少儿茶道比赛。现在茶文化越来越受到重视，今年 6 月份全国大学生茶道比赛，将在杭州举行。

再讲几个内容。我看现在大家会泡茶的很多，像乌龙茶这种泡法很多地方都会，昨天我到国清寺，两个僧人也是用乌龙茶的方法泡茶给我喝，我很高兴，说明茶文化的传播越来越深入人心。但是这么多类茶，泡的方法都不一样，像南宋的茶传到日本形成了日本的抹茶道，传到韩国就形成了韩国的茶礼，真正的泡茶内容是中国最多，由于历朝历代战争多，茶文化破坏得比较厉害，改革开放以后，茶文化恢复得比较快，尤其是成立了好多茶文化的学校，都在传授茶的知识，所以我想茶知识的普及现在是非常急迫的，尤其是一些泡茶的方法，什么茶该怎么泡。中国的各种茶都有它的特色，我们要根据茶的特点来冲泡，充分发挥各类茶的作用。像西湖龙井茶或者临海的羊岩勾青都是绿色的，绿茶主要讲究色、香、味、形，乌龙茶比如铁观音要突出它的香气，红茶要突出它漂亮的红艳的颜色，紧压茶要有好配料。下面我想给大家简单介绍一下泡茶的方法。

绿茶的泡茶方法。泡绿茶可以有三种茶器具：一个是玻璃杯，因为它没有盖，高档的绿茶是要求不加盖，一加盖就闷黄了，颜色发黄就不好了，另外，好多绿茶的形状都很漂亮，泡在杯子里会上下浮沉，玻璃杯透明能看得到，所以杭州一些茶道表演都是用玻璃杯泡的。第二个是盖碗，泡的时候不加盖，盖碗也可以泡花茶、红茶。还有就是瓷杯。不管是玻璃杯、瓷杯还是盖碗，泡绿茶的时候一定要分三步，不然茶泡出来不好喝。首先，泡茶要注意茶跟水的比例：茶叶放得多，水一点点，那会很苦不好喝；茶叶放一点点，水很多，味道很淡也不好喝。那么比例应该是怎样的呢？一般是 3 克茶加 150 毫升的水，就是铺满玻璃杯杯底两层，水是七分满。用盖碗或用玻璃杯都要分两步：第一步，先温一温杯子（用热水烫一烫，热的杯子容易把茶的汁水浸出来），将水倒掉；第二步，放茶叶，先加一点点水，刚刚盖没茶就可以了，然后把杯子摇一下，因为干的茶叶如果一下子冲水进去是泡不出来的，要等，要花很多时间，而且上面淡下面浓也不好喝，摇一摇的目的是使干的茶叶展开；第三步，从低到高把水拉上来，是要让茶叶打滚，表演的时候是拉三次，叫凤凰三点头，一般家里不需要这样做，在家就把茶壶拿好转一圈，拉上来再下来，茶叶在杯子里打滚以后，这杯茶上下浓度是一样的，口感就好。

工夫红茶、花茶的冲泡。工夫红茶跟花茶用盖碗泡，也是先把盖碗温一温、烫一烫再放茶叶，浸润泡，让茶叶展开。用盖碗跟绿茶不一样的是喝茶的方法。可能大家在电视、电影里都看到过盖碗，尤其皇帝都是用这个喝的，这种碗是明朝开始有的。刚刚讲了唐宋吃的是饼茶，不要盖碗也不要杯，用碗，明代开始吃的是散茶，用杯。盖碗有"盖、托、碗"三样东西，蕴含"天盖之，地托之，人育之"的道理。盖碗的盖是弧形的，所有茶叶的香气都聚集在盖里，因此这个盖子是闻香气用的，拿起来闻一闻。第二个，盖子是撇茶用的，茶叶浮在上面，我把它撇到边上去，压下来留一条缝来喝。

现在说说女士跟男士不一样的喝茶方法。女士要双手举杯，左手托住底然后取盖闻香，第二步撇茶，一撇两撇三撇，撇好了小口抿茶，显示女士优雅的品茶姿势。男士只用一只手，也是取盖闻香，然后撇茶，撇好以后单手

举杯，显示男士饮茶的潇洒。这个杯子的名称我们现在叫盖碗，明代的时候叫"三才碗"，所以假设我们在电视剧里看到武则天用这个喝就不对了，她是唐朝的，说明导演不懂茶。

泡乌龙茶，用紫砂小壶和青瓷都可以。第一步，温壶，把茶壶烫一下，再放茶叶。茶叶放多少就跟绿茶不一样了，刚刚讲绿茶要放3克，乌龙茶如果是铁观音，要放小壶的三分之一，因为铁观音卷得很紧，泡起来了占满壶，如果是条形的大红袍，放三分之二。接下来是泡，泡好了把第一泡水倒掉。为什么绿茶、红茶都不倒，它要倒？因为乌龙茶跟普洱茶原料比较成熟，绿茶都是一个芽两个叶就采的，乌龙茶没有芽的才采，没有芽了的叫对夹叶，对夹四叶、对夹三叶采都是成熟的叶片，普洱茶有的是老叶片连梗子都采进来的，现在也有嫩的了。所以是叶片比较成熟比较老，其次加工过程比较长，会形成一些灰，洗茶并不是洗农药，而是洗灰。大家要记住，第一泡水一好马上倒掉，越快越好，因为茶叶里的汁水没有浸出来，表面的灰已经去掉了，倒掉以后叫浸润泡，然后再泡，第二泡泡好要放一分钟，普洱茶时间稍微短一点，你温一下杯子，把茶来回倒。现在我们都用公道杯，即把茶倒到公道杯里。茶壶的茶因为茶叶都在下面，所以上面淡下面浓，这样倒给第一个人喝就淡，后面的就越来越浓，这个不公平，因而就用一个杯子叫公道杯，把所有茶都倒到公道杯里，再分别倒给大家喝。一壶乌龙茶可以泡4~6次。

另外我讲一下茶席，就是泡茶喝茶的平台。现在的茶席非常讲究，桌面的布置款式也越来越多了，现在有专门的全国茶席大赛。茶席的内容很多，今天不展开讲，就是给大家介绍一下。茶席里面有很多东西：茶具、茶叶、插花、工艺品、台布……茶席是要求能泡茶的，不能泡茶的不能叫茶席，假设没有水壶就不能叫茶席，东西是样样都要齐全。现在杭州每年都举行茶席大赛，还举行"茶人之家"评选，就是每一户人家派两个人（要两代）来参加，就专门设计茶席。一般来讲，茶席上一是有台布，第二个是茶具，第三个是茶叶罐，第四个是插花。插花有很多种，有的用绿色植物，有的用假花，有的用真花。茶席有多种摆放样式。去年12月，我在省政府大楼，有人提出来说过年了，家里要摆摆茶席，叫我提一个怎么摆的建议。我就给他们提了

建议：台布要漂亮一点，颜色鲜艳一点；碗用有红花的盖；设计一种茶，过年时泡，比如"元宝茶"，就是普通的龙井茶泡好了，再煮一锅加糖的红枣，然后每一杯茶泡五六分满，再加一点红枣汤，这碗就有一点甜味，还有两颗大红枣，代表元宝，所以这碗茶叫"元宝茶"；墙上挂中国结、红灯笼，客人来到你家里，摆一台茶席迎接，请他喝元宝茶，就非常雅了。如果是台湾来的一些远方的客人，我一般都泡名茶——龙井茶，用青花瓷或者用青瓷都比较漂亮。所以我们可以把茶席、茶文化、泡茶的艺术结合到我们的生活当中来增加我们的生活情趣。

茶文化的确带给大家许多好处，一个是提高素质修养，第二个是增加生活的情趣。我刚刚介绍了那么多少数民族的泡茶方法，现在日本人都到杭州来学我们中国的茶道，我想我们也要引为自豪。

还有些茶的基本知识因为时间的关系没办法展开，大家有什么问题，欢迎提出来，茶知识的问题或茶艺的问题都可以，能解答的就尽量给大家解答。谢谢！

（以上内容根据 2014 年 4 月 20 日的讲座录音整理，略有删改。）

慢阻肺

——呼吸系统疾病的第一杀手

陈　晓　（台州中心医院呼吸科主任、主任医师）

　　各位朋友下午好！慢阻肺是非常常见的一个呼吸系统疾病，我们临床叫慢阻肺，老百姓可能不是很清楚，其实很常见。

　　慢阻肺跟抽烟有很大的关系，今天我就讲讲有关慢阻肺方面的一些知识。我的标题是《慢阻肺——呼吸系统疾病的第一杀手》,实际上这个"杀手"是比较隐蔽的，然后慢慢地出现，也不是一来就"杀"死人，有可能随着年龄的增长逐渐出现一系列的症状，然后症状越来越重，特别到 60 岁、70 岁甚至 80 岁以后，呼吸困难的情况就非常严重，导致要经常住院，钱花了很多，毛病又治不好。有好多这类病人，最终死亡了。慢阻肺在呼吸系统疾病里的危险性，是排得比较靠前的，所以说它是呼吸系统疾病的第一杀手。

　　我们今天从大家都很熟悉的作家茅盾说起。他非常有名，原先是文化部部长，他就是死于慢阻肺的。他作为一个文人，跟烟草离不开，好多时候一边写作一边就抽烟。实际上，这个病以前不叫慢阻肺，以前叫慢性支气管炎，如果我讲慢性支气管炎，可能大家就听得懂了。因为现在要把疾病名称规范起来，与国际统一，就统称为慢阻肺，它的全名叫慢性阻塞性肺疾病。

第一个内容：什么是慢阻肺？它的特点有哪些？我们刚才讲过了，医学上它的规范名称叫作慢性阻塞性肺疾病，英文叫 COPD。通俗一点，老百姓叫它"老慢支"，农村有些人讲是气管炎或气喘病（因为有些病人发作得严重的时候，就喘不过气来）。这里讲的气管炎、老慢支、气喘病，可能会与其他的一些毛病混淆，像肺结核，也是经常咳嗽、咳痰的，有的时候气也喘不上来，严重的也会呼吸困难；还有一个支气管扩张症，也经常咳嗽、咳痰。所以老百姓可能搞不清楚，就统称这些疾病都是气管炎。前面讲的老慢支、气管炎，包括哮喘，跟慢阻肺是不一样的，有些病的治疗药物可能会类似，像哮喘。但是像肺结核、支气管扩张等，跟慢阻肺的治疗药物会差别很大。但是好多老百姓不知道，都是按照老慢支、气管炎去治疗；有些诊所也一样，认为都是一些气管炎疾病，用药就都差不多，病人一来就给他挂消炎药、服化痰药，有些是有效果的。如果真正是慢阻肺，不光要挂针，就是平时应该要怎么治疗，也有一定的要求，很多药物都是比较有针对性的。比如像肺结核，要抗结核治疗，要三四种药一起吃，但是慢阻肺就用不着吃这些药了。支气管扩张也一样，可能要经常用到喷雾式的支气管扩张剂，还要用到静脉的一些抗生素，而这些对慢阻肺来说是次要的。这些疾病的名称，在民间可能经常会混在一起，所以我这里特地提一下。

那么慢阻肺是一种什么样的疾病呢？第一个特点，它是以气流受限为特征的疾病。讲简单一点，就是说这个病人吸气比较轻松，但是呼气就比较困难了。如果做剧烈运动的话，换气就不通畅了，就是一种呼吸困难的症状。是不是气流受限，要做肺功能检查才知道。第二个特征，是不完全可逆的——就是通过治疗以后，这个气流受限的影响只能是部分可逆的。还有一个就是气流受限通常呈进行性发展，这就比较麻烦了，等于说今年病情是这样，到了明年可能再重一点，到后年再重一点，而且它又不可逆，那我们就可以想象，如果是 40 岁、50 岁开始发病，到了 60 岁、70 岁、80 岁的时候，临床症状就非常突出了，病情就非常严重了。还有一个特点就是跟一些有害颗粒和有害的气体对肺部的作用引起的异常炎症反应有关系，比如说雾霾天气，粉尘比较多，有些有害颗粒、气体很多的厂矿，当然最多的、经常碰到

的就是烟草。慢阻肺其实是包括慢性支气管炎跟肺气肿（肺气肿不会是单独出现的，它肯定是随着慢性支气管炎逐渐发展过来的）两种病状。正常的肺，肺泡一个一个大小都比较均匀，像葡萄一样；有肺气肿的肺，有些肺泡像气球一样吹得很大，有些很正常，但都是变大的占多数，所以气流受限，气吸进去却呼不出来，胸腔的压力就高了，压力高了肺泡就像气球一样撑开了，这个就是肺气肿。主要问题在哪里呢？就是支气管狭窄，气能进去，但是出不来，肺就鼓起来了。

得了慢阻肺的病人，上个楼梯，要拉着扶手一格阶梯一格阶梯慢慢上来，到了二楼以后气就出不来。我们正常人可能"咚咚咚"就到二楼，虽然有点累，但是呼吸没什么大问题。日常生活中其实经常能看到这样的病人，这种病情还不是最重的。病情比较严重的，他就坐在那里了，没办法行动，一动就气喘，这样就很痛苦了。虽然也能出去走走，但是非常吃力，生活质量就非常低。这个就是慢阻，它主要是对肺功能有很大影响。

农村经常会将慢阻肺跟哮喘搞混了。刚才已经讲过了，慢阻肺跟哮喘不一样。哮喘发病年龄都比较轻，有些在儿童期、青少年期就开始发病，它跟吸烟关系不大，跟过敏有关系。比如说春天，吸入了花粉，马上就"呼呼呼呼"地哮喘发作很厉害，但是过半小时、一小时，他可能就一点事都没有了，正常了。而慢阻肺是气流不可逆的，进行性进展的，它不会是突然发作的，一般都是动一下气出不来，休息一下是可以的，这个特点不一样，发作情况也是不一样的。哮喘一般没有吸烟史。还有一个，哮喘往往有家族史，父母亲有过敏、有哮喘发作的，子女哮喘的相对就比较多。刚才讲过气道狭窄，哮喘是可逆的，就是通过治疗以后有可能就正常了，虽然不能根治，但通过药物控制以后，哮喘的症状可以完全控制好，但不能离开用药。慢阻肺是好不了的。它们的症状类型也不一样：哮喘的咳嗽可能相对轻一点，主要就是突然发作，有些病人到了晚上经常发作；慢阻肺往往是活动以后出现症状，休息的时候症状就可以减轻。哮喘最典型的例子就是邓丽君，她就是死于哮喘，据说是在泰国的路上，突然哮喘就发作了，离曼谷很远，不能马上送到医院，就死在路上。哮喘什么时候发作是不能预测的，但是慢阻肺就不会突

然发作，它可能是一直都好不了的这样一个情况。

肺结核，就是我们以前说的痨病，它是细菌（结核菌）感染所致的，有些要咯血，林黛玉就是这样的，身体瘦弱，体质不好，一直咳嗽，有时候咳出血来，最后好像是咳血死掉的。一般老百姓可能都不清楚，以为这些都是气管炎，所以我希望大家能够大致区分一下。肺结核只要拍张片，阴影就能看得出来，所以有的时候要诊断慢阻肺就必须要拍片，目的是看看有没有别的毛病，如肺结核、肺炎等，然后再做其他的检查，再把慢阻肺确定下来。再说说支气管扩张症。以前条件差的时候，儿童经常得麻疹，那个时候一得了麻疹，大人就要把我们捂在房间里面，风也不能吹，主要就是怕得了麻疹以后马上就会得肺炎。肺炎是比较厉害的，会把肺支气管都破坏掉，等长大到20岁、30岁的时候，就会出现支气管扩张。本来支气管是比较正规的一个走向，得了肺炎以后，就弯弯曲曲，像烂铁丝一样，里面有异常扩张的地方就容易长细菌，会不断地感染，就咳出一些浓痰什么的，这个是支气管扩张。但是老百姓可能也搞不清楚，都以为是慢阻肺。这种情况就要做CT，一做就知道了，能确定这个是不是支气管扩张。

慢阻肺的常见症状主要有三个。一个就是呼吸困难，是劳累性的不是发作性的，一到用力气的时候就感觉呼吸困难，像日常的行走或者是爬楼梯，就感觉有点气出不来，这是最主要的特征。第二个就是咳嗽，夜间咳嗽，早上起来以后，痰比较多——这种往往跟抽烟有关系，咳出来的痰一般都是白的；受凉感冒了以后，慢阻肺可能就加重了，痰就会变成黄色的脓性痰。支气管扩张就是咳大量的脓性黄痰，慢阻肺基本上都是白痰，但是经常有痰，必须咳。所以慢阻肺三个主要特征就是气急、咳嗽、咳痰。然后又经常会因感冒而加重，气管炎就会发作了，所以慢阻肺的主要症状变成四个了：痰、咳、喘、炎。

慢阻肺的严重程度，主要是根据呼吸困难的程度来分，这个比较专业，分五个等级。"0"是最轻的了，就是说除非剧烈活动，一般不会明显地感到呼吸困难。正常的人去跑个400米，可能也跑不动，这个跟平常锻炼也有关系，平时不锻炼的，跑一下，可能气马上就出不来，这个就比较难区分了。

一级，轻度，区别就出来了，快走或者是上缓坡的时候，有气急，这个肺功能就有明显的下降了。二级，中度，就是说跟同龄人相比，人家走得快一点，你走得慢，跟不上，你只能是以自己的速度在平地走，有时候还要停下来歇一下。三级，重度，在平地上走 100 米或者是数分钟，都需要停下来歇一歇。四级，极重度，明显的呼吸困难，不能离开房子，起来上洗手间、穿衣服，都会感到气急，这个在病房里面是最多的，有些人衣服都穿不了，一穿就气急，要吸氧气，来病房住院的一般都是四级的。一、二、三级这些有呼吸困难的，可能平时都无所谓了。所以我们一定要重视慢阻肺，它需要早期治疗，到了四级才去治疗，生活质量就非常差了。

为什么要称慢阻肺为第一杀手？首先，它的发病率蛮高的。15 岁以上的人群里面，慢阻肺的发病率是 3%，中国现在有近 14 亿人，算一下，基数就很大了。当然是男性居多，是 9.3‰；女性相对低一点，是 7.3‰。第二个就是死亡率高。在一个国家级的调查数据里，它是农村死亡率第一位的疾病，城市是第四位，因为城市相对条件好一点。这个慢阻肺，在呼吸道疾病的死亡率中，全国是排在第一位的，这个病的发病率和死亡率还在逐年上升。第三，慢阻肺的经济负担也是所有疾病的首位。像老慢支，住一次院都要五六千、六七千，有些医院甚至要上万，如果一年住院两三次，这个费用就很可观了。第四，每年因慢阻肺死亡的人数达到 100 万，致残的人数也达到 100 万。致残就是前面讲的呼吸困难到了四级，衣服也穿不了了，基本上就残废了。

2005 年有个统计数据，是全国各大城市北京、上海、广州、沈阳等地的，总体来说，男性有 12%，女性 5%，总患病率是 8%，中国现在有慢阻肺的患者大概有 4300 万，这个疾病其实是非常常见的。世界卫生组织也有统计，2020 年，它可能是全球第三大死亡的原因。慢性呼吸道疾病就这么几种：支扩、哮喘、慢阻肺，都是一些气管的疾病，还包括肺炎、肺癌。它们现在高居疾病死亡类第一位。一个是死亡率高，另一个是发病率高，再一个就是得了这个病以后，自身的生活质量非常低，有些人要常年用药、吸氧治疗等等。现在影响肺健康的四大疾病是：慢阻肺、哮喘、肺部感染、肺癌。慢阻肺是排在第一位的。所以说，慢阻肺是慢性呼吸系统疾病的头

号杀手，它的走势是逐年在上升。国外的一些数据显示，1990 年慢阻肺的死亡率是第六位。国外条件好，像缺血性心脏病，就是我们平时讲的心绞痛、心肌梗死、冠心病，排死亡率第一位，然后第二个是脑中风，下呼吸道感染（指的就是肺炎这些疾病）排第三，腹泻排第四，围产期疾病排第五。到了 2002 年的时候，它就排第三了。当然心脏病还是第一，中风还是第二，慢阻肺就在第三了，这个是逐年在上升。中国的数据，死亡率排第一位的是肿瘤，脑血管病排第二，慢阻肺也是第三。慢阻肺在所有疾病死亡率中排第三，在肺部疾病里是排第一。

美国的另外一个数据显示，心脏病的死亡率逐渐下降，恶性肿瘤基本上持平，中风也慢慢下降，这个是 1970 年到 2002 年的走势，然后慢阻肺是上升的。所以这个疾病在国外也是在上升，其他疾病都在持平或下降，这就比较严重。一个住院的慢阻肺病人，套上氧气面罩，他自己不能吸气了，就靠呼吸机，很痛苦。如果我们每天都这样生活就没意思了。但是这些人都很想活下去、不想死的，可是活下来又很痛苦。

那么怎么样诊断慢阻肺？先对照以下五条，自我诊断一下：你是否经常每天咳嗽好多次？是否经常有痰？是否比同龄人更容易感到气短？年龄是否大于 40？现在是否吸烟（或者以前曾经吸烟）？五条里面如果有三个或者三个以上回答"是的"，那你可能是慢阻肺，要到医生那边去看，去做一些检查，证实一下或者说把它否定掉、排除掉。如果你老是咳嗽，气又出不来，又抽烟，我想你肯定是了。不能说你现在不抽烟就是安全的，如果你以前抽了二三十年的烟（一天有一包），你现在就是戒了，如果有气短气急的，可能还是慢阻肺。刚才讲过了，慢阻肺是气流受限，并且是不可逆的，进行性进展的，所以即使你戒掉烟，这个疾病还是在进展的。当然你越抽烟疾病就越重，不抽烟程度会轻一点。所以我经常问一些病人："抽不抽烟"？"不抽。"以前抽不抽？"以前抽的"。"抽多少？""一天一包。""抽了几年？""大概有 30 年了。"这些病人往往都是 60 多岁，就是戒了 10 年的，也抽到了 50 岁。如果是从 20 岁抽到 50 岁，就抽了 30 年，所以他虽然已经戒烟，到了60 岁还是喘气"呼呼"的，到我们这边一检查，是慢阻肺。

刚才是凭症状自我检查，现在我们再凭症状看慢阻肺怎么诊断。一个就是年龄，40岁以上；第二个，呼吸困难；第三个，咳嗽或者有抽烟。三个里面你只要有两个符合，就要去做个肺功能检查，如果肺功能不好的，基本上可以判断为慢阻肺。当然，也还有其他毛病，比如说像肺结核、支扩等，要做CT、拍片，把那些疾病排除掉。如果抽烟，又有气急，肺功能又不好的，那就是慢阻肺了。慢阻肺很普遍，可能就在我们身边。肺功能非常重要，有些症状，有些危险因素，经过肺功能检查，基本上就可以确定诊断。肺功能检查的费用还是蛮贵的，做一次大概要将近300块。有些老百姓可能说这么贵，我不做了，买点药好了。其实是不是慢阻肺，一定要做肺功能检查才可以确定，它能显示你的气流有没有受限。如果有气流受限，又没有别的毛病，是抽烟的，就是慢阻肺。所以刚刚说的三个症状再加肺功能检查，就可以诊断了。我们诊断慢阻肺的过程也是这样的：根据你的症状，拍个片，再听听肺部的情况，看看呼吸是不是很低（因为慢阻肺，气吸不进去，呼也呼不出来，声音就比较弱了），如果听音是很弱的，就做个肺功能检查；当然严重的还要做一些其他的生化检查，血的化验等，这些是医生的一个诊断流程。

慢阻肺还有分级的，根据肺功能损害的程度，分四级。一级的比较简单，病情不重，气也不急，但是要戒烟，再根据需要用一些喷雾式支气管扩张剂；二级就要常规地用一种和多种支气管扩张剂；三级的，如果反复发作的，就需要吸入激素；四级的，在这些基础上还要吸氧，这就比较麻烦，家里要备个氧气瓶，有些还要考虑开刀，因为肺大泡了。肺大泡是多余的、没用的，又占了一个空间，就干脆把它切掉，让其他好的肺再发挥作用。这个手术是比较麻烦的，也不好切，所以我们一般不主张开刀。慢阻肺适合开刀的情况很少的，因为整个肺都不好了，不大好开。

再讲一讲引起慢阻肺的主要原因是什么。肺为什么容易受到损伤？一个是它从小到大都是与外界相通的，吸进氧气、呼出二氧化碳，而空气里面肯定是有有害东西的，肺也很娇嫩，容易受到外界的一些损伤。其实肺是有很多危险因素的。第一，长期大量吸烟。第二，长期接触粉尘、烟雾、有害颗粒的。第三，遗传倾向。为什么我抽烟没有慢阻肺，你抽烟就有慢

阻肺？这就有遗传因素的影响。经常听到有人在说：周恩来不抽烟不喝酒，多少岁离世了？毛主席抽烟、不喝酒的，多少岁离世？邓小平又抽烟又喝酒，活得最长——其实这个跟遗传有关。毛主席跟邓小平同样抽烟都蛮厉害的，毛主席就有气管炎，邓小平没有，这里就有遗传因素。第四，北方的寒冷气候也容易引起慢阻肺，这个叫慢性气管炎，到一定程度，对支气管的损害就跟抽烟一样。这些都是风险因素，其实吸烟是最严重的，是慢阻肺最主要的风险因素。吸烟而有慢性支气管炎的，再过个十年可能肺功能变化就比较突出了。

我们讲讲抽烟的危害。全球每8秒钟就有一个人是死于烟草的——是死于慢阻肺还是肺癌还是其他心血管毛病我们不说，就是大致的统计数据表明，8秒钟死一个人，是跟抽烟有关系的。WHO（就是世界卫生组织）估计，全世界有11亿人是吸烟的，到2025年，这个人群还将增长，可能会到16亿。其实在美国、在欧洲，已经开始控烟了，吸烟人群实际上慢慢在下降。但是，之前的吸烟人群，已经慢慢出现了慢阻肺，尽管你已经戒烟，还是会得病的。到2025年，吸烟的人要增加到16亿，一般都是在发展中国家。像我们中国，吸烟的人群还在增长，这么多人吸烟，20年、30年以后，也会得慢阻肺的。所以我们中国，慢阻肺发病率是不乐观的。目前中国的吸烟人数有3亿，慢阻肺的患者80%跟吸烟有关。还有，吸烟的总数与发生慢阻肺的风险有量效关系。有统计数据：100个人吸烟，有20%的人是慢阻肺。这20%如果对吸烟的人数来讲是蛮大的，3亿的20%。这么多人发生慢阻肺，一个医院，呼吸科的病房往往只有50张床位，哪里住得下？！所以吸烟的危害是最大的。

慢阻肺有什么危害？如何防治？方法就是，如果你吸烟，要尽早戒烟，目的是防止肺功能减退。肺功能一旦退化就不可逆，会进行性地衰退、"老去"，直至最后死亡。治疗这块内容，比较难讲清楚，所以我只讲一些大概的东西。一定要到大医院去接受一个规范的治疗，现在县一级以上的，相对都比较规范，可能一些社区医生，对慢阻肺的治疗不是很正规，基本上都是挂针多，情况好一点就让你回去，但是平时怎么治疗他们就不太懂。不是在

这里说社区医生不好，中国的一些卫生条件还是不一样的，基层一级的卫生部门，目前只能应付一些简单的医疗，这种专科的，他们有可能没有得到更好的培训（慢阻肺要培训，心脏病、高血压也要培训，糖尿病又要培训，还有一些肿瘤），所以只能是做一些简单的治疗。这也不能怪基层的医生，资源有限，没办法。所以尽可能要到县一级或者区一级以上的医院去看，要到呼吸科看，不能到普通的内科；可能普通的内科医生对慢阻肺的一些知识掌握得也不行。还有一个就是我们看到好多慢阻肺、哮喘的病人，都是心中有数的，然后邮购河南那边的"哮喘灵"，我问他："这药有用吗？"他说："有用，药又便宜。"我说："这个东西不能吃的，合适不合适都不知道，可能会导致用药过量。"这些都是土药，老百姓自己做的，我们拿到了一些药的粉末，闻闻，有些冰片、樟脑的气味，实际上是加了激素。还有平常用的氨茶碱，这些药都很便宜，"舒喘灵"加它们进去，量很大，然后一吃，所谓的气管炎、哮喘就感觉好多了——但是这个副作用很大，长期吃激素的话，不知道会发生什么事情。药店是买不到这些药的，所以千万不要去邮购。

慢阻肺有什么危害？首先是对支气管正常结构的一个影响，像黏液纤毛功能，是帮助排痰的，就像码头的输送带，痰在上面，它就帮你慢慢地排上去。得了慢阻肺以后，这些结构往往就破坏掉了，痰也就咳不出来了。再一个就是，支气管变细，变弯曲，管壁增厚，管壁增厚气流就受限了，这是一个缓慢的病变过程。还有像支气管痉挛，有点像哮喘，但是又不同于哮喘，一感冒就"呼呼呼"严重了。再就是肺动脉压增高，就是心脏有专门一个肺动脉到肺里去的，那么肺出毛病以后，肺动脉压就增高，就出现肺心病。肺心病、慢阻肺到最后都是口唇发干，脚肿，气出不来，这个时候心脏也不好，全身也不好，这时病人往往都很瘦，吃不下饭，出不来气，然后口唇发干，二氧化碳排不出来，就呼吸衰竭，最后死亡。这些就是慢阻肺的危害，都是逐渐逐渐加重的。正常的肺是红红的小小的，慢阻肺的肺是灰白的，肿得很大，像气球一样吹大在那里，缩不回去。这样肺就失去了正常的作用，会引发气出不来、咳嗽，就会呼吸衰竭。有些抽烟的病人不一定咳嗽得很厉害，但是往往什么时候慢慢出现呼吸困难，什么时候危害就出来了。这里有些数据，门

诊的费用要 4000 多元，住院的费用 7000 多元，治疗总费用是 1.1 万元左右，还要算上自己去药店买药的钱，这些都是慢阻肺带来的一些经济损失。

慢阻肺危害这么大，怎么治疗呢？慢阻肺的治疗目的有两个：一个是短期的目标，还有一个就是长期的目标。短期目标很简单：怎样缓解气急很重的症状，就是气出不来，住院治疗一次，气缓解了，就出院了。刚才讲过了慢阻肺是逐年在进展、加重的，我们要制定一个总的目标：第一个要预防疾病的进展；第二个是预防和减少急性发作，尽量稳住病情；第三个是提高生活质量；第四个是改善运动耐力；第五个是减少病死率。现在前四个都能做到，就是这个病死率做得不好。所以说，慢阻肺发展到最后，治疗非常棘手，虽然可以缓解症状、能预防疾病进展、减少急性加、提高生活质量、改善运动耐力，但是病死率到目前为止还是改善得不好。没办法，还是要治疗，现在还在努力当中。

慢阻肺的治疗要分两步，一个是稳定期的治疗，再一个就是急性发作治疗。急性发作治疗很简单，到医院来，临时挂点针，吃点药，处理一下或者住院，过一个礼拜左右就可以了。平时，就是稳定期，病情稳定的时候要怎么治疗，才是最主要的。其实就是要戒烟，戒烟是慢阻肺的首要治疗手段。经常看到有些病人到医院来看病还在抽烟，他说："烟戒不掉，但是已经少抽了一点。"我说："少抽了一点也没用，就是戒掉了病情也还在加重。"好多病人觉得自己还能走，情况还可以，就继续抽烟，戒不掉。但是有些在病房住院的病人，你让他抽他也抽不了了，一抽就气急且咳嗽，他就能戒掉——但是这已经到了很严重的时候了。所以戒烟是必须要做的。那么早戒跟晚戒有什么区别呢？这里有组调查数据：容易受吸烟影响的，比如说二手烟这些，死亡年龄一般在 75 岁左右。从 25 岁开始调查，经常吸烟且不戒烟的，得慢阻肺，70 岁左右就不行了；如果 65 岁开始戒烟，能延长到 75~76 岁；45 岁停止吸烟，数据还没统计，死亡年龄可能到 80 多岁。这个是国外医学专业做的统计文章，我们是作为一些专业的数据在看的，大家就稍微了解一下慢阻肺病。

稳定期的治疗，一个是远离风险因素，就是戒烟，然后接种一些疫苗，

可增强体质。虽可以减少平时病情持续发作的次数，但并不能治好这个疾病。再就是一些药物治疗，针对一些症状和炎症，采用吸入支气管扩张剂联合吸入糖皮质激素。刚才讲了：吃邮购的土药就是吃激素，无非就是控制一些症状，人会舒服得多，但是容易出现一些药物的不良反应。吸入支气管扩张剂联合吸入的糖皮质激素，医院有，是一些没有副作用的药物。这个是非常要紧的，你要长期这么治疗。有一点是要注意的，应该尽量避免长期应用全身的激素。药吃进去就是全身激素，这是极力不推荐的。其他像运动康复锻炼，做一些呼吸操，等等。还有就是吸氧，低氧血症的病人就要吸氧，也可以考虑家里长期备着氧气瓶。最后是手术治疗。以上这些就是稳定期的治疗，其实也很简单，你都能做到。

这里要强调的就是，早期和持续、规律治疗的重要性。这个非常重要，因为气流受限病变都是在早期就开始发生的，早期还可逆，越到后面就越不可逆，所以提倡早期治疗。对已经形成的慢性病变，通过积极治疗，也可以防止病情的进一步加重。慢阻肺不会自行消失的，它需要治疗，而且越早治疗越好。前面讲过，首选是一个吸入支气管扩张剂跟吸入的糖皮质激素，做成了一个联合的东西，只是医院有，民间是不会做的，民间只能做那种土药。所以应该要长期吸入治疗，要每天规律地治疗。等于说把原来抽烟的费用，转化成每天买药的费用。我们也算过，一个慢阻肺病人一个月大概要花300多元治疗费。如果你以前是抽很便宜的烟，现在就"贵"了，如果是每天抽"中华"，那买这个药也不"贵"。具体的药物除了支气管扩张剂和糖皮质激素，还有就是茶碱。茶碱的作用相对较弱，农村可能还有人经常买氨茶碱吃。还有像化痰的药，发作的时候用的抗生素，最后是中医中药。中医中药并不是说没有效果，但是它的作用是非常有限的。所以，慢阻肺吃中药，可能不行。

为什么慢阻肺要主张药物吸入呢？吸入与口服的利弊是什么呢？其实很简单，因为药粉通过吸入，马上就在肺里起作用了，而且药粉吸入肺里对全身的作用几乎没有，只是局部的作用很明显。如果是吃进去的药，先到胃，再通过胃肠道吸收到肝脏，肝脏会代谢掉一部分，然后通过动脉系统分布到

全身，当然只是其中一部分到肺里，还有很多是到脑、心脏、肌肉里去了。以前有一个舒喘灵，没有吸入只有口服的，好多病人吃了就心跳很快，手发抖，然后人没力气——这个就是副作用。所以说要有一个长期的安全的药物，让你可以放心地使用。以前像新西兰，这些口服药出来的时候，发现死亡率不是减少了而是增加了，什么原因？就是药的副作用。有好多药口服以后，对心脏的副作用比较大，发生了一些心率失常的情况，还发生了猝死。所以现在就不主张口服支气管扩张剂，而是提倡吸入疗法。第一，可以获得较高浓度，可以迅速到达肺部；第二，它的剂量只要一点点就行了，就没有全身副作用；第三，这个吸气的东西可以放在口袋里，随时可以拿出来，使用也方便。这就是提倡吸入治疗的原因。

慢阻肺的康复治疗就是要进行肌肉锻炼，就是要步行，适当地登楼梯，一定要适当运动。当然这些运动都不能剧烈，要挑选一些力所能及的训练方法。像呼吸的锻炼，嘴巴闭紧，吹，这样就能帮助肺部膈肌的力量得到锻炼；还有全身性呼吸体操（深吸慢呼）；再有腹式呼吸，是锻炼腹部肌肉的力量。这些都是通过锻炼可能做到的。还有一个就是要加强营养，病人其实基本上大部分食物都能吃，像鱼、肉、牛奶、豆腐、鸡蛋，都没什么限制，水果也都可以吃，吃得越好，恢复得越快。再有一个，对慢阻肺康复治疗来说比较要紧的，就是心理疏导。有些病人很痛苦，整天不能动，然后有悲观的情绪产生。你没办法，只能乐观。那对吃的是不是要注意什么？刚才讲了，对饮食没有特别的禁忌，相对来说，胡椒粉、大豆这些容易产气的东西不要吃，因为产气以后肚子胀，本来肺部气出不来，肚子再胀，人就很不舒服，所以这些东西还是适当注意一下，不要吃太多。

慢阻肺病人康复后该多久去复诊？我的建议就是，保持定期的复诊。比如说现在的药大概是一个月配一次，那每个月配药的时候，顺便到医生那边看一下，查一下目前情况怎么样。要是觉得难受的时候，就应该随时去医院。是不是提倡多休息少运动？不是的。能运动的，尽量做一些运动，对体质的锻炼是有好处的。有句话"要想身体好，常把舞来跳"，就是说要经常运动。还有就是要保持体重，太瘦了的话，手、脚、肌肉都营养不良，胸腔里是有

好多膈肌肌肉来辅助呼吸的，营养不好，这些胸腔的肌肉组织也是萎缩的，肺又肿在那边，需要肌肉支持又达不到，那对慢阻肺是不好的。经常有报纸或网络上有报道：慢阻肺的一个什么有重大突破了，有一种灵丹妙药的……那病人是不是要试？建议少试，这一试可能就中招了，这些药都有激素、茶碱，当下吃了有效果，但长期服用是有害的，反而会带来其他的各种毛病。所以建议定期治疗，配一些支气管吸入的扩张剂，然后自己尽量做一些能做的事情，吃能吃的食物。

那么慢阻肺的急性加重期有什么表现呢？就是呼吸困难，跟平时不一样，气急加重，痰量也加重了，出现脓性痰——慢阻肺急性发作，细菌感染就变黄痰了。有这些症状就要到医院去，叫医生给你一个比较恰当的治疗方案，严重的就要住院。

其实慢阻肺说起来还是可以防治、可以治疗的。要早治疗，越晚治疗越是棘手。当然希望大家没有慢阻肺，首先要做到戒烟或是不吸烟。现在的社会，农村的条件好了，慢性支气管炎、慢阻肺少了。以前吃不饱穿不暖，经常受凉，慢阻肺比例蛮多，现在这部分比例是很少的，主要是吸烟导致的慢阻肺。要想没有慢阻肺，就停止吸烟。消除了危害的因素，慢阻肺就很难找到你的身上来。

我今天讲的内容就到这里，谢谢大家！

（以上内容根据 2014 年 1 月 4 日的讲座录音整理，略有删改。）